"十三五"江苏省高等学校重点教材

高等学校应用创新型人才培养系列教材

金融学专业

商业银行业务经营与管理

（第二版）

主　编　蔡则祥　曹源芳
副主编　李艳红

高等教育出版社·北京

内容简介

本书第二版是在第一版的基础上修订而成。本书是金融学专业"应用创新型"人才培养系列教材之一,也是"十三五"江苏省高等学校重点教材,是江苏省精品课程"商业银行业务与经营"的建设成果之一。

本书坚持"应用为本、能力为上、创新为魂"的人才培养理念,立足中国经济发展"新常态"和金融创新"新进展"的大背景,注重"三个结合":前瞻性与现实性相结合,国际化与本土化相结合,理论性与操作性相结合。

本书内容结构新颖,按照银行最新业务发展实际安排篇章,全书共分三部分,第一部分基础篇,概述商业银行基本理论和业务总览;第二部分业务篇,重点讲述商业银行负债业务、企业贷款业务、个人贷款业务、中间业务、金融市场业务、电子银行业务;第三部分管理篇,主要阐述商业银行资本金管理、流动性管理、风险管理、绩效评价。

本书既可作为高等学校金融学类及相关专业的专业课程教材,也可供理论研究者和实际工作者参考。

图书在版编目(CIP)数据

商业银行业务经营与管理/蔡则祥,曹源芳主编. --2 版. --北京:高等教育出版社,2019.8(2025.1重印) ISBN 978-7-04-052264-8

Ⅰ.①商… Ⅱ.①蔡… ②曹… Ⅲ.①商业银行-经营管理-高等学校-教材 Ⅳ.①F830.33

中国版本图书馆 CIP 数据核字(2019)第 154957 号

Shangye Yinhang Yewu Jingying yu Guanli

| 策划编辑 | 郭金录 | 责任编辑 | 郭金录 | 封面设计 | 张 志 | 版式设计 | 杨 树 |
| 插图绘制 | 于 博 | 责任校对 | 高 歌 | 责任印制 | 刘宏远 | | |

出版发行	高等教育出版社	网 址	http://www.hep.edu.cn
社 址	北京市西城区德外大街4号		http://www.hep.com.cn
邮政编码	100120	网上订购	http://www.hepmall.com.cn
印 刷	北京宏伟双华印刷有限公司		http://www.hepmall.com
开 本	787mm×1092mm 1/16		http://www.hepmall.cn
印 张	23.75	版 次	2015年8月第1版
字 数	540千字		2019年8月第2版
购书热线	010-58581118	印 次	2025年1月第4次印刷
咨询电话	400-810-0598	定 价	49.80元

本书如有缺页、倒页、脱页等质量问题,请到所购图书销售部门联系调换
版权所有 侵权必究
物 料 号 52264-00

编委会名单

编委会顾问：曾康霖

编委会主任：周好文

编委会副主任：（按姓氏拼音排序）
蔡则祥　陈尊厚　郭颂平　贺　瑛　吴少新　赵福春

编委会主要成员：（按姓氏拼音排序）
边智群　蔡则祥　曹　艺　陈尊厚　程培先　郭颂平　贺　瑛
姜佰谦　林江鹏　刘东辉　刘志梅　马　欣　秦菊香　孙　莉
唐明琴　王春满　王家华　吴少新　许传华　许文新　杨丽萍
杨兆廷　张　维　赵福春　周好文

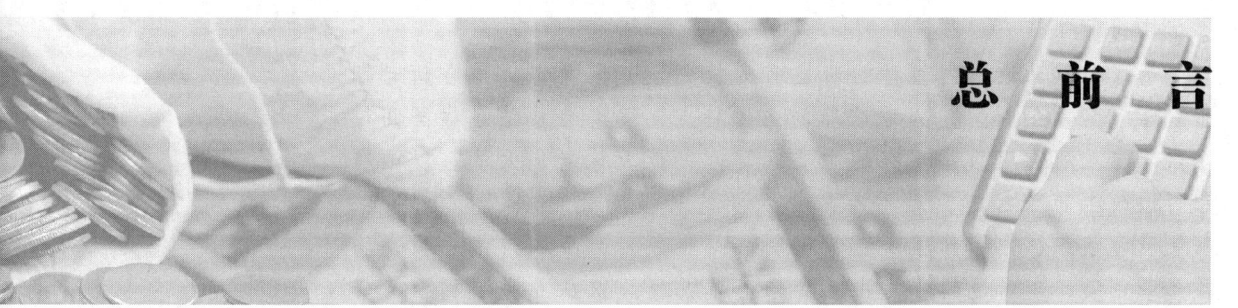

总 前 言

　　金融是现代经济的核心,在资源配置中起关键作用。在金融全球化背景下,其运行状况关系到一国经济运行的稳定和效率,乃至影响国家经济安全。近年来,随着我国经济实力的不断增长,中国金融国际化的步伐在加快,金融人才需求呈现出高端化和多样化的趋势,这对我国金融高等教育和金融人才培养提出了新的要求。未来我国金融人才的培养既要适应经济全球化的大趋势,更要立足中国经济、金融改革与发展实际,确立多样化人才培养目标,不断创新人才培养模式,既要培养厚基础、宽口径、复合型、国际化高级人才,又要培养专业技能熟练、实践能力强的应用型专门人才,以满足社会经济发展对金融人才的多样化、多层次需求。

　　从我国目前金融人才供求水平来看,主要是人才质量和结构矛盾较为突出。一方面,国内许多金融类企业面临适应经济、金融全球化的"应用创新型"专业人才紧缺的状况,"招不到合适人才";另一方面,每年金融类专业部分毕业生就业形势严峻,"找不到对口工作"。究其原因,主要是由于目前我国金融学专业人才培养的质量和专业结构还远远不能满足经济和社会发展的需求。因此,抓紧培养知识、能力、素质协调发展的"应用创新型"金融人才显得尤为重要。"应用创新型"人才应全面掌握金融学专业基本理论体系和专门知识,以及金融领域基本工作技能,金融分析的基本工具和方法;能熟练运用计算机、外语和数学等现代金融活动所必需的工具;具有良好的人文品德修养、职业道德和社会责任感;形成良好的金融职业素养。

　　作为对培养金融专业新型人才这一社会需求的回应,2012 年 12 月,在高等教育出版社的组织协调下,原中国人民银行所属六所院校聚首北京,共同商定联合编写金融学专业"应用创新型"人才培养系列教材。这些原中国人民银行所属院校从事金融教学、研究已经 50 多年,专业功底厚实。更为难得的是它们始终参与、跟踪我国金融改革发展,熟悉金融业务及其发展变化,较早形成了实力型师资团队,教材建设的经验也比较丰富。以它们为主通力合作,承担编写工作,再合适不过。

为了能够让该系列教材的研发有的放矢、凝聚共识，结合新时期金融学"应用创新型"人才培养的主要特点，编委会总结了我国高校金融学专业所选用教材现存的主要问题：一是教材老化太快。以国有银行股改上市为标志，近十年来金融业的转型变化最快、最为实质，从制度、组织、内部管理、经营机制，到业务、产品和技术手段，均被不断创新，市场逻辑强力主导金融变革前行。仅从业务层面看，资本节约型业务成为普遍选择，零售业务、小企业融资、"三农"服务以及中间业务蓬勃发展，财富管理等各类资产管理业务在银行、证券、保险等行业迅速兴起。传统业务正在向多元化价值增值型业务转型，综合经营已经显化。新情况的产生凸显出已有教材的局限性，书本与现实的差距正在拉大。二是教材选择左右为难。已有版本大部分是研究型的，教材优秀，越编越厚，理论够肥，技能偏瘦，不太适合"应用创新型"人才的培养和教学，学生厌烦，老师无奈，用人单位抱怨。纠结之中，大家盼望能出一套新书，把金融服务的基本理论、知识和技能讲得清楚、明白而简练，把近年来金融转型的创新发展及其趋势概括进来，以利对学生进行未来从业的基本功训练。

基于对以上问题的分析和总结，编委会对本系列教材的研发明确提出了以下几点要求：

其一，教材内容要兼顾眼前和长远，较好地适应金融业发展变化。现代金融业创新很快，但方向和路径确定：一是不断提升服务质量，更新技术，使公众金融消费更加便利、安全；二是科学管理公众财富，努力实现公众财富的安全和增值；三是不断提高经营水平以利增加社会福利，防止风险损失外化。把握以上三条，内容的取舍选择就有"主心骨"，可以按这三条组织贯穿。具体到各门课程，认真概括现阶段金融业的创新变化，参照国际同业的最新发展，分析未来发展趋势，对现有教材的基本知识和技能重新提炼，全面更新。

其二，教材主要侧重金融专业的基本技能。金融实务虽然浩繁庞杂，但其业内一般性、普适性的技艺可以被提炼出来。任何行业都有业内通用的技术元素，正像一套令人眼花缭乱的武术一样，不过是由一些基本的拳脚招式有机整合而成。基本招式学到手，变成自己的能力，方才称得上基本技能。基本技能提炼得越全面、越准确，教材内容就越稳定、应变能力就越强。因此，本系列教材的内容力求精练、简约，表达清晰，按国际同业通用规则标准化讲述。

其三，理解和掌握基本技能，必须明确相关基本理论和知识，做到"知其所以然"。本系列教材以基本技能为导向，即掌握技能需要什么理论知识，就讲什么理论知识，并不追求理论的全面系统性，不考证理论的来龙去脉。换句话说，讲理论知识是为了应用，而不是去探讨研究。在经济学、数学、统计学、会计学等公共基础课程中，已经奠定了专业理论基础，一些原理、模型等理论工具讲得比较系统、清楚。专业基础课如金融学、金融市场学、投资学等，不再需要重复讲述公共课中已有的理论，只讲更为专业对口并被实践应用的理论。而一般专业课则只讲知识和技能，必须提到的理论，点到为止，直接将理论工具加以运用。如此，大幅度减少重复内容，避免教材越编越厚。

其四，编写形式新颖。本系列教材的编写体例力争实现内容与形式的统一，并进行了大胆探索与创新，各章有引例（引言）、知识结构图、小资料（小案例、小链接）、本章小结、复习思考题、关键术语、案例分析、本章实训、延伸阅读等栏目，便于在教学中启迪思维，开阔视野。

其五，网络资源支持。本系列教材通过二维码技术将纸质教材与数字化资源实现互联，尤其是部分教材与主编所在高校负责的省级精品资源共享课（省级精品课程）实现互联，通过为广大教师、学生提供相关课程的教学课件、教学计划、教学大纲、案例、试卷等辅助教学资源和学习资料，力求对大家的教学和学习有所帮助，也希望成为金融学专业教师资源共建共享的有效途径。

本系列教材的大纲完成后，编委会于2013年4月邀请国内著名专家召开了教材大纲审定会议。审定专家有：西南财经大学曾康霖教授、中央财经大学李健教授、南开大学范小云教授、厦门大学陈蓉教授、康国彬教授。专家们在认真听取了各位主编对大纲的介绍后，逐一对大纲提出了具体指导性意见。会后，各位主编根据专家的意见进行了认真修改和完善。为进一步把握本系列教材的编写质量并广泛征求意见，2013年11月，在各位主编提交样章后，编委会又邀请了一批专家对本系列教材的样章进行了审定。审定专家有：中南财经政法大学朱新蓉教授、韩旺红教授、张金林教授、章晟教授、万健琳副教授；湖南大学乔海曙教授、彭建刚教授、姚小义教授；厦门大学康国彬教授和陈蓉教授；对外经济贸易大学邹亚生教授；江西财经大学桂荷发教授；中央财经大学许飞琼教授、栾华教授、马亚副教授、聂利君副教授；内蒙古财经大学王青山教授；南开大学何青副教授。专家们在结合本系列教材的编写原则和设计要求，认真审阅了样章，对所评审教材样章提出了具体修改意见，并对下一步的写作提出了很多宝贵意见。评审后，各位主编又根据专家的意见进行了认真修改、完善，最后编写完成并定稿。可以说，本系列教材不仅反映了原中国人民银行所属六所高校几十位教师的研究成果和教学经验，而且凝聚了审稿专家和所有参与本项目研究、写作的全国同行专家的智慧，是集体智慧的结晶。

教材出版了,编写工作只完成了起步阶段的任务。对教材中的不足与不当之处,敬请广大读者和教师批评与指正,以便再版时修正和完善。

金融学专业"应用创新型"人才培养系列教材编委会
2014 年 7 月

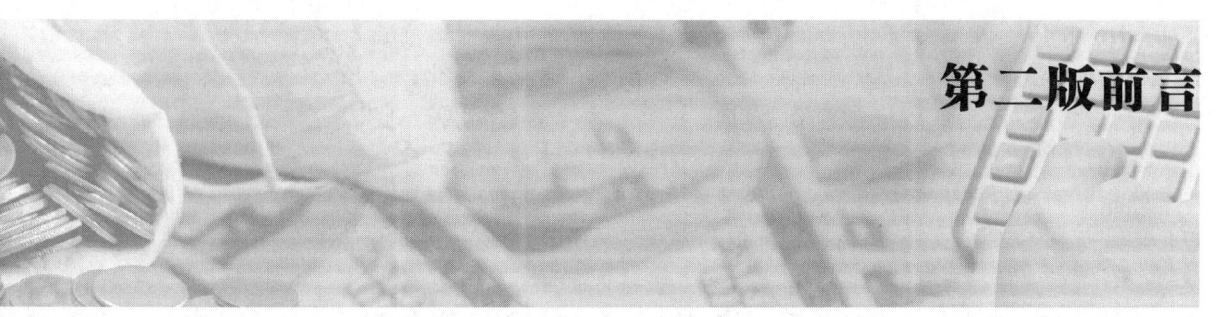

第二版前言

习近平总书记在党的十九大报告中庄严宣告我国已经进入新时代中国特色社会主义建设时期。未来几十年，中国经济社会发展的动力和格局将发生历史性变化。中华民族伟大复兴中国梦的实现将极大地提升中国的综合实力和国际地位。然而，在长期高速发展的过程中，我国也积累了一系列结构性矛盾。新时代我国社会主要矛盾已经转化为人民日益增长的美好生活需要和不平衡不充分的发展之间的矛盾，金融与实体经济的协调发展问题是当前和未来发展必须认真解决的重大课题。这些问题如果不得到有效解决，对中国长远发展应该是一个很大的挑战。为此，党的十九大报告和第五次全国金融工作会议提出要保持经济金融协调发展，强化金融对实体经济的支持，全力打好防范化解重大风险、精准脱贫、污染防治三大攻坚战，意义重大，影响深远。这是未来经济和金融发展中必须认真贯彻落实的重大战略任务。

作为现代金融体系的核心部门，商业银行在国民经济中发挥着极其重要的作用。对于我国来说，实行机构主导型金融发展模式，商业银行在金融体系中的地位更为重要，一直占据着主导地位。新时代金融服务实体经济的总要求既为商业银行创造了比以往更加广阔的发展空间，也在更高水平上对传统的商业银行提出了要求。党的十九大报告里面已经明确提出了新时代的中国经济社会发展的总任务和模式，经济发展的核心就是必须要把发展经济的着力点放在实体经济上。全国金融工作会议也强调金融业要服务实体经济，要服务于经济社会的发展。这是未来商业银行发展中一个主要的指导思想、战略指向、历史性任务。中国银保监会也于 2017 年 4 月发布了《关于提升银行业服务实体经济质效的指导意见》，提出了 24 项主要政策措施，促进银行业更好更快地服务实体经济，要求商业银行要按照以客户为中心的要求，加快体制、机制和经营模式创新，更加注重资源整合和使用效率，注重结构的优化，注重为实体产业提供综合金融服务，注重金融产品和服务创新，加快现代信息技术和金融科技的应用，提高金融服务的精准性。

《商业银行业务经营与管理》教材第一次出版于 2015 年 8 月，并且于 2016 年 10 月立项为"十三五"江苏省高等学校重点教材。在新时代的背景下，我国金融业以及商业银行的发展有了上述重大变化，如不对其进行及时修订，自然不能符合新时代金融人才培养的需要。此外，《商业银行业务经营与管理》不仅论述了基本理论、基本方法和基本知识与实践，它同样适应于商业银行实践的需要。近几年来，无论是商业银行理论还是商业银行实践，在国内、国外同样发生了巨大的变化，这也是促使我们对《商业银行业务经营与管理》进行系统修订的主要原因之一。

本次修订版分为三篇，但将原作 14 章，改为 12 章，新增"商业银行经营管理概述""商业银行负债业务""企业贷款业务"与"金融市场业务"四章，删掉了"公司业务""机构业务""小微企业贷款业务""资产负债管理""公司治理与合规管理"等六章，并对"个人业务""电子银行业务"等有关章、节做了重大修改，修订近 18 万字。修订后的《商业银行业务经营与管理》教材，不仅保持了原作"前瞻性与现实性相结合、国际化与本土化相结合、理论性与操作性相结合"的特点，而且更加体现了国际、国内商业银行的发展变化，更加体现了当前最新的有关商业银行监管法规精神，从而具有更强的时代性、科学性和可操作性。不仅更加适合大学本科教育教学和培育新时代金融专业人才的需要，同时也更加适合广大商业银行实务工作者自学和培训的需要。

本修订教材由南京审计大学蔡则祥教授、曹源芳副教授、曹严礼副教授与河北金融学院李艳红教授及严婧讲师等 5 位教师共同完成。蔡则祥、曹源芳担任主编，李艳红担任副主编。第 1—2 章由蔡则祥编写；第 3 章和第 11 章由李艳红、严婧编写；第 4—5 章由曹严礼编写；第 6—10 章、第 12 章由曹源芳编写。曹源芳对全部修订稿进行总纂，最后由蔡则祥定稿。

在本教材修订和出版过程中，南京审计大学、河北金融学院的领导给予了大力支持，高等教育出版社经管分社郭金录副社长和王青林副编审给予了热情关怀和悉心指导，我们在此一并表示衷心感谢。同时还要对本书第一版的相关作者表示感谢。还要特别说明的是，在本教材修订过程中，我们参考并借鉴了国内外同行的研究成果，对此谨向有关作者表示诚挚的谢意。

进入新时代，随着中国在全球经济地位的变化及国际经济格局的演变，以及新技术发展对商业银行的冲击等，我国商业银行的业务与管理发展也将呈现出与此前不同的新特征，商业银行必然将受到更多的挑战。在本教材修订过程中，尽管作者努力争取做到理论与实践相结合，注意把银行新业务、新产品吸收到本修订教材中，但囿于编者的学识与水平，可能存在疏漏与错误之处，恳请读者批评指正。

编者
2019 年 5 月于南京审计大学

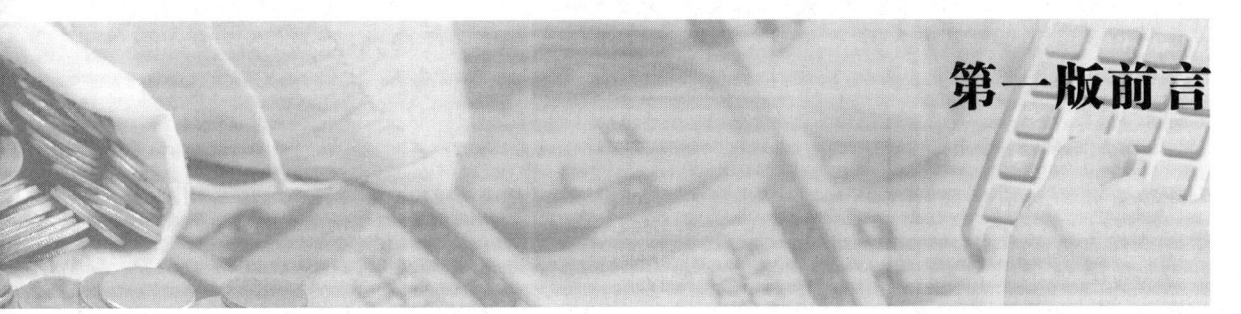

第一版前言

金融业的发展历史表明，商业银行是最早出现的现代金融机构，也是长期以来各国金融机构体系的主体，在国民经济中发挥着极其重要的作用。对于我国来说，实行机构主导型金融发展模式，商业银行在金融体系中的地位更为重要，一直占据着主导地位。然而，随着金融创新步伐的加快、金融市场的迅速发展、投资基金规模的日益扩张、网络银行的急剧增加，商业银行正面临着前所未有的竞争和挑战。

进入21世纪以来，商业银行面临的竞争不再是传统的同业竞争、国内竞争、服务质量和价格的竞争，而呈现出金融业与非金融业、国内与国外、网上银行和网下银行等多元竞争格局。因此，如何应对来自方方面面的挑战，在激烈的竞争中求得生存和发展，不断创新业务类别、不断创新管理思路，也是我国商业银行经营管理过程中急需研究的重要问题。那么，商业银行业务经营与管理也就成了国内高校金融学专业的一门专业核心课程。

从金融学专业"应用创新型"系列教材建设的总体要求出发，根据"应用型、复合型、技能型"的人才培养需要，《商业银行业务经营与管理》一书试图彰显"应用为本、能力为上、创新为魂"的培养理念，并将本科人才培养质量的提高真正落到实处，对中国的读者具有较高的实用价值。

本教材注重前瞻性与现实性相结合。在金融创新的背景下，商业银行不断涌现新产品、新服务、新理念、新规范，因此本教材在编写过程中注重动态化，突出前瞻性，树立超前意识。针对未来市场可能出现的金融创新，确立教材内容，尽量减少建设过程中的盲目性，避免人为的滞后性。同时教材主体内容根植于银行市场发展的实际，依据易学、够用、实用的原则，不断调整充实教材内容，在内容安排上立足时代发展与贴近银行业务发展现实。

本教材注重国际化与本土化相结合。《国家中长期教育改革和发展规划纲要（2010—2020）》发布以来，教育国际化及学生"国际视野、国家利益"的意识培养成为教育领域的关键问题。本教材中在内容安排上体现国际化的理念与思维，全面锻炼学生的国际意识与国际能力，培养学生国家利益意识。同时立足于解决本土化的实际问题，落脚于中国的本土实践。

本教材注重理论性与操作性相结合。高等教育培养的是既有一定的理论知识，又有实践操作能力的专门人才。本教材兼顾理论与实践，并在理论与实践之间寻找合理的均衡。教材内容体现市场需求，注意实践教学与理论知识教学的比例安排，注重操作性教学环节，融入充分的案例分析是训练内容。

本教材分三篇，总共14章，各章内容相辅相成又相对独立。第一篇：基础篇，由第1、2章组成。第1章商业银行，第2章商业银行业务总览，从总体上阐述商业银行的性质与功能、组织与结构、经营模式、经营目标与经营原则，商业银行业务种类的构成及其发展趋势。第二篇：业务篇，由第3—8章组成。分别为商业银行公司业务、小微企业贷款业务、个人业务、机构业务、中间业务、电子银行业务，系统介绍当前商业银行的业务构成、特点、内容及操作流程。第三篇：管理篇，由第9—14章组成。分别为商业银行资本金管理、资产负债管理、流动性管理、公司治理与合规管理、风险管理、绩效管理，着重分析安全性、流动性与盈利性要求下商业银行经营管理过程中的管理思路与管理重点。

本教材由南京审计学院蔡则祥教授、曹源芳副教授、张成翠副教授、高桂珍副教授、何暑子讲师与河北金融学院李艳红教授、严婧讲师等7位教师共同完成。蔡则祥担任主编，李艳红、曹源芳担任副主编。第1、2、10章由蔡则祥编写，第3章由高桂珍编写，第4、7、8、13章由张成翠编写；第5章由李艳红、严婧编写；第12章由李艳红编写；第6、9、11、14章由曹源芳编写。何暑子参与了部分书稿的修改。蔡则祥、曹源芳对全部书稿进行总纂、修改，最后由蔡则祥定稿。

本教材由湖南大学金融管理研究中心主任、博士生导师彭建刚教授审定。

在本教材编写和出版过程中，南京审计学院、河北金融学院的领导给予了大力支持，高等教育出版社经管分社张冬梅社长、郭金录高级编辑给予了热情关怀和悉心指导，我们在此一并表示衷心感谢。还要特别说明，在本教材编写过程中，我们参考并借鉴了国内外同行的研究成果，对此我们谨向有关作者表示诚挚的谢意。

中国经济发展进入"新常态"，金融改革、银行转型、业务创新异常迅猛，在本教材编写过程中，尽管作者努力争取做到理论与实践相结合，注意把银行新业务、新产品吸收到教材中，但囿于作者学识与水平，可能存在很多疏漏与错误，恳请读者批评指正。

编者
2015年3月于南京审计学院润泽湖畔

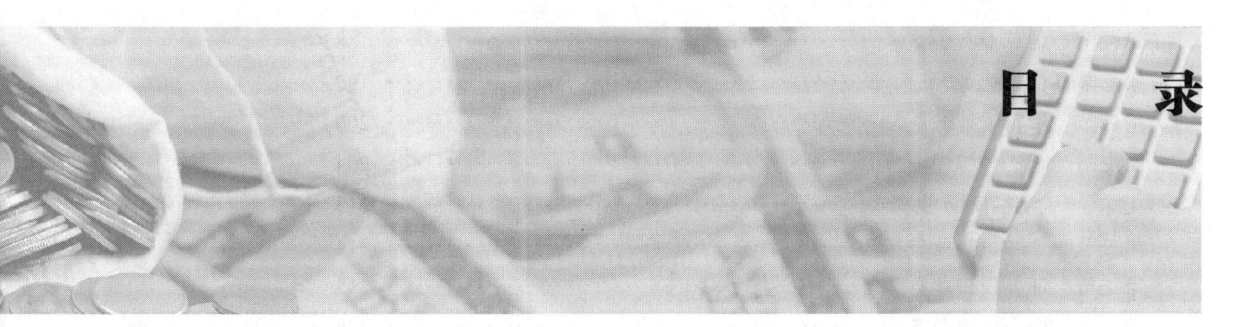

目 录

基础篇 ··· 1
第一章　商业银行导论 ··· 3
　　第一节　商业银行的性质与功能 ··· 4
　　第二节　商业银行的组织与结构 ··· 10
　　第三节　商业银行的经营模式及其发展 ··· 20
　　第四节　商业银行的业务与经营特点 ··· 29
第二章　商业银行经营管理概述 ·· 39
　　第一节　商业银行经营目标与经营原则 ··· 40
　　第二节　商业银行经营管理理论 ··· 44
　　第三节　商业银行经营管理的重点与方法 ·· 52

业务篇 ··· 65
第三章　商业银行负债业务 ·· 67
　　第一节　商业银行负债业务概述 ··· 68
　　第二节　存款业务 ·· 70
　　第三节　借款业务 ·· 78
第四章　企业贷款业务 ·· 91
　　第一节　企业贷款概述 ·· 92
　　第二节　企业贷款定价 ·· 107
　　第三节　企业贷款流程 ·· 112
　　第四节　小微企业贷款业务 ·· 123
　　第五节　贷款的质量评价 ··· 139
第五章　个人贷款业务 ··· 151
　　第一节　个人贷款业务概述 ·· 152
　　第二节　个人贷款信用分析与定价 ··· 156
　　第三节　个人消费贷款 ·· 165
　　第四节　个人经营贷款 ·· 177
第六章　中间业务 ··· 185
　　第一节　中间业务概述 ·· 186

第二节　结算业务 …………………………………… 188
　　第三节　代理业务 …………………………………… 197
　　第四节　银行卡业务 ………………………………… 200
　　第五节　承诺与担保业务 …………………………… 204
第七章　金融市场业务 …………………………………… 213
　　第一节　金融市场业务概述 ………………………… 214
　　第二节　证券投资业务 ……………………………… 215
　　第三节　资产管理业务 ……………………………… 226
　　第四节　银行业与证券业的分离与融合 …………… 233
第八章　电子银行 ………………………………………… 239
　　第一节　电子银行业务概述 ………………………… 240
　　第二节　网上银行业务 ……………………………… 245
　　第三节　电话银行 …………………………………… 248
　　第四节　手机银行与自助银行 ……………………… 251
　　第五节　互联网银行 ………………………………… 255
　　第六节　新型电子银行渠道 ………………………… 257

管理篇 …………………………………………………… 261

第九章　资本金管理 ……………………………………… 263
　　第一节　资本金的构成与功能 ……………………… 264
　　第二节　资本充足性 ………………………………… 269
　　第三节　资本金管理策略 …………………………… 274
　　第四节　经济资本管理 ……………………………… 278
第十章　流动性管理 ……………………………………… 287
　　第一节　流动性管理概述 …………………………… 288
　　第二节　商业银行流动性管理办法与衡量指标 …… 292
　　第三节　流动性预测 ………………………………… 295
　　第四节　流动性管理的方法 ………………………… 298
第十一章　商业银行风险管理 …………………………… 303
　　第一节　商业银行风险概述 ………………………… 304
　　第二节　商业银行信用风险管理 …………………… 311
　　第三节　商业银行市场风险管理 …………………… 319
　　第四节　商业银行操作风险管理 …………………… 326
　　第五节　其他风险管理 ……………………………… 331
第十二章　商业银行绩效评价 …………………………… 339
　　第一节　商业银行绩效评价概述 …………………… 340
　　第二节　商业银行绩效评价方法 …………………… 344
　　第三节　商业银行的财务报表 ……………………… 349
　　第四节　盈利能力分析 ……………………………… 359

基 础 篇

第一章
商业银行导论

章首引例

张医生和乔行长是中学同学。在高中毕业20周年的同学聚会上,张医生问乔行长:"最近我在一篇文章中看到比尔·盖茨1994年说过的一句话:'商业银行将是21世纪要灭绝的恐龙。'这是什么意思?我看你们银行好好的,不仅没有灭绝,好像还越来越多,到处都是。"乔行长回答说:"当年比尔·盖茨根据计算机和互联网技术发展趋势的确说过这样的话,今天互联网金融的迅猛发展,我们有很多传统银行业务可以在网上办理,不需要再到银行网点了,银行的物理网点也有减少的趋势,这也说明比尔·盖茨的观点有一定的道理。但是商业银行是一个国家金融体系的主体,其功能作用是多方面的,不是所有业务都可在网上办理。如同现在人们戴的小米手环可以测量人的血压、心跳等,但是治疗高血压、心脏病还是要到医院去。不能因为有了这些"新技术"就不需要医院了。银行也是如此,所以在可预见的时期内银行还不会消亡。"

事实上,要全面回答张医生的问题,至少要清楚以下几点:商业银行是一个什么样的机构?具有哪些功能?有何特点?经营哪些业务?商业银行与一个国家的金融发展模式有什么关系?自身的组织结构与规模大小有无关系?等等。

本章将对商业银行进行总体描述,概括阐释商业银行的概念、性质与功能、组织制度与结构、经营模式、业务范围、经营特点等,并对中国商业银行的改革与发展进行介绍,为读者进一步学习和理解商业银行经营管理准备入门知识。

第一节

商业银行的性质与功能

商业银行是现代金融体系中历史最悠久、服务活动范围最广泛、对社会经济生活影响最深刻的金融机构。它的经营活动最能反映现代银行的基本特征。全面认识商业银行应从分析商业银行概念开始。

一、商业银行的概念

当今社会经济生活中，被称为"商业银行"的金融机构有很多，如中国的工商银行、招商银行、民生银行、南京银行、农村商业银行、村镇银行等，美国的国民银行、日本的城市银行、英国的存款银行、法国的贷款银行、德国的综合性银行等，它们虽然名字不同，但都被归为商业银行这一大类。可见，"商业银行"已成为一个抽象的一般化概念，与最初意义上的商业银行已相去甚远。

最初意义上的商业银行是从"商业"中分离出来主要为"商人"服务的银行，具有明显的早期银行经营特征。就其起源来说，它是从中世纪的铸币兑换业发展而来的。铸币兑换业是从商业中独立出来的一种专门从事铸币兑换业务的行业。后来，随着商品流通范围的扩大和铸币兑换业务的发展，对货币流通及其管理需求的增加，产生了货币经营业；再以后开始办理信用贷放业务，于是便产生了银行。历史上以英格兰银行为代表的商业银行，资金来源主要是短期存款，资金运用主要是发放短期性商业贷款，因此，人们称之为"商业银行"。伴随着商品经济的发展，商业银行的业务经营范围不断扩大。资金来源方面不仅有短期自偿性资金，而且有长期性资金；在资金运用方面不仅有短期周转性贷款，还有长期投资性贷款和证券投资等；此外还开拓和发展了许多中间业务。今天的"商业银行"已不再是历史上的"商业银行"了，只是保留一种习惯叫法而已。

从理论到实践，关于商业银行的定义不尽相同，学者们对其解释各异。萨缪尔森认为："商业银行是一种和其他企业非常相似的企业"，"是唯一能够提供银行货币的组织"。彼得·S. 罗斯认为：商业银行"是运用公众资金生产和销售专业化管理并在经济中起多方面作用的金融服务企业，它们的成功在于能够有效地提供顾客所需的并具有价格竞争力的金融服务"。中国台湾学者解宏实则认为：商业银行是以获得利润为目的，一方面收受存款负担债务，一方面实行贴放取得债权，是一种信用受授的金融机构。中国大陆学者认为："商业银行是以经营工商业存放款为主要业务，并以利润为其主要经营目标的银行。"《中华人民共和国商业银行法》第2条则把商业银行定义为："依法设立的吸收公众存款、发放贷款、办理结算等业务的企业法人"。此外，还有其他多种提法。尽管对商业银行概念的解释多种多样，但商业银行的基本含义有如下几点：① 商业银行是一个信用受授的中介机构；② 商业银行是以获取利润为目的的金融企业；③ 商业银行是唯一能够提供"银行货币"（活期存款）的金融组织；④ 商业银行是一种综合性、多功能的银行。

概括地说，商业银行是以追求最大利润为经营目标，以各种金融资产和负债为经营对象，为客户提供多功能、综合性服务的金融中介机构。

二、商业银行的性质

商业银行的性质可表述为：一种特殊的金融企业。具体表现为三个方面：

（一）商业银行是企业

商业银行具有现代企业的基本特征，是国民经济的重要组成部分。它具有从事业务经营所必需的自有资本，依法设立，自主经营，照章纳税，独立核算，自担风险，自负盈亏；与其他企业一样，遵从商品经济的经营原则，以获取最大限度的利润为经营目标，在竞争中求生存、谋发展。因此，商业银行是企业。

（二）商业银行是金融企业

与一般工商企业相比，商业银行在经营对象、活动领域、社会责任及对整个经济的影响程度等方面有其特殊性，因此，它是一种特殊企业——金融企业。

（1）商业银行的经营对象是特殊商品——货币和货币资本，高杠杆率。商业银行的经营内容主要是货币的收付、借贷以及与货币运动有关的或者与之相联系的金融服务，其负债率最高，普遍高于90%，资本杠杆率在12倍以上；一般工商企业的经营对象则是普遍商品，负债率在30%~50%，资本杠杆率在2~3倍。

（2）商业银行的活动领域是货币信用领域，具有高风险性。商业银行通过存款、放款、汇兑等业务活动为社会生产和流通服务，但其在贷款交易中面临着典型的信息不对称，充满逆向选择和道德风险。同时，资产负债期限结构不匹配，"借短贷长"经常发生，也增加了流动性风险。一般工商企业则直接在生产和流通领域中从事商品的生产与交换活动，交易双方信息较充分，风险较小。

（3）商业银行外部经济性极强，社会责任重大。它不仅对股东和客户负责，而且对经济发展、社会安定负责，银行一旦倒闭，对社会影响广泛，危害极大。相对说来，一般工商企业经营不善和倒闭，只是影响该企业的上下游相关企业，社会责任较小。

（三）商业银行是特殊的金融企业

商业银行和专业银行以及非银行金融机构都是金融企业，从本质上来说是一致的，但在实际业务等方面还是有许多区别。

（1）商业银行是唯一能够经营活期存款的金融机构，具有创造存款货币的能力。商业银行经营活期存款，并不是被动地接受这些存款，而是能够主动地以放款和投资的方式创造存款。换言之，商业银行具有创造贷款和存款货币的能力，而专业银行和其他非银行金融机构因不能接受活期存款所以不具有创造货币的能力。商业银行体系可以在不减少准备金的情况下，同时增加贷款和增加其存款。商业银行是可贷资金的创造者，而其他金融机构则只是可贷资金的经纪人。即使在贷款扩张过程中存在准备金漏损现象，商业银行漏损准备金的可能性也通常小于其他金融机构。商业银行创造存款货币的能力也比其他金融机构大得多。

（2）商业银行经营的业务范围极其广泛，可为客户提供所需的一切金融服务，具有综合性、多功能经营的特点。商业银行不仅办理短期资金业务，而且办理长期资金业务；不仅经营"批发"和"零售"业务，而且经营各种中间业务。专业银行和其他金融机构的业务范围则相对狭窄。

（3）商业银行机构数量最多、分布最广、与国民经济各部门联系最为密切，是一国金融机构体系的主体，在国民经济运行与发展的过程中发挥着不容忽视的作用；专业银行和其他金融机构在一国金融机构体系中则处于从属地位，发挥辅助作用。

（4）商业银行多采取股份制形式，在组织形式上多为分支行制，有着众多分支机构；专业银行和其他金融机构往往采取多种资本形式，其组织形式多为单一制。

三、商业银行的功能

商业银行的功能是指商业银行能够满足社会经济发展和公众对金融服务需求而发挥的有利作用。随着社会经济发展对金融服务需求的增加，商业银行的功能不断增强，由最初只能提供货币兑换、吸收存款、发放贷款、转账结算的"简单中介人"，变成能够提供包括贷款、储蓄、支付服务、保险、信托、担保、代理在内的最广泛金融服务和在经济中发挥最广泛金融服务功能的"金融百货公司"和"一个全能的金融机构"。

对于现代银行的功能，马克思曾有精辟的论述。他在《资本论》中提出，现代银行具有四大职能，即信用中介、变货币收入和储蓄为资本、创造信用流通工具和支付中介。根据马克思的银行理论和现代银行业务的发展实际，商业银行在现代经济中具有以下主要功能。

（一）作为信用中介

信用中介是指银行在贷款活动中充当中间媒介，这是银行的基本功能。这一功能的表现是：一方面通过吸收存款把社会各方面的闲置货币资金集中起来，另一方面以贷款的形式把集中起来的资金贷给借款者。银行由此充当贷款者和借款者的中介人，促使资金从盈余单位向资金不足单位流动，实现资金融通，优化资源配置。马克思曾这样描述这一功能：货币的借入和贷出成了它们的特殊业务，它们以货币资本的实际贷出者和借入者之间的中介人的身份出现。银行一方面代表货币资本贷出者的集中，另一方面代表货币资本借入者的集中。

应该指出的是，银行发挥信用中介功能，实现资金盈余和不足之间的融通，并不改变货币资本的所有权，改变的只是货币资本的使用权。这一功能作用主要在于可以变闲置资金为生产经营资金，在社会资金总量不变的条件下，增加社会资金的实际使用量；可以把不能当作资本使用的小额货币储蓄集中起来，变为可以投入再生产过程的巨额资本；可以变短期货币资金为长期货币资金；在利润原则支配下，还可以把资金从效益低的部门引向效益高的部门，对经济结构进行调整。

（二）充当支付中介

银行在货币经营过程中，通过存款在账户上的转移以代理客户支付及在存款的基础上为客户兑付现款等，成为工商企业、团体和个人的货币保管者、出纳者和支付代理人。银行充当支付中介，为收付双方提供资金转账服务，大大减少了现金的使用，节约了社会流通费用，加速了结算过程和货币资金的周转，由此促进了经济的发展。

（三）创造信用货币

在信用中介和支付中介的基础上产生了银行信用的创造功能。从整个银行体系来看，这一功能表现为两个方面：一是创造现金货币，主要是由中央银行发行的纸币和铸币，最初是由银行发行的代替金属货币流通的银行券；二是创造存款货币即商业银行的派生存款。商业银行创造货币、派生存款、扩张信用功能是商业银行区别于其他金融机构的重要特征。

（四）提供金融服务

经济的高度发展和社会生活的现代化，使得工业、商业、服务业甚至家庭生活都对金融业提出了更多更高的服务要求，如代转工资、代理支付、消费信用和消费转账结算、信息服务、咨询服务、计算机处理等。银行也通过开展广泛的金融服务来扩展自己的资产负债业务。目前，特别是商业银行在经营传统的业务之外，还广泛开办讲求效益的服务性业务，以满足社会各界对金融服务的多样化要求。

知识专栏 1-1

银行向公众提供的服务与全能银行的重要功能

一、历史上银行曾提供的服务

史料表明，银行最早提供的服务是货币兑换，后来便开始贴现商业票据和发放商业贷款、吸收储蓄存款、用保险箱替客户保管贵重物品、购买政府债券、用信用支持政府活动，提供支票账户、办理转账结算，提供信托服务。

二、20 世纪 30 年代以来银行发展的新业务

20 世纪 30 年代在纽约花旗和美洲银行的带领下，银行开展业务创新，开始发放消费者贷款，此后陆续开办金融咨询服务、现金管理服务、设备租赁服务、发放风险资本贷款，出售保单，提供退休计划管理服务、证券经济投资服务、共同基金和年金服务，办理投资银行和商人银行业务。

三、全能银行的重要功能

现代全能银行机构的重要功能包括贷款功能、中介功能、支付功能、担保功能、代理功能、政策功能、投资或计划功能、现金管理功能、储蓄功能、经纪功能、信托功能、保险功能、投资银行业务或承销功能。

资料来源：根据罗斯《商业银行管理》（第三版）第 3-12 页整理。

四、商业银行的作用

商业银行的作用是指其功能发挥所产生的效应，一般是指正面的积极作用，在上文商业银行功能中有所涉及。这里着重从商业银行的主要业务和交易成本角度，阐释商业银行在金融市场中的作用。

（一）商业银行是为实体经济融通资金的主渠道

金融是现代经济的核心，服务实体经济是金融的天职。金融机构是连接企业和金融市场的纽带，也是帮助企业投融资的主要推手。商业银行作为中国最重要的金融机构，通过吸纳公众存款和理财资金，然后主要以贷款的形式向中国实体产业提供资金支持。商业银行对企业的各类贷款成为企业外源融资的主要部分，形成实体经济融资的主渠道。

企业经营活动对资金的需求多种多样，期限的长短、数量的多少、成分的高低、本币与外币等各有不同。商业银行通过直接贷款、委托贷款、内保外贷、银行保理等多种资产业务为企业提供资金支持，满足企业各种融资需求。我国采用的是以间接融资为主的金融发展模式，银行贷款是企业融资的最主要方式，在企业外源融资中占比最大。截止到 2017 年末，企业的社会融资规模约有 174.64 万亿元，其中有近 70% 是银行贷款。2017 年金融机构全年新增人民币贷款 13.52 万亿元，其中全国性大中小型银行提供 12.73 万亿元，占到了全部金融机构贷款的 94.2%，说明银行贷款为企业融资提供了有力的支持。这还不包括委托贷款、内保外贷、银行保理等方式为企业提供的融资。从企业的股权、债权融资的规模来看，数量要小得多。根据 Wind 数据，2017 年券商整体股权融资规模达 1.72 万亿元，与企业融资相关的企业债、公司债 1.3 万亿元。显然，在企业外源融资中，银行贷款占大头。特别是对中小企业来说，很难通过发行股票和债券从证券市场上获得资金支持，其外源融资主要依赖银行贷款和民间借贷。而在我国的企业结构中，中小企业占到 95% 以上，所以，在今后很长一段时间内，商业银行的贷款必将是企业融资的主要部分。

不仅中国等发展中国家商业银行提供的贷款是企业外部融资的最重要来源，美国等发达国家也是如此。根据美国哥伦比亚大学教授 Frederic S. Mishkin 和东卡罗来纳大学教授 Stanley G. Eakins 在 2006 年出版的大学教科书 *Financial Markents and institutions*（第五版）提供的数据，在 1970 年至 2000 年间，所有美国商务的外部融资中，贷款占56％，债券占32％，股票占11％。德国、日本、加拿大等发达国家的情况与美国差不多，贷款在这些国家也是最主要的融资工具。Mishkin 和 Eakins 两位教授还认为，直接融资（债券+股票）的份额很可能被高估了，美国的商务外部融资中直接融资实际占的比例不到5％。

（二）商业银行是为个人金融服务的主阵地

商业银行通过吸收储蓄存款、发放个人贷款、办理转账结算和其他业务，为全国人民提供多样化金融服务，满足个人金融消费需要。在金融市场和其他非银行金融机构没有充分发展之前，商业银行几乎垄断了个人金融服务。随着金融市场的发展、影子银行的出现、互联网金融的创新，为个人提供金融服务的主体多元化，商业银行的地位相对降低，但是，商业银行仍然是零售金融的主战场，是提供个人金融服务的主阵地。主要体现在三个方面：

（1）商业银行组织个人储蓄存款数量最多。绝大多数国家立法限制其他金融机构办理公众存款，只允许商业银行吸收公众存款、办理储蓄业务。我国《商业银行法》也做了类似规定。2000年以前，我国居民储蓄存款余额占各项存款余额的比例在55％以上。2000年以后，随着投资渠道多元化，储蓄存款的增速和比重逐步降低，截至2017年末，人民币存款164.1万亿元，其中，住户存款64.4万亿元，住户存款占存款总额约40％。这一数量和比例大大超过其他任何金融机构吸收个人存款的数量和相关比例。

（2）商业银行发放个人消费贷款规模最大。随着经济发展水平的提升，人民群众对美好生活的要求日益提高，进而对消费金融的需求不断增加，商业银行发放的个人消费贷款越来越多，相比其他金融机构发放的个人消费贷款来说，数量规模最大。2010年以来，我国商业银行发放的个人消费贷款逐年增加，规模巨大，其中个人住房贷款增速更高。截至2017年末，人民币贷款总额为120.1万亿元，其中，住户贷款、个人消费贷款、个人住房贷款余额分别为40.5万亿元、36.1万亿元、24.7万亿元，占人民币贷款总额的比例分别为33.7％、30.1％、20.6％。2015—2017年，个人住房贷款同比增速分别为23.9％、23.5％、21.4％。商业银行提供的庞大个人消费贷款，对改善人民群众住房条件、提高生活质量发挥了巨大作用。

（3）商业银行提供的个人理财服务范围最广。当前商业银行不仅为客户提供存款、外汇买卖、贵金属买卖等一般理财服务，而且创新多种银行理财产品，满足客户投资需求。同时，还为其他资管机构办理资金托管和结算服务，商业银行提供的个人理财服务范围极广。根据普益标准数据监测统计结果，截至2017年末，全国共有476家银行业金融机构（不包括外资银行）有存续的理财产品，理财产品数122 290只，其中，全国性银行、城商行、农商行分别有54 581只、37 152只和30 557只。存续规模估计为29万亿元。

（三）商业银行能够降低交易成本和分散风险

金融市场中存在交易成本与信息不对称问题，而商业银行能够较好地解决这两个问题，所以在现代金融市场中商业银行处于主体地位，与此同时，股票与债券则至今还不能成为企业最重要的外部融资来源。

商业银行能够有效降低交易成本,而证券市场则不能。交易成本影响证券市场发展,导致很多家庭不拥有任何证券。如果一个中等收入家庭将1/3的工资收入投资于股票,能买到股票的数量是相当少的,所花的经纪费用与购买股票价格相比具有较大的比例;由于投资的资金量少,"鸡蛋只能放在同一篮子里",无法分散风险。若投资于债券,如国债,许多国家的金融市场上要求购买国债的门槛较高,最小数量单位都很大,一般家庭没有足够的资金购买,证券经纪公司对小额债券投资也不重视,因为与收入相比,成本过大。这就限制了很多家庭的证券投资。中国的股票市场上倒是有很多小额个人投资者,而且以散户为主,其结果是赚钱少赔钱多,被机构投资者"割韭菜",这也证明了金融市场交易成本的存在不利于个人家庭投资。然而,商业银行则不同,它能够运用规模经济原理,通过专业化管理与协作,将小额储蓄资金积累成为巨额资金,从事大额投资,大大降低了交易成本,分散了风险,实现合理资产组合。

商业银行能够有效消除信息不对称,而信息不对称则导致金融市场的逆向选择。信息不对称指交易双方中一方对另一方的信息掌握不足,因而不能做出正确的决策。逆向选择是指由交易双方信息不对称和市场价格下降产生的劣质品驱逐优质品,进而出现市场交易产品平均质量下降的现象。信息不对称会导致金融市场逆向选择,逆向选择影响金融市场的融资结构。因为在证券市场上,一般的股票投资者难以分辨业绩好与不好的上市公司,他们只能投资反映各上市公司平均业绩的股票价格。另一方面,上市公司管理者掌握的信息多,业绩好的上市公司不愿接受只反映平均业绩的股票价格,只有业绩差的上市公司才愿接受相对于自身业绩而言被高估的价格。许多投资者因此决定不买上市公司的股票,于是,证券市场的发展受到了阻碍,严重影响了资金供给者与资金需求者之间的有效融资。由此表明,市场可交易的股票和债券不是商务外部融资的主要来源。

但是,商业银行在金融市场上具有"信息优势"。从整体上来说,商业银行拥有大量生产并把握金融信息的专家,能够掌握较全面的信息,因而有效消除信息不对称问题,较好地区分和控制金融风险。先吸收存款,然后向优良的企业或个人发放贷款,可以限制逆向选择。这也解释了为什么至今商业银行提供的间接融资在金融市场上所占的比重大大高于证券市场提供的直接融资。

只要金融市场信息不对称问题存在,证券市场上的交易成本依然不可忽视,商业银行的贷款功能就不会消失,商业银行在金融市场中的融资优势就存在。

第二节

商业银行的组织与结构

商业银行功能的发挥与其组织结构密切相关,不同的组织结构发挥着各自的功能，满足不同时期社会公众的不同需求。商业银行组织结构是指商业银行的基本架构，是对完成银行组织目标的人员、工作、技术和信息所做出的制度性安排，是银行功能和效率的统一体，也是实现银行经营战略和经营目标的组织保证。一般把商业银行组织结构分为外部组织结构和内部组织结构。银行功能的发挥、规模的大小和政府对银行业的监管要求都对商业银行组织结构的形成产生影响。

一、商业银行的外部组织形式

商业银行的外部组织形式又称外部组织结构，是指商业银行在社会经济生活中的存在形式，是商业银行机构在空间上的分布和管理层次。从世界范围来看，主要有以下几种类型：

（一）分支行制

分支行制又称总分行制，是指法律允许商业银行除总行之外，在本地区及跨地区普遍设立分支机构的银行组织制度。总行一般设在大城市或中心城市，所有分支机构归总行领导。这种组织制度起源于英国的股份银行。目前世界上大多数国家都采取这种组织形式。我国绝大多数商业银行也采取分支行制。

分支行制按管理方式不同，又可进一步划分为总管理处制和总行制。总管理处制是指总行只负责管理、控制各分支机构，本身不对外办理业务，总行所在地另设分支机构对外营业。总行制是指总行除管理、控制各分支机构以外，本身也对外营业，办理业务。总行对属下分支机构的管理制度不同，又分为三种类型：直隶型、区域型、管辖行型。直隶型，即所有的分行都直属总行，归总行直接管辖、指挥、监督。区域型，即把所有分支机构划分为若干区，每区设一区域行作为管理机构，不对外营业，其任务是代表总行指挥、监督区域内所属各分支行，各分支行则直接对区域行负责，服从区域行的指挥和管理。管辖行型，选择各分支行中地位较重要的行为管辖行，与区域行相似的是它代表总行管理、监督所辖的分支机构，但它也对外办理业务。上述三种类型彼此是可以交叉的。就某一较大规模的银行来讲，可根据实际需要，在其组织结构中同时采用上述三种类型。实行分支行制的国家，商业银行的家数一般都比较少，有几家、十几家到几十家不等，但分支机构却很广泛，分布在国内外各地，形成一个疏密有序的庞大银行网络。这种分布广泛的机构网点，对商业银行扩大业务覆盖面、实行综合性经营是一种重要的组织保证。

分支行制的优点在于：① 分支机构网点多、分布广，有利于吸收存款，调剂转移资金，提高资金的使用效益。同时，由于贷款和投资范围广泛，风险易于分散，可提高银行经营的安全性。② 经营规模大，服务范围广，以取得规模经济效益，相对降低单位业务的成本。③ 内部工作可以实行高度的分工，利于培养专业化人才，提高工作效率。④ 有利于采用现代化设备，提供方便的金融服务。⑤ 由于银行的总数较少，便于金融当局的宏观管理。

分支行制也有缺点：① 容易造成金融垄断，有碍市场的公平竞争。② 从银行内部管理角度看，由于分支机构多，总行统一管理难度较大。③ 商业银行在对企业的资金支持上，总行的政策易倾向于城市里规模大的企业，不利于地方经济的发展。

（二）单一银行制

单一银行制又称独家银行制或单元制，是指银行业务由各自独立的商业银行经营，不设立或不许设立分支机构的银行组织制度。银行通过一个网点提供所有的金融服务。

单一银行制在美国最为典型。这是由美国的特殊历史背景和政治制度决定的。美国是各州独立性较强的联邦制国家，历史上各州经济发展很不平衡，尤其是东西部差距显著。为了促使经济均衡发展，鼓励中小企业成长，各州都采取了银行立法来限制金融权力的集中，禁止或限制开设分支机构，特别是禁止跨州设立分支机构。第二次世界大战以后，美国有关当局对商业银行跨州设立分支机构的限制经历了逐渐放松的过程。1994年9月，美国国会通过《跨州银行法》，允许商业银行跨州设立分支机构，打破了单一银行制的法律限制，从而事实上结束了对银行经营地域的限制。由于历史的原因，至今美国的一些地区的商业银行仍采用单一银行制。

单一银行制的优点主要有：① 限制银行业垄断，有利于银行市场竞争。② 银行在当地设立机构，有利于与地方政府联系，可集中尽可能多的资源服务于本地区，促进地方经济的发展。③ 银行独立性和自主性大，经营较灵活。④ 银行规模小，组织比较严密，管理层次少，易于管理。

单一银行制也有明显的缺点：① 银行不设立分支机构，这与经济的外向发展和商品交换范围的扩大存在矛盾。同时，在电子计算机广泛应用的条件下，其业务发展和金融创新受到限制。② 银行业务主要集中于某一地区或某一行业，易受经济发展状况波动的影响，风险集中。③ 银行规模较小，经营成本高，不能取得规模经济和范围经济效益。近年来，我国新发展的村镇银行和小额贷款公司就是采取单一银行制的组织形式。

（三）银行控股公司制

银行控股公司制是指由一个企业集团成立控股公司，再由该公司控制或者收购若干银行的组织制度。在法律上，被控股的银行仍然保持各自独立的地位，但其发展战略和业务经营政策却由同一控股公司所控制。这种组织形式是商业银行突破金融管制的一种组织创新。

银行控股公司业务范围广，能够扩大资产负债规模，有利于增强竞争实力，提高抵御风险的能力。但是如同分支行制一样，银行控股公司容易形成集中和垄断，在一定程度上阻碍了银行业的发展。

控股公司一般有两种类型：非银行控股公司和银行控股公司。非银行控股公司是由主营业务不在银行方面的大公司控制某一银行的主要股份组织起来的；银行控股公司由一家大银行直接组织成大公司，控制若干小银行。如果控股公司只控制一家银行，称为单一银行控股公司；如果控制两家以上的银行则称为多银行控股公司，又可称为"集团银行"。

银行控股公司在第二次世界大战以前就已经存在，但是大规模发展是在20世纪70年代至80年代之间。银行控股公司发展的基本原因是绕开监管当局对商业银行开设分支机构的限制。最初银行控股公司只表现为单一银行控股公司，后来单一银行控股公司跨州设立分支机构，从事出售债务证券等业务活动，逐步向多元银行控股公司发展。至20世纪90年代后期，由于银行业并购浪潮的兴起，银行控股公司又有了进一步的发展。美国国会于1999年11月4日通过了《金融服务现代化法案》，允许建立商业银行、证券公司、保险公司和其他金融机构提供者之间联合经营的金融体系，从而加强金融服务业的竞争、提高效率。银行控股公司已成为美国金融产业中最重要的组织形式，各类银行控股公司已拥有全国银行存款与投资的80%以上。银行控股公司事实上已经成为金融业混业经营的大本营，标志着美国的金融业进入了全能化时期。不过，2008年金融危机之后，人们又重新开始对全能银行模式进行反思，经营策略政策有所调整。

为了顺应全球范围内的混业经营发展趋势和并购浪潮，我国的银行控股公司也有了较快发展，如工、农、中、建、交五大银行都成立了各自的银行控股公司，中信集团、光大集团、招商局集团、平安集团等集团旗下的银行控股公司更为活跃。这些银行控股公司都实行综合经营，办理银行、证券、基金、保险、信托等多种业务。

（四）连锁银行制

连锁银行制又称联合制，是指由某个人或某一集团通过购买若干家独立银行的多数股票，或以其他法律允许的方式取得对这些银行的控制权力的一种组织制度。在连锁银行制下，被控银行在法律上是独立的，但其所有权和业务经营权要掌握在控制这些银行的个人或集团手中。连锁银行制与控股公司制性质相近，但不以控股公司的形式存在。

这种银行组织形式往往以大银行为中心，确定银行业务模式，形成集团内部联合，其垄断性强，有利于统一控制，投资大型行业、事业单位，以获得高额利润。但事实上由于受个人或某个集团的控制，又不易获取银行所需的大量资本，不利于银行的发展。因此，许多连锁制银行转化为分支行制银行，或组成控股公司。当前国际金融领域的连锁制银行主要是由不同国家的大商业银行合资建立的，主要目的是经营欧洲货币业务以及国际资金存放业务。在国际上，这种国际连锁银行制也可以称为跨国联合制。

二、商业银行的内部组织结构

商业银行的内部组织结构一般是指商业银行总行的内部管理机构和经营部门的设置，直接体现商业银行的公司治理情况。由于大多数商业银行是股份有限公司，所以其内部组织结构主要由四部分组成，即决策机构、执行机构、监督机构和管理机构。

（一）决策机构

商业银行的决策机构主要包括股东大会、董事会及其董事会以下设立的各种专门委员会。

1. 股东大会

股东大会是商业银行的权力机构，由全体股东组成。股东大会依法对银行重大事项做出决策，包括决定银行的经营方针和投资计划，审议批准董事会工作报告、监事会工作报告、提名案、年度财务预决算方案、利润分配方案，修订银行章程、股东大会、董事会和监事会议事规则等。

2. 董事会

董事会是商业银行的决策机构，对股东大会负责。它由执行董事、非执行董事和独立董事组成。其职责主要包括：执行股东大会的决议，决定银行的经营计划、发展战略和投资方案以及股东大会授权的其他事项等。董事会一般不直接参与银行的经营，而是授权给银行的高级经营管理层。

3. 各种专门委员会

为了贯彻董事会的决议，履行董事会的职责，在董事会下设立一些专门委员会，以协调银行各部门之间的关系，定期或不定期地召开会议研究处理某些问题。主要的委员会有战略委员会、提名委员会、薪酬委员会、审计委员会、风险管理委员会、关联交易控制委员会、社会责任委员会等。

（二）执行机构

商业银行的执行机构是以行长为中心的业务经营管理体系，由高级经营管理层、业务和职能部门、分支机构组成。高级经营管理层由行长、副行长、首席财务官、首席信息官、首席风险官、公司业务总监等组成，负责组织银行的经营管理活动。

行长是商业银行的行政总负责人，是银行内部的首脑。其主要职责是执行董事会的决定，组织银行的各项业务活动，负责银行具体业务的组织管理，对董事会负责。各职能部门、分支机构以及其他高级经营管理层成员对行长负责。

商业银行的内部机构（业务和职能部门）可以分为直线式业务部和参谋式职能部两大类。直线式业务部是直接与银行经营项目有关的部门，如贷款部、存款部、国际业务部等。参谋式职能部主要负责内部事务的管理，如会计部、人事部、公关部等。

商业银行的分支机构是业务经营的基层单位。在分支行制中，商业银行都有较多的分支行。分支行还可以设立专业职能部门和业务部门，以完成上级行下达的经营任务。

（三）监督机构

商业银行的监督机构是银行的监事会及其下设的专门委员会。监事会由股东大会选举的监事组成，对股东大会负责。监事会负责对银行财务活动、风险管理和内部控制、董事会和高级经营管理层及其成员履职尽责情况进行监督。监督委员会是监事会下设的专门委员会，主要负责对银行财务活动进行检查监督，对董事、行长和其他高级管理人员进行离任审计以及对经营决策、风险管理、内部控制等进行审计等。

（四）管理机构

商业银行的管理机构是银行具体组织经营管理的部门，主要管理内容包括以下五个方面。

（1）全面管理，由董事长或行长（总经理）负责。主要内容包括确定银行经营目标、发展战略、业务计划和经营预测，制定各项政策和制度，指导、控制和评价各业务部门和职能部门的工作及分支机构等。

（2）财务管理，主要负责资本筹集及成本控制、现金管理，并制定财务预算，实行审计和财务控制，进行税收和风险管理等。

（3）人事管理，主要负责招募和培训员工，对员工进行绩效考核，进行薪酬设计，处理劳资关系等。

（4）经营管理，由行长（总经理）负责，主要包括根据计划和安排组织各项业务活动，分析经营过程中可能出现的各种问题，保证银行经营安全和盈利。

（5）市场营销管理，主要内容包括分析消费者行为和市场动态，确定市场营销战略并有效落实等。

由于各国银行体制不同，经营环境、民族习惯不一样，商业银行的内部组织结构也不一致。即使是在同一国家，由于商业银行的产权形式和规模大小不同，每个银行的内部组织结构也会有较大差异。但一般来说，商业银行的内部组织也有相同之处。

在较长时期内，我国商业银行的内部组织结构基本上是按业务种类和产品来划分的，且内部组织结构设置常有鲜明的机关模式特征。随着国有商业银行股份制改革的深化，其内部组织结构和经营管理机制也在发生变化，逐步向股份制商业银行内部组织结构的一般模式靠近。

中国共产党第十九次代表大会指出"党政军民学，东西南北中，党是领导一切的"。为贯彻落实这一精神，加强党对金融工作的领导，各类商业银行都把加强党对商业银行的领导写进银行章程，在已有"三会一层"（股东大会、董事会、监事会、经营管理层）的基础上增加"党委会"，党委书记一般由董事长担任，如董事长不是共产党员则由行长担任，也有的设专职党委书记岗。此外，监事长一般还兼任纪委书记。在商业银行内部组织架构中设置党委会，既是与西方国家商业银行的区别，也是我国商业银行强化管理的最大优势。图1-1是中国工商银行，图1-2是常熟农村商业银行的内外部组织结构图。

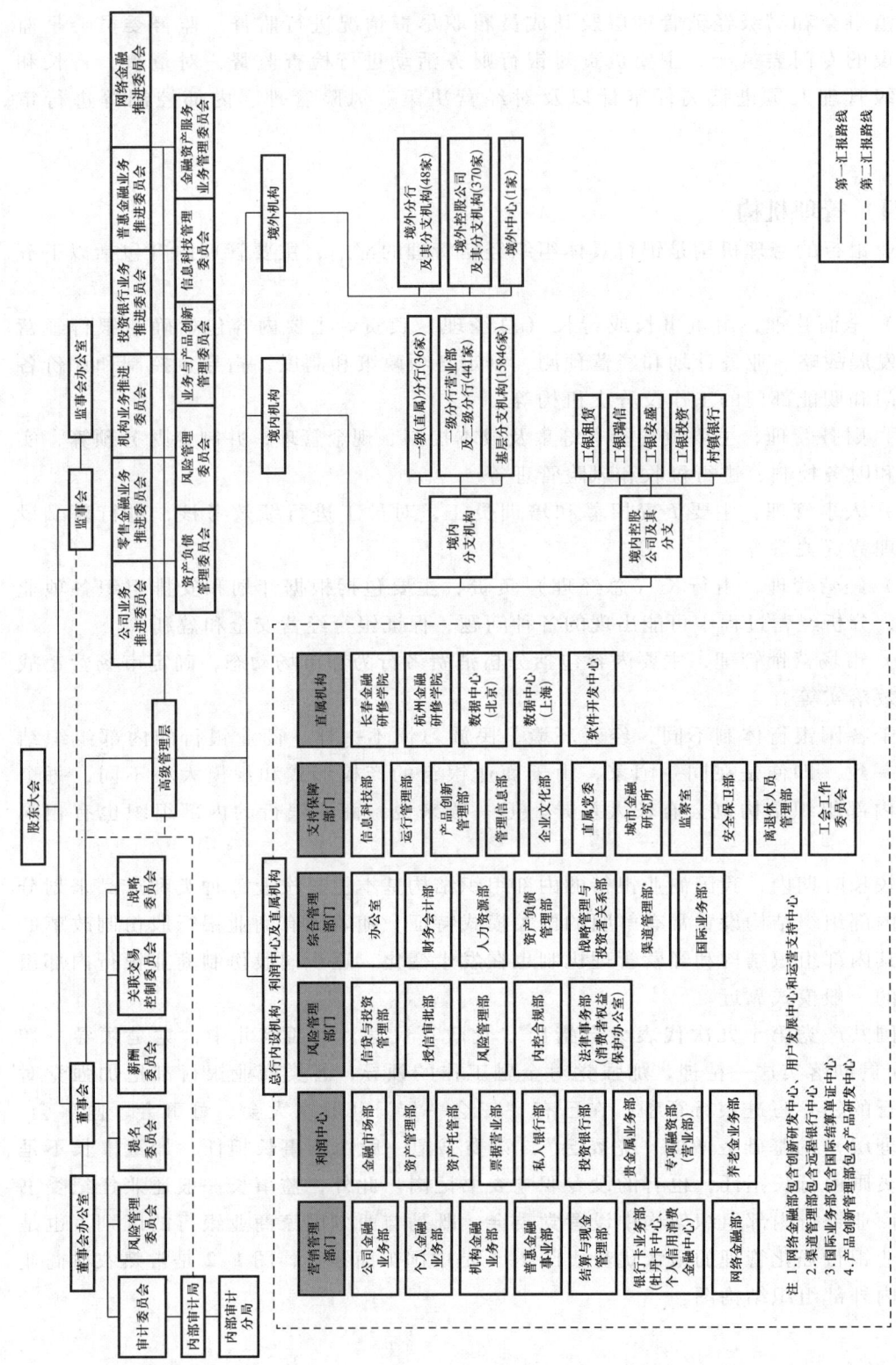

图1-1 中国工商银行内外部组织结构图
资料来源：中国工商银行网站

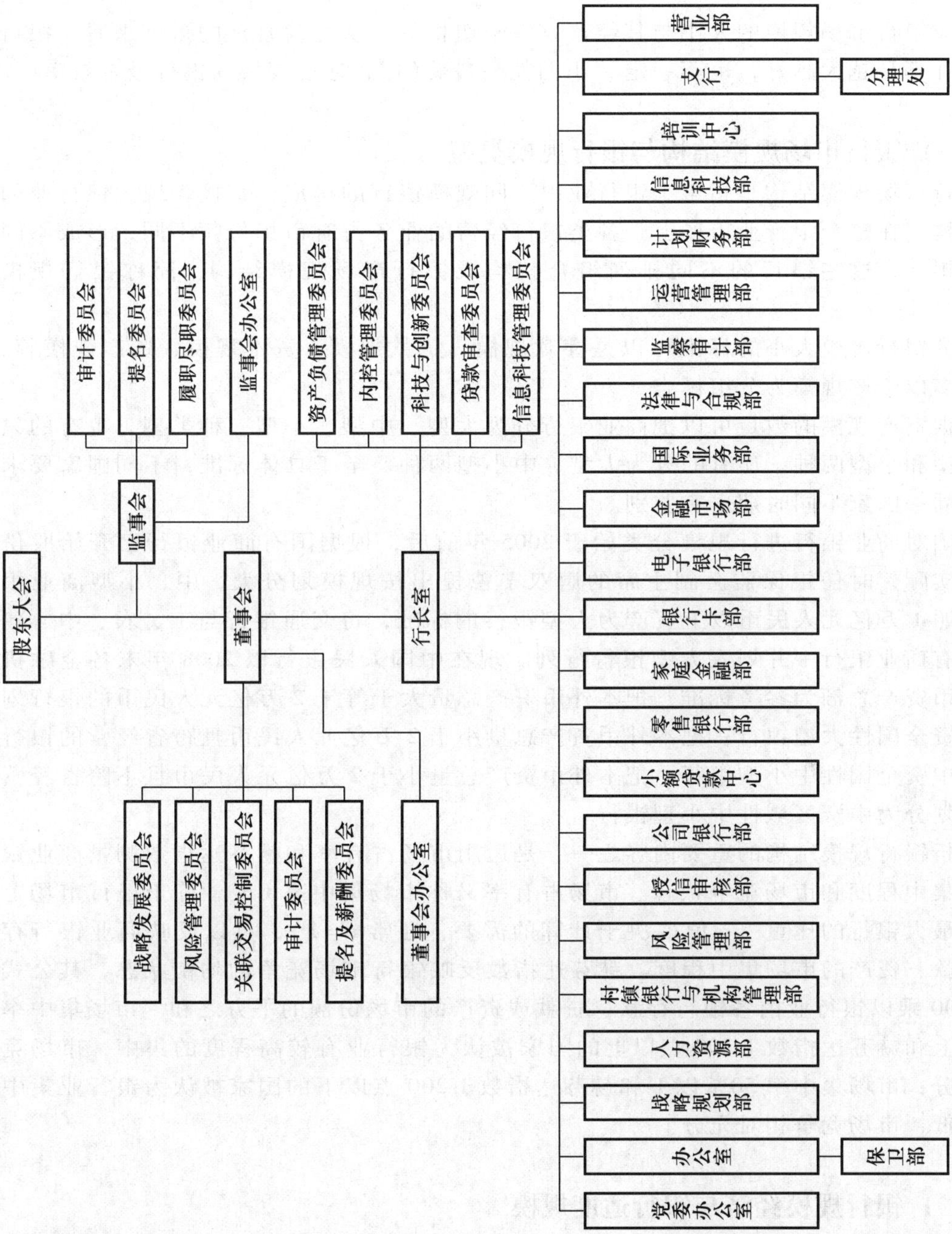

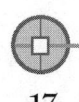

图 1-2 常熟农村商业银行内外部组织结构图

资料来源：常熟农村商业银行网站

第一章 商业银行导论

三、商业银行的市场规模结构

商业银行市场规模的大小与其经营效率密切相关。从经营管理的角度来看，银行的规模并不是越大越好，也不一定"小的就是最美的"，适度规模的银行最有效率。

（一）银行市场规模结构与银行规模类型

银行市场规模结构是指整个银行业中不同规模银行的构成，直接表现为银行业的市场结构。在整个银行业市场上，各类银行经营的业务占有市场份额不同，形成不同规模的银行，这些银行的不同排列组合就构成银行市场规模结构，简称银行规模结构。

划分银行规模大小的标准可以是存款规模、贷款规模、资本规模、资产规模等，但一般多以资产规模为分组标志。

根据资产规模的数量可以把商业银行分为大型、中型、小型三种类型，也有的只分为大型和小型两种，还有的分为大型、中小型两种。至于具体标准，不同国家要求不同，同一国家不同时期也有差别。

我国对商业银行进行规模分类始于 2005 年前后，根据国有商业银行已开始股份制改革实际，时任银保监会副主席的唐双宁曾提出按规模划分大、中、小型商业银行。按照 1 万亿元人民币以上资产为大型银行的标准，将交通银行与工、农、中、建四大国有商业银行一并划入大型银行行列。现在中国人民银行以 2008 年末各金融机构本外币资产总额为参考标准，把本外币资产总量大于等于 2 万亿元人民币的银行划分为中资全国性大型银行；把本外币资产总量小于 2 万亿元人民币且跨省经营的银行划分为中资全国性中小型银行；把本外币资产总量小于 2 万亿元人民币且不跨省经营的银行划分为中资区域性中小型银行。

分析银行规模结构的重要内容之一，是运用市场占有率和赫芬达指数测量商业银行市场集中程度和市场竞争状态。市场占有率又称市场集中率 CR_n，等于银行市场上前几家最大银行的比重（n 值取决于计算的需要，通常 n=3），可以反映商业银行存款、贷款、资产的市场集中程度。赫芬达指数反映银行市场竞争的均衡状态，其公式为 10 000 乘以银行业内各银行存款、贷款或资产的市场份额的平方之和。市场集中率 50% 以上和赫芬达指数 1 200 点以上的国家被认为银行业有较高程度的集中，市场竞争不充分；市场集中率 50% 以下和赫芬达指数 1 200 点以下的国家被认为银行业集中程度较低，市场竞争相对充分。

（二）银行规模经济与银行适度规模

银行规模经济是指随着银行负债或资产规模的扩大引起银行经济效益增加的现象，表现为当银行扩张负债或资产时银行收益增加或单位成本降低。它反映的是银行规模与经营效率之间的关系。

银行规模经济主要研究银行是否在最节省成本的状态下提高产出。如果产出的增长率高于成本的增长率，该银行正处在规模经济状态中，即银行通过扩大规模，提高产出水平可以更有效率地经营；如果产出的增长率低于成本的增长率，则该银行处在规模无经济状态中；如果产出的扩张所引起的成本的增加没有变化，则该银行处在常数态规模效率中。在有规模经济的产出水平上，产出的增加会降低平均经营成本。这是因为：第一，银行经营一般需要较多的技术装备和设施投资，从而带来较多的固定成本。随着规模的扩张，银行主要增加可变成本，而固定成本相对稳定，使单位平均成本下降。第二，银行技术专业化分工，可以提高经营效率，而专业化分工建立在银行一定的经营规模基础上。

通过银行规模经济分析可以寻求银行的适度规模，进而得出一国最优的银行规模结构，即一国银行业一般应以多大规模的银行为主才最有效率。

美国学者从成本角度对规模经济研究发现，就每一货币单位的资金来源而言，大银行比小银行有更大的产出，小银行的成本几乎是大银行的两倍；银行业存在递增的产出规模效率和递减的成本规模效率。社会中最佳银行业组织结构应该是产出效率最高、资源配置功能中性（银行结构不会破坏社会资金从储蓄向投资的自动流动）、避免对消费者和银行客户的剥夺，同时能促进银行业对市场变化和技术变化做出反应的状态。从单一银行制与分支行制比较角度研究规模经济，结果表明：单一银行呈现出规模无效率状态，随着经营规模的扩大，每一单位产出增加的百分比变动引起银行总成本更大的百分率变动。分支行制银行呈现出轻度的规模经济，银行总成本对产出的弹性系数小于1。这种现象是因为分支行制银行可以通过设立分支机构来增加账户的数量，而单一银行在增加新客户时成本要大得多；银行的平均经营成本曲线呈U形向上倾斜。

20世纪90年代以后有关银行规模效率研究基本上都证实了上述同样的结论，即随银行经营规模扩大，银行的平均成本曲线呈现出相对平坦的U形状态，中等规模银行在规模效率上要优于巨型银行和小银行。各项实证研究的不同分歧仅在于U形平均成本线底部（最低成本）出现在什么规模上。

（三）我国商业银行规模结构及其变化

我国银行业的发展经历了一个从绝对垄断到相对充分竞争的过程，银行规模结构也随之变化。大致可以划分为如下三个阶段：

1. 国家专业银行高度垄断阶段（1979—1993年）

1958—1978年，与高度计划集中管理体制相适应，我国银行业实行"大一统"体制，全国基本上只有一家特大银行——中国人民银行，它垄断一切金融业务。1979年以后，随着经济体制改革，先后恢复成立中国农业银行、中国银行；1984年开始，中国人民银行专门执行中央银行职能，同时成立中国工商银行；1985年，中国人民建设银行转变为专业银行，划归中央银行领导。至此，形成了以中国人民银行为核心，工、农、中、建四大国家专业银行为主体的银行体系。1986年，恢复成立了交通银行，农村信用社也有了较快发展。但是，直到1993年，以工、农、中、建四大银行为主体的国家专业银行仍处于高度垄断状态。

2. 国有商业银行垄断竞争阶段（1994—2003年）

1993年12月，国务院发布了《关于金融体制改革的决定》，提出建立社会主义商业银行体系，把国家专业银行转变为国有商业银行，大力发展多种形式的新型银行，包括全国性股份制商业银行、区域性股份制商业银行、城市商业银行、农村商业银行等，到了2000年以后，我国商业银行业有了长足发展。银行业的竞争强度已达到了国际银行业市场竞争所要求的基本状态。

3. 商业银行规模结构逐步优化阶段（2003年至今）

2001年，我国加入世界贸易组织，金融业对外开放进一步扩大，银行业改革发展更加深入。2004年开始，国有商业银行进行股份制改革，四大国有独资商业银行陆续公开上市，其他股份制银行也有一批IPO，进入股票市场。截至2017年底，全国已有上市银行公司27家。银行业市场竞争日益加剧，商业银行规模结构逐步优化，不断向适度规模迈进。

第三节
商业银行的经营模式及其发展

商业银行业务发展和功能作用的发挥与银行经营模式密切相关，而银行经营模式又随着经济发展水平提高、科学技术进步、金融制度创新、金融监管法规制度变化有所改变。在商业银行的长期发展过程中，分业经营模式和混业经营模式是最主要的两种模式，我国商业银行也是围绕这两种经营模式改革发展的。

一、银行经营模式与范围经济的关系

（一）银行经营模式的类型

根据企业经营模式的一般定义，银行经营模式就是指银行依据自身经营宗旨，为实现其经营目标而采取的经营方式和方法，具体包括银行的业务范围、银行在产业链中的位置、银行实现价值的手段三方面内容。因此，也可以从经营模式内涵所包含的三个维度对银行经营模式进行分类。

1. 根据银行的业务范围分类

据此可以将银行经营模式划分为分业经营模式和混业经营模式两类。

分业经营模式是指将银行类业务与证券、信托、保险类业务截然分开，商业银行只能经营银行类业务，而不允许经营证券、信托等投资银行业务的一种经营模式。这种经营模式相对"专业化"，银行面对的市场范围比较有限，有利于提高效率和监督管理。

混业经营模式是指不限制银行业务范围，商业银行既可以经营银行类业务，也可以经营证券、信托、保险类业务的一种经营模式。这种经营模式"综合化"特色明显，银行面对的市场范围广泛，有利于提高银行范围经济效率和银行综合实力。后文将重点讲述分业经营模式和混业经营模式。

基础篇

2. 根据银行实现价值的方式分类

银行实现价值的方式需要借助于竞争战略。根据银行竞争战略可以将银行经营模式分为成本领先模式、差异化模式和目标集聚模式三种。

成本领先模式是指银行努力发现和挖掘所有的资源优势，特别强调业务规模和提供一种或几种标准化的产品，在行业内保持整体成本领先优势，从而以行业最低价格为其产品定价。

差异化模式是指银行向顾客提供的产品和服务在行业内独具特色，这种特色足可以给产品带来额外的加价，形成独特的竞争优势。

目标集聚模式是指在特定的顾客或者某一特定地理区域内，提供有竞争力的产品和服务，在行业很小的竞争范围内建立独特的竞争优势。

3. 根据银行在产业链中的位置分类

产业链的位置可以分为好几个部分，根据银行在产业链中的位置对经营模式进行分类比较复杂。这里仅就市场经济中银行与企业的关系模式进行简单介绍。

从世界范围来看，在当代市场经济中，各国围绕本国的历史、文化、法律制度，经过长期实践形成了各自的银企关系。从世界范围来看，主要有四种模式：美国的强力制衡模式、英国的职能分离模式、德国的主导银行模式、日本的主办银行制模式。具体内容详见"知识专栏1-2：市场经济中银企关系的模式"。

知识专栏1-2

市场经济中银企关系的模式

在当代市场经济中，各国围绕本国的历史、文化、法律制度，经过长期实践形成了各自的银企关系。从世界范围来看，主要有四种模式。

一、美国模式：建立制衡机制，防止形成银行业与工商业融合的寡头经济

美国社会的哲理提倡和保护竞争，反对垄断，特别担心由于银行业与工业融合而形成的寡头经济。美国通过立法来建立制衡机制，使银行与工商企业保持较疏远的距离。《1933年银行法》规定：严禁银行从事公司证券的承销、分销、买卖以及对工商企业进行股权直接投资，禁止银行与股份制工商企业的人事往来。因此，美国商业银行与工商企业基本上是较纯粹的债权债务关系。这种关系已形成一种经济模式，它是美国政界、经济理论界、金融界理智追求的结果。这种模式明显的优势是对银行与工业高度集中垄断的抑制，其缺点是工商业与银行间之间的联系较为单薄。

二、英国模式：职能分离，商业银行不参与对工商企业直接投资

英国商业银行具有融通短期资金的传统，较少从事中长期贷款，而银行通过投资和控股与工业融合更为鲜见。由于历史原因，银行与工业的股权融合一直没有出现自然和必要的契机，两者的关系主要是短期债权债务关系。

三、德国模式：银行导向，银行资本对工商业资本的依存和控制

德国历史上建立起来的全能银行制度是德国银行业通过股权操作和人事安排，加强对工商企业的监督和控制，形成银行导向的经济制度（Bank-Oriented Economy）。这个经济制度的核心是主导银行（Hausbank），意指德国工商企业一般依赖某家银行，以各种形式的外部融资，作为主要的资金来源，包括各种债务和股权融资。

银行控制工商企业的机制设计包括：（1）银行是投资公司的股东，并直接参与投资公司的管理；（2）控股银行是投资者的真正受托人；（3）控股投资公司的投票代理制，投资公司管理层有权代表其投资基金所持有的股票在股东大会上投票。

银行控制工商企业带来了丰厚利益：（1）银行通过投资公司控制的企业给银行带来多种业务；（2）银行在不断扩张资本投资的情况下也可以达到对工商企业增加影响力的目的；（3）银行在不降低影响力的前提下，可以把对企业控股限制在意愿界线内。

四、日本模式：主办银行制与银行效率的质量保障

日本银企关系以其"主办银行制"（The Main Bank System）而著称。简言之，它是指日本银行与企业通过某种产权关系形成联系，参与企业经营管理过程的一种机制安排。在传统上，日本许多企业与某家具体银行有密切联系，银行往往是一家企业的最大股东，同时也是这家企业的最大贷款人，为其提供资金转划和清算等金融服务，甚至派人在企业担任领导。

日本的主办银行制被认为是一种成功的机制安排，它在促进日本经济和金融高效率增长的同时，也保障了银行提高效率的质量。在保障银行效率质量方面，它被日本经济学家概括为四种作用：① 内含保障作用，主办银行可以把对联系企业贷款的利率与贷款资金成本波动相隔离，使企业的利润稳定，从而也保障银行的本息偿还稳定；② 缓解信息不对称问题，主办银行制有助于熨平银行与企业之间的信息不对称情况，使企业和银行的经营效率均大为提高；③ 降低企业财务危机对银行带来的成本；④ 有效和低成本的公司监督，日本银行与企业的相互持股，使监控的利益相关度提高，贷款监督成本下降。

日本主办银行制所建立的长期稳定银企关系不仅使银行获利，而且给工商企业带来巨大利益。20世纪80年代以前日本经济高速增长和经济、金融体制长期稳定并存的奇迹，包含着日本主办银行制所产生的效应。但20世纪80年代以来，日本大企业开始大幅度降低对主办银行的借款依赖强度，而同时增加对外发行证券融资。

资料来源：根据黄宪等主编的《银行管理学》（武汉大学出版社，2004）第35-43页整理。

（二）银行业务范围经济的含义

范围经济，是指由企业的业务范围扩大而非规模增加而带来的经济。即当企业通过扩大经营范围，增加产品种类，生产两种或两种以上的产品而引起的平均单位成本降低，经济效益提高，就存在范围经济；如果因企业经营范围的扩大，产品种类的增加，出现平均单位成本不变，甚至升高的状况，则存在范围不经济。显然，与规模经济不同，范围经济通常是企业或生产单位从生产或提供某种系列产品（与大量生产同一产品不同）的单位成本中获得节省。而这种节约来自分销、研究与开发和服务中心等部门。

银行业也存在范围经济，它是多种金融服务由同一银行机构提供所产生的协同效应。具体来说，银行业务范围经济的核心在于银行是否提供了最节省投入成本的业务组合。在给定产出水平上，如果经营多种业务银行的成本低于专业经营银行的成本，那么，多种经营银行存在业务范围经济。如果多种经营银行的成本高于专业经营银行，则存在经营业务范围的不经济。

银行产生业务范围经济的主要原因是各种投入和业务对同一固定资产和信息资源、人力资源的分享。例如，同一部门的出纳可以既处理支票业务，又可以办理储蓄业务。对客户所做的资信评估既可以用于不动产抵押贷款，也可以用于工商流动资金贷款。因此，那些同时经营多种业务的银行其成本可能比处理单一业务的银行要低些。除了表内项目外，银行还可以提供信用证、贷款承诺、证券承销、保险、衍生品交易等许多表外业务，它们都可以在投入成本不增加或仅有较小的增加时给银行带来更多的收益。

需要说明的是，在银行规模经济和业务范围经济之间往往存在相互联系。例如，银行可以用计算机处理存、放、汇、理财等多种业务，也可以利用计算机提高办理业务的速度，增加业务规模。

（三）银行经营模式与业务范围经济的关系

范围经济是研究企业的生产或经营范围与经济效益关系的一个基本范畴，一般成为企业采取多样化经营战略的理论依据。同样，银行业务范围经济也为银行混业经营模式提供了理论支撑。

经济学家鲍莫（Baumol）、弗里兰德（Friedlander）等在1982年提出了银行业务范围经济假说，他们认为从事多种业务经营的银行可以享受到成本降低多种供给的利益，即银行通过提供多种业务产出可以带来成本节约和收益增加。其原因是：① 固定成本分摊。银行现有建筑大楼、计算机、其他设施、出纳和贷款员的成本，可以在银行不增加投入而扩展业务种类时，分摊这些固定成本。② 信息经济。银行在从事存款和贷款业务时，可以从客户那里获取和贮存各种信息。当银行对这些客户推出其他金融服务时，可以重复利用已有信息，从而在进行信用分析时节约成本。③ 降低风险。银行资产分散和资产与负债期限匹配可以降低组合风险和利率风险，银行通过扩展业务种类可以在不增加额外成本的情况下降低风险。④ 客户成本经济。银行客户在运用活期存款、储蓄存款和贷款业务组合时，可以降低由客户对外转移资金导致的银行成本，这是由于银行内部账户的资金转移可以带来成本节约。银行在满足这些组合服务需求时，还可以通过收取服务费来增加收入，增加市场份额。因此，大银行经营多种业务带来的业务范围经济是明显的，由于实力的差异，大银行更倾向于开办尽可能多的业务。

1993年，伯杰（Berger）等提出了一个综合性的银行业务范围经济新概念——优化业务范围效率。伯杰认为，业务范围经济应该既包括产出组合的收入效应，又包括投入组合的成本效应，可以定义为产出效率和投入效率同时存在的状态。利用优化业务范围效率的概念，可以考察一家银行在给定价格和其他外部因素条件下，是否可以以最优的方式提供一系列完整的产出。

二、分业经营模式与混业经营模式

从世界各国商业银行业务经营的发展过程来看，商业银行大致可分为业务分离型和业务全能型两种。与之相对应的银行经营模式分为分业经营模式和混业经营模式，前者以英国银行为代表，后者以德国银行为典型。

（一）分业经营模式

分业经营模式是将商业银行业务和投资银行业务截然分开，不允许一家银行同时混合经营两类银行业务。商业银行不准进入投资银行的领域，投资银行也不许进入商业银行的领域。

实行分业经营的商业银行，深受经济理论上的"商业贷款论"或"实质票据论"的影响，负债业务以吸收短期存款为主，资产则集中于短期自偿性贷款。英国的商业银行是实行分业经营模式的典型代表，美国和日本等国的商业银行也在相当长的时期内采用这种模式。

从历史上看，英国的商业银行在长期竞争中形成了自律性短期资金融通、专业分工明确的经营特征。英国商业银行传统上以短期资金融通为主，其资产业务多集中发放基于商业行为而能自动清偿的自偿性贷款，而且商业银行的类别较多，相互分工补充。英国比较典型的商业银行有三类：存款银行、清算银行和票据贴现承兑机构。存款银行是其主要形式，它们可以吸收存款，发放短期贷款。清算银行是指在英国清算委员会中获得席位的存款银行，能够自行办理资金清算业务。那些没有席位的银行只能以一家清算银行作为代理人。贴现所是专门从事票据贴现业务的金融机构，作为存款银行与工商企业之间以及存款银行与英格兰银行之间的中介。一般的情况是当工商企业需要资金时，便把自己持有的未到期的票据向贴现所要求贴现。贴现所资金短缺时，它们就用这些票据向存款银行要求贴现。存款银行资金短缺时，贴现所可以向英格兰银行要求再贴现。承兑公司专门从事汇票承兑，汇票经承兑公司承兑以后极易向贴现公司进行贴现。这样就形成了一类机构办承兑，一类机构做贴现，另一类机构专司存贷款的商业银行系统。这样安排使短期业务专门化了，分散了风险，提高了效率。

英国商业银行采取这种经营模式与英国长期处于世界工业强国、国际贸易大国和拥有众多殖民地的地位密切相关。英国资本原始积累相当充分，企业自有资金率高，不需要向银行筹集长期资金。英国国际贸易、海运、结算和国际货币中心的地位也促成其商业银行短期和专业分工的经营特征。值得一提的还有，英国商业银行经营特征不是法律强制的结果，而是商业银行进行自律性业务限制和中央银行道义说服的结果，英格兰银行对各金融机构之间关系的调节，使用较多的也是最有效的方法是道义说服和君子协定。直到1979年才有一个较全面和正规的银行法。

美国商业银行的分业经营模式与英国不同，它有着完善的分业经营的法律和理论。在很早以前，美国就有禁止银行从事风险类证券投资的法律规定，如《1864年国民银行法》不允许国民银行进行普通股票的承销和交易，《1913年联邦储备法》对成员银行作了类似的限制。这致使美国早期商业银行只从事比较单纯的银行业务，即接受存款、发放贷款、开办相关结算和汇兑类中间性业务。1929—1933年的经济大危机给美国银行业以致命打击，为了提振公众对商业银行体系的信心，美国制定了相应的法律和制度，重构银行体制，1933年美国国会通过了《1933年银行法》，即《格拉斯—斯蒂格尔法》。该法确定了将银行业务与股票证券业务明确分开，由商业银行和投资银行分别承担，商业银行不得进行代理证券发行、股票证券包销和分销、证券经纪等属于投资银行的经营活动；同时，任何从事证券投资业务的银行，也不得在经营证券活动的同时开办支票存款、存单存款和贷款等属于商业银行的业务。《1933年银行法》被称为"格拉斯—斯蒂格尔隔火墙"，是重构美国金融体制的里程碑，使美国整个金融体系在新的秩序环境中健康运转。不过，美国的分业经营是一种范围较宽的分业经营，商业银行的业务范围十分广泛。

（二）混业经营模式

混业经营是一种侧重追求范围经济效益的银行经营模式，不区分银行业务与证券业务和信托业务，银行可以全面经营各种金融业务。实行这种经营模式的银行最大特点是不实行商业银行业务与投资银行业务的严格区分，是综合性、全能型银行。这种全能型银行以德国的商业银行最为典型。

德国银行业的混业经营模式是德国银行体制最突出、最重要的特征。全能型银行或全能服务银行，是一种具有极高渗透扩张功能和业务范围经济的全能银行制度。这类银行不仅开办传统的存贷款业务，还从事投资新兴企业、证券包销和代理买卖、租赁、信托业务，甚至还可以进行不动产和保险业务。德国的综合性银行包括三大类：商业银行、合作银行和公营储蓄银行。这三类银行业务量很大，占全部金融机构业务总量的75%以上。

德国银行混业经营的综合性特征，并不是德国银行业有意识追求业务范围效率的结果，而与德国工业经济的发展历程有关。19世纪30年代，英国的工业革命已经基本完成，但德国则刚开始进入工业革命时代；19世纪70年代后，德国工业化进程十分迅速，建成许多大股份制企业。大工业的迅速发展，一方面对资金产生大量需求，另一方面社会资金积累薄弱，证券市场落后，缺乏个人投资基础，工商业自有资金率低，客观上形成了对银行和政府在资金上的严重依赖性。政府面对国际竞争环境的巨大压力，以及所怀有的奋起直追的强烈愿望，鼓励银行向工商业提供长短期资金和全方位服务。这使得德国现代银行一开始就没有余地作为传统意义上的商业银行发展，而只能是长短期业务并重、银行业务与证券业务兼营的方式。综合性银行在德国经济工业化阶段起到了极大的促进作用。在1929—1933年的世界性经济金融大危机和第二次世界大战中，德国的金融危机暴露出综合性银行的弱点。但是，德国没有简单地否认综合性银行制度，而是采取了一些制度性措施加以调整。一方面，政府采取了严格的金融监管措施；另一方面，商业银行采取债权转投资或股权的方式，将无法偿还的贷款转化为银行的投资或控股权。用这种方式，德国银行业在20世纪30年代大危机中挽救了许多濒临倒闭的企业。在第二次世界大战后，德国银行又以大量长期贷款和直接投资的方式协助工业复兴，使银行与工业企业的关系进一步密切。

（三）分业经营模式与混业经营模式的比较及其发展

分业经营模式与混业经营模式在银行业的长期发展过程中都被采用过，都有成功与失败的案例，各有利弊，很难说谁好谁不好。

1. 分业经营模式的优势与不足

分业经营模式的主要优势在于：① 有利于提供专业化的业务和培养专业化的管理人才。比如，一般证券业务要根据客户的不同要求，不断提高其专业技能和服务，而商业银行业务则更注重于与客户保持长期稳定的关系。② 有利于银行业内部协调管理。分业经营为每种业务发展创造了一个稳定而封闭的环境，避免了各机构可能出现的竞争摩擦内部协调困难问题。③ 有利于银行业安全稳健经营。分业经营有利于阻止商业银行将过多的资金用在高风险的活动上，保证商业银行自身及客户的安全。

分业经营模式的不足之处主要有：① 不利于金融业的充分竞争。分业经营模式下以法律形式规定的每种机构业务相分离的运行系统，使得各类金融机构难以开展必要的业务竞争，更不利于银行进行公平的国际竞争。② 不利于金融业资源共享。在分业经营模式下，商业银行和证券公司缺乏优势互补的平台，证券业难以利用、依托商业银行的资金优势和网络优势，商业银行业也不能借助证券公司的业务来推动本身业务的发展，不利于发挥范围经济作用。

2. 混业经营模式的优势与不足

混业经营模式的主要优势在于：① 有利于发挥规模经济与范围经济的作用。混业经营模式下，银行从事经营商业银行业务和证券业务，可以使两种业务相互促进、相互支持，做到优势互补，银行拥有规模经济与范围经济带来的成本优势、利益与竞争优势。② 有利于加强银行业的竞争。实行混业经营，任何一家银行都可以兼营商业银行与证券公司业务，这样便加强了银行业的竞争，有利于优胜劣汰，提高效益，促进社会总效用的上升。③ 有利于分散和降低金融风险。银行混业经营，开展全面、综合的银行业务，可以使其业务多元化，实现资产的最优组合，达到分散风险的目的。银行在某一方面出现的亏损，可由其他方面的盈利来弥补。混业经营有利于金融机构内部风险的相互转移和分散，降低风险。混业经营使银行充分掌握企业经营状况，降低贷款和证券承销的风险。

混业经营模式的不足主要有：① 容易导致金融业的垄断，可能影响公平竞争。② 存在比较严重的风险传染。混业经营的银行，一种业务发生风险，可能传染给其他的业务，风险累积后，可能导致银行的破产倒闭，后果更为严重。③ 加大了监管难度。混业经营集多种业务经营于一身，经营管理的透明度较差，不利于有效监管。

3. 银行经营模式的发展历程及趋势

从世界主要国家银行业分业与混业经营模式的发展历程来看，大体经历了"初期低层次的混业经营—较严格的分业经营—较高层次的混业经营—重新定位的混业经营"的过程，同时也反映出银行混业经营模式确实比分业经营模式有更多的优势，它代表着未来金融业发展的方向，是一种必然趋势。

（1）初期低层次的混业经营。从现代资本主义银行产生到1933年之前，无论是有意还是无意，银行大都实行混业经营，凡是能做的业务都做。但是，这期间的业务仍然以银行业务为主，证券类业务为辅。以德国、美国为代表的银行混业经营都处于较低层次。

（2）较严格的分业经营。英国银行业较早实行自律性分业经营，强调短期资金融通和专业分工，是分业经营模式的代表。但是，以法律形式规定银行分业经营的典型则是美国，此外还有日本等国家。1929—1933年的经济大危机对美国银行业的重创，引发美国对此前银行"模糊混业"经营模式的反思,1933年通过了《格拉斯—斯蒂格尔法》,规定商业银行、投资银行、保险业分业经营,确定了分业经营的法律框架,形成了较严格的分业经营模式。这一制度后来被日本等国家仿效,并一直实行到20世纪90年代。

（3）较高层次的混业经营。随着金融自由化和金融创新的发展、金融监管制度的改革、科学技术的进步,银行分业经营的局限性日益暴露,而混业经营的优势愈益明显。从20世纪80年代开始,英国、日本、美国等国都进行不同程度的金融改革,试图打破分业经营的限制,到20世纪90年代,从整个世界范围来看,银行业已经进入了较高层次的混业经营阶段。从20世纪80年代中期开始,英国银行业在竞争中从专业分工经营走向混业经营,最突出的表现是银行业进入证券业和保险业领域。以1986年10月27日伦敦证券交易所进行大规模改革（Big Bang）为标志,银行开始进军证券领域,发展证券业务。20世纪80年代末,英国清算银行开始进入保险业的零售业务领域,并得到迅速发展,银行提供的保险业务种类多、水平高。与此相适应,英国率先改革金融监管模式,实行统一金融机构下的功能性监管,1997年成立了金融服务管理局（FSA）,逐步统一管理银行业、证券业和保险业,实现了"混业管理"。日本从20世纪80年代初开始推进金融自由化,1993年实施金融制度和证券交易制度的改革,进一步放松银行经营证券业务的限制,1996年提出"金融大爆炸",全面改革证券市场,放松对银行业的管制,开启了银行混业经营新阶段。美国银行业从20世纪70年代就受到金融创新带来的证券业和保险业的竞争压力,不断寻求新的改革突破,但都受到分业经营的法律限制,于是商业银行业就向政府施压,要求重新审视《格拉斯—斯蒂格尔法》,进入证券市场领域,提高银行业务范围经济效率。在实践上,银行业也从理性的分业经营转向混业经营。1999年11月美国国会通过了《金融服务现代化法案》,废除了分业经营模式,承认了美国金融业混业经营的现实,也是对银行业由分业经营模式向混业经营模式转变国际大趋势的追随。

（4）重新定位的混业经营。由2007年美国次贷危机引发的全球金融危机对全世界经济、金融产生了深刻影响,迄今为止仍然有一些国家没有走出危机阴影。正是这场危机,启示人们对1999年美国《金融服务现代化法案》颁布后实施的银行混业经营进行重新审视,美国21世纪以来的金融变革模式受到了全世界的质疑,美国率先深度反思并重新定位自己的金融体系。2010年7月美国国会通过了新的金融改革法案,其核心思想是通过规制约束过度投机行为,降低银行风险,部分回到"分业经营和监管"的体制。美国的这一改革引起世界各国金融界的高度关注,并作相应调整,对混业经营加以必要的限制。

三、我国商业银行的经营模式

我国商业银行（不包括港、澳、台地区银行,下同）的经营模式大体经历了"初级混业—严格分业—有条件混业"三种形式,并且以分业经营模式为主。

(一) 初级混业经营模式

严格说来，我国现代商业银行制度从1994年"国家专业银行转变为国有商业银行"才真正建立起来，1995年颁布了《中华人民共和国商业银行法》，从法律上确定商业银行地位。从1979年到1994年，我国银行改革不断深化，国家专业银行向国有商业银行转变，同时新建立一批商业银行和非银行金融机构，证券业、保险业也有了长足发展。这个时期的银行没有明确法律规定"分业"还是"混业"经营，但从实践结果来看，银行除经营传统的银行业务以外，还经营证券投资、信托等业务，实际上是一种初级的混业经营模式。

(二) 严格分业经营模式

随着1995年《中华人民共和国商业银行法》的颁布实施，我国金融分业制度正式建立，并在随后的《证券法》等其他相关法规中得以加强。《商业银行法》等金融法律法规明确规定，银行业、证券业、保险业实行分业经营分业监管，商业银行实施严格的分业经营模式。我国正式确定金融分业制度，是为了整顿1993年后混乱的金融秩序，加强风险防范与控制，确保对银行业、证券业、保险业的监管执行力度，提高金融监管水平。然而，实施金融分业经营制度没几年，我国金融机构又开始以业务合作的方式相互参与和渗透到对方的领域，在金融分业法律制度的框架内，以独特的方式追求范围经济，实行一种有条件的混业经营。

(三) 有条件混业经营模式

进入21世纪以来，我国银行业、证券业、保险业在金融分业法律制度框架内，通过多种业务合作方式相互渗透、相互融合，已成为国内金融机构的普遍行为，形成了事实上的有条件混业经营模式。当前。我国金融机构业务合作的主要形式有：

(1) 互为客户型。这种类型的合作是指银、证、保三业之间，一方视另一方为服务的对象，利用自己的传统业务优势，把竞争对手作为新的客户来开发，实现自我经济利益。这种类型的业务包括：银行为证券公司、保险公司、基金公司提供托管、资金清算；银行利用日益增加的个人金融服务需求，大规模地为证券、保险、基金提供大范围的产品代销，对券商和保险公司提供质押贷款；保险公司为银行的住宅贷款和汽车贷款提供保险。

(2) 围绕共同客户型。这种合作类型指银行、证券、保险三者将对方已经成熟的业务与自己的客户资源相结合，通过重新进行市场细分、开发新型客户群体来扩大市场，重新分割利益。它既包括各金融机构现有业务之间的合作，如相互进行业务委托代理，也包括新产品和销售方式的创新型合作，如银证转账、银证通、客户理财、银行保险、投资型保险新品种等。

(3) 控股集团合作型。这是一种较高层次的合作方式，指通过控股公司来组成银行、券商、保险公司、信托相融合的金融集团，其启发思想来源于市场经济发达国家的金融控股公司模式。21世纪初，国内除了国有银行和股份制银行外，证券、保险、资产管理公司都纷纷构建金融控股集团，甚至工商企业也都涉及对金融机构的参股和控股。近年来，国内已经出现了如中信、光大、招商、平安等金融集团，它们通过组织和股权层次的融合来实现金融业务的合作。

我国金融业出现的业务合作和金融控股公司涌现的潮流，不是政府主导而是市场诱导的结果，反映出我国的金融业不再单纯地考虑规模扩张，而是尝试多元化经营，追求范围经济。同时也表明我国银行和其他金融机构生存意识和商业化意识的加强，以及对法律理念、创新理念两者之间关系的深刻理解，是我国金融业的巨大进步。不过，2008年金融危机的深刻教训也提醒我们，在国家金融基础不扎实、法制不健全、风险防范和控制水平不高、对金融服务和产品的复杂性把控能力十分有限的情况下，对不同金融机构业务之间的高度交融以及金融控股集团内的关联交易所带来的潜在风险，要有足够的认识和准备。所以，当前我国仍坚持分业经营的总体框架，在有条件的前提下实施混业经营模式。

第四节
商业银行的业务与经营特点

商业银行业务发展受到经济发展水平、银行经营模式、金融管理创新和科学技术发展等因素的决定和影响，呈现出多元化、综合化趋势。商业银行与一般工商企业不同，具有鲜明的经营特点。

一、商业银行业务的分类

商业银行的业务种类很多，可以从不同方面进行分类。

（一）传统业务与创新业务

按照业务复杂程度和对网点依赖程度，银行业务可分为传统业务和创新业务。

传统业务是指银行长期以来一直经营的业务，包括存款、贷款、结算、简单外汇买卖、贸易融资等，主要是靠大量分行网络、业务量来支持，复杂程度不高，相对简单。

创新业务是指在传统业务的基础上运用新技术新开发出的业务，如衍生产品、结构性融资、租赁、引进战略投资者、收购兼并上市等。这些业务并不是非常依赖分行网络，是高技术含量、高利润的业务领域，相对复杂，故又称复杂业务。

（二）批发业务与零售业务

按照业务规模和业务对象，银行业务可分为批发业务与零售业务。

银行批发业务是指银行针对大企业、集团、事业单位和社会团体提供的大规模、综合性金融业务。在欧美发达国家，批发业务已经形成了以银团贷款、收购兼并、公司项目融资和证券承销等为主的具备投资银行特点的银行业务。批发业务存放金额大、成本低，包括国内业务和国际业务、本币业务与外币业务，与金融市场联系密切。

银行零售业务（也叫零售金融业务）一般是指商业银行以自然人或家庭及小企业为服务对象，提供存款、融资、委托理财、有价证券交易、代理服务、委托咨询等各类金融服务的业务，是商业银行提供一站式打包产品和服务的主要途径，也是商业银行开辟新市场、新领域、新经营方式的主要工具。与批发业务相比，零售业务主要是以自然人或家庭及小企业为服务对象，存放金额小，费用成本高。信用卡业务、保险箱业务等也都是零售业务。

（三）对公业务与对私业务

按照服务对象的性质，银行业务可分为对公业务与对私业务。

银行对公业务，又称单位业务，是以企业法人、单位等客户为主体，围绕公存账户开展的各类金融服务业务，包括企业电子银行、单位存款业务、贷款业务、机构业务、国际业务、委托性住房金融、资金清算、中间业务、资产推介、基金托管等，通俗点说就是"对单位的业务"。

银行对私业务，也称个人业务，是指银行以个人为服务对象，围绕私人账户开展的各类金融服务业务，包括储蓄存款、贷款、结算、理财、代理收付、银行卡等各种业务。银行对私业务客户多，服务范围广，业务种类多，单笔业务金额小，费用成本高。银行对私业务营业时间较长，服务要求严格。

（四）本币业务与外币业务

按业务记账单位的币种，银行业务可分为本币业务与外币业务。凡是以本国货币为记账单位的业务通称本币业务。凡是以外国货币为记账单位的业务通称外币业务。就我国来说，本币业务（人民币业务）比外币业务种类多、规模大。

（五）国内业务与国际业务

按照业务空间范围，银行业务可分为国内业务与国际业务。国内业务一般是指本国银行为本国银行客户在本国内办理的各种金融服务业务。国际业务一般是指所有涉及外币和外国客户的业务活动，包括银行在国外的业务活动以及在国内所从事的有关国际业务。国际业务的主要内容包括外汇买卖、国际结算、国际贷款、国际贸易融资等。与国内业务相比，国际业务在记账单位、服务对象、业务规模及业务空间等方面具有明显特点。

（六）负债业务、资产业务与中间业务

按照银行资产负债表的构成，银行业务可分为负债业务、资产业务和中间业务。

负债业务是商业银行获取资金来源的业务。它是商业银行通过对外负债方式筹措经营所需资金的活动，是商业银行资产业务和中间业务的基础。从不同角度可将其分为主动负债业务和被动负债业务、长期负债业务和短期负债业务、高成本负债业务与

低成本负债业务、广义负债业务和狭义负债业务等。负债是银行由于受信而承担的将以资产或资本偿付的能以货币计量的债务。广义负债由自有资本、存款和借款构成。其中，存款是银行的主要负债，一般要占到资金来源总额的70%以上，有的银行更高。

资产业务是指银行运用资金的业务，即商业银行将其吸收的资金贷放或投资出去赚取收益的活动。它是商业银行收入的主要来源。商业银行盈利状况如何，经营是否成功，很大程度上取决于资金运用的结果。商业银行的资产按照不同的标准可分为营利性资产与非营利性资产、高流动性资产与低流动性资产、高风险资产与低风险资产等不同种类。商业银行资产业务主要包括贷款和投资，其中贷款更为重要，占全部资产50%以上。

中间业务是商业银行通过自身特殊的服务功能为客户办理的各项劳务性服务业务。银行在办理这些业务时，既不动用自己的资产，也不增减自己的负债，完全是靠劳务服务收取手续费，以形成自己的收入。换言之，凡是不构成商业银行表内资产、表内负债，形成银行非利息收入的业务，都是中间业务。这也是广义中间业务的概念。与此相近的概念是表外业务，即20世纪80年代以来商业银行创新的业务。根据巴塞尔委员会提出的判断标准，表外业务也分狭义表外业务和广义表外业务。广义表外业务是指所有不在资产负债表中反映的业务，它与广义中间业务的含义基本一致。狭义表外业务是指商业银行从事的按国际会计准则不记入资产负债表内因而不影响资产负债总额但能改变银行损益和营运资金状况的业务。这些业务虽然不反映在资产负债表内，但在一定的条件下会转变为资产业务或负债业务，构成商业银行的或有资产和或有负债。由于监管法规中的指标不包括这些业务，而这些业务因其风险和收益性又必须进行反映、核算、控制和管理，所以需要在表外进行记载，故将其称为表外业务。

中间业务是现代商业银行的重要业务，它与资产业务、负债业务共同构成现代商业银行业务的三大支住。特别是随着商业银行服务功能的强化，金融创新的发展，中间业务的种类越来越多，对银行有效防范金融风险、提高竞争能力、增加利润来源的作用也越来越大，在银行经营发展中的地位越来越重要。

二、我国商业银行业务概览

最近十多年来，随着商业银行改革不断深化和金融电子化、数字化、自动化水平的大幅提升，整个商业银行业务得到长足发展，特别是新的业务品种和服务项目层出不穷。

（一）法律规定的商业银行业务范围

我国《商业银行法》（修正）第3条第1款规定，商业银行可以经营下列部分或者全部业务：① 吸收公众存款；② 发放短期、中期和长期贷款；③ 办理国内外结算；④ 办理票据承兑与贴现；⑤ 发行金融债券；⑥ 代理发行、代理兑付、承销政府债券；⑦ 买卖政府债券、金融债券；⑧ 从事同业拆借；⑨ 买卖、代理买卖外汇；

⑩从事银行卡业务；⑪提供信用证服务及担保；⑫代理收付款项及代理保险业务；⑬提供保管箱服务；⑭经国务院银行业监督管理机构批准的其他业务。

对于每一个具体商业银行来说，其经营范围在遵循商业银行法的基础上，由各自章程规定，报国务院银行保险业监督管理机构批准。商业银行经中国人民银行批准，可以经营结汇、售汇业务。

（二）我国商业银行业务的全景扫描

现代网络技术在促进银行业务创新发展的同时，也为银行业务推广提供了展示平台。目前我国各类商业银行都建立了自己的网站，介绍本行经营的各种业务。下面对工商银行等12家不同类型的商业银行业务进行梳理汇总（如表1-1所示），从总体上概览我国商业银行业务构成。

表1-1 我国主要商业银行业务汇总

	首页：主营业务	热点、快捷服务	主要业务种类	品牌项目
工商银行	个人业务 企业业务	工银e支付 工银融e联 工银e缴费 工银e投资 手机银行注册 智能服务 在线申请	电子银行 借记卡 信用卡 个人贷款 金融市场 汇款缴费 公司业务 机构金融	机构金融 资产托管 个人贷款
农业银行	个人服务 企业服务 "三农"服务 电子银行 理财e站 信用卡	在线充值 银行理财基金 线上理财师 个贷在线申请	电子银行 银行卡 个人服务 企业服务 "三农"服务 理财	"三农"服务 小微企业贷款
中国银行	公司金融 个人金融 银行卡 金融市场 电子银行	手机银行客户端 中小企业在线融资 在线开通 自主填单长城信用卡 企业年金	公司金融 个人金融 银行卡 电子银行 中小企业服务	全球公司金融 个人出国金融 国际结算
建设银行	个人客户 公司机构客户 小微企业客户	悦生活 学生惠 分期优选 信用卡 理财 电子银行 贵金属 房e通 私人银行	电子银行 银行卡 个人存贷款 公司业务 机构业务 国际业务 现金管理 房改金融 企业年金 投资理财 小微企业贷款	房改金融 机构业务 小微企业贷款
交通银行	常用交易 常用信息 个人网银 企业网银	在线客服 网点查询	个人业务 公司业务 小企业业务 国际业务 电子银行 信用卡	财富管理 机构业务 政府市场

基础篇

续表

	首页：主营业务	热点、快捷服务	主要业务种类	品牌项目
招商银行	个人业务　公司业务　小企业　信用卡　i理财	公益平台　小企业E家　金葵花理财　私人银行　出国金融　现金管理　空中银行	个人业务　公司业务　小企业　信用卡　i理财	一网通　金葵花理财
中信银行	个人业务　公司业务　信用卡	出国金融　借记卡　中信理财、异度支付　信福年金　贸E通	个人业务　公司业务　信用卡　小企业金融	中信理财　信福年金
民生银行	个人金融　小区金融　小微金融　电子银行　公司金融　同业金融　私人银行　信用卡　直销银行	商贷通　手机银行　资金归集　借记卡　网上银行	个人金融　小区金融　小微金融　电子银行　公司金融　同业金融　私人银行　信用卡　直销银行	小区金融　小微金融　私人银行
平安银行	个人业务　小企业　公司业务　同业金融　投资银行　信用卡　橙e网　平安橙子	平安一账通　平安口袋银行	个人业务　小企业　公司业务　同业金融　投资银行　信用卡　网上银行	贷贷平安　橙e网
上海银行	个人业务　公司业务　中小企业　电子银行　信用卡	慧通理财　个人网银	个人业务　公司业务　中小企业　电子银行　信用卡	慧通理财　供应链金融
温州银行	个人业务　公司业务　小微业务　国际业务　信用卡　电子银行	金鹿理财　积分商城	个人业务　公司业务　小微业务　国际业务　信用卡业务　电子银行	金鹿理财　小微业务
无锡农村商业银行	个人银行　公司银行　小微金融　国际业务　银行卡　电子银行	理财　个人贷款业务	个人业务　公司业务　小微金融　国际业务　银行卡　电子银行	白领贷　小易贷　生意保证贷
绝大多数银行共有的业务	个人业务　电子银行业务	公司（企业）业务　银行卡业务	小微（中小）企业业务　投资理财业务	

注：表中内容是根据各有关银行网站公开资料整理而成。

表1-1列出的12家银行涵盖我国5家大型商业银行、4家中小型全国性股份制商业银行、3家中小型地方性股份制商业银行（包括1家农村商业银行），具有很强的代表性。表中展现了各家银行网站首页推出的主营业务，热点、快捷服务，主要业务种类以及品牌项目。

总的说来，有六大类基本业务各家银行都经营。这六类业务是：个人业务、公司（企业）业务、小微（中小）企业业务、电子银行业务、银行卡业务和投资理财业务。同时，每家银行又都有自己品牌特色项目，反映出各自的竞争优势。如工商银行的机构金融和资金托管业务、农业银行的"三农"服务、中国银行的国际结算、招商银行的一网通、民生银行的小区金融和小微金融等，都特色鲜明。

2017年以来，国家提出金融要回归本源，银行要回归主业，银保监会出台了一系列"严监管"政策，对银行业乱象进行整顿，银行资管新规正在落实。

三、我国商业银行业务经营的特点

在对外开放不断深化、科学技术迅猛发展的大背景下，银行和金融服务业在提供金融服务的功能与形式上正经历着"革命性"大变革，我国银行业务经营呈现出一些新的特点：

（一）国际化趋势加强

商业银行经营国际化是指商业银行业务经营从国内走向国际的过程，包括银行机构国际化、银行业务活动国际化、银行市场国际化和银行监管国际化等四个方面。银行经营国际化的标志是成为同时在5个以上国家设立分支机构的跨国银行。银行国际化经营的主要路径是通过两种组织形式实现向境外扩张，级设立分支机构和跨国并购。

改革开放40年来，我国金融业对外开放不断扩大，金融业不仅"引进来"，而且"走出去"，工、农、中、建、交等五大国有银行已成为国际大银行。以中国银行为例，从早期的一家外汇外贸专业银行开始，历经多次改革转型，如今已成为我国国际化程度最高的大型银行集团，在全球1000家大银行排名中名列第四，持续30年入选世界500强，是新兴市场唯一连续七年入选全球系统性重要银行名单的商业银行。截至2018年，中国银行已经在全球50多个国家和地区设立有500余家海外机构，担任12家人民币清算行。

党的"十八"提出实施"一带一路"倡议之后，加大银行经营国际化的需求更为迫切。商业银行经营国际化不仅是扩大银行经营规模、获得规模经济效应、提高国际竞争力的迫切需要，更是发挥金融支持经济发展功能、促进中国经济发展模式转型、推进"一带一路"倡议实施的迫切需要。第一，中国银行业恪守为实体经济服务的理念，经营稳健，其经营模式逐渐被国际社会认同，赢得了良好声誉。一些以前禁止中国金融机构登陆的国家陆续解除禁令，大大减少中国商业银行向海外设立机构的法律障碍。特别是随着2008年10月8日美国向中国打开金融市场大门之后，其他国家也加大对中国的金融开放，国内各大银行，包括全国性股份制商业银行也都积极到国外设立分支机构，银行业的机构国际化步伐大大加快。第二，中国"一带一路"倡议的实施，跨国公司崛起，企业"走出去"发展亟须银行业"跟进"服务。近年来中国企业对外投资规模不断扩大，分布广，跨国公司的生产、贸易、投资等业务对外拓展，对银行的国际金融业务需求大幅增加，如货币兑换、国际信贷、国际结算、外汇风险管理、利率风险管理、国际投资等需求暴涨。第三，人民币国际化需要中国商业银行业务经营国际化为其保驾护航。随着我国经济规模日益扩大，国际地位不断提升，特别是人民币加入SDR以后，越来越多的国家使用人民币，并把人民币作为储备货币，这种情况下，提供人民币金融服务的中国商业银行应该在世界各国设立机构，在主要国际金融市场上占有一定市场份额，为人民币更好地发挥国际货币功能奠定坚实的物质基础，加快推进人民币国际化进程。

(二) 综合化经营明显

现代商业银行，无论规模大小都在致力于快速扩展为客户提供业务的种类和范围，创新业务品种，推进业务多元化。随着金融管理制度改革和金融科技的发展，银行、证券、保险等业务综合经营"成为可能"，从而使商业银行真正成为"金融百货公司"。商业银行业务综合化、全能化成为不可逆转的大趋势。银行业务多样化和综合化，对银行盈利模式产生深刻影响，银行不再完全依赖存贷利差获取利润，而更多专注中间业务收入给银行带来的收益。

虽然我国《商业银行法》规定商业银行实行分业经营、分业监管，但是进入十世纪以来，我国商业银行业务中种类和范围不断增加，尤其是近十年来，银行"跨界"业务迅猛发展，除了经营传统的银行信贷、结算等业务外，广泛开展银政、银证、银保合作业务，代理证券、保险、基金、信托业务，可以说综合经营银行、证券、保险、投资、租赁业务。工行、交行、中信银行、光大银行、平安银行等银行都是金融集团公司的"主体"。交通银行集团具有银行、证券、保险、基金等金融业"全牌照"。

(三) 金融服务模式重构

科学技术的进步，使得金融科技含量不断提高，计算机、互联网、大数据、云计算、区块链和人工智能等现代科学技术在金融领域广泛应用，正在更新生产力，重构金融服务模式。一是信贷链接。通过微信支付、支付宝，运用大数据、云计算等新的技术，构建以信贷链接为纽带的支付平台，突破传统的支付模式，已经实现了十亿级的简单安全直线快速链接。而且大数据也在金融机构同小微企业、平民大众直接构建越来越广泛的直接信任链接，促进普惠金融发展。二是价值再造。比如运用区块链技术，构建跨产品、跨市场的金融业务平台，创造靠得住的价值。多边多线的联系，使客户通过移动终端连接节点进入系统，与金融机构建立间接的联系，而客户之间可以越过中心和中介建立直接的金融联系。这就能够节约资源，降低成本，增值价值。三是网络虚拟。网络虚拟的空间在膨胀，虚拟货币成为经济活动所需要的地下可以信任、地上难以管控的工具，去中心化的网络金融正对传统金融监管构成巨大的挑战。

(四) 银行竞争日益激烈

随着银行及其竞争者不断扩大业务范围，金融服务领域竞争的广度与深度进一步加剧，导致银行金融服务的市场份额大幅波动。我国商业银行面临的竞争来自三个方面：一是影子银行的发展，导致金融"脱媒"，一大批银行业务被影子银行"挖走"。二是银行集中的加剧。为了有效地利用金融科技，扩大业务种类和规模，银行之间开展大规模并购，小的独立控股的银行数量不断减少，银行平均规模变的庞大，银行业的市场集中度不断提高，形成了一批规模巨大的"超级巨无霸"银行，对于中小银行来说，面临的竞争环境更加激烈。三是国外银行进入。党的十九大提出进一步扩大金融对外开放，外资银行将会大批进入国内设立机构，开展人民币业务，必将成为国内银行的竞争对手。

(五) 理财业务地位凸显

2012年我国经济发展进入"新常态"之后，资产管理行业经历了高速发展的"大时代"，2017年资产规模超过100万亿元人民币，银行理财规模也近30万亿元。2018年4月、9月和12月，金融监管部门先后正式出台了《关于规范金融机构资产管理业务的指导意见》（银发〔2018〕106号，市场上简称"资管新规"）、《商业银行理财业务监督管理办法》（银保监令〔2018〕6号，市场上简称"理财新规"）和《商业银行理财子公司管理办法》，规范管理资产管理市场和银行理财业务，2018年被称为资管元年。作为资产管理行业的主力军之一，商业银行理财将面临深远的影响。

商业银行理财业务的地位越来越重要，主要体现在三个方面：一是产品种类多，业务规模巨大，对商业银行资产负债业务都有重要影响。长期以来，我国银行的负债业务一直以保本、刚性兑付的个人储蓄存款和企事业单位存款为主，非保本产品很少。但是，近年来银行的储蓄存款增速下降，非理财产品数量增加，理财业务火爆。据银行业理财登记托管中心和中国银行业协会联合发布的《中国银行业理财市场报告（2018年）》数据，2017年，全国共有591家银行业金融机构发行的25.77万只，累计募集资金173.59万亿元；截至2017年年底，全国理财产品数9.35万只；理财产品存续余额29.54万亿元，其中，非保本产品的存续余额为22.17万亿元，占全部理财产品存续余额的75.05%。由于严监管，清理同业理财"乱象"，2018年理财规模有所减少。2018年，全国共有439家银行业金融机构发行了非保本理财产品，累计募集资金118.10万亿元；截至2018年年底，非保本理财产品4.8万只，存续余额22.04万亿元。二是给投资者和银行带来收益大，有利于优化银行收入结构。2017年银行业理财市场共有28.46万只产品发生兑付（其中有23.01万只产品到期），理财产品累计兑付客户收益11 854.5亿元，较2016年增长2 081.8亿元，增幅21.30%。2018年银行非保本理财产品累计兑付客户收益10 566亿元。其中，个人类产品累计兑付客户收益8 403亿元，占比78.08%。2018年封闭式非保本产品按募集资金额加权平均兑付客户年化收益率为4.97%，同比上升约80个基点，也大大高出同期互联网"宝类"货币基金收益率。相对于银行来说，我国银行一直以存贷款利差为主要收入，即银行营收主要是利益收入，非利息收入占应收比例低。而理财业务则可增加银行非利息收入，有利于提高非利息收入占应收比例，优化银行收入结构。三是有利于银行客户市场细分，拓展高净值客户和私人银行客户。由于理财产品风险等级不同，对客户要求也不一样。银行理财产品的多元化，可以满足不同客户的投资理财需求，对发掘、培育和维护高净值客户和私人银行客户具有十分重要意义。

(六) 更加重视风险管理

2008年世界金融危机爆发以来，世界各国普遍加强金融风险管理，巴赛尔委员会还推出了《巴塞尔协议Ⅲ》。我国也于2012年颁布了中国版《巴塞尔协议Ⅲ》：《商业银行资本金管理办法（试行）》，强化风险管理。特别是党的十九大提出要坚决打赢"三大攻坚战",其中第一个攻坚战就是"打赢防范重大金融风险攻坚战"。中国人民银行和银保监会、证监会等金融监管部门陆续出台了一系列防风险政策与管理制度、规定,2016年开始清理整顿"金融乱象",2017年以来实施"严监管",要求金融回归本源,银行回归主业,强调金融要服务实体经济。在重视银行资本金管理的基础上,按照金融供给侧结构性改革的要求,积极去杠杆,稳金融,加强流动性风险、市场风险、操作风险和科技风险管理,很多银行都配备了首席风险官。我国商业银行的风险管理得到了进一步重视和加强。

■ 本章小结

1. 现代商业银行是以追求最大利润为经营目标,以各种金融资产和负债为经营对象,为客户提供多功能、综合性服务的金融中介机构。其本质是一种特殊的金融企业,具有高杠杆性、高风险性和极强外部性的特点,特别重视风险管理。

2. 商业银行具有信用中介、支付中介、信用创造、金融服务等多种功能。现代商业银行的功能更为综合与强大,具有"金融百货公司"之称,是一国金融体系中最重要的金融机构。

3. 商业银行组织制度包括外部组织形式与内部组织结构。前者有单一银行制、分支行制、银行控股公司制和连锁银行制四种类型;后者包括决策机构、执行机构、监督机构和经营机构四大部分。股份制商业银行的决策机构通常是"三会",即股东大会、董事会和监事会。

4. 商业银行具有规模经济效率和范围经济效率,反映银行规模与银行经营模式及其经营效率之间的关系。银行规模不是越大越好,一般中等规模银行的效率最高。适度银行规模应该是产出效率最高、资源配置功能中性、避免对消费者和银行客户的剥夺,同时能促进银行业对市场变化和技术变化做出反应的状态。银行范围经济的核心在于银行是否提供了最节省投入成本的业务组合,并非业务经营范围越大越好。它为银行选择业务经营模式提供了理论依据。

5. 全世界商业银行的经营模式可以大致分为分业经营模式和混业经营模式两种,前者以英、美银行为代表,后者以德国银行为代表。两种经营模式各有利弊,只有符合本国经济金融发展实际需要的模式才是最好的。世界主要国家银行业经营模式的发展大体经历了"低层次混业—较严格分业—较高层次混业—重新定位混业"的过程,反映出混业经营模式比分业经营模式有更多的优势,代表着未来金融业发展的方向。我国商业银行实行"分业经营、分业管理"制度,但是近年来也有向混业经营模式转变的趋势。

6. 商业银行业务发展经历了传统银行业务为主、金融业务创新、技术手段现代化三个阶段,从最初的存、放、汇"老三样",发展到现在的多样性、综合化。当下商业银行业务经营呈现出综合化、国际化,技术现代化、自动化,竞争激烈化,高度集中化,风险管理日益强化趋势。

7. 商业银行业务有多种分类方法,按照不同标准划分为传统业务与创新业务,批发业务与零售业务,对公业务与对私业务,本币业务与外币业务,国内业务与国际业务,资产业务、负债业务与中间业务。其中,最后一种划分方法最为重要和常见。

8. 目前我国各类商业银行都建立了自己的网站，介绍和展示本行经营的各种业务。通过对工商银行等 12 家银行业务的梳理，汇总展示了各行的主营业务、热点、快捷服务、主要业务种类和品牌项目。

9. 当前我国商业银行业务经营具有六个方面特点：国际化趋势加强、综合化经营明显、金融服务模式重构、银行竞争日益激烈、理财业务地位凸显、更加重视风险管理。

■ 重要名词术语

商业银行　银行规模经济　银行范围经济　银行市场结构　银行经营模式　银行组织制度　银行外部组织形式　银行内部组织结构　分支行制　控股公司制　连锁银行制　分业经营模式　混业经营模式　资产业务　负债业务　中间业务　表外业务　主动负债　资管新规　理财新规

■ 复习思考

1. 如何理解商业银行的性质与特点？
2. 简析现代商业银行成为"金融百货公司"的具体表现。
3. 商业银行外部组织形式有哪几种？单一银行制与分支行制各有什么优缺点？
4. 商业银行内部组织结构的一般构成是什么？与西方国家商业银行相比较，我国商业银行的内部组织结构有何特点？
5. 什么是银行规模经济？为什么说银行规模不是越大越好？
6. 什么是银行范围经济？为什么说经营多种业务的银行往往比经营单一业务的银行更有效率？
7. 简述商业银行业务经营模式的演变过程及发展趋势。
8. 比较分业经营模式与混业经营模式的利弊。
9. 当前我国商业银行市场结构的特点及主要缺点是什么？
10. 简析商业银行资产业务、负债业务、中间业务的主要内容及相互关系。
11. 比较表外业务与中间业务的异同。
12. 根据商业银行网站资料，比较我国大、中、小型银行业务的主要区别。
13. 简析当前我国商业银行业务经营的主要特点。

■ 延伸阅读

1. [美] 彼得·S. 罗斯，西尔维娅·C. 赫金斯. 商业银行管理. 原书第 9 版. 刘园，译. 北京：机械工业出版社，2013.
2. 彭建刚. 商业银行管理学. 3 版. 北京：中国金融出版社，2013.
3. 黄宪，代军勋，赵征. 银行管理学. 2 版. 武汉：武汉大学出版社，2011.
4. 中华人民共和国商业银行法.

第二章
商业银行经营管理概述

章首引例

2017年3月开始,为进一步防控金融风险,治理金融乱象,打击违法违规违章行为,引导银行业回归本源,专注主业,督促银行业金融机构加强合规管理,扎严"制度笼子",稳健规范发展,更好地服务于实体经济。银保监会组织开展了"三三四十"等系列专项治理行动。"三三四十"具体指,三违反、三套利、四不当、十乱象。"三违反"指违反金融法律、违反监管规则、违反内部规章;"三套利"指监管套利、空转套利、关联套利;"四不当"指不当创新、不当交易、不当激励、不当收费;"十乱象"指公司治理不健全、违反宏观调控政策、影子银行和交叉金融产品风险、侵害金融消费者合法权益等十个方面问题。截至2018年1月,"专项治理"收官,查出问题5.97万个,涉及金额17.65万亿元。其中,"三违反"专项治理中,各级监管机构共检查发现问题11 534个,涉及金额4.15万亿元;"三套利"专项治理中,发现问题4 060个,涉及金额3.78万亿元;"四不当"专项治理中,发现各类问题1.28万个,涉及业务金额6.16万亿元;"十乱象"治理中,发现问题3.13万个(次),涉及金额3.56万亿元。

"三三四十"乱象的存在,充分暴露出银行在经营管理中违背金融初心,没有遵循银行经营原则,违反银行经营管理基本规律、基本理论与基本方法。要科学组织和管理好银行业务经营,必须要理解和掌握银行经营原则、经营管理理论与方法。本章将概括介绍商业银行经营原则、管理理论与基本方法,为进一步学习商业银行管理内容打好基础。

第一节 商业银行经营目标与经营原则

商业银行作为金融企业,通过科学的经营管理获取最大的利润是其经营总目标。为实现这一总目标,需遵循一些基本原则,然后将这些原则贯彻于自身的业务经营过程。

一、商业银行的经营目标

从经济学和银行经营的一般角度来看,商业银行是以追求其自身利益最大化为目标。现代商业银行多以股份制为基本的产权结构,股东作为商业银行的最终所有者,所考虑的是股东财富最大化。但是,股东财富最大化是一个比较抽象的概念,不好衡量,所以,在现实中往往以利润最大化作为商业银行经营目标的近似表达。也就是说,商业银行的经营目标是追求自身利润最大化。

如果从市场机制的角度来看,商业银行的业务经营都是建立在市场机制基础之上,无论是股东财富最大化,还是银行利润最大化,就长期发展来看,银行企业价值最大化才是商业银行经营管理的最终目标。价值最大化是一个长期概念,它涉及资金的时间价值。因此,商业银行追求价值最大化,也就是其在资源、技术和社会约束的市场经济体制下,谋求其股东财富最大化。这里的价值就是指商业银行未来现金流量的现值之和。可以用公式将这一目标模式表示如下:

$$MaxPV = \frac{\pi_1}{1+i} + \frac{\pi_2}{(1+i)^2} + \ldots + \frac{\pi_n}{(1+i)^n}$$
$$= \sum_{n=1}^{N} \frac{\pi_n}{(1+i)^n}$$

这一目标模式所表达的经营理念是:商业银行价值最大化是在长期经营过程中形成的。

当然,在理论界,对于商业银行经营目标到底是什么,有着不同的观点,主要包括:(1)股东利益最大化;(2)职工利益最大化;(3)客户利益最大化。

二、商业银行的经营原则

商业银行的经营原则是指商业银行在经营活动中所必须遵循的行为准则。通常所说的"三性原则":安全性、流动性和盈利性就是商业银行的一般经营原则。这些原则是由商业银行业务经营特殊性决定的。

商业银行作为金融企业的"特殊性"主要表现在以下几个方面:(1)高杠率和资产负债的不匹配。银行业是经营货币资金的企业,负债率最高,普遍高于90%。而且,银行的资产负债期限结构不匹配,"借短贷长"是银行资金配置的特征,这对银行的流动性管理要求特别高。(2)能够创造货币。这也要求商业银行严格管理好自身的流动性。(3)具有高风险性。银行是信用组织,贷款交易面临着典型的"信息不对称",充满逆向选择和道德风险。这个特征对银行的资产运作提出了较高的安全性要求。(4)具有极强的外部经济性。商业银行在一国经济社会中的重要地位,决定了它的兴衰对经济社会发展将产生极强的外部经济性。一家银行的倒闭会对社会产生广泛的影响,甚至导致银行业出现系统性风险。商业银行的以上特征决定了商业银行在日常经营活动中必须始终贯穿"三性"原则:

(一)安全性原则

安全性是指商业银行的资产、收入、信誉以及所有经营生存发展条件免遭损失的可靠性程度,其相反的涵义是风险性,即遭受损失的可能性。其核心是保证资金安全。安全性原则是商业银行经营业务的前提。保证资本的安全尤为重要。银行遵循安全性原则,就是要正确处置风险,尽可能减少风险。银行经营中存在的风险很多,主要有信用风险、市场风险、操作风险、利率风险、流动性风险、声誉风险等。商业银行遵循安全性原则,加强风险管理,主要采用规避或拒绝、分散、转嫁、消缩和补偿风险等方法。

银行在贯彻落实安全性原则时应该特别注重两点:(1)健全法规制度,强化合规性管理。对各种业务建立科学和严格的管理流程,特别是对那些内含风险较高的业务要有完善的、体现权力制衡的内控机制,并且要严格执行制度。(2)保持一定的资本充足率。银行自有资本是风险的"缓冲垫",是维持存款人信心的保障。银行在资本金中除了包括抵补预期损失的一般准备金外,还包括抵补非预期损失的部分。在新巴塞尔协议中,按照"经济资本"与风险资产对应关系建立的最低资本要求,是银行贯彻安全性原则的另一基本要求。我国《商业银行资本金管理办法(试行)》(2012)是对商业银行资本管理的基本法规。第九章资本金管理将重点阐述资本金管理的意义与方法。

(二)流动性原则

流动性通常指商业银行资产在无损状况下迅速变现的能力,着重强调的是以现金资产来保证必要支付的能力。严格地说来,流动性体现在资产和负债两个方面:资产流动性是指银行持有的资产应能随时得以偿付或者在不贬值的条件下确有销路;负债流动性是指银行能够轻易地以较低的成本随时获得所需要的资金。只有保证资金的正常流动,才能确立银行的信用中介地位,并使其业务活动顺利进行。因此,流动性原则是指银行在经营中必须随时保持一定的支付能力,以保障客户提取存款、合理贷款和支付的要求。保持资金的流动性,尤其是以现金资产保证必要的支付能力,对银行而言更为重要。

银行坚持流动性原则，就是要科学合理协调流动性需求与供给，时刻满足资金的流动性需求。商业银行资金流动性需求主要来自客户的存款提取（或转账）和贷款需求两个方面；资金流动性供给则主要来自客户的新增存款、收回贷款和对外借款等三个方面。资金的流动性需求量与商业银行负债的存量和资产规模成正比。银行为保持其资金的流动性，必须根据资金流动性变化规律，运用一定的预测分析工具对未来的流动性性需求与供给做出正确估计和适当的资金安排。一般采取的传统方法是持有相当数量的现金资产和短期有价证券，即通过持有一定量的变现能力较强的资产来满足流动性的需要。不过，随着负债管理理论的产生和发展，从负债方面即银行通过借入资金来满足流动性要求，曾经成为商业银行保持其流动性的一种新方法。我国《商业银行流动性风险管理办法》（2018）是对商业银行流动性风险管理的具体法规。第十章流动性管理将重点阐述流动性及其流动性风险管理的意义与方法。

（三）盈利性原则

盈利性是指商业银行获取利润的能力。股东财富最大化或利润最大化是商业银行经营总目标。因此，在考虑了流动性原则和安全性原则的基础上，银行要尽可能追求利润，扩大盈利。商业银行追求最大限度的盈利是其经营的内在动力和源泉。银行是高负债企业，承担较高的利息成本，而且银行在处理各种业务中还要涉及各种费用，如果没有一定的盈利能力，银行难以抵补较高的利息费用和非利息费用，更谈不上股东的利益。所以，在经营中，追求利润和盈利自然是一项基本原则。

遵循盈利性原则，就是要在整个经营活动中，将盈利性作为一个目标、一种手段、一项标准和一个过程，自始至终对它加以考虑和运用。只有在保持理想的盈利水平条件下，银行才能有充实的资本，并以此来增强经营实力，巩固信誉，提高银行的竞争力。商业银行在经营中，其利润受许多因素的影响，归纳起来主要有：资产收益与资产损失；资金成本；其他营业收支。所以，银行在经营中应努力减少资产损失，降低资金成本，节约其他支出，以取得较多的收益。在会计指标上，表现为考核期内具有较高的资本收益率、资产收益率、运营净收入率和每股利润等。

我国《商业银行法》规定，商业银行以效益性、安全性、流动性为经营原则。商业银行既要追求自身盈利，又要注重社会效益，这是我国社会主义商业银行区别于西方商业银行的一个重要方面。

商业银行三项基本经营原则之间不是孤立的，而是相互依存、相互作用的，其统一又对立。从根本上说是统一的，但同时三者之间也存在着矛盾。强调和偏重于资金的安全性和流动性，一般会削弱盈利性；反之，则会使安全性和流动性受到影响。就统一性来说，注重流动性，银行保持合理头寸，就不会发生挤兑等支付风险，保证银行安全。银行注重安全性，严格管理程序和制度，各种风险就不易出现，资产的损失就可避免，这就相对的增强银行的盈利性。但是，如果银行只是注重流动性和安全性，也同样会导致银行经营出现很大的问题，甚至带来风险。例如，如果银行在日常经营中持有过多的现金资产以保持流动性，会极大地降低银行的盈利水平。如果银行在业务开拓中过分地看重风险的方面，可能会拒绝许多有潜力的客户，盈利的水平也会下降。因此，银行在经营中不能单纯地强调某一经营原则，而应审时度势地追求三项经营原则的最佳组合。

知识专栏 2-1

商业银行信贷"政策性"投向考核

近年来党和国家强调银行要支持实体经济发展，特别是支持小微企业、民营企业发展，要求银行在追求利润的同时，要兼顾社会效益，银行监管部门对商业银行信贷投向的"政策性"考核都有明确要求。

一、普惠金融（贷款）

普惠金融是指全方位有效地为社会所有阶层和群体提供金融服务，特别是在传统金融理念基础上，被正规金融体系排外的农户、贫困人群及小微企业，能及时有效地获取价格合理、便捷安全的金融服务。简言之，就是以前那些银行看不上、顾不到、选择性忽视的客户（如中小微企业、个体工商户、城镇低收入、贫困群体等）现在是普惠金融重点关注的对象了。

很显然，普惠金融并不是中国的创新，但可以说是中国在引领，目前国家已经把"普惠金融"当成一项国家战略，并制订五年计划来实施，相信针对普惠金融的相关政策会不断完善。

具体来看，普惠金融领域贷款包括：单户授信小于 500 万元的小型企业贷款、单户授信小于 500 万元的微型企业贷款、个体工商户经营性贷款、小微企业主经营性贷款、农户生产经营贷款、创业担保（下岗失业人员）贷款、建档立卡贫困人口消费贷款和助学贷款。上述贷款数据采用人民银行调查统计部门统一口径的统计数据。

"普惠金融"概念的形成与发展演变如表 2-1 所示。

表 2-1 "普惠金融"概念的形成与发展演变

时间	具体事件
2005 年	联合国在"2005 年国际小额信贷年"最早提出"普惠金融"的理念，打破传统"二八定律"的思维（即 20% 客户创造 80% 的利润）。
2012 年 6 月	原国家主席胡锦涛在二十国集团峰会上正式使用"普惠金融"概念。
2013 年 11 月	"普惠金融"第一次正式写入党的决议（十八届三中全会《中共中央关于全面深化改革若干重大问题的决定》），正式提出"发展普惠金融，鼓励金融创新，丰富金融市场层次和产品"。
2015 年 3 月	2015 年《政府工作报告》中提出要大力发展普惠金融，让所有市场主体都能分享金融服务的雨露甘霖。
2015 年 12 月	《国务院关于印发推进普惠金融发展规划（2016—2020 年）的通知》提出普惠金融是指立足机会平等要求和商业可持续原则，以可负担的成本为有金融服务需求的社会各阶层和群体提供适当、有效的金融服务。小微企业、农民、城镇低收入人群、贫困人群和残疾人、老年人等特殊群体是当前我国普惠金融重点服务对象。
2016 年 9 月	G20 杭州峰会期间，《G20 数字普惠金融高级原则》、升级后的《G20 普惠金融指标体系》和《G20 中小企业融资行动计划落实框架》3 个关于普惠金融的重要文件成为全球普惠金融发展的指引性文件。

资料来源：《博瞻智库》整理。

二、小微企业"两增两控"

2018年3月19日,银保监会发布《关于2018年推动银行业小微企业金融服务高质量发展的通知》(银监办发〔2018〕29号)。该《通知》在继续监测"三个不低于"、确保小微企业信贷总量稳步扩大的基础上,重点针对单户授信1 000万元以下(含)的小微企业贷款,提出"两增两控"的新目标。"三个不低于"是指:小微企业贷款增速不低于各项贷款平均增速,小微企业贷款户数不低于上年同期户数,小微企业申贷获得率不低于上年同期水平。"两增"即单户授信总额1 000万元以下(含)小微企业贷款同比增速不低于各项贷款同比增速,贷款户数不低于上年同期水平。"两控"即合理控制小微企业贷款资产质量水平和贷款综合成本。

三、民营企业"一二五"目标

2018年11月7日,银保监会主席郭树清接受采访时表示"据不完全统计,现在银行业贷款余额中,民营企业贷款占25%,而民营经济在国民经济中的份额超过60%。民营企业从银行得到的贷款和它在经济中的比重还不相匹配、不相适应"。"后续考虑对民营企业的贷款要实现"一二五"的目标,即在新增的公司类贷款中,大型银行对民营企业的贷款不低于1/3,中小型银行不低于2/3,争取三年以后,银行业对民营企业的贷款占新增公司类贷款的比例不低于50%"。

第二节
商业银行经营管理理论

在商业银行漫长的发展过程中,由于各个历史时期经营条件的变化,商业银行的经营管理理论经历了资产管理理论→负债管理理论→资产负债综合管理理论→资产负债外管理理论的演变过程。

一、资产管理理论

资产管理理论是把商业银行的资产作为管理重点的一种银行经营理论。这是商业银行自产生以后一个相当长时期内奉行的银行管理理论。这种理论认为,银行的利润主要来自资产业务,银行能够主动加以管理的也是资产业务,负债对于银行来说则是被动的。于是银行将经营管理的重点放在资产方面,并通过对资产结构的合理安排来满足银行安全性、流动性和盈利性的需要。其中保持资产的流动性又不致影响资产收益是资产管理中的重要问题。围绕此方面,商业银行的资产管理理论经历了商业贷款理论、可转让理论、预期收入理论和超货币供给理论等不同发展阶段。

(一) 真实票据理论

这一理论亦称商业性贷款理论，是一种确定银行资金运用方向的理论。这种理论认为，银行的资金来源主要是同商品流通有关的闲散资金组成的临时性存款，从保持资产的流动性考虑，应避免随时偿付提存的风险，商业银行的资产业务应集中于短期自偿性贷款，即贷款能够随着商品的周转、产销过程的完成，从销售收入中得到偿还。这一理论强调贷款必须以商业行为为基础，并有真实的商业票据为凭证，一旦企业不能偿还贷款时，银行可处理抵押商品，收回贷款。

从这一理论产生的背景来看，一方面，由于当时处于商业银行发展的初期，商品经济不够发达，一般企业的经营资金大多来自自有资本，只有出现季节性或临时性资金不足时，才向银行申请贷款；另一方面由于当时银行的资金来源主要是短期存款，而定期存款较少，短期存款的高流动性也就要求贷款的高流动性。为此，发放自偿性贷款既符合银行资金流动性的要求，又适当地考虑到盈利性。从宏观上来看，这种自偿性贷款依贸易需要而自动伸缩，对货币和信用的量也具有自动调节作用。在资本主义自由竞争阶段，在没有政府机构出面稳定经济，没有任何机构给商业银行或整个银行体系提供流动性保证的条件下，对稳定银行经营有着一定的积极作用。这也是该理论在相当长的时期内，一直支配或指导着商业银行经营业务的原因所在。

当然，随着客观经济环境的变化，特别是资本主义加速发展时期这一理论的局限性也就变得越来越明显。其一，它没有考虑到短期存款沉淀部分的相对稳定性和银行长期存款比重的不断上升，完全忽略了银行可用资金的潜力。其二，它没有认识到国民经济对贷款需求的扩大和深化，不能适应于垄断资本主义条件下金融寡头利用银行资本对工业资本渗透和融合的客观要求，对贷款种类多样化的否定不利于经济的发展。其三，在经济危机等外部条件影响下自偿性贷款未必能保障贷款的如期收回。在某些情况下，长期贷款可能更为安全可靠。其四，自偿性贷款随着商业周期自动伸缩信贷量，会加大经济的波动，不利于后来出现的中央银行货币政策的调节功能发挥。

(二) 资产可转让理论

这种理论的产生是由于金融市场的发展，政府借债的需要使银行持有的政府债券增多，金融资产的流动性增强。在此条件下，该理论认为银行能否保持流动性关键在于银行资产的变现能力。只要银行掌握的证券易于在市场上出售，或易于转让给中央银行，就没有必要非限于短期商业贷款不可。这一理论为银行的证券投资、不动产贷款和长期商业贷款打开了大门。实现这一理论的关键在于要有一个发达的证券市场，以保证证券能够随时变现。

在这一理论的影响下，银行资产经营范围显著扩大，业务经营更加灵活多样。但这一理论也有其局限性：在片面强调证券转手而忽略证券和贷款资产质量及物质保证时，为信用膨胀提供了条件。同时，银行资产的变现还取决于市场状况的好坏，应不至于造成银行变现资产的损失。这也是不容忽视的一个问题，在经济危机期间证券大量抛售和价格暴跌，将引起银行资产的巨额损失。

（三）预期收入理论

这一理论是适应刺激投资和扩大市场，促进消费信贷和项目投资的发展而产生的。该理论认为，无论短期商业性贷款还是可转让的资产，其贷款偿还或证券变现能力，都是以未来的收入为基础的。如果一项贷款的未来收入有保证，即使期限较长，银行业也可以接受；如果一项贷款的预期收入不可靠，即使期限较短，银行也不应接受。因此，只要一笔贷款还款来源有保证，银行不仅可以发放短期性贷款，而且也可以发放中长期贷款和非生产性消费贷款。

在这种理论影响下，第二次世界大战后分期付款的中长期设备贷款、住宅抵押贷款、消费贷款和租赁贷款等资产形式迅速发展起来，成为第二次世界大战后支撑经济发展的重要因素。这一理论指出了银行资产流动的经济原因，为银行业务经营范围的进一步扩大提供了理论依据。然而，这一理论仍存在着一定的缺陷：把预期收入作为资产经营的标准，而预期收入状况是由银行自己预测的，不可能完全准确；在资产期限较长的情况下，债务人的经营情况可能发生变化，届时并不一定具备偿还能力。尤其当利率水平升高的时候，未来的偿付能力往往比预期的潜力更小。

（四）超货币供给理论

随着货币形式的多样化，能够提供货币的非银行金融机构越来越多，银行的信贷市场面临着更大的竞争力，银行再也不能就事论事地提供货币了。超货币供给理论提出，银行信贷提供货币只是它达到经营目标的手段之一，除此之外，它不仅有多种可供选择的手段，而且有广泛兼顾的目标，为此，银行资产管理应超越货币的狭隘眼界，提供更多的服务。

从这一理论出发，银行在购买证券和发放贷款来提供货币的同时，积极开展投资咨询、项目评估、市场调查、信息分析、管理顾问、电脑服务、委托代理等多方面配套业务，使银行资产管理达到了前所未有的广度和深度。在非金融企业侵入金融竞争领域的时候，超货币供给理论使银行获得了与竞争对手相抗衡的武器，使银行的竞争地位得到了改善。不过，这一理论容易产生两种偏向，一方面会使银行的业务范围过于宽泛，导致集中和垄断；另一方面会加大银行的经营风险，可能使银行在自己不熟悉的领域遭受挫折。

上述资产管理理论反映了商业银行在不同发展阶段所经历了的经营管理特点。这些理论在保证银行资产流动性方面各有侧重，并不是相互排斥的，而是一种相互补充的关系，反映了银行资产管理理论处于不断完善的发展和演进过程中。每一种理论都推动了银行资产业务不断向前发展。

二、负债管理理论

负债管理理论是指以银行负债作为主要管理对象，通过主动扩大负债来实现银行"三性"统一的一种理论。它是20世纪60年代初期，随着经济发展和金融环境的变化，针对资产管理理论的缺陷而建立起来的一种银行经营管理理论。该理论认为：银行资金的流动性不仅可以通过加强资产管理获得，而且可以由负债管理提供，即银行通过向外借钱，同样可以提供流动性。只要银行的借款市场扩大，其流动性就有保证。因此，没有必要保持大量流动性资产，而应将资金投入到高盈利的贷款和投资中，必要时，甚至可以通过借入资金来扩大贷款规模。银行负债管理理论包括存款理论、购买理论和销售理论。

（一）存款理论

存款是商业银行的被动负债，在商业银行失去了发行银行券的职能后，存款就成为商业银行的主要资金来源，直接制约银行贷款等资金运用规模，被银行高度重视。存款理论就成为银行负债的主要理论。在存款理论中大致包括这样几层含义：存款是银行最重要的资金来源，是银行资产经营活动的基础；存款是存款者放弃货币流动性的一种选择，对于存款者的这种选择的报酬，银行应当支付存款利息，存款仅构成银行成本支出的渠道，而绝不是收入盈利的来源；对于存款者，无论是出于保值还是盈利的动机，存款者的意向总是决定存款能否形成的主要因素，银行只能被动地顺应这种意向；对于银行和存款者来说，存款的安全性是二者共同关注的中心，从存款者的角度而言，最为担心的是存款能否如期兑现，或兑现时存款是否贬值，而银行最为担心的是存款者是否会同时来挤兑，以引起银行的毁誉或破产；从银行经营的角度来看，存款的稳定性是银行经营的客观要求，银行的资金运用，尤其是长期性贷款和投资运用必须限制在存款的稳定沉淀额度内，以免造成流动性危机。

从存款理论的特征来看：它强调依照客户的意愿组织存款遵循安全性原则管理存款，根据存款的状况安排贷款，参考贷款的收益来支付利息。它不造成盲目发展存款和贷款，不造成冒险牟取利润和以支付为代价。因此，存款理论的稳健性或其保守性倾向是其主要特征。在银行负债理论中，存款理论占据着正统地位。这种正统地位的经济背景往往同通货比较稳定、经济持续增长的条件相联系。受存款理论影响，一系列银行管制制度都起着有助于保障稳定的促进作用，如存款保险制度、存款准备金制度、最后贷款人制度、存款利率最高限制制度等。

存款理论是在银行资金来源渠道较为单一背景下产生的一种银行负债理论，对银行经营管理发挥过积极作用。我国银行业在改革开放以后的三十多年中，都非常重视存款业务与管理，很多银行都提出过"存款立行"的口号，直到近十年来才不怎么喊"存款立行"，但依然重视存款业务。

（二）购买理论

购买理论是银行主动负债理论，核心是通过银行"购买"外部资金，主动负债，扩大资金来源，以满足经济发展对资金需求，进而实现银行"三性"统一的银行经营管理理论。这种理论兴起于20世纪60～70年代的通货膨胀、继而滞涨的时期。针对银行主动负债业务而产生的购买理论，标志着银行经营战略思想的重大转移。购买理论认为，银行对于负债并非是消极被动、无能为力的，银行完全可以采取主动负债、主动购买外界资金的进攻策略，变被动的存款观念为主动的借款观念，变消极的付息为积极的负债购买，形成购买理论的核心。

从购买理论的实践经验来看，购买理论的主要内容有这样几个方面：银行购买资金的基本目的是增强流动性，这就形成了银行在负债方面的购买行为比在资产方面的管理行为要主动得多，灵活得多；从购买对象即资金供应者的广泛性来看，除了一般公众可以既作为存款者又作为债券持有者之外，同业金融机构、中央银行、国际货币市场金融机构，乃至财政机构，都可视作商业银行的购买对象；在实现购买行为上，直接、间接地抬高资金价格是其主要手段，这就是在传统的存款管制条例间隙，用这种明的或暗的方式，支付较高的利息、变相利息、隐蔽补贴、免费服务等，以吸引资金供应者；购买负债是适应银行资产规模扩张需要的积极行动而对日益庞大的贷款需求，银行通过主动购买行为，摆脱了存款数额的羁绊。

购买理论在银行中盛行的条件是通货膨胀下的实际低利率和负利率，是实际资产投资的不景气和金融资产投资的繁荣状态，通过刺激信贷规模以弥补低利率下的银行利润量。这种理论的盛行，代表着更富进取心和冒险精神的新一代银行家的崛起。然而，这种理论在使商业银行更加积极主动地吸收资金，扩张信用和推动经济增长，增强商业银行竞争力的同时，又刺激了商业银行片面扩大负债，盲目竞争，加重债务危机和通货膨胀。这也是购买理论并没有取得像存款理论那样长期而稳固的正统地位的原因所在。

（三）销售理论

销售理论是银行通过主动销售形式多样的金融产品，为客户提供丰富多彩的金融服务，从而实现"三性"统一的银行经营管理理论。它产生于20世纪80年代。其主旨是推销金融产品，不再单纯地着眼于资金，而是立足于服务，创造形形色色的金融产品，为广泛的客户提供形式多样的服务。

销售理论把银行作为金融产品的制造企业，银行负债管理的中心任务是努力推销这些产品，从中既获得所需的资金，又获得应有的报酬。销售理论的内容包括：银行服务的出发点和归宿点是以客户的利益和需要为准则，表面上银行是资金的汇集融筹中心，实质上是利益调节配置的中心。在其力所能及的限度内为各方面客户提供其特殊需要的金融服务，则是销售理论的核心。从客户的种类和需求的多样性出发，与其对应的金融产品也必须是多种多样的，这就要求银行根据不同客户的需求，预测市场广度和深度，开发新的金融产品；从银行角度来看，任何金融产品的实质或实体是资金的运筹，而其外壳或包装则是其他形式的商品或劳务服务。银行通过服务途径，利用其他商品和劳务的配合，来达到吸收资金的目的，是销售理论的实质所在。销售理论的销售观念不只限于负债，也涉及银行资产，这就要求对于一种金融产品，需要将两方面联系起来设计塑造。从负债管理来看，应该适当利用贷款或投资手段的配合为达到吸收资金的目的。

总之，贯穿于销售理论始终是一种市场观念，它要求银行根据市场要求，告诉消费者，银行将在什么时候、以什么方式向其提供相应的金融产品或服务。这种理论反映了金融业和非金融业之间彼此竞争的相互渗透，标志着金融机构正朝着功能多样化和复合化方向发展，但也潜伏着许多新的混乱和动荡因素。这也是这种理论不能安全取代所有传统的负债理论、只是这些理论的有益发展和必要补充的原因。

三、资产负债综合管理理论

资产负债综合管理理论是20世纪70年代中期形成的一种理论。这一理论认为：单靠对资产或负债进行管理都难以保证银行资金的安全性、流动性和盈利性的均衡，只有根据经济金融情况的变化，通过对资产结构和负债结构的共同调整，才能实现商业银行的经营管理目标。其最基本的考虑是银行应以最低成本来筹措资金，以最大的利润来安排剩余资金。偿还期对称和目标替代是资产负债管理的两个基本原理。因此，概括来说，资产负债综合管理理论就是以银行资产和负债两端作为管理对象，进行综合调节，最终实现"三性"均衡的银行经营管理理论，也是当前世界各国普遍实践的一种理论。无论是国际银行业管理通则——《巴塞尔协议》，还是我国《商业银行资本金管理办法（试行）》都是以资产负债综合管理理论为基础。

（一）资产负债管理基本原理

1. 偿还期对称原理。简单地说就是银行在安排资金运用时要考虑银行负债期限，保持银行资产期限与负债期限大体相一致。遵守偿还期对称原理，这样做的目的是为了减少资产项目和负债项目期限上的"摩擦"，以减少流动性风险。当然，现实中的经营情况是复杂的，要保证资产和负债期限的完全一致是不可能的，例如，如果针对一笔为期5年的定期存款，安排一笔期限同为5年、金额相当的贷款，那么当5年后定期存款提取时银行可以通过贷款的偿还来归还这笔存款。但在实际操作中，会出现很多不确定因素。银行能否将这笔5年的贷款成功推销出去还要取决于贷款的需求；5年内难以确保这笔存款不被提前支取；5年后这笔存款也可能选择展期；5年后也许发放出去的贷款无法如期收回，构成银行的呆账。因此银行很难做到每笔资产和每笔负债的期限都能够完全的统一。当然银行也没有必要保证完全一致。如活期存款由于存取不定，因此应该和现金资产相对应。但是，活期存款的流入流出可能会出现稳定性的存款余额。这部分存款余额是银行可以长期利用的资金。此外，银行的流动性也可以从市场上购入。当出现偿还期不对称的情况时，银行可以购入资金缓解资金压力。因此银行只要做到资产和负债大致上对称就足够了。通过资产平均到期日与负债平均到期日之比（K）可以粗略估计银行的资产和负债的偿还期是否对称。

偿还期对称原理是指银行资产和负债的偿还期要在一定程度上相互对称，如活期存款与现金资产相对应，定期存款和长期贷款相对应。

$$K = 全部资产平均到期日/全部负债平均到期日$$

$K=1$，说明资产和负债的偿还期基本对称。$K<1$，说明资产平均偿还期短于负债的平均偿还期，银行的流动性可能闲置，银行可以将多余的流动性充分运用，因为保持太多流动性会降低盈利水平。$K>1$，说明资产的平均偿还期比负债的平均偿还期长，银行可能在未来不得不仓促变卖长期资产以应付短期的流动性需求，因此银行应该采取措施增加流动性资产的存量。但是对偿还期的分析不可以完全依赖K值，因为K值在资产负债期限明显不对称的情况下也可能等于1。这可能会导致银行做出错误的决策。

2. 目标替代原理。银行无法使流动性、安全性和盈利性这三个目标同时达到最优。但是可以"中和"这三个目标，使它们的综合效果达到最高。

商业银行不可以过度偏爱流动性，将所有的资产分配在流动性资产上，也不可以盲目追求高盈利的资产。如何在这些资产中进行配置取决于对流动性、安全性和盈利性的权衡。

3. 风险分散原理。银行需要注意将资产在不同的客户、不同的种类中进行有效分散，以免使资产过于集中，在风险成为现实时措手不及。每个行业（公司）都有自己的特有风险，将资产在不同行业（公司）之间分散，可以有效地使行业（公司）的特有风险在一定程度上抵消，从而减少银行面临的风险。银行在实际业务经营中对贷款集中度的管理就是为了分散风险。

（二）资产负债管理的目标

1. 目标制定需要考虑的因素。资产负债管理要求银行经理根据收益或风险目标对净利息收入进行管理。因此银行经理首先应该对目标以及对目标建立的职责有透彻的理论。金融机构目标的制定比其他的工商企业要复杂得多。在制定资产负债管理目标时，银行经理人不仅要考虑股东的感受，客户需求、管制因素都会影响到目标的制定。银行在发行负债工具获取资金的同时也是在为顾客提供流动性服务。银行有义务随时满足客户的合理的流动性需求。因此银行在确立目标时，必须考虑到顾客的需求，要让顾客享受到金融中介的好处。同时银行是高杠杆经营企业，银行的资产绝大多数来源于存款。而存款支付的利息一般比较低，但是一旦银行破产，其破产成本可能仍然得由存款人来承担。因此公众要求银行不可以承担过多的风险，这也是银行必须考虑的因素之一。

此外管制因素对于银行目标的制定影响也较大。管制者认为银行提供的服务具有公共品的性质，银行的信用扩张直接影响着货币供应量，因此监管部门要求银行承担部分执行货币政策和财政政策职能。并且一般监管部门都为银行提供保险，监管部门需要对银行的经营行为加以限制，防止银行决策错误，以避免存款保险资金的流失。这里又涉及另一层委托——代理关系。银行是代理人，而监管部门是委托人。因此银行经理在做出决策时同样要考虑到监管者的偏好。

2. 资产负债管理目标的核心参数。从商业银行盈利维度来看，净利差与净息差、净资产收益率与净资本收益率是银行资产负债管理目标的核心变量，也是重要考核指标。

商业银行参与金融市场（货币市场与证券市场）的主要方式是吸收存款、组织借款、发行债券（债务工具）以吸收资金来源，发放贷款、购买金融资产以运用资金。银行运用资金可以获得利息收入，筹集资金需要支付利息成本。因此对利差（spread）的管理是商业管理的重要组成部分，包括净利差与净息差。

净利差（NIS, Net Interest Spread）：是指银行平均生息资产收益率与平均计息负债成本率之差，代表了银行资金来源的成本与资金运用的收益之间的差额，相当于毛利率的概念。净息差率是指银行净利息收入和银行全部生息资产的比值，是衡量商业银行净利息收入水平最常用的标准。净利差业是国内商业银行最主要的收入来源。计算公式为：

净利差＝银行利息净收入/全部生息资产

  ＝（银行全部利息收入−银行全部利息支出）/全部生息资产

 ＝银行全部利息收/全部生息资产−银行全部利息支出/全部生息资产

 ＝生息率−付息率

  净息差（NIM, net interest margin）：是指银行净利息收入的收益率，即净利息收入与平均生息资产规模的比值（即净利息收益率），代表资金运用的结果，相当于营业利润率的概念。计算公式为：

净息差＝净利息收入/平均生息资产规模

 ＝（利息收入−利息支出）/平均生息资产规模

 ＝（平均生息资产规模×生息率−平均付息负债规模×付息率）

  /平均生息资产规模

 ＝生息率−（平均付息负债规模/平均生息资产规模）×付息率

  净利差与净息差虽然是两个不同的概念，但它们之间的关系十分密切。净息差主要由净利差决定，但受生息资产规模与付息负债相对规模的影响。生息率主要看客户贷款及垫款平均收益率和证券投资平均收益率，前者与公司贷款期限结构密切相关，也与消费贷款结构和占比有关，后者与债券投资水平有关，及债券的品种配置和期限配置能力。付息率主要看存款结构，定活比是个关键指标。存款结构可变动的空间不大，主要看市场环境，因此净息差最重要的因素就是贷款报价，报价越高，净息差就有可能越大。从实际来看，银行净息差一般都是大于净利差，原因是平均生息资产规模大于平均付息负债规模，生息资产不仅仅来源于付息负债，还有部分来源于所有者权益，或者说资本净额。由于净息差在考虑规模因素的同时，又融入了结构因素和市场因素，所以净息差往往比净利差具备更高的分析价值。

  从战略计划角度，银行的资产负债管理目标也可以表达为获得具有竞争力的资产收益率（ROA）与资本收益率（ROA）。

  资产收益率（ROA），又称资产报酬率或资产回报率，一般按照净利润除以该年年初及年末总资产的平均值计算；资本收益率（ROE），又称净资产收益率，是按照股东应占净利润除以该年股东权益的加权平均值计算。具体计算公式为：

  资产收益率（ROA）＝净利润/平均总资产×100%

  其中，平均总资产＝（期初资产总额+期末资产总额）/2

  资本收益率（ROE）＝净利润/平均净资产×100%

  其中，平均净资产＝（年初净资产+年末净资产）/2

  ROA与ROE的最大的区别是前者是反映总资产的盈利能力；后者是反映净资产（所有者权益）的盈利能力。由于净资产是银行全部资产的一部分，因此，净资产收益率必然受银行总资产报酬率的影响。在负债利息率和资本构成等条件不变的情况下，总资产报酬率越高，净资产收益率就越高。

四、资产负债外管理理论

  资产负债外管理理论，又称表外管理理论，是20世纪80年代末期，随着金融自由化浪潮的掀起而出现的一种新理论。1988年《巴塞尔协议》的发布与实施，有人据此提出表外管理理论。这种理论提倡从正统的银行负债和资产业务以外的范围去寻找新的经营领域，去开辟新的盈利源泉。以信息处理为核心的服务，成为银行在资产负债以外发展业务的广阔领域。各种服务费收益在银行盈利中的地位日益上升。这种理论认为，存贷业务只是银行经营的一条主轴，在其旁侧，可以延伸发展起多样化的金融服务，银行可以把资产负债表内的业务转化为表外业务。资产负债外管理理论目前尚不完善，有待实践检验。

第三节
商业银行经营管理的重点与方法

在不同时期，随着经济金融事业的发展，经济金融理论研究的深入，金融技术手段的创新，商业银行经营管理的重点和方法也有所不同。本节结合我国商业银行发展实际，在阐释商业银行经营管理主要重点和一般方法的基础上，概括介绍当前我国商业银行经营管理的突出重点与新方法。

一、商业银行经营管理的重点

商业银行经营管理的核心是通过风险管理追求盈利。特别是20世纪90年代以来，国际金融领域风险丛生，商业银行经营中面临着风险巨大，因而更多的商业银行都把风险管理作为管理重点。事实上，无论是"安全性"原则还是"流动性"原则，都是强调防范风险。所以，现代商业银行通过各种业务管理来加强和防范金融风险。其业务经营管理重点主要有以下五个方面：

（一）资本充足性管理

银行是高杠杆率、高风险企业，保持合理、充足的资本金是商业银行"经营底线"，严格管理资本金是各国商业银行管理的第一重点。银行资本金要达到一定的数额，这既是金融当局对每一银行申请成立的基本要求，同时也是防范银行在经营失败招致倒闭风险时的最后一通防线。根据一般规律，在一定时期的资产回报率给定时，银行资本金数量越低，银行股东的回报率就越高。正是由于这一点，经营状况较好或对自身银行前景感到乐观的银行股东们都不愿意资本规模过大，这就形成了一种资本安全与收益之间的替代关系，使银行的所有者和经营者们面临一种较为困难的抉择。在总结世界各国银行倒闭风险教训的基础上，各国金融当局也都把银行的资本金比率作为一个重要的监管指标。从1988年的《巴塞尔协议Ⅰ》到2011年的《巴塞尔协议Ⅲ》，都是以资本充足率为核心的商业银行风险管理的"通则"（详见知识专栏2-2，巴塞尔协议Ⅰ、Ⅱ、Ⅲ）。2012年我国根据《巴塞尔协议Ⅲ》发布了《商业银行资本管理办法（试行）》，明确规定了资本金的种类、资本充足性指标及其计算办法、基本管理的具体要求。

商业银行资本包括一级资本（亦称核心资本）、二级资本（亦称附属资本）两种类型。资本充足性指标共有三个，分别是资本充足率、一级资本充足率、核心一级资本充足率。一般监管标准：资本充足率、一级资本充足率、核心一级资本充足率最低分别为8%、6%和5%；我国规定的最终监管标准：资本充足率、一级资本充足率、核心一级资本充足率最低分别为10.5%、8.5%和7.5%，有的银行，比如农村商业银行这一标准还要提高。

从经济学角度看，银行资本的市场价值（MVE）也是衡量资产负债管理效果的核心参数。MVE是体现银行面临的利率风险以及未来收益预期的指数。MVE比NIS或NIM更能全面地反映银行资产负债管理水平。不仅包括利率变动对资产负债表项目的影响，而且也包括昨率对资产负债表外项目的影响。在资本充足性管理中，有三个相关的重要指标：资产回报率（ROA）、股权回报率（ROE）和股本乘数（EM）。在这三个指标中，当股本乘数过高时，就意味着银行防范倒闭风险的能力已不够，银行可以通过三个途径来降低股本乘数：一是发行股票（普通股）来增加资本；二是用减少贷款或卖出证券的手段来压缩资产规模；三是减少对股东的红利分配，从而增加可记入资本账户的未分配利润。如果实际情况恰好相反，即银行股本乘数不是过高而是过低，银行也完全可用上述的三个办法进行反方向操作。实际上这就是资本充足性管理的"分子策略"和"分母策略"。

知识专栏2-2

巴塞尔协议Ⅰ、Ⅱ、Ⅲ

《巴塞尔协议》是国际清算银行（BIS）的巴塞尔银行业条例和监督委员会的常设委员会——"巴塞尔委员会"于1988年7月在瑞士的巴塞尔通过的"关于统一国际银行的资本计算和资本标准的协议"的简称。该协议第一次建立了一套完整的国际通用的、以加权方式衡量表内与表外风险的资本充足率标准，有效地扼制了与债务危机有关的国际风险。随着国际经济金融形势的发展变化，巴塞尔委员会对《巴塞尔协议》不断修订、补充和完善，先后有2004年的《新巴塞尔资本协议》和2010年的《巴塞尔协议Ⅲ》。

一、1988《巴塞尔协议》的主要内容

1988年7月，巴塞尔委员会通过了《关于统一国际银行的资本计算和资本标准的报告》，（简称1988年资本协议），并要求十国集团国家于1992前实施。

资本协议主要有四部分内容：一是确定了资本的构成，即商业银行的资本分为核心资本和附属资本两大类。核心资本包括实收股本和留存权益，附属资本包括一定比例的普通准备、可转债、长期次债券、资产重估准备。二是根据资产的风险大小，粗线条地将资产分为0%、20%、50%和100%四个风险档次，又称风险权重。其中，对经合组织国家政府和商业银行的债权规定了优惠的风险权重。三是通过设定一些转换系数，将表外授信业务也纳入资本监管。最后，协议规定商业银行的资本与风险资产

之比不得低于8%，其中核心资本对风险资产之比不得低于4%。

1988年的资本协议已被全世界100多个国家所采用，并已写入《有效银行监管的核心原则》，成了资本监管的国际标准。国际货币基金和世界银行在检查各国银行体系稳健性时，主要根据资本协议的规定来判断银行资本的充足性。

二、2004年《新巴塞尔资本协议》的主要内容

为适应国际银行业监管和商业银行风险管理的需要，巴塞尔银行监管委员会于1998年开始全面修改资本协议，并于2004年6月出台新资本协议（《资本计量和资本标准的国际协议：修订框架》，简称《新巴塞尔资本协议》）。2006年在十国集团国家开始实施。

新资本协议作为一个完整的银行业资本充足率监管框架，由三大支柱组成：一是最低资本要求；二是监管当局对资本充足率的监督检查；三是银行业必须满足的信息披露要求。这三点也通常概括为最低资本要求、监督检查和市场纪律。

三大支柱的首要组成部分是第一点，即最低资本要求，其他两项是对第一支柱的辅助和支持。资本充足率仍将是国际银行业监管的重要角色。新协议进一步明确了资本金的重要地位，称为第一支柱。巴塞尔委员会认为"压倒一切的目标是促进国际金融体系的安全与稳健"，而充足的资本水平被认为是服务于这一目标的中心因素。巴塞尔新资本协议对此增加了两个方面的要求。即新协议不仅包括原有的8%资本充足率的最低要求，还提出监管部门要对商业银行资本充足率的监督检查和市场纪律的新规定。

在信用风险和市场风险的基础上，补充了对操作风险计提资本的要求。为计算信用风险和操作风险的资本要求（计提市场风险资本的方法保持不变），该协议采用了由简单到复杂的多种方法，如标准法和内部评级法。其中，对最为重要的信用风险，在简单标准法中，采用外部评级公司的评级结果确定商业银行各项资产的风险权重，废除以往按是否为经合组织成员确定风险权重的不合理做法。在相对复杂的内部评级法中，允许管理水平较高的商业银行采用银行内部对客户和贷款的评级结果来确定风险权重、计提资本。该法是新协议的核心内容，有助于商业银行提高风险管理水平。根据内部评级法初级法的要求，银行必须计算出银行客户的无力还本付息的可能性，以及各类贷款的详细的损失率等量化指标。

巴塞尔新资本协议第一次引入了市场约束机制，让市场力量来促使银行稳健、高效地经营以及保持充足的资本水平。要求银行提高信息的透明度，使外界对它的财务、管理等有更好的了解。巴塞尔新资本协议要求市场对金融体系的安全进行监管，也就是要求银行提供及时、可靠、全面、准确的信息，以便市场参与者据此作出判断。根据巴塞尔新资本协议，银行应及时公开披露包括资本结构、风险敞口、资本充足比率、对资本的内部评价机制以及风险管理战略等在内的信息。

三、2010年《巴塞尔协议Ⅲ》的主要内容

《巴塞尔协议Ⅲ》受到了2008年全球金融危机的直接催生。该协议的草案于2009年提出，2010年9月12日，巴塞尔银行监管委员会宣布，各方代表就《巴塞尔协议Ⅲ》的内容达成一致，并于此后的11月在韩国首尔举行的G20峰会上获得正式批准实施。

根据这项协议，商业银行的核心资本充足率将由目前的4%上调到6%，同时计提2.5%的防护缓冲资本和不高于2.5%的反周期准备资本，这样核心资本充足率的要求可达到8.5%～11%。总资本充足率要求仍维持8%不变。此外，还将引入杠杆比率、流动杠杆比率和净稳定资金来源比率的要求，以降低银行系统的流动性风险，

加强抵御金融风险的能力。

新协议将普通股权益/风险资产比率的要求由原来的2%提高到4.5%，核心资本充足率的要求也由4%提高到6%，加上2.5%的防护缓冲资本，核心资本充足率的要求达到8.5%。同时也提出各国可根据情况要求银行提取0%~2.5%的反周期缓冲资本，以便银行可以对抗过度放贷所带来的风险。此外，还提出了3%的最低杠杆比率以及100%的流动杠杆比率和净稳定资金来源比率要求。

为最大程度上降低新协议对银行贷款供给能力以及宏观经济的影响，协议给出了从2013—2019年一个较长的过渡期。全球各商业银行5年内必须将一级资本充足率的下限从现行要求的4%上调至6%，过渡期限为2013年升至4.5%，2014年为5.5%，2015年达6%。同时，协议将普通股最低要求从2%提升至4.5%，过渡期限为2013年升至3.5%，2014年升至4%，2015年升至4.5%。截至2019年1月1日，全球各商业银行必须将资本留存缓冲提高到2.5%。

资料来源：中国银行业保险监督管理委员会网站。

（二）流动性管理

尽管银行风险有很多种类，但是流动性风险是银行的致命风险，流动性严重不足时可以使银行"断气"，所以，流动性管理始终是银行业务经营管理的重点之一。

商业银行流动性管理的核心是如何确定超额准备金。对于商业银行来说，经常会出现存款外流的情况，在这一现象出现时，如果银行超额准备金不足以抵补因存款外流而相应减少的正常准备金，它就会被迫对其资产负债表的其他部分进行调整。其具体做法大致有三个：第一借入资金；第二出售证券；第三收回贷款或出售贷款。这三种做法都要花费相当的成本，因此，大多数商业银行为避免这种成本的发生总要保有适当的超额准备金。超额准备金是一种非营利资产。这部分货币资金如果用于贷款或购买证券可获得的收益，就是保有超额准备金的机会成本。因此，对商业银行来说，如何保持适量的超额准备金是流动性管理的难点。

从全世界情况看，完全依靠内部流动性资产来满足流动性需求已被视为一种保守的流动性管理策略，大多数银行家倾向于这样的策略：以内部流动资产作为满足基本流动性需求的来源，而将外部融资作为应付非预期性流动性需求的来源。

从银行日常流动性管理经验来看，其基本做法是，首先预测流动性需求和供给，核算流动性供需缺口；其次，筹集和运用超额准备金，填补流动性缺口；第三，防范流动性风险。本书第十章将依据我国《商业银行流动性风险管理办法》（2018）具体介绍商业银行流动性及其流动性风险管理的具体内容。

（三）资产管理

银行作为企业，运用资金赚取利润是其本质使然。银行组织资产管理是银行最主要的经营活动。银行资产管理的中心就是寻找信誉良好且能提供较高贷款利率的贷款客户和进行优良的证券组合投资，同时，为了满足资产流动性原则的要求，银行也要将资金投入流动性较高、变现能力较强的债券，以便随时对准备金进行补充。

贷款是商业银行资产业务的骨干部分，因此，信用风险管理对任何一家银行来说都是至关重要的。为了将贷款业务中的技术性风险和道德风险减至最低,银行通常都采取客户调查与筛选、贷款专业化、对客户实行财务监控、提出抵押要求及采取信用配给等种种手段。

作为我国商业银行的资产管理,一是贷款的营销与管理,保证资金运用到实体经济中去,科学贷款定价,加强信用风险管理;二是资产证券化等创新业务;三是强化资产组合,重视"大资管",有效开展金融市场业务(资金业务)。

(四)负债管理

负债业务是银行资产业务与中间业务的基础。负债管理也是商业银行一项重要管理内容。负债管理的基本内容是充分挖掘银行资产负债表上负债项目的潜力,扩大资金来源,满足保持流动性的各项需要。因为负债数额不是一个既定的常量,而是一个可以通过确立目标、用积极手段去争取的变量。例如,在需要资金时,他们可以用发行新债务工具等方法达到目的。

当前我国商业银行负债管理的重点有三个方面:一是积极组织存款,特别是创新性存款品种,如结构性存款;二是发行理财产品;三是借款,包括同业借款和向中央银行借款。

(五)合规管理

银行合规管理是指管理者对组织各要素合规方面的集体协作行为进行有意识的组织协调的活动,确保组织各个机构和人员的各项业务行为符合外部法律法规及其他强制性规范以及内部各项规章制度,以有效满足组织合规性目标的过程。银行合规管理的目标是实现银行的合规性目标,其基本作用是确保银行遵循各项相关法规、政策和标准,控制合规风险,以保护银行的声誉,从而保证银行实现最大的利益。

从管理的基本职能出发,合规管理主要内容包括结合银行实际识别、评估合规风险并制定合规管理规划和相关政策程序,组织、指导各相关部门实施合规管理事宜和有关的政策、程序,督促、监控、核准银行的合规工作,定期对银行的合规工作进行考核评价,发现并纠正其中的偏差和不足。在实际工作中,合规管理主要解决三个问题:一是确保商业银行的规章制度合乎法律法规;二是确保商业银行内部规章制度之间不相冲突;三是确保规章制度在全行得到严格执行。因此,合规管理与合规的定义是相互联系而又存在明显区别。

中国银保监会于2006年发布了《商业银行合规风险管理指引》,各商业银行机构据此制定适合自己实际的合规管理细则,组织开展合规风险管理。

除了以上所述五个方面以外,风险管理、绩效管理也很重要。

二、商业银行经营管理主要方法

现代商业银行经营管理方法主要是资产负债综合管理方法,具体有以下种类。

(一)资产负债比例管理法

资产负债比例管理是指通过建立一套指标体系来引导、评价和管理商业银行的资金运用方向，使银行各项指标能够达到或接近最佳水平，以实现银行流动性、安全性、盈利性的和谐统一，最终达到银行的经营目标。这种方法在商业银行经营管理中最常使用。《巴塞尔协议》和我国《商业银行资本管理办法（试行）》中的各种比例都是资产负债比例管理法的具体应用。具体案例请见表2-2。

知识专栏2-3

××农商行2018年监管指标分层监测表

表2-2 ××农商行2018年监管指标分层监测表

项目		主要指标	法定值	××农商行触发值	指标定义
重点指标	资本状况	资本充足率（BIII）	≥10.5%	11.50%	资本净额/（信用风险加权资产+市场风险加权资产+操作风险加权资产）×100%
		一级资本充足率（BIII）	≥8.5%	9.00%	一级资本净额/（信用风险加权资产+市场风险加权资产+操作风险加权资产）×100%
		核心一级资本充足率（BIII）	≥7.5%	8.00%	核心一级资本净额/（信用风险加权资产+市场风险加权资产+操作风险加权资产）×100%
		杠杆率	≥4%	4.10%	（一级资本－一级资本扣减额）/调整后的表内外资产余额×100%
	流动性	流动性比例	≥25%	27.00%	流动性资产/流动性负债×100%
		调整存贷比（扣除运用支农再贷款发放的贷款）	≤75%	74.50%	
		流动性覆盖率	≥100%	110.00%	优质流动性资产储备/未来30日的资金净流出量
		净稳定融资比例	≥100%	110.00%	可用的稳定资金/业务所需的稳定资金
	信用风险	不良贷款率	≤5%	2.20%	（次级类贷款+可疑类贷款+损失类贷款）/各项贷款余额×100%
		单一客户贷款集中度	≤10%	9.00%	最大一家客户贷款总额/资本净额×100%
		单一集团客户授信集中度	≤15%	14.00%	最大一家集团客户授信总额/资本净额×100%
	拨备情况	拨备覆盖率	≥150%	160.00%	（贷款损失专项准备金+贷款损失特种准备金+一般准备）/（次级类贷款+可疑类贷款+损失类贷款）×100%
		贷款拨备比率	≥2.5%	2.60%	贷款损失准备金余额/各项贷款余额×100%

续表

项目		主要指标	法定值	××农商行触发值	指标定义
一般指标	信用风险	全部关联度	≤50%	40.00%	全部关联方授信总额/资本净额×100%
		关注类贷款占比		15.00%	关注类贷款/各项贷款×100%
		逾期90天以上贷款与不良贷款比例		100.00%	逾期90天以上贷款/（次级类贷款+可疑类贷款+损失类贷款）×100%
		当年新形成不良贷款率		2.50%	（当年新形成的不良贷款+当年新形成的不良贷款处置部分）/年度贷款平均余额×100%
	流动性	月日均存贷比		75.00%	当月各项贷款日均余额/当月各项存款日均余额
		流动性缺口率	≥-10%	-9.00%	流动性缺口/90天内到期的表内外资产×100%
		同业市场负债依存度		24.00%	（同业存放款项+同业拆入款项+卖出回购款项）/总负债×100%
	其他	涉农贷款占比（县域农商行）		不适用	涉农贷款余额/各项贷款余额×100%
		小微企业贷款占比（所有农商行）		50.00%	小微企业贷款余额/各项贷款余额×100%
		贴现（含买断式转贴现）占各项贷款比例		15.00%	贴现（含买断式转贴现）余额/各项贷款余额×100%

（二）穿透式管理法

穿透式管理法是指我国银行业监管部门近年来对商业银行实施的强调实质性监管的一种监管措施。它是按照"实质重于形式"的原则，透过互联网金融产品的表面形态看清业务实质，"打破'身份'的标签，从业务的本质入手"将资金来源、中间环节与最终投向穿透连接起来，甄别业务性质，根据业务功能和法律属性明确监管规则。

穿透式监管的表现形式是一种功能监管、行为监管。不管一家创新金融机构的名称、标签是什么，模式有多创新，它的每一步行为都可以找到相应的监管条例去约束。

穿透式监管具有明显优势。第一，它体现了监管规则的公平性，不论金融机构还是互联网企业，只要做相同的金融业务，监管的政策取向、业务规则和标准就相应一致。穿透式监管可避免同市场主体的监管标准宽严不一，避免监管套利。第二，它可以打破金融行业"分业监管"的障碍，针对互联网金融领域混业经营普遍的现象，做到对一站式理财等创新业态的有效监管。按照目前监管的分类：股权众筹归证监会管、网络借贷平台由银监会管、互联网保险业务则由保监会管（银保监会合并后，有银保监会监管），而穿透式监管可以打破监管分类，避免监管重叠与。有利于监管快速地跟上金融创新的步伐。

为加强银行业金融机构信用风险管理，与2016年10月发布了《关于进一步加强信用风险管理的通知》（以下简称"银保监会42号文"），要求从改进统一授信管理、加强授信客户风险评估、规范授信审批流程、完善集中度风险的管理框架、加强国别风险管理、提高贷款分类的准确性、开展非信贷资产分类、提高风险缓释的有效性八个方面开展风险排查、查找制度漏洞。银监会要求，银行业金融机构还应该建立涵盖客户、行业、地区、货币、抵质押品、市场、国家/区域等各类风险源，覆盖信贷、投资、衍生品交易、承兑和担保等全部的表内外风险暴露，充分体现"穿透性原则"的集中度风险管理框架。

三、商业银行经营管理工具

商业银行经营管理工具很多，这里主要介绍四种：利率敏感缺口模型、久期缺口模型、模拟模型和压力测试。

（一）利率敏感缺口模型

利率敏感性缺口分析是银行实行利率风险管理的最基本的工具之一，它通过资产与负债的利率、数量和组合变化来反映利息收支的变化，从而分析它们对银行利息差和收益率的影响，与此基础上采取相应的缺口管理。运用利率敏感性缺口分析可以量化计算由于利率变动给银行的生息资产和生息负债带来的影响程度，在判断利率未来的变动走势的情况下，引导银行主动进行资产负债结构的调整，达到趋利避害的目的。

利率敏感性资产与利率敏感性负债的差额被定义为利率敏感性缺口，用GAP表示。即：利率敏感性缺口=利率敏感性资产-利率敏感性负债。资产大于负债，为正缺口；资产小于负债，为负缺口；资产等于负债，为零缺口。

利率敏感性是指银行资产的利息收入与负债的利息支出受市场利率变化的影响大小，以及它们对市场利率变化的调整速度。如果利率浮动的资产和负债，其利率随市场利率的变化而变化，那么它们就是利率敏感性资产和负债；相反，利率固定的资产与负债就不是利率敏感性的。所以，利率敏感性资产是指那些在一定期限内到期的或需要根据最新市场利率重新确定利率的资产；利率敏感性负债是指在一定时限内到期的或需要重新确定利率的负债。

利率敏感性资产与利率敏感性负债不等价变动中产生的利率风险，主要源于商业银行自身的资产负债期限结构的不匹配。当利率敏感性资产大于利率敏感性负债，即银行经营处于"正缺口"状态时，随着利率上浮，银行将增加收益，随着利率下调，银行收益将减少；反之，利率敏感性资产小于利率敏感性负债，即银行存在"负缺口"状态时，银行收益随利率上浮而减少，随利率下调而增加。这意味着利率波动使得利率风险具有现实可能性，在利率波动频繁而又缺乏风险管理措施的情况下，银行可能遭受严重的风险损失。为此，商业银行通过对利率的预测，可以采用不同的缺口策略，从而实现利润最大化：如果预测利率上升，可采用正缺口策略；如果预测利率下降，可以采用负缺口策略；如果预测利率不变，则可以采用零缺口策略。

（二）久期缺口模型

久期缺口模型是将久期模型运用到银行信贷领域控制利率风险的一种资产负债管理工具。久期缺口是资产加权平均久期与负债加权平均久期和资产负债率乘积的差额，银行可以使用久期缺口来测量其资产负债的利率风险。

久期缺口＝资产加权平均久期－（总负债/总资产）×负债加权平均久期

当久期缺口为正值时，资产的加权平均久期大于负债的加权平均久期与资产负债率的乘积。当久期缺口为负值时，市场利率上升，银行净值将增加；市场利率下降，银行净值将减少。当缺口为零时，银行净值的市场价值不受利率风险影响。总之，久期缺口的绝对值越大，银行对利率的变化就越敏感，银行的利率风险暴露量也就越大，因而，银行最终面临的利率风险也越高。

久期也称持续期，是由 F. R. Macaulay 在 1938 年提出的。它是以未来时间发生的现金流，按照目前的收益率折现成现值，再用每笔现值乘以现在距离该笔现金流发生时间点的时间年限，然后进行求和，以这个总和除以债券各期现金流折现之和得到的数值就是久期。概括来说，就是债券各期现金流支付所需时间的加权平均值。金融概念上也可以说是，加权现金流与未加权现金流之比。久期是一种测度债券发生现金流的平均期限的方法。由于债券价格敏感性会随着到期时间的增长而增加，久期也可用来测度债券对利率变化的敏感性，根据债券的每次息票利息或本金支付时间的加权平均来计算久期。

随着对久期模型研究的不断深入，相继有人提出了方向久期、偏久期、关键利率久期、近似久期以及风险调整久期等新的久期模型，把利率的期限结构、票息率的改变以及信用风险、赎回条款等加入模型里面，使久期模型得到了进一步的发展。银行久期缺口模型就是久期模型在银行领域的扩展和应用。

（三）模拟模型

模拟模型是将资产负债信息输入计算系统处理，计算了同各时期利率敏感性资产和负债总额、资金缺口大小和方向、持续期缺口大小和方向等，通过不同的利率假设进行动态模拟分析，为银行资产负债管理和利率风险防范提供决策依据。掌握模拟技术不仅可以大量减少在资产负债管理者中的手工计算，而且也拓宽了潜在的管理技术范围。特别是模拟资产负债管理模型使得在不同假设条件下评估各种资产负债战略成为可能。银行可以确定在不同管理战略下的风险收益对比关系，具有检测不同情景的灵活性。并且可以用来进行压力测试，以预测大的利率变化对收益和资本的影响。模拟模型主要在大银行使用，是资产负债管理中的一种高级工具。

模拟模型通过假设预期利率的水平变化、收益率曲线的形状、资产负债的定价战略、增长率、资产负债的数额和构成，利用计算机计算出各种预测，包括本期和预期的利率敏感性缺口、持续期缺口、资产负债表和损失表、各种业绩指标以及银行应当采取的决策建议。多数大银行主要利用模型确定它们的利率风险限额，然后再检测这些限额。如：一家银行可以限制其利率风险不超过净利息收入变化的6%，根据这一限额，当利率变化1%时，银行可以根据这一限额来对资产负债表进行模拟。

模拟模型的基本步骤大体上由三步构成：

（1）先判断今后1~2年内市场利率变化的可能结果，以此为前提，来计算资产负债表和损失表。

（2）设定利率变化和基准变化线的乖离，并利用模型计算在此乖离结果之下的净利息收入等主要经营数据，进而把握这些主要经营数据与基本计算相比的变动情况，并将其转换为具体的利率风险的量化指标。

（3）利率风险的量化指标值是否超出资产负债管理委员会充定的允许变动范围。若超出，则需修改经营计划或采取操作对策（如买进或卖出债券、运用衍生品交易避险等）来调整利率风险的量化标准，使其回到资产负债管理委员会设定的允许变动范围。

（四）压力测试

压力测试（stress testing）是指将整个金融机构或资产组合置于某一特定的（主观想象的）极端市场情况下，如假设利率骤升、某一货币突然大幅贬值、股价暴跌等异常的市场变化，然后测试该金融机构或资产组合在这些关键市场变量突变的压力下的表现状况，看是否能经受得起这种市场的突变。

银行的压力测试通常包括信用风险、市场风险、操作风险、其他风险等方面内容。压力测试中，商业银行应考虑不同风险之间的相互作用和共同影响。

压力测试包括敏感性测试和情景测试等具体方法。敏感性测试旨在测量单个重要风险因素或少数几项关系密切的因素由于假设变动对银行风险暴露和银行承受风险能力的影响。情景测试是假设分析多个风险因素同时发生变化以及某些极端不利事件发生对银行风险暴露和银行承受风险能力的影响。

压力测试能够帮助商业银行充分了解潜在风险因素与银行财务状况之间的关系，深入分析银行抵御风险的能力，形成供董事会和高级管理层讨论并决定实施的应对措施，预防极端事件可能对银行带来的冲击。对于日常管理中广泛应用各类风险计量模型的银行，压力测试应成为模型方法的重要补充。压力测试也能够帮助银监业监管部门充分了解单家银行和银行业体系的风险状况和风险抵御能力。

目前在银行中应用的压力测试比较常见的是流动性风险压力测试。对商业银行根据不同的假设情况（可量化范围）进行流动性测算，以测试银行在非正常情况下流动性的敏感度。通过压力测试为商业银行在非正常情况下的流动性管理提供措施，避免商业银行的资产廉价出售或降低融资所需支付的风险溢价。

银行开展压力测试的具体步骤有四：（1）确定承压对象和承压指标。对象可为银行现金支付能力等，指标可为流动性缺口。（2）确定压力因素和压力指标。如宏观政策调整，自身经营出现问题等等。（3）设定压力情景。内部外部都要考虑进去。（4）确定测试方法。流动性缺口法，监管指标法，现金流量法。

知识专栏 2-4

商业银行宏观审慎评估体系（MPA）

宏观审慎评估体系（Macro Prudential Assessment，MPA），是商业银行的评估机制，由差别准备金动态调整和合意贷款管理机制整合而来，重点考虑资本和杠杆情况、资产负债情况、流动性、定价行为、资产质量、外债风险、信贷政策执行等七大方面，其中资本充足率是评估体系的核心。

2008 年国际金融危机发生后，各国监管当局都认识到，为弥补原有的货币政策框架和微观审慎监管的空白，需要建立并且加强宏观审慎监管框架。美国和欧盟在 2009 年相继宣布建立宏观审慎监管体系，并成立专门机构。其他经济体和国际组织也开始着手加强这方面的金融监管改革。我国央行也在 2010 年宣布启动宏观审慎监管，并于 2011 年开始建立差别准备金动态调整和合意贷款管理机制，以防范系统性金融风险。

在差别准备金动态调整机制下，央行按月对逐个银行连续动态调整准备金要求，以应对信贷风险。信贷偏离度越小、稳健性程度越高的银行，可相应地少存放准备金、多放贷款。而合意贷款，就是在综合资本充足率、存贷比、不良贷款率等多个数据后，商业银行可以自行测算合意贷款规模，并上报央行，后续商业银行按照实际业务和流动性状况安排年内的贷款进度。合意贷款是一种透明、规则化的宏观审慎政策工具，可以大大遏制地方银行的放贷冲动。2015 年 12 月 29 日，央行宣布从 2016 年起将现有的差别准备金动态调整和合意贷款管理机制升级为宏观审慎评估体系（MPA），随后不断扩充 MPA 考核范围。

考根据商业银行的地位和发展水平的不同，央行将其分为三个类，并由不同的测算机构进行测算。宏观审慎评估体系（MPA）的评估对象可分三类：全国性系统重要性机构（N-SIFIs）、区域性系统重要性机构（R-SIFIs）、普通机构（CFIs）。

MPA 指标体系总共包括七个方面、14 个指标。计提如表 2-3。

表 2-3 MPA 指标体例

7 个方面	14 个指标
资本和杠杆情况	资本充足率、杠杆率
资产负债情况	广义信贷、委托信贷、同业负债
流动性	流动性覆盖率、净稳定资金比例、遵守准备金制度情况
定价行为	利率定价
资产质量	不良贷款率、拨备覆盖率
跨境融资风险	跨境融资风险加权资产余额
信贷政策执行	信贷政策评估结果、信贷政策执行情况、央行资金运用情况
激励约束机制	考核结果分为 A、B、C 三挡。 A 档机构执行最优激励，并实施奖励性利率，法定准备金利率上浮 10%～30% B 档机构保持不变，继续保持法定准备金利率； C 档机构给予适当约束，并实施约束性利率，法定准备金利率视情况下浮 10%～30%

MPA 并非了成不变，而是处于不断调整完善的过程。2017 年第一季度，将表外理财正式纳入 MPA 广义信贷指标范围。2018 年第一季度起将同业存单纳入 MPA 的同业负债占比指标。央行行长易纲在《中国金融》2018 年第 3 期 "货币政策回顾与展望"文章中，表示正探索将影子银行、房地产金融、互联网金融等纳入宏观审慎政策框架，将同业存单、绿色信贷业绩考核纳入 MPA 考核，优化跨境资本流动宏观审慎政策，对资本流动进行逆周期调节。其中，绿色金融纳入 MPA 信贷政策执行情况考核首先对 24 家系统重要性金融机构实施。进一步完善全口径跨境融资宏观审慎政策，提高跨境融资便利性，防范跨境资金流动。2017 年三季度货币政策执行报告明确探索将绿色信贷纳入 MPA 评估体系中。2018 年 7 月 25 日，部分银行接央行通知，从 2018 年二季度起，下调 MPA 考核中宏观审慎资本充足率的结构性参数和信贷顺周期贡献度参数，适度放宽对银行考核要求。

资料来源：任涛，图解金融，2019 年 1 月 7 日。

■ 本章小结

1. 商业银行的经营目标是追求自身利润最大化，但从长期来看，追求企业价值最大化才是商业银行经营的最终目标。商业银行的一般经营原则是安全性、流动性和盈利性。我国《商业银行法》规定的商业银行经营原则是安全性、流动性和效益性，要求商业银行既要追求自身盈利，又要注重社会效益，这是我国社会主义商业银行区别于西方商业银行的一个重要方面。

2. 资产负债管理是商业银行管理的核心与基础，商业银行其他方面的管理，都是在资产负债管理的基础上进行的，已形成了一套完整的基本理论体系和管理方法。商业银行资产负债管理理论经过了资产管理理论、负债管理理论和综合管理理论三个阶段。其中，资产管理理论包括真实票据理论、资产转移理论和预期收入理论；负债管理理论包括存款理论、购买理论和销售理论。资产负债综合管理理论所强调的是对银行资产和负债进行综合全面的管理，在具体管理过程中应当遵循的基本原则和准则是：规模对称、结构对称、速度对称和目标互补原理。

3. 商业银行经营管理的核心是通过风险管理追求盈利。商业银行经营管理的重点是资本充足性管理、流动性管理、资产管理、负债管理与合规性管理。

4. 商业银行经营管理方法主要有资产负债比例管理法、穿透式管理法等方法。

5. 商业银行经营管理工具主要有利率敏感性缺口模型、久期缺口模型、模拟模型和压力测试等四种。

■ 重要名词术语

安全性　流动性　盈利性　效益性　偿还期对称原理　目标替代原理　线性规划法　真实票据论、资产转移理论、预期收入理论、购买理论、资产负债比例管理　利率敏感性缺口　久期缺口　合规管理　穿透式管理　压力测试

■ 复习思考

1. 如何理解商业银行经营原则之间的统一性与对立性？
2. 简述资产管理理论的主要内容与特点？
3. 比较分析存款理论、购买理论与销售理论的联系与区别。
4. 资产负债综合管理的基本原理与主要目标是什么？
5. 结合我国银行业发展实际，分析合规管理、穿透式管理的内容与意义。

■ 延伸阅读

1. ［美］彼得·S·罗斯，西尔维娅·C·赫金斯 著，刘园 译．商业银行管理（原书第9版）机械工业出版社 2013-10.
2. 彭建刚 主编：商业银行管理学（第三版），中国金融出版社，2013-06.
3. 黄宪，代军勋，赵征 主编：银行管理学（第二版），武汉大学出版社，2011-10.

业务篇

第三章
商业银行负债业务

章首引例

光大银行如何保障负债业务良好增长

2017年,在金融去杠杆、货币紧平衡、监管态势趋严、行业竞争加剧的背景下,银行业面临不小的经营压力。但披露的年报显示,中国光大银行(股票代码601818)存款较上年末增长7.16%,存款增长更加注重质量和效益,全年日均核心存款占比77.11%,同比提升3.91个百分点,存款成本同比下降5个基点,其中对公核心存款增长6.37%,为历年增长之最。光大银行是如何保障负债业务良好增长的呢?

2017年,光大银行积极优化信贷结构,大力支持实体经济。在具体做法上,一是持续对接国家战略。光大银行在"一带一路"、京津冀协同发展、长江经济带相关项目上共投放逾2 000亿元。同时,为了促进区域协同发展,光大银行在江西、云南、贵州、山西、陕西和新疆等地区项目投放逾2 000亿元。为了支持小微企业,光大银行小微贷款完成"三个不低于"监管要求,助力"三农"发展,涉农贷款余额近3 000亿元。总行成立了普惠金融部,率先响应和落实了国家号召。光大银行还积极支持特色小镇等城镇化建设项目,与发改委、国开行等共同发起实施"千企千镇工程",设立了规模千亿元的建设基金。与此同时,光大银行大力支持企业直接融资,积极推动"绿色债""双创债""扶贫债"等创新产品。2017年,光大银行成功发行债券2 124亿元,发债规模市场排名同比上升三名。二是通过行内条线协作、集团内部联动和集团外部合作,不断提高服务实体经济的深度和广度。2017年光大银行大资产业务规模突破3万亿元,为历年增长最优。三是有保有压,稳妥推进结构调整。2017年光大银行有序退出产能过剩及相关贸易行业低质量贷款客户,政府融资平台类贷款规模较2017年初下降,对公贷款关注率、逾期欠息率等指标均实现较年初"双降"。

本章在简要介绍银行负债有关理论问题的基础上,着重研究银行存款的经营和管理,分别分析了短期借款和长期借款等借入负债,列举了具有代表性的创新存款工具。

第一节 商业银行负债业务概述

一、商业银行负债的概念

负债,简单地说就是商业银行获取资金来源的业务,是商业银行通过对外负债方式筹措经营所需资金的活动,是商业银行资产业务和中间业务的基础。从不同角度可将其分为主动负债业务和被动负债业务、长期负债业务和短期负债业务、高成本负债业务与低成本负债业务、广义负债业务和狭义负债业务等。存款是银行的主要负债,一般要占到资金来源总额的70%以上,有的银行更高。

二、商业银行负债的种类

(一)吸收存款

存款是商业银行所接受的政府机构、企业、个人和外国投资者存入资金的总称,是银行负债业务中最重要的业务。对银行来说,吸收存款是一种取决于顾客决策的被动负债业务,但却是获取经常性资金的主要来源,它们无不把吸收存款放在各项业务之首。马克思所说"对银行来说,存款始终是重要的",揭示了存款业务的经济地位。特别是我国商业银行,存款占到资金来源的70%~80%,甚至更高,商业银行普遍奉行"存款立行"理念,经常上演"存款大战"。

商业银行的存款种类可以按不同的标准来划分:按其性质可划分为活期存款、定期存款、储蓄存款和通知存款等;按期限长短可划分为短期、中期、长期存款;按币种可划分为本币存款和外币存款;按来源可划分为原始存款与派生存款;按行业可划分为工商业存款、农业存款、财政性存款、同业存款等。随着电子银行的发展和银行卡的广泛应用,新的存款种类不断出现。

商业银行在开展存款业务过程中,要重点做好宏观经济形势分析,熟悉货币政策,准确细分存款市场,加强存款客户管理,创新存款品种,科学进行存款定价,积极组织存款营销。对于我国商业银行来说,尤其要重视储蓄存款。

(二)借款

借款是商业银行主动向中央银行、其他金融机构和金融市场借入资金的一种信用活动，是商业银行的主动负债业务。它已成为银行资金的一个重要来源。根据借款期限不同，商业银行的借款可分为短期借款和长期借款。短期借款是指期限在一年以内的债务，包括同业借款、向中央银行借款和其他形式的短期借款等。长期借款是指偿还期限在一年以上的债务，其主要形式是发行资本票据和金融债券。由于商业银行的长期负债被当作附属资本，因此，对商业银行主动负债有决定意义的是短期借款。商业银行短期借款主要由以下部分组成：

（1）同业借款，是指金融机构之间的短期资金融通，主要有银行同业拆借、抵押借款和转贴现借款三种形式。银行同业拆借是银行的一项传统业务，也是最主要的同业借款方式。它是指商业银行及其他金融机构之间的临时借款，主要用于支持日常性的资金周转，是商业银行为解决短期资金余缺，调剂法定存款准备金头寸而融通资金的重要渠道。同业拆借期限较短，有的只有一天或一夜，所以，有时称为隔日或隔夜借款。同业拆借的利息一般是按日计算，利率与当时的市场利率挂钩，受资金供求状况影响较大。由于同业拆借一般是通过中央银行的存款账户进行的，实际上是超额准备金的调剂，因此又称中央银行基金调剂。抵押借款是商业银行资金紧张周转发生困难时，以其持有的金融资产和客户的抵押资产（动产和不动产）作为抵押品向其他同业银行取得的借款。转贴现借款是商业银行将已经贴现但尚未到期的票据交给其他商业银行或贴现机构，要求给予贴现，以取得资金的融通。

（2）中央银行借款，是中央银行向商业银行提供的信用。主要有两种形式：一是再贴现；二是再贷款。再贴现是经营票据贴现业务的商业银行将其买入的未到期的票据向中央银行再次申请贴现，也叫间接借款。再贷款是中央银行向商业银行提供的信用放款，也叫直接借款。再贷款和再贴现不仅是商业银行筹措短期资金的重要渠道，也是中央银行重要的货币政策工具。

（3）回购协议，是指通过出售金融资产获得资金的同时，确定了一个在未来某一时间按一定价格购回该项资产的协议。出售和回购的对象一般是国库券，期限短的为一个营业日，长的几个月。回购协议通常是商业银行调整短期准备金头寸的工具，但有时也是获取长期资金的一种方式。回购协议的资金贷出者（证券的购买者）主要是企业、政府机构和外国政府等。

除了以上主要负债业务，商业银行还通过其他方式获取资金来源，形成其他负债。主要包括：代理行的同业存款负债、金融债券负债、大额可转让定期存单负债、买卖有价证券、占用客户资金、境外负债等。

在商业银行的负债业务中，自有资本是基础，标志着商业银行的资本实力；存款负债是其主要业务，标志着商业银行的经营实力；借款负债和其他负债是商业银行资金的重要调剂和补充，体现商业银行的经营活力。

三、商业银行负债的作用

（一）银行负债是商业银行吸收资金的主要来源，是银行经营的先决条件

商业银行作为信用中介，首先表现为"借者的集中"，即通过负债广泛地筹集资金，才可能成为"贷者的集中"，即通过资产业务有效地运用资金，因此负债业务是

商业银行开展资产业务的基础和前提。根据《巴塞尔协议》的标准，银行负债提供了银行92%的资金来源。银行负债规模的大小，制约着资产规模的大小；银行负债的结构，包括期限结构、利率结构、币种结构等，决定着资产的运用方向和结构特征。同时，负债业务也是银行开展中间业务的基础，因为信用中介把借者和贷者有机地联系在一起，进而为银行开拓和发展中间业务创造了有利的条件。

（二）银行负债是保持银行流动性的手段

因为唯有通过负债业务，银行才能聚集起大量可用资金，以确保合理贷款的资金需求和存款提取、转移的资金需要。同时，负债也是决定银行盈利水平的基础：一方面在资产价格水平一定的情况下，负债成本费用的高低决定了银行盈利水平的高低；另一方面，银行负债所聚集的资金一般不直接投资于生产经营，而是贷放给企业，银行只能获取所贷放资金的一部分收益。这两方面都决定了银行资产的盈利水平要远远低于一般工商企业，银行要获取社会平均利润，必须尽量扩大负债规模，使资产总额几倍于自有资本。因此负债是银行发展的基础，对商业银行来说是至关重要的。

（三）银行负债构成社会流通中的货币量

社会流通中的货币量由现金和银行存款组成。现金是中央银行的负债，存款是商业银行的负债。如果贷款增长了，存款没有相应扩大，则会导致社会上现金流通量的增加。因此，稳定银行负债对稳定社会货币流通量有着决定性的影响。

（四）负债是银行同社会各界联系的主要渠道

所有经济单位的闲置资金和货币收支，都离不开银行负债业务。市场资金流向、企业的经营活动，以及机关事业单位、社会团体和居民的货币收支，每时每刻都反映在银行的账面上，因此，负债又是银行进行金融服务和监督的主要渠道。

第二节

存 款 业 务

一、传统的存款业务

（一）活期存款

活期存款是指可由存款人随时存取和转让的存款，它没有确切的期限规定，银行也无权要求存款人取款时做事先的书面通知。持有活期存款账户的存款人可以用各种方式提取存款，如开出支票、本票、汇票、互联网转账、使用自动出纳机等。由于各种经济交易，包括信用卡、商业零售等，都是通过活期存款账户进行的，所以在国外又把活期存款称为交易账户。在各种取款方式中，最传统的是支票取款，因此活期存款又称支票取款。

活期存款是商业银行的主要资金来源，在20世纪50年代之前，银行负债总额中的绝大部分都是活期存款；20世纪50年代以后，由于各国实行活期存款的利率管制和反通货膨胀的紧缩性货币政策，加上闲置资金机会成本的增加和其他非银行金融机构的竞争等，商业银行活期存款的比例大幅下降，目前约占银行全部负债的30%。我国商业银行的活期存款主要来自企业和单位存款；在居民储蓄存款中，活期存款的比重仅占20%左右。对客户来说，活期存款能满足客户支取方便、运用灵活的需要，同时也是取得银行贷款和各种服务的重要条件。商业银行任何时候都必须把活期存款作为经营管理的重点，这不仅因为活期存款是银行的主要资金来源，还因为其具有以下重要特点：

（1）活期存款具有货币支付手段和流通手段的功能，能提高银行的信用创造能力。当存款人用支票提款时，它充当了普通的信用凭证；当存款人用支票向第三者履行支付义务时，它就作为信用流通工具。在现代商品经济社会中，接受支票的人通常不用来提取现金，而是把支票开具的金额转存在自己的活期账户上，这样支付行为就表现为转账的形式。在支票可流通转让的情况下，由于一张支票可连续背书受让而完成几次支付行为，从而显示了商业银行的信用创造能力。

（2）活期存款具有很强的派生能力，能有效提高银行的盈利水平。由于活期存款存取频繁，流动性风险较大，而且需要提供多种服务，如存取、转账和支票等，因此活期存款的营业成本较高。但银行对活期存款支付的利息很少，如现已废除的美国"Q条例"甚至不允许银行为活期存款支付利息，因此其利息成本在银行负债业务中又是最低的。虽然活期存款的平均期限很短，但在大量此存彼取、此取彼存的流动过程中，银行总能获得一个较稳定的存款余额用于期限较长的高盈利资产。

（3）活期存款还是商业银行扩大信用、联系客户的重要渠道。由于活期存款的资金成本明显低于其他负债，因此，社会再生产过程中绝大多数经济活动都围绕着活期存款账户的存取转移而展开。通过活期存款，商业银行可以充分利用活期存款账户信用扩张和派生存款的特点，扩大与客户的联系，并且通过提高服务质量及业务创新来吸引和争取更多的客户，扩大银行的经营规模。

（二）定期存款

定期存款是客户和银行预先约定存款期限的存款。存款期限在美国最短为7天，在我国通常为3个月、6个月和1年不等，期限长的则可达5年。定期存款的利率根据期限长短而高低不等，但都要高于活期存款。传统的定期存款要凭银行所签发的定期存单提款，存单不能转让，银行根据存单计算应付利息。目前各国的定期存款有多种形式，包括可转让和不可转让存单、存折和清单等。

定期存款一般要到期才能提取，如果持有到期存单的客户要求续存，银行通常要签发新的存单。对于到期未提取的存单，按惯例不对过期的这段存款支付利息，我国目前则以活期存款利率对其计息。但对要继续转存者，也可以按原则到期予以转期。西方国家有"定期存款开放账户"，可不断存入新的款项，对账户内款项自动转期。

西方国家对提前支款一般罚息较高,如美国对 7~31 天的定期存款提前取款者的处罚金额占提前所取金额应得利息的大部分;32 天至 1 年的存款,罚金至少相当于 1 个月的利息。我国没有对定期取款提前支取的罚款规定,过去是按原存单利息计付利息,但要扣除提前日期的利息;现在则依国际惯例全部按活期利率计息,并扣除提前日期的利息。

定期存款对客户来说,是一种收入稳定而又风险很小的投资方式,并且可以以存单作为动产质押取得银行存款,虽然货币派生能力不如活期存款,但其对银行经营管理却有着特殊的意义。

定期存款是银行稳定的资金来源。这是因为定期存款的期限较长,按规定一般不能提前支取,这样,银行就可将客户存入的资金用于中长期放款而无流动性风险之虑。而且定期存款是以存入时挂牌公告的利率计息,使银行既可因放款期限长而得到较高的利率收益,又能有效规避市场利率变化带来的价格风险。

定期存款的资金利率高于活期存款。活期存款因为没有期限约束,客户不需提前通知就能随时支取,商业银行为了避免发生支付危机和减少经营风险,就必须保持较高的存款准备金率。而定期存款未到期一般不能提前支取,其稳定性明显强于活期存款,因此银行的存款准备金率明显较低,可把所吸收的存款绝大部分都贷放出去,从而为银行带来可观的收益。

定期存款的营业成本低于活期存款。因为一般情况下存款只需开具一张定期存单,客户持存单支取本息,银行在存款到期时一次性办理手续。在存款期间几乎不需要提供其他任何服务,银行为定期存款所支付的各项管理费用,即营业成本是很低的。这也显然有利于提高银行的盈利水平。

(三) 储蓄存款

储蓄存款和储蓄是两个不同的概念,储蓄的原始意义指的是贮藏,而储蓄存款则是银行负债的一个重要部分。在现代货币信用制度下,储蓄概念有广义和狭义之分。广义的储蓄概念包括政府储蓄、企业储蓄和居民个人储蓄三个部分。从资金运用的角度看,广义的储蓄等于投资;从资金来源的角度看,等于收入和消费之差,即政府、企业和居民的所有货币收入扣除各项生产性和消费性支出后的剩余部分,就是储蓄。如广义的居民个人储蓄等于货币收入减去消费,具体表现为居民个人所拥有的资产的总和,包括居民的银行存款、现金、各种有价证券,以及个人对企业的投资、所购买的房地产和保险等。狭义的储蓄则仅指储蓄存款。

由于我国银行长期以来坚持贯彻"存款自愿,取款自由,存款有息,为储户保密"的储蓄政策,因此定期储蓄存款实际上已成为居民投资的首选项目。自 20 世纪 80 年代以来居民储蓄存款正越来越成为我国商业银行稳定可靠的资金来源。截至 2018 年 3 月,我国储蓄存款已达到 169.18 万亿元,远远超过了企业单位和财政性存款的总和,成为我国商业银行最重要的资金来源。

关于存款国内外存在较大的差异,外国的活期存款、定期存款和储蓄存款都是针对任何个人、企业和团体的;在中国,对公的存款有活期存款和定期存款、对私的存款只有储蓄存款,而储蓄存款又包括了活期和定期。在国内的这种限制下,往往会出现私款公存和公款私存的现象。私款公存是指私人将自己的货币资金利用职务之便冒充为公款来存取,从而达到避免利息税的目的;公款私存则是指公司借助个人名义来存款从而达到取现方便的目的。但从长期发展趋势来看,随着监管的严格和制度的完善,国内的这种情况将会与国际惯例趋于一致。

二、存款工具创新

(一) 存款工具创新的原则

在存款利率受管制的情况下,面临金融市场其他金融工具的严峻挑战,银行存款有大量流失的危险。商业银行要扩大存款、争取客户,就必须不断创新存款工具,以优质、方便、灵活的服务和具有竞争力的价格迎接挑战。存款工具创新,指的是银行根据客户的动机和需求,创造并推出新的存款品种,以满足客户需求的过程。在实际操作中,银行对存款工具的设计和创新必须坚持以下原则:

1. 规范性原则

创新必须符合存款的基本特征和规范,也就是说要依据银行存款所固有的功能进行设计,对不同的利率形式、计息方法、服务特点、期限差异、流通转让程度、提取方式等进行选择、排列和组合,以创造出无限丰富的存款品种。凡是脱离存款本质特征的设计,都不能称为存款工具创新。20世纪80年代至90年代初,我国银行曾热衷于有奖储蓄存款的"创新",各种名目、门类繁多的有奖储蓄不胜枚举。其实这类有奖储蓄完全不同于国外较规范的有奖定期存款,而是为了迎合存款人的好奇投机心理,是一种利息的赌博。把博彩引进银行经营,必然有损于银行稳健谨慎的品质形象,显然不符合存款规范。因此,1998年7月,我国就已决定停止一切有奖储蓄。

2. 效益性原则

存款工具创新必须坚持效益性原则,即多种存款品种的平均成本以不超过原有存款的平均成本为原则。银行存款创新最终以获取一定的利润为目标,如因成本过高而导致银行收益下降甚至亏本,显然与银行的经营目标相悖。实践证明,高成本的存款创新是没有活力的。一种存款新品种的产生,应当是既能满足客户需求,又能满足银行供给动机的有效组合。

3. 连续性原则

银行存款工具创新是一个不断开发的进程,因此必须坚持不断开发、连续创新的原则。在竞争激烈的国际金融市场上,创新的存款工具丰富多样,层出不穷。我国商业银行应及时了解国际市场的产品信息,对可供借鉴和引进的产品,仔细研究、分析其基本原理、组成模式和定价模型等,并根据我国的市场环境进行合理的取舍和改进,力求推陈出新,不断推出适合我国国情的存款新品种。

4. 社会性原则

存款工具创新还须坚持社会性原则。新的存款工具的推出,不能损于社会的宏观经济效益,应当有利于平衡社会经济发展所必然出现的货币供给和需求的矛盾,能合理调整社会生产和消费关系,缓和社会商品供应和货币购买力之间的矛盾。如我国近年推出的住房储蓄存款,与按揭贷款相结合,对盘活我国房地产市场有着较积极的现实意义。

(二) 具有代表性的存款工具创新

这里主要介绍美国具有代表性的存款工具创新。

1. 活期存款工具创新

历史上，商业银行不能以超过政府规定的利率来争揽活期存款，因此竞争主要是非价格性的，其形式包括增设机构网点、给予额外酬金、提供补贴性项目等。自20世纪70年代开始，活期存款的竞争趋向于规避利率优惠，又能在一定程度上享受支票账户的便利。其主要创新工具有：

（1）可转让支付凭证账户（Negotiable Order of Withdrawal Account，NOWs Account）。该账户起源于1970年，是个人、非营利机构开立的计算利息的支票账户。它以支付命令书取代了支票，实际上是一种不使用支票的支票账户。开立这种账户的存户，可随时开出支付命令书，或直接提现，或直接向第三者支付，对其存款余额可取得利息收入。如美国1984年规定，对不满2 500美元的可转让支付凭证账户，可以支付的最高利率限额为5.5%。通过这一账户，商业银行既可提供支付上的便利，也满足了收益上的要求。因此可转让支付凭证账户的建立，有利于吸引客户，扩大银行存款规模。但是由于储蓄放款协会与互助储蓄银行都可以经营这种账户，进而打破了商业银行经营活期存款的垄断地位。

（2）超级可转让支付凭证账户（Super NOWs）。该账户始办于1985年，当时的法定最低开户金额和平均余额为2 500美元，签发支票可以不加限制。对保持2 500美元或更大余额的账户，利率不受管制；如账户余额降到最低限额以下，则只能支付5.5%的最高利率。由于该账户作为转账账户要缴纳存款准备金，银行为吸引客户通常还提供一定的补贴和奖励，因此该账户成本较高，利息要低于货币市场存款，而且客户要按月支付服务费。

2. 定期存款工具创新

其主要工具创新如下：

（1）可转让定期存单（Negotiable Certificate of Deposits，CDs）。可转让定期存单首先在20世纪60年代由美国纽约花旗银行创办，它是按某一固定期限和一定利率存入银行的资金可在市场上买卖的票证。美国国内的可转让定期存单由美国的银行机构发行；美国境外银行发行的美元存单叫作欧洲美元定期存单；外国银行在美国银行分行发行的叫作扬基定期存单；储蓄定期存单主要由储蓄贷款社发行。可转让定期存单发行和认购方式主要有两种，即批发式和零售式。批发式是由发行机构拟定发行总额、利率、面额等，预先公布，投资者认购；零售式则是按投资者的需要，随时发行、随时认购，利率也可商议。可转让定期存单面额较大，一般为10万美元至100万美元不等，利率一般高于同期储蓄存款，且可随时在二级市场出售转让，因此对存户颇具吸引力。银行发行这种存单，除可获得稳定的资金来源，还可取得降低存款准备金的好处。

（2）货币市场存单（Money Market Certificate，MMC）。美国金融管理当局鉴于市场利率高昂对存款机构的不利影响，1987年中期批准开办货币市场存单业务。货币市场存单的期限为 26 个星期，是最低面额为 1 万美元的不可转让的定期存款。准许这一存单支付的最高利率相当于该存单发出日或发出日前的 6 个月国库券的平均贴现率。

1982 年创新的货币市场存单，是一种新型的储蓄账户。该账户的主要特点是：要有 255 美元的最低限额；存款利率没有上限，并可以浮动；一般以市场规定的每日利率为基础随时计算；10 万美元的存款额可得到联邦存款保险公司的保险；存款者每月可办理 6 次自动转账或电话转账，其中 3 次以下可使用支票，但个人取款不受限制；银行具有要求客户退款时必须通知（至少 7 天）的权利。该账户的存户可定期收到一张结算单，它上面记载着所得利息、存款余额、提款或转账支付的数额等。与超级可转让支付凭证账户不同，美国金融管理当局对持有货币市场存款账户的各种存款者没有什么限制；个人不提交法定存款准备金，非个人储户则上交 3% 的存款准备金。

（3）自动转账服务账户（Automatic Transfer Service Account，ATS）。美国商业银行在 1978 年推出的存款创新工具主要是自动转账服务账户，它是由电话转账服务发展而来的。在电话转账时，存户可通过电话，将其存在有息储户上的存款随时转到无息的活期存款支票账户。存户一般先把款项存入储蓄账户，由此可以取得利息收入，而当需要签收支票时，就用电话通知开户行，将所需款项转到活期账户。而自动转账服务账户则是指存户可以同时在开户银行开立两个账户，即储蓄账户和活期存款账户。活期存款账户的余额要始终保持 1 美元，但存户可以开出超过 1 美元的支票。银行收到存户开出的支票需要付款时，可随时将支付款项从储蓄账户转到活期存款账户上自动转账，及时支付支票上的款项。开立自动转账服务账户要求缴纳存款准备金。

（4）协定账户（Agreement Account，AA）。协定账户是自动转账服务账户的进一步创新。该账户是银行与客户达成的一种协议，存户授权银行将款项存在活期存款账户或转让支付凭证账户，一般都规定一个最低余额，超过最低余额的款项由银行自动转入同一存户的货币市场互助基金上，以便取得较高的利息；如果余额低于最低余额，也可由银行自动将货币市场基金账户的款项转入活期存款账户或可转让支付凭证账户，以补足余额。

3. 储蓄存款工具创新

储蓄存款也有活期、定期之分，因此以上介绍的存款创新工具原则上也适用于储蓄存款。但储蓄存款一般属于银行零售业务，具有小额性和分散性特点，因此创新主要围绕这一特点展开。传统的定期储蓄存款有整存整取、零存整取、存本取息以及具有创新意义的定活两便等。具有借鉴意义的是在国内尚未完全开发，而在发达国家已普遍盛行的创新工具：

（1）零续定期储蓄存款。这是一种多次存入，期限在半年以上 5 年以内的储蓄存款。表面上类似我国的零存整取，但其值得借鉴之处是：① 对每次存入的金额没有最低和最高的限制，也没有固定的日期限制；② 期满前 3 个月为"搁置期"，既不能存也不能取；③ 存款采用定期利率计算。这种存款对收入较高而不稳定的客户，如自由职业者较有吸引力。

（2）联立定期储蓄。它把整存整取和零存整取的优点巧妙地结合起来，即在一笔存折上有多笔定期存款，每笔存款都规定最低限额，如日本规定以 1 万日元为单位，即存入的最低限额为 1 万日元，但不规定存入期限，一个月一存也可，半年一存也可。每到年末，银行自动将存满年的每笔存款汇集成一个大数；凡不满一年的则到第二年再汇总。客户取款时要提前通知银行，凡年限已满一年的存款，提款一笔或同时提取多笔均可。这种存款十分便于存户化零为整，增加收益。对银行来说，每笔存款金额虽然不大，但存入的笔数多了就会形成一个数额较大并且相对稳定的资金来源。

（3）指数存款证。这是通货膨胀下为确保客户的存款不贬值而推出的存款工具。它使定期储蓄存款的利率与物价上涨指数相挂钩，即在确保实际利率不变的前提下，名义利率随物价指数的下降而变化。我国曾经推行的3年、5年期保值储蓄，也可称为实际利率为零的指数存款证。

（4）股金汇票账户（Share Draft Account，SDA）。该种储蓄账户由美国在1974年首创，兼具支票账户功能，是一种支付利息的账户，也是逃避利率管制的一种创新。建立股金汇票账户，存户可随时开出提款单，代替支票来提现或支付转账。在未支付或提现前，属于储蓄账户，可取得利息收入；需要支付或提现时，可开出提款单（支付命令书），通知银行付款，方便灵活又有利息收入。

（5）特种储蓄存款。这是商业银行针对客户某种特殊需求而设计的存款创新工具，品种繁多，主要有养老金储蓄、团体储蓄、存贷结合储蓄、国债定期户头储蓄等。下面以圣诞俱乐部储蓄为例加以介绍。它是为满足客户欢度佳节而储蓄资金的一种储蓄存款。客户可根据需要每星期存入一定数额的款项，存款到期后不需客户到银行提取，而是由银行在节日前将该笔存款寄还给客户，并同时送上纪念品，既能满足客户过节的需要，又能让客户根据需要对每个账户贴上不同的标签，如旅游账户、教育账户、假期账户等，以充分满足客户的不同需要。我国商业银行近年来推出的住房储蓄、礼仪储蓄等，显然是受了类似的启发。

三、结构性存款

长期以来，利率水平尤其是存款利率水平在我国受到严格的管制。经过多年发展，我国利率市场化改革提上日程。2000年9月根据"先外币后人民币、先大额后小额、先对公后对私"的改革思路，我国率先进行了外币利率市场化改革：放开大额外汇存款（等值300万美元以上）的利率上限。一方面，银行在传统货币市场的利差空间越来越小；另一方面，为了争取大额外汇存款，各家商业银行竞相提高利率。寻找提高存款收益的突破口成了各家银行努力的方向，通过将期权等衍生金融工具纳入传统负债业务是银行提高存款收益的最有效方法。结构性存款就是在这样的背景下诞生的。

（一）结构性存款的定义

根据中国人民银行《存款统计分类及编码标准（试行）》（银发〔2010〕240号）的规定，结构性存款是指"金融机构吸收的嵌入金融衍生工具的存款，通过与利率、汇率、指数等的波动挂钩或与某实体的信用情况挂钩，使存款人在承担一定风险的基础上获得更高收益的业务产品"。结构性存款可视为"存款+期权"，其具有固定收益证券和金融衍生品的双重特征。商业银行吸收结构性存款后，资金用于两部分：一部分和普通存款一样，用于发放贷款和配置债券等固定收益类金融产品，这部分配置较多；另一部分则配置于高风险高收益的金融衍生品，这部分配置较少。与一般存款相比，储户面临的更大风险主要来自金融衍生品投资部分，其预期的高收益也主要来自金融衍生品的投资收益。对储户而言，其收益也分为两部分：一部分是存款所产生的利息收益；另一部分是金融衍生品的投资收益。目前结构性存款的预期收益率大多在3.5%~4.3%，远高于普通存款。

根据不同的分类标准，结构性存款可分为不同的类型。按照本金币种不同，结构性存款可分为外汇结构性存款和人民币结构性存款。按照是否保障本金，结构性存款可分为非保本结构性存款和保本结构性存款，保本结构性存款又可分为本金保证型结构性存款、部分本金保证型结构性存款。本金保证型结构性存款是把存款的利息收益或者收益的一部分用于金融衍生品投资，以此获得高收益并保证本金的安全。按照收益类型不同，结构性存款可分为固定收益结构性存款、浮动收益结构性存款、收益递增结构性存款。对设置触发条件的结构性存款，储户往往在达到触发条件时获得较高的利息收益，而达不到触发条件时则获得较低的利息收益。按照挂钩标的不同，结构性存款可分为利率型结构性存款、汇率型结构性存款、信用型结构性存款、股票型结构性存款、商品型结构性存款等。按照期限不同，结构性存款从1个月到7年期长短不等。

（二）结构性存款的特点

从商业银行发行的金融产品看，结构性存款和理财产品的异同不容易为非金融人士所理解。虽然结构性存款和理财产品都分为保本型、非保本型，但二者还是有明显区别的。

（1）在商业银行的资产负债表上，结构性存款、保本型理财产品计入表内，但具体的会计科目存在一定的差别，而非保本型理财产品计入表外。

（2）在存款准备金缴存上，结构性存款的保本部分、保本型理财需要交纳存款准备金，非保本型理财不需要交纳存款准备金。

（3）在资金资产配置方面，结构性存款部分可配置金融衍生品，也可以配置石油等大宗商品，而理财产品则配置债券，包括结构性存款在内的存款，拆放同业及买入返售等标准化资产。

（4）在信息透明度方面，理财产品的资金投向存在资金池运作，客户往往不清楚资金的最终投向，而结构性存款的衍生品投资往往在产品说明中有明确介绍。

（5）在风险保障方面，结构性存款的存款部分实行存款保险制度，最高偿付限额为50万元，而非保本型理财产品则没有这类保护。

（三）结构性存款创新的背景

就结构性存款产生及快速发展的背景看，都有商业银行吸收存款压力较大的因素存在。2017年以来结构性存款的快速发展，除了与商业银行吸收存款压力较大有关外，还与监管规定要打破刚性兑付等有密切的关系。从未来的发展看，在防范金融风险的大背景下，金融去杠杆会长期延续，严监管也会长期坚持，商业银行吸收存款的压力会长期存在，打破刚性兑付也是不可逆转的趋势。同时，个人和非金融企业的理财需求规模较大并长期持续存在，因而有理由相信结构性存款作为保本型理财的替代产品将获得长期发展。商业银行面对较大的吸收存款压力，积极发展结构性存款并将其作为揽储的金融工具。2016 年下半年金融去杠杆力度加大，2017 年上半年强化了金融监管，银行业信贷投放大幅降低，通过信贷渠道派生存款规模大幅下降，企业存款和个人存款在 2017 年都大幅下降。同时，因为金融严监管，银行业金融同业资产规模快速下降，导致通过金融同业资产扩张创造存款的能力下降。这样一来，银行业吸收存款的压力加大，需要寻求金融工具尤其是高收益的金融工具来提高存款的吸引力，并增强在同业中的竞争力。

当前相关监管要求打破刚性兑付，将导致结构性存款替代保本型理财。2018 年 4 月 27 日人民银行等正式发布的《关于规范金融机构资产管理业务的指导意见》明确提出："资产管理业务是金融机构的表外业务，金融机构开展资产管理业务时不得承诺保本保收益。"商业银行原有的保本型理财不再属于资管产品的范畴，后续将逐渐退出市场，非保本型理财也将实施净值化管理，银行业此时便选择了与保本型理财替代性较高的结构性存款产品来吸引客户。

第三节

借款业务

借款是商业银行主动向中央银行、其他金融机构和金融市场借入资金的一种信用活动，是商业银行的主动负债业务。它已成为银行资金的一个重要来源。根据借款期限不同，商业银行的借款可分为短期借款和长期借款。短期借款是指期限在一年以内的债务，包括同业借款、向中央银行借款和其他形式的短期借款等。长期借款是指偿还期限在一年以上的债务，其主要形式是发行资本票据和金融债券。

一、商业银行的短期借款

（一）短期借款的主要特征

1. 对时间和金额上的流动性需要十分明确

由于活期存款的余额随时都在发生变化，定期存款也有提前支取的可能，所以准确掌握某一时点上的存款金额对于流动性的需要比较困难。而短期借款在时间和金额上都有明确的契约规定，借款的偿还期约定明确，商业银行对于短期借款的流动性需要在时间和金额上既可事先精确掌握，又可有计划地加以控制，这显然为负债管理提供了方便。

2. 对流动性的需要相对集中

短期借款渠道决定了借款对象不可能像存款那样分散，每笔借款的平均金额要远远高于每笔存款的平均金额,从而决定了短期借款的流动性需要无论在时间上还是金额上都比存款相对集中。如银行不能在约定期限偿还借款,就会因丧失信誉而难以继续经营。就这点而言,其流动性风险显然要高于存款。

3. 面临较高的利率风险

在正常情况下,短期借款的利率一般要高于同期存款,尤其是短期借款的利率与市场资金供求密切相关,是非常容易变化的。一旦市场的资金需求大于供给,短期借款的利率可能急剧上升,导致银行负债成本的提高。因此对短期借款的成本分析和控制,是银行负债管理的重要任务。

4. 主要用于短期头寸不足的需要

短期借款不同于长期借款的主要特征是期限短。因此,短期借款一般只用于调剂头寸,解决银行临时资金不足和周转困难的资金需要。对于一家商业银行来说,短期借款的稳定余额虽然也可被长期占用,但绝不能通过短期借款来满足营利性资产的资金需要,短期借款的动机只能是满足银行经营的流动性需要。

(二)商业银行从事短期借款业务的意义

1. 短期借款为银行提供了绝大多数非存款资金来源

在商业银行的负债中,存款始终是最主要的资金来源,但随着银行业务的发展,非存款负债日渐被看重,尤其是20世纪60年代负债管理理论兴起后,非存款负债不断增长。同业拆借、向中央银行或欧洲货币市场借款、回购协议等短期负债,已成为国际商业银行的重要资金来源。

2. 短期借款是满足银行周转金需要的重要手段

周转金是银行经营的一种保护性资金,即商业银行必须持有足够的资金以满足可能出现的支付需求。传统的银行经营以现金资产作为周转金的主要形式;而现代银行管理则越来越转向周转金的负债来源,因为通过短期借款也可在一定程度上满足资金周转的需要。短期借款既能降低存款波动的不良影响,也在一定程度上兼顾了营利性的要求。因此,短期借款已成为现代商业银行的重要周转手段。

3. 短期借款提高了商业银行的资金管理效率

由于短期借款是银行的主动负债,其对流动性的需要在时间上和金额上又都十分明确,银行经营者可依据本行对流动性、安全性和营利性的需要,对短期借款的时间和金额进行各种有效的安排,从而大大提高了资金的管理效率。同时,短期负债的增加使银行资产和负债的流动性相应提高,进而更多地持有流动性较差的高收益资产,从而有利于盈利水平的提高。

4. 短期借款既扩大了银行的经营规模,又加强了同外部的联系和往来

短期借款的增加意味着商业银行资金来源的增多,同时也为资产业务的扩大创造了条件,银行经营规模也随之相应扩大。而且,短期借款是商业银行与同业以及中央银行加强联系的重要渠道。如通过同业拆借能加强银行同业间的往来,熟悉彼此的资信状况,进行各项合作,有利于共同抵御各种风险;通过向中央银行借款,为中央银行了解商业银行和金融市场状况提供了信息,这也是中央银行执行货币政策、控制银根的主要途径;商业银行在国际金融市场借入短期借款,能加强银行同业的国际往来，便于形成统一的国际金融市场。

二、短期借款的主要渠道

（一）同业借款

同业借款也称同业拆借，指的是金融机构之间的短期资金融通。主要用于支持日常性的资金周转，它是商业银行解决短期资金余缺、调剂法定准备金头寸而融通资金的重要渠道。由于同业拆借一般是通过商业银行在中央银行的存款账户进行的，实际上是超额准备金的调剂，因此又称中央银行基金，在美国称之为联邦基金。

在发达国家，同业拆借市场一般为无形市场，而我国1996年开通的全国同业拆借一级网络和各省市的融资中心，均为有形市场。1996年年初至1997年7月，我国同业拆借市场由两级网络组成，商业银行总行为一级网络成员，银行分支行和非银行金融机构为二级网络成员；各省市融资中心既是一级网络成员，又是二级网络的组织者和参与者，成为沟通一级网络和二级网络的桥梁。

同业拆借的利率一般是以高于存款利率、低于短期贷款利率为限，否则拆借盈亏就不能达到保本的要求。通常情况下，拆借利率略低于中央银行的再贴现率，这样能迫使商业银行更多地面向市场借款，有利于中央银行控制基础货币的供应。我国的同业拆借市场由1~7天的头寸市场和期限在120天内的借贷市场组成。

商业银行拆借额度的确定必须立足于自身的承受能力。拆出资金以不影响存款的正常提取和转账为限，拆入资金必须以本身短期内的还债能力为度。1994年下达的《商业银行资产负债比例管理暂行监管指标》规定："拆入资金余额与各项存款余额之比不得超过4%；拆出资金余额与各项存款（扣除存款准备金、备付金、联行占款）余额之比不得超过8%。"这是现阶段我国同业拆借规范化发展所必须坚持的比例指标。

同时，为提高金融机构外汇资金运作效率，推动国内外汇市场发展，经国家外汇管理局批准，中国外汇交易中心自2002年6月1日起为金融机构办理外币拆借中介业务。同年6月3日、18日和20日，中国外汇交易中心分别在上海、深圳、北京与中外资金融机构签署外币拆借中介服务协议，统一的国内外币同业拆借市场正式启动。

（二）向中央银行借款

商业银行向中央银行借款的主要形式有两种：一是再贷款；二是再贴现。再贷款是中央银行向商业银行的信用放款，也称直接借款；再贴现指经营票据贴现业务的商业银行将其买入的未到期的贴现汇票向中央银行再次申请提现，也称间接借款。在市场经济发达的国家，由于商业票据和贴现业务广为流行，再贴现就成为商业银行向中央银行借款的主要渠道；在商业票据信用不普及的国家，则主要采取再贷款的形式。

由于中央银行向商业银行的放款将构成具有成倍派生能力的基础货币，因此各国的中央银行都把商业银行的放款作为宏观金融调控的重要手段。中央银行在决定是否向商业银行放款、何时放款、放多少款时遵循的最高原则是维护货币和金融的稳定；

其利率随经济、金融形势的变化而经常调节，通常要高于同业拆借利率。在一般情况下，商业银行向中央银行的借款只能用于调节头寸、补充储备不足和资产的应急调整，而不能用于贷款和证券投资。在特殊情况下，如为满足强化国家计划、调整产业结构、避免滑坡和企业倒闭的资金需要，中央银行的放款也可能被不定期地展期下去，但这应当被视为迫不得已而采取的方法。

目前我国商业银行向中央银行借款主要采取再贷款这一直接借款形式。今后随着我国票据贴现市场的不断发展扩大，逐步以再贴现取代再贷款，将是历史发展的趋势。

（三）转贴现

转贴现是指中央银行以外的投资人在二级市场上购进票据的行为。商业银行通过转贴现在二级市场上卖出未到期的贴现票据以融通到所需要的资金，在二级市场的投资人在票据到期前还可进一步转手买卖，继续转贴现。转贴现的期限一律从贴现之日起到票据到期日止，按实际天数计算。转贴现利率可由双方协议，也可以以贴现率为基础参照再贴现率来确定。在我国，票据款项的回收一律向申请转贴现的银行收取，而不是向承兑人收取。

（四）回购协议

回购协议是指商业银行在出售证券等金融资产时签订协议，约定在一定期限后按约定价格购回所卖证券，以获得即时可用资金的交易方式。回购协议通常只有一个交易日，协议签订后由银行向资金供给者出售证券等金融资产以换取即时可用资金；协议期满后，再以即时可用资金做相反交易。回购协议最常见的交易方式有两种：一种是证券卖出和购回采用相同的价格，协议到期时以约定的收益率在本金外再支付费用；另一种是购回证券时的价格高于卖出时的价格，其差额就是即时资金提供者的收益。回购协议交易通常在相互高度信任的机构间进行，并且期限一般很短，如我国规定回购协议的期限最长不得超过3个月。回购协议是发达国家央行公开市场操作的重要工具。

（五）欧洲货币市场借款

欧洲货币，实际上就是境外货币。欧洲货币市场借款是指商业银行在境外金融市场筹措资金的方式，又称境外借款。境外借款可以直接向境外银行或国际金融机构借入，也可以委托有关金融机构在境外金融市场发行债券。境外借款的期限视所需资金的用途而定，短的只有几天，长的可达20年。欧洲货币市场自形成之日起，就对世界各国商业银行产生了很大的吸引力。其主要原因在于它是一个完全自由、开放的富有竞争力的市场。这主要体现在以下几方面：① 欧洲货币市场不受任何国家政府管制和纳税限制。② 欧洲货币市场资金调度灵活、手续简单，业务方式主要是凭信用，短期借款一般只需要协议，无须担保品，通过电话和电传就可以完成。起决定作用的是借款银行的资信。③ 欧洲货币市场不受存款准备金和存款利率最高额的限制，因而其存款利率相对较高，贷款利率相对较低，这无论对存款人还是借款人都具有吸引力。④欧洲货币市场的借款利率由交易双方依据伦敦同业拆借市场利率（LIBOR）具体商定。由于我国对涉外金融管制较严，因此除中国银行外，国内其他商业银行对欧洲货币市场的短期借款渠道尚未真正开通。

（六）大面额存单

大面额存单是银行负债证券化的产物，也是西方商业银行通过发行短期债券筹集资金的主要形式。大面额存单的特点是可以转让，并且有较高的利率，兼有活期存款流动性和定期存款营利性的特点。在西方国家，大面额存单由大银行直接出售，利率由发行银行确定，既有固定利率也有浮动利率，期限在 1 年以内，在二级市场上的存单期限一般不超过 6 个月。有的国家也发行期限 2～5 年的利率固定的大面额存单，但认购前则自动换期，如换成 6 个月期限的存单以便于在二级市场上转让。大面额存单可流通转让、自由买卖，但不能购回；存单到期还本付息，但过期不计利息。

三、商业银行的长期借款

（一）商业银行长期借款的意义

商业银行的长期借款一般采用金融债券的形式。当今世界的金融债券是 20 世纪 70 年代以来西方商业银行业务综合化、多样化发展和金融业务证券化的产物。它意味着商业银行负债的多样化发展已成为必然趋势，进而体现了商业银行资产负债管理的许多新的特点。

商业银行之所以在存款之外还要发行金融债券，就是因为金融债券具有不同于存款的特点。第一，筹资的目的不同。吸收存款为的是全面扩大银行资金来源的总量，而发行证券则着眼于增加长期资金来源和满足特定用途的资金需要。第二，筹资的机制不同。吸收存款是经常性的、无限额的，而金融债券的发行则是集中性、有限额的。吸收存款取决于存款客户的意愿，它属于买方市场；发行债券的主动权则掌握在银行手中，就这一点而言，它属于卖方市场。第三，筹资的效率不同。由于金融债券的利率一般要高于同期存款的利率，对客户的吸引力较强，因而其筹资效率在通常情况下要高于存款。第四，所吸收资金的稳定性不同。金融债券有明显的偿还期，一般不能提前还本付息，资金的稳定程度高；存款的期限则具有弹性，资金稳定程度相对要低一些。第五，资金的流动性不同。除特定的可转让存单外，一般存款的信用关系固定在银行和存款客户之间，不能转让；金融债券一般不记名，有广泛的二级市场可以流通转让，因而比存款有更强的流动性。

上述诸方面不同于存款的特点，决定了金融债券的发行对银行负债经营的发展有较大的积极意义。首先，金融债券突破了银行原有存贷关系的束缚。它面向社会筹资，筹资范围广泛，既不受银行所在地区资金状况的限制，也不受银行自身网点和人员数量的束缚。其次，债券的高利率和流动性相结合，对客户有较强的吸引力，有利于提高银行筹资的速度和数量。同时，发行债券所筹的资金不用缴纳法定准备金，这也有利于提高银行资金的利用率。最后，发行金融债券作为商业银行长期资金来源的主要途径，使银行能根据资金运用的项目需要，有针对性地筹集长期资金，使资金来源和资金运用在期限上保持对称,从而成为商业银行资产负债管理的工具。

总之,金融债券的主要功能在于拓宽了商业银行的负债渠道,促进了银行负债来源的多样化,增强了负债的稳定性。但与存款相比,金融债券的局限性也比较明显。第一,金融债券发行的数量、利率、期限都要受到管理当局有关规定的严格限制,银行筹资的自主性不强。第二,金融债券除利率较高外,还要承担相应的发行费用,筹资成本较高,受银行成本负担能力的制约。第三,债券的流动性受市场发达程度的制约,在金融市场不够发达和完善的发展中国家,金融债券种类少,发行数量也远远小于发达国家。

(二) 金融债券的主要种类

金融债券有一般性金融债券、资本性金融债券和国际金融债券之分。

1. 一般性金融债券

(1) 担保债券和信用债券。担保债券包括由第三方担保的债券和以发行者本身的财产做抵押的抵押担保债券。信用债券也称无担保债券,是完全以发行者本身信用为保证发行的债券。商业银行特别是大银行,由于其有着几乎绝对的信用而具有坚实的可靠性,因此一般都发行信用债券。我国国有控股大型商业银行所发行的债券都是信用债券,今后随着我国合作社和民间性的中小银行的发展,担保债券也必将提上议事日程。

(2) 固定利率债券和浮动利率债券。固定利率债券指的是在债券期限内利率固定不变,持券人到期收回本金,定期取得固定利息的一种债券。浮动利率债券则是在债券期限内,根据事先约定的时间间隔,按某种选定的市场利率进行利率调整的债券。

自 20 世纪 80 年代以来,在金融自由化浪潮冲击下,市场利率变动频繁,发行银行和投资者为规避风险,浮动利率债券逐渐被广泛应用,其发行数额的增加幅度远远超过了固定利率债券的增幅。在国际上,浮动利率债券的利率通常按伦敦同业拆借市场利率同方向波动,一般按事先约定利率调整幅度,如 LIBOR 0.3,指只有当市场利率波动幅度超过 0.3% 时才加以调整。通常每 3 个月或 6 个月调整一次利率,主要取决于债券期限的长短。迄今为止,我国商业银行发行的都是固定利率债券,今后随着我国市场利率体系的逐步形成,浮动利率债券的发行势在必行。至于我国商业银行国际债券的发行,浮动利率债券则是较好的现实选择。

(3) 普通金融债券、累进利率金融债券和贴现金融债券。

普通金融债券是定期存单式的到期一次还本付息的债券。这种债券的期限通常在 3 年以上,利率固定,平价发行,不计复利。这种债券有些类似于定期存单,但它仍然具有金融债券的全部特征。

累进利率金融债券是浮动期限式的、利率和期限挂钩的债券。其期限通常为 3~5 年,持有债券时可以在最短和最长期限内随时到发行银行兑付,但不满 1 年的不能兑付。利率采用累进式的方法计算,即按债券持有期限分成几个不同的等级,每一个时间按不同的利率计付利息,投资期限越长利率越高,从而有利于鼓励投资,也使银行所筹的资金相对稳定。

贴现金融债券也称贴水债券,是指银行在一定的时间和期限内按一定的贴现率以低于债券面额的价格折价发行的债券。这种债券的券面上不附有息票,到期按面额还本,其利息就是债券发行价格与票面价格的差额。对贴现债券收益率的计算,应使用复利到期收益率公式,按实际天数计算利息。

我国银行发行的大多数是普通金融债券,1988年以后也曾发行过累进利率金融债券和贴现金融债券。

(4) 一次性还本付息金融债券和付息金融债券。

一次性还本付息金融债券是期限在5年以内、利率固定、发行银行到期一次支付本息的金融债券。迄今为止,我国银行发行的基本都是一次性还本付息金融债券。

国际上流行的普通金融债券大多是附息金融债券,它指的是债券期限内每隔一定时间(半年或者一年)支付一次利息的金融债券。这类金融债券的券面上通常附有每次付息的息票,银行每支付一次利息就剪下一张息票,故又称剪息票债券。付息金融债券可有较长的期限,并能有效减轻银行在债务到期时一次集中付息的利息负担,应成为我国银行筹措长期资金的主要形式。

2. 资本性金融债券

资本性金融债券是商业银行为弥补资本金的不足而发行的资本性债券,其性质介于存款负债和股票资本之间,在《巴塞尔协议》中统称为附属资本或次级长期债务。

(1) 次级债。次级债是指固定期限不低于5年(包括5年),除非银行倒闭或清算,不用于弥补银行日常经营损失,且该项债务的索偿权排在存款和其他负债之后的商业银行长期债务。次级债计入资本的条件是:不得由银行或者第三方提供担保,并且不得超过商业银行核心资本的50%。

次级债属于债券融资,而可转债属于股权融资。次级债到期不会转成股票,也就是说不是通过证券市场来融资,而是向机构投资者定向募集资金,从而补充银行的资本金。对于银行来说,发行可转债几乎没有风险,到期后转成股票,不用还本,还会增加每股净资产;而次级债到期有还本付息的压力,净资产也不会增加,因此商业银行通过次级债融资就必须考虑还本付息的压力,从而增强自身的盈利能力。相反,对于投资人来说,购买可转债的风险当然要比次级债大得多。次级债主要针对的是机构投资者,对二级市场投资者的影响并不大。

(2) 混合债。混合资本债(混合债)是针对巴塞尔资本协议对于混合(债务、股权)资本工具的要求而设计的一种债券方式,所募资金可计入银行附属资本。作为商业银行补充资金的重要金融工具,混合债在国际上已普遍为各银行所采用。鉴于我国商业银行所面临的资本金不足以及补充渠道有限的现状,混合债的推出将极大地缓解这些银行的燃眉之急。

中国现在所推行的混合资本债类似于《巴塞尔协议》中的"二级资本"。它具有以下几个优势:

混合债相对于次级债而言具有更强的资本属性。这种资本属性体现在"资本计入摊销"等一系列条款中。虽然在发行条件和最后5年的资本计入摊销等条款中,混合债和普通次级债并无明显差异,但是混合债的期限明显比次级债长。目前次级债的期限普遍为5年,而混合资本债的期限在15年以上,同时混合债自发行之日起10年内不得赎回,10年后只有在得到银保监会批准后具有一次赎回权。这表明银行在发行混合债时,可以附带10年末的息票率递增和回购选择权,这将确保银行在债券的整个清偿期内获得充分的资本待遇，避免债券在距到期日最后 5 年里，计入附属资本的数量每年累计折扣 20% 的损失。因此，可看作次级债每年计入附属资本的比例是递减的，而混合债计入附属资本的比例在存续期的最后 5 年才开始递减，这样混合债的每年平均资本要比次级债低，而混合债的资本属性表现得更强。

混合债提高了银行抗风险能力，这种抗风险能力体现在利息递延和损失吸收两个方面。利息递延是指发行混合债的银行在利息支付方面有一定的灵活性。其中有两层含义：一是当核心资本充足率低于 4% 时，银行有权递延支付利息；二是当盈余公积与未分配利润之和为负，且最近 12 个月内未支付普通股现金股利时，银行必须延期支付利息。损失吸收是指银行陷入经营困境时必须递延本金和利息。这种经营困境包括两种特定的情况：一种是当债券到期时，银行无力支付清偿权在混合债之前的银行债务；另一种情况则是，银行支付混合债将导致无力支付索偿权在该债券之前的银行债务。这两种情况下均可延期支付混合债的本金和利息。这些都使得银行在破产清算时在一定程度上能够保护比混合债更高级别的债权人的利益。混合债清偿顺序列于商业银行其他负债之后、先于商业银行股权资本。混合债是一种非稀释性的筹资方式，与上市相比，对股东更有利。

（3）可转债。可转债全称为可转换债券，在目前国内市场，就是指在一定条件下可以被转换成公司股票的债券。可转债具有债权和期权的双重属性，其持有人可以选择持有债券到期，获取公司还本付息；也可以选择在约定的时间内转换成股票，享受股利分配和资本增值。所以从某种意义上讲，可转债对投资者而言是保证本金的股票。可转债具备了股票和债券两者的属性，结合了股票的长期增长潜力和债券所具有的安全与收益固定的优势。此外，可转债相较股票还有优先偿还的要求权。

由于可转换债券附有一般债券所没有的选择权，因此，可转换债券的利率一般低于普通债券的利率，银行发行可转换债券有助于降低其筹资成本。同时，2007 年 7 月 3 日修改后的《商业银行资本充足率管理办法》规定，可转换债券在达到一定条件以后，可以按照一定标准计入商业银行的附属资本，从而提高银行的资本充足率。因此，可转换债券是商业银行借入长期资金的一种重要形式。但由于可转换债券在一定条件下可转换成公司股票，进而影响公司现有股东的所有权，因此，往往会受到现有股东的反对。

（4）可分离债。即分离交易的可转换公司债券，是指上市公司公开发行的认股权和债券分离交易的可转换公司债券。可分离债应当申请在上市股票上市的证券交易所，其中的公司债券和认股权分别符合证券交易所上市条件的，应当分别上市交易。通过发行可分离债来融资的财务费用较少。可分离债一方面可以减少融资过程中的成本；另一方面，企业也有可能因为权证的到期行权而使股权稀释，发行量大，稀释效应也会强。但整体而言，财务费用节省的效应会大于股权稀释的影响。

因此，一些成长性比较好，但不愿意公司股权被稀释的企业不适合发行可分离债，除非权证期限可以无限期延长，但根据交易所的《权证管理暂行办法》的规定，上市权证最长期限为两年。另一类不适合可分离债发行的，是那些对债务敏感的企业。普通可转债可能因为大部分甚至全部债权转为股份，而不必支付债券本金和利息，但可分离债的债务将持续到债券到期日。

3. 国际金融债券

国际金融债券指的是国际金融市场上发行的面额以外币表示的金融债券，不仅包含了上述所有的债券品种，而且内容更为广泛。这里仅从市场和货币的角度简要介绍几种通行的金融债券。

（1）外国金融债券。外国金融债券指债券发行银行通过外国金融市场所在国的银行或金融机构发行的以该国货币为面值的金融债券。这类债券的基本特点是：债券发行银行在一个国家，债券的面值货币和发行市场则属于另一个国家。如我国的银行通过日本的银行或金融机构在日本东京市场发行日元债券，即为外国金融债券。

（2）欧洲金融债券。欧洲金融债券指债券发行银行通过其他银行和金融机构，在债券面值货币以外的国家发行并推销债券。其主要特点是：债券发行银行属于一个国家，债券在另一个国家的金融市场上发行，而债券面值所使用的货币则属于第三国。如我国银行在伦敦市场发行美元债券或在法兰克福市场发行日元债券。前者称为欧洲美元金融债券，后者则称为欧洲日元金融债券。

（3）平行金融债券。平行金融债券指发行银行为筹措一笔资金，在几个国家同时发行债券，债券分别以各投资国的货币标价，各债券的筹资条件和利率基本相同。实际上，这是一家银行同时在不同国家发行的几笔外国金融债券。

在以上几种债券中，欧洲债券通常以国际通用货币（如美元）标价，所筹资金的使用范围广泛，因而是一种主要的国际金融债券。

四、商业银行借款需求预测与借款方式选择

借款对银行的重要意义体现在"量出为入"上。因此，要真正发挥借款的作用，关键在"量出"，即必须准确预测商业银行对借款的需求，并选择不同的借款形式。

（一）借款需求的预测

借款需求的预测包括两个层次：一是预测银行的总体资金需求；二是预测以存款方式能够吸收的资金。两者相减即为银行需要通过借款方式融入的资金。确定借款需求时，不仅需要预测需求总数量，还要预测在不同时期内、不同时点上需求的具体数量，以及有可能偏离这一预测值的幅度和概率。

1. 银行总体资金需求的预测

银行的总体资金需求主要包括四个方面：一是发展性资金需求，即用于实现银行总体计划所确定的资产增长目标、预期利润目标所需要的资金，比如，满足新增贷款、新增投资的资金需求，或者提高资本充足率；二是利率敏感组合资金需求，即为了达到最佳筹资组合、降低利率风险的目的，在调整不同负债的到期期限、利率等的过程中形成的对某一类型负债的特别需求；三是流动性资金需求，即满足客户支取存款、临时申请新贷款的需要而出现的资金需求；四是再筹资资金需求，即当某一项资金来源到期之后，必须重新筹集该类资金所形成的需求，也就是保证现有资金来源不萎缩所形成的资金需求。

2. 存款资金的预测

要准确预测以存款方式能够吸收的资金，必须对目前存款客户的行为进行仔细分析，确定现有存款的稳定性，尤其是要密切关注大客户的动向，确定他们可能做出的会对银行产生较大影响的存款决策；分析潜在客户变成现实客户的可能性，分析目前和未来一段时间内的经济状况及利率变化走势，分析竞争对手的竞争战略以及存款替代品的特征，分别确定其对银行存款可能产生的影响。在上述分析的基础上，就能计算出在未来一段时间内可能吸收的存款总额。

（二）借款方式的选择

在确定了借款需求后，就需要选择借款的具体方式，其中需要考虑的因素包括资金需求特征、借款成本、借款风险、市场状况、银行条件和监管规定等。

1. 资金需求特征

资金需求是决定借款方式的首要因素。如果只是满足结算过程中的临时资金需要，则应选择短期同业拆借；如果需要在长期稳定占用资金的同时提高资本充足率，则需要发行次级债券或混合资本债券。

2. 借款成本

借款成本包括利息成本和营业成本两大类。利息成本是商业银行按照约定的利率，以货币的形式向债权人支付的报酬；营业成本是指在筹资过程中发生的除了利息以外的所有开支，如广告宣传费、筹资人员的工资、筹资所需设备和房屋的折旧费摊销、筹资过程的管理费以及为客户提供服务所发生的费用等。通过计算并比较不同借款方式的成本，选择成本最低的那种借款方式。

3. 借款风险

在选择借款渠道时，需要充分考虑借款方式的利率风险和履约风险。一般来说，利率风险与期限有关，期限越长，利率波动幅度就会越大，利率风险也就越高。履约风险与银行的现金流有关，必须确保所选定借款方式的现金流与银行的现金流相吻合，从而保证银行能够按时履行还本付息的义务。

4. 市场状况

金融市场的状况会直接影响借款的成本和风险。因此，银行需要根据金融市场目前的状况和未来的发展趋势，选择不同的借款方式，并设计某一借款方式的具体条件。比如，在利率比较低的时候，可以借入期限比较长、利率固定的资金；在预计未来利率上升时，则可以缩短借款期限，或者选择浮动利率。

5. 银行条件

商业银行的规模、资本充足率、盈利能力等条件，会对借款方式有着非常重要的影响。相对来说，小银行适于选择短期融资，而大银行则在长期借款方面具有很强的优势。

6. 监管规定

监管当局对商业银行通过不同方式借入资金会有许多不同的限制和要求，满足这些要求是商业银行通过借款方式融资的基本前提。

■ 本章小结

1. 银行负债是银行在经营活动中产生的尚未偿还的经济义务。商业银行作为信用中介，负债是其最基本、最主要的业务。在商业银行的全部资金来源中，90％以上来自于负债。商业银行的负债结构主要由存款、借入款项和其他负债三个方面的内容组成。银行负债的规模和结构，决定了整个银行的经营规模和方向；而负债结构和成本的变化，则极大地影响着银行的盈利水平和风险状况。

2. 银行负债是开展资金运用的基本前提，在商业银行业务具有基础性地位。银行负债是商业银行吸收资金的主要来源，是银行经营的先决条件；银行负债是保持银行流动性的手段；银行负债构成社会流通中的货币量；负债是银行同社会各界联系的主要渠道。

3. 不管在哪一个国家，存款始终是商业银行的主要负债和经营性的资金来源。活期存款、定期存款和储蓄存款，是各国商业银行的传统存款业务。在面临不同程度的利率管制和金融市场其他金融工具严峻挑战的情况下，现代商业银行依据存款的基本特征和规范，在坚持效益性和社会性的前提下，在所有传统存款领域不断创新存款工具，推出可转让支付凭证账户、可转让定期存单、货币市场存款、自动转账服务账户以及丰富多彩的储蓄存款，以努力争取客户，扩大存款规模。

4. 活期存款作为商业银行的主要的负债资金来源，具有货币支付手段和流通手段的功能，能提高银行的信用创造能力，也具有很强的派生能力，能有效提高银行的盈利水平，此外，活期存款还是商业银行扩大信用、联系客户的重要渠道。

5. 借入负债是指商业银行主动通过金融市场或直接向中央银行融资。与存款负债不同，借入负债属于银行经营的卖方市场，它主要取决于银行经营的需要和银行经营者的主管决策，因而比存款负债具有更大的主动性、灵活性。

6. 商业银行的短期借款主要有同业拆借、向中央银行借款、转贴现、回购协议、大面额存单及欧洲货币市场借款等。商业银行的长期借款主要指各种类型的中长期金融债券。

■ 重要名词术语

负债业务　存款业务　活期存款　定期存款　储蓄存款　结构性存款　借款业务　短期借款　长期借款　可转让定期　回购协议　次级债　混合债　可转债　担保债券　信用债券　大面额存单　欧洲货币市场借款　固定利率债券　浮动利率债券　普通金融债券　累进利率金融债券　贴现金融债券　资本性金融债券

■ 复习思考

1. 简述商业银行负债的作用。
2. 简述传统的存款业务对于商业银行的意义是什么？
3. 简述金融债券的种存款工具创新的原则。
4. "对商业银行来说存款越多越好"，你认为这句话对不对，为什么？

5. 简述结构性存款的特点。
6. 简述商业银行短期借款的主要特征。
7. 简述商业银行长期借款的意义。

■ 延伸阅读

1. 中国银行业监督管理委员会. 商业银行内部控制指引, 2006 年 12 月 8 日.
2. 中国现代化支付系统运行管理办法（试行）, 2009 年 5 月.
3. 郑振龙. 金融工程. 3 版. 北京：高等教育出版社, 2012.
4. 《中国银监会关于进一步规范银行业金融机构吸收公款存款行为的通知》, 2017 年 6 月.
5. 《中国银监会关于整治银行业金融机构不规范经营的通知》, 2012 年 2 月.

第四章 企业贷款业务

章首引例

胡军在福建经营一家科技型企业,公司前景不错,有不少风投基金愿意提供资金支持。看着自己辛苦打拼起来的事业,胡军有过心动,但是和他们一谈就放弃了:"风投基金都是嗅着资本味儿来的,这些钱拿着轻松,但会分散公司股权,将来企业的话语权就不掌握在自己手里,会影响长远发展。"胡军还是更愿意找银行借钱,银行愿意借钱的企业,在市场上也会更受认可。但从银行借钱并不容易,特别是胡军经营的这类轻资产企业。

去年,胡军向银行申请一笔贷款,拿到手的却是一笔"组合贷款":一半是贷款,一半是银行承兑汇票,承兑汇票的一半额度要作为保证金存回银行。"对企业而言,贷款的便利度就降低了,成本也上升了,除了贷款利率外,开承兑汇票有一笔手续费,去银行贴现还要交上一笔贴现费。"胡军说,有的银行在贷款前就和企业"商量"好,开了承兑汇票还要去别家银行贴现,之后再把资金存到自家银行。企业在银行有了存款,银行又能为企业"贷款"了。"做两头"曾经是一些银行的共同手法,这样既增加了银行的存款来源,也增加了贷款规模。但是对企业来说,拿到的贷款缩了水,融资成本也上升了。

对实体企业的传统信贷支持减弱,那么多的资金去了哪里?银行的钱通过一些非信贷资产业务,转道进入房地产企业、地方政府融资平台,或者在银行体系内空转,直接送达实体经济的信贷资金在减少。近几年,传统信贷资产业务在商业银行总资产中的比重迅速下降,非信贷资产业务的占比不断增加。商业银行应回归主业放弃对短期利润的过度追求,更加注重长远、稳固银企关系。

资料来源:《人民日报》2017年4月17日第18版。作者为欧阳洁。

企业贷款作为商业银行最重要的主业,是银行取得收入和利润的主要途径,企业贷款的规模和结构,对商业银行的经营成败具有重要意义,企业贷款的经营成果直接影响商业银行安全性、流动性和营利性目标的实现。

本章主要从企业贷款的要素、种类、贷款政策、贷款原则、贷款管理流程、贷款定价、小微企业贷款、资产质量评价及不良贷款处理等方面展开阐述。

第一节 企业贷款概述

一、企业贷款的含义与分类

(一) 企业贷款的含义

企业贷款是指企业为了生产经营的需要,向银行或其他金融机构按照规定利率和期限借款的一种方式。贷款企业应该符合国家产业、行业政策,提供企业有效的营业执照、组织机构证、经营许可证等,向银行提交贷款申请。

企业贷款业务是银行对企业提供的各种贷款和信用服务,涉及对象分布于各种行业,服务领域渗透到企业经营的各个环节,用途上可以满足于日常营运周转,也可以支持其固定资产投资。企业贷款业务数额巨大,贷款风险相对集中。因此,严格贷款条件,加强企业贷款风险管理,优化贷款资产结构,提高贷款资源的配置效率尤为重要。

(二) 企业贷款的分类

1. 按贷款经营模式分类

(1) 自营贷款

自营贷款指商业银行以合法方式筹集的资金自主发放的贷款,其风险由商业银行承担,并由商业银行收回本金和利息。

(2) 委托贷款

委托贷款指由政府部门、企事业单位及个人等委托人提供资金,由商业银行(受托人)根据委托人确定的贷款对象、用途、金额、期限、利率等代为发放、监督使用并协助收回的贷款。商业银行(受托人)只收取手续费,不承担贷款风险。企业间可以通过委托贷款方式进行融资,集团公司可以通过委托贷款方式合法地进行集团内部资金调拨,实现母公司对子公司账户限额管理,达到降低资金使用成本、保值增值的目的。

(3) 特定贷款

特定贷款指经国务院批准并对贷款可能造成的损失采取相应补救措施后责成商业银行发放的贷款。

(4) 银团贷款

银团贷款又称辛迪加贷款,是指由两家或两家以上的银行依据同样的贷款条件并使用一份共同的贷款协议，按约定的时间和比例，向借款人发放的并由一家共同的代理行管理的贷款。

2. 按贷款期限分类

（1）透支

透支主要包括存款账户透支和信用卡透支。它是指存款人或持卡人因急需资金而在银行授予的限额内支用超过存款一定数量货币的活动。透支没有具体的提款时间和还款时间，但通常有一个最长还款期限。法人账户透支业务最大的特点是手续方便快捷，这对于借款人弥补频繁发生的金额不大、期限不长的资金缺口非常有用。使用和归还银行资金不需要额外手续，只需要按照正常结算程序办理支付和收款进账即可。法人账户透支目前仅限于人民币业务。法人账户透支涉及的期限包括透支额度有效期和透支账户持续透支期限。

（2）短期贷款

短期贷款指贷款期限在 1 年以内（含 1 年）的贷款。

（3）中期贷款

中期贷款指贷款期限在 1 年以上（不含 1 年）5 年以下（含 5 年）的贷款。

（4）长期贷款

长期贷款指贷款期限在 5 年（不含 5 年）以上的贷款。

3. 按贷款有无担保和担保方式分类

（1）信用贷款

信用贷款指以借款人的信誉为担保发放的贷款。

（2）担保贷款

担保贷款按照担保方式分为保证贷款、抵押贷款、质押贷款。

保证贷款指按《中华人民共和国担保法》规定的保证方式以第三人承诺在借款人不能偿还贷款时，按约定承担一般保证责任或者连带责任而发放的贷款。

抵押贷款指按《中华人民共和国担保法》规定的抵押方式以借款人或第三人的财产作为抵押物发放的贷款。

质押贷款指按《中华人民共和国担保法》规定的质押方式以借款人或第三人的动产或权利作为质物发放的贷款。

（3）票据贴现

票据贴现是指持票人在汇票到期日前，为了取得资金，贴付一定利息将票据权利转让给银行的票据行为，是持票人向银行融通资金的一种方式。

票据贴现的期限从其贴现之日起至汇票到期日止。承兑人在异地的，贴现期限应另加 3 天的划款日期。实付贴现金额按票面金额扣除贴现日至汇票到期前一日的利息计算。

4. 按贷款用途分类

（1）流动资金贷款

流动资金贷款是指银行业金融机构向企事业法人或国家规定可以作为借款人的其他组织发放的用于借款人日常生产经营周转的本外币贷款。流动资金贷款的特点是期限灵活，能够满足借款人临时性、短期和中期流动资金需求。流动资金贷款按期限可分为临时流动资金贷款、短期流动资金贷款和中期流动资金贷款。临时流动资金贷是指期限在3个月（含3个月）以内的流动资金贷款，主要用于企业一次性进货的临时需要和弥补其他季节性支付资金不足；短期流动资金贷款是指期限为3个月至1年（不含3个月，含1年）的流动资金贷款，主要用于企业正常生产经营周转的资金需求；中期流动资金贷款是指期限为1年至3年（不含1年，含3年）的流动资金贷款，主要用于企业正常生产经营中经常性的周转占用和铺底流动资金贷款。

（2）固定资产贷款

固定资产贷款是指银行向借款人发放的，主要用于基础设施、市政工程、厂房等固定资产项目的新建、扩建、购置、改造及其相应配套设施建设的中长期本外币贷款。

（3）项目融资

项目融资是指符合以下特征的贷款：

一是贷款用途通常是用于建造一个或一组大型生产装置、基础设施、房地产项目或其他项目，包括对在建或已建项目的再融资；

二是借款人通常是为建设、经营该项目或为该项目融资而专门组建的企事业法人，包括主要从事该项目建设、经营或融资的既有企事业法人；

三是还款资金来源主要依赖该项目产生的销售收入、补贴收入或其他收入，一般不具备其他还款来源。

（4）房地产贷款

房地产贷款是银行提供给房地产开发企业，用于住宅、写字楼等项目开发建设的贷款。一般由企业提供已经取得土地使用权的土地、已经取得房屋所有权的房产作为抵押或由企业股东提供担保。房地产贷款主要包括住房开发贷款、商用房开发贷款和土地储备贷款。住房开发贷款是银行向借款人发放的用于住房及其配套设施建设的贷款。商用房开发贷款是银行向借款人发放的用于宾馆（酒店）、写字楼、商场等商用项目及其配套设施建设的贷款。土地储备贷款是银行向借款人发放的用于土地收购、整理和储备的贷款。

5. 按贷款风险程度分类

国际通行的贷款质量分类方法是以贷款风险程度为依据。我国金融监管部门在比较各国银行在贷款资产分类方面不同做法的基础上，结合我国国情，制定了《贷款风险分类指导原则》，规定了我国银行业贷款资产风险分类方法。《贷款风险分类指导原则》按照一定的程序和方法，分析借款人的贷款偿还能力，判断贷款风险程度，据此将贷款划分为五类，即正常类、关注类、次级类、可疑类和损失类。各商业银行为加强贷款风险管理，提高贷款质量，在贷款五级分类的基础上，通常进一步细化贷款质量类别，如实行10级或12级分类。

二、贷款政策

贷款政策是指导贷款决策行为的各项方针、措施的总和，是银行从事贷款业务的准则。根据政策制定主体不同，贷款政策可分为宏观贷款政策和微观贷款政策。

(一) 宏观贷款政策

宏观贷款政策是中央银行、银行业监管机构根据国家宏观经济政策、产业政策、区域经济发展政策和投资政策，并衔接财政政策、利用外资政策等制定的指导金融机构贷款投向的政策。主要目标是改善贷款结构，促进经济结构的调整、科学技术的进步、社会资源的优化配置。

目前的宏观贷款政策大致包含四方面内容：一是与货币贷款总量扩张有关，政策措施影响货币乘数和货币流动性。比如，规定汽车和住房消费贷款的首付款比例、证券质押贷款比例等。二是配合国家战略和产业政策，通过贷款贴息等政策支持等多种手段，引导贷款资金向国家政策需要鼓励和扶持的地区及行业流动，以扶持这些地区及行业的经济发展，如支持"一带一路"贷款政策以及扶贫贷款、涉农贷款、科技贷款、绿色信贷、普惠金融等政策。大力发展科技金融，推进创新型国家建设，使中国强起来；大力发展绿色金融，推进生态文明建设，使中国美起来；大力发展普惠金融，缓解"三农"、小微企业融资难、融资贵，全面建成小康社会，使中国和谐起来。三是限制性的贷款政策。通过"窗口指导"或引导商业银行通过调整贷款额度、调整贷款风险评级和风险溢价等方式，限制贷款资金向某些产业、行业及地区过度投放，体现扶优限劣原则。四是制定贷款法律法规，引导、规范和促进金融创新，防范贷款风险。比如《商业银行法》《贷款通则》、"三个办法一个指引"以及中国银保监会出台的相关文件。

知识专栏 4-1

绿色金融政策破冰：纳入生态文明建设纲领性文件、国民经济和社会发展五年规划

《中国绿色金融政策 2016 年度报告》提出，绿色金融首次被纳入生态文明建设纲领性文件、国民经济和社会发展五年规划，由理念上升为国家战略。提出建立节能、碳排放权交易等制度。建立绿色金融体系，推广绿色信贷。并建立绿色金融体系，发展绿色信贷、绿色债券，设立绿色发展基金。发展绿色金融，是实现绿色发展的重要措施，也是供给侧结构性改革的重要内容。要通过创新性金融制度安排，引导和激励更多社会资本投入绿色产业，同时有效抑制污染性投资。

绿色发展已经成为"十三五"乃至更长时期我国经济社会发展的一个基本理念，作为绿色发展重要组成部分的"绿色金融"，也越来越受到重视。国家于 2016 年 12 月发布《"十三五"国家战略性新兴产业发展规划》和《"十三五"节能环保产业发展规划》，两个发展规划中都强调建立健全绿色金融体系，鼓励银行业金融机构对节能减排重点工程给予多元化融资支持。"十三五"期间，如何在国家金融政策对节能服务产业强而有力的支持下，乘势而为，继续开拓产业多元化的金融市场，进一步引导和完善节能服务产业向深水区迈进，具有非常重大的意义。

2017 年 2 月 23 日，中国银行业协会、普华永道会计师事务所共同发布了《中国银行家调查报告（2016）》（下简称《报告》）。《报告》显示，我国绿色信贷已经占到全部信贷余额的 8% 左右，我国央行也在银行间债券市场推出绿色金融债券，供金

融机构通过债券市场筹集资金支持环保、节能、清洁能源、清洁交通等绿色产业项目。绿色金融将是未来一段时间我国金融的主要发展方向之一，也将对我国经济结构调整起到至关重要的作用。

《"十三五"节能环保产业发展规划》中强调，要大力发展绿色信贷，完善绿色信贷统计制度，鼓励银行设立绿色信贷专项额度，支持有条件的银行探索绿色金融专业化经营。其实在节能服务产业里，绿色信贷早已成风潮。近年来，在银保监会《绿色信贷指引》和《能效信贷指引》的指导下，越来越多的银行结合合同能源管理前期投资大、合同期长和节能服务公司轻资产、无抵押的特点，不断创新金融产品。

（二）微观贷款政策

微观贷款政策是各商业银行制定的规范贷款行为，加强贷款风险管理措施、办法的总称，是银行内部贷款风险管理的"宪法"，是贷款风险管理的核心内容。银行的经营规模、经营方式、经营品种、所处市场环境不同，贷款政策也会有所不同，但基本内容如下：

1. 贷款业务的发展战略或总体思路

这是银行贷款业务开展的指导思想，包括银行希望业务扩展的速度和贷款规模、开展业务的行业和区域、品种等。银行制定的贷款业务的发展战略要与自身的能力相符，过高地估计银行的发展能力会导致业务失控，从而增大银行的经营风险，过低地估计银行的发展能力会导致银行增长缓慢。

2. 贷款审批的分级授权

授权以授权书的形式，对贷款的审批权限进行授权，分级授权的目的是建立健全内部审批授权与转授权机制，实行分级审批，以强化内控、集中管理、优化流程、提高效率。分级授权一般采取自上而下逐级授权的程序进行。一般情况下，贷款的分级授权有三个层次：董事会的审批授权；贷款管理委员会或高级管理层的审批授权；部门经理的审批授权。贷款审批的分级授权确定后，各级人员不得超越授权审批贷款。

3. 贷款的期限和品种结构

贷款政策中要明确规定银行贷款业务的品种和可接受的最长期限，并注意贷款期限与借款人的生产经营周期、综合还款能力相适应。

4. 贷款的规模控制

银行发放贷款的规模要受到其资金来源和资产组合状况的制约。对企业的流动资金贷款要根据企业生产经营的特点，科学合理地测定企业流动资金占用额，并以此为基础，确定不同时期流动资金贷款的合理需求额，以提高资金使用效率，确保资金合理使用。流动资金贷款需求量应基于借款人日常生产经营所需营运资金与现有流动资金的差额（流动资金缺口）确定。

5. 关系人贷款政策

根据《中华人民共和国商业银行法》第四十条第二款的规定，关系人是指商业银行的董事、监事、管理人员、信贷业务人员及其近亲属，以及上述人员投资或者担任高级管理职务的公司、企业和其他经济组织。商业银行不得给关系人发放信用贷款，发放担保贷款的条件不得优于其他借款人同类贷款的条件。

6. 贷款集中风险管理政策

贷款集中是指银行向一个或一组关系密切的借款人发放的、未经特别批准的、金额超过资本金一定比例的贷款。根据银监会对商业银行的各项风险监管指标要求，最大一家集团客户授信总额与资本净额之比不应高于15%；最大一家客户贷款总额与资本净额之比不应高于10%；全部关联授信与资本净额之比不应高于50%。贷款集中意味着风险集中，一旦借款人发生风险，银行将受到较大损失。

7. 贷款定价政策

在贷款政策中要明确贷款价格的内容和形成机制，贷款定价政策主要包括确定贷款的利率、确定补偿余额以及对某些贷款收取手续费。

8. 贷款的担保政策

贷款的担保政策包括规定银行贷款担保的方式，规定保证担保的条件、抵（质）押担保的财产或权利范围，价值评估方法及其他管理要求。

9. 贷款流程管理

贷款流程管理是指银行内部应将贷款过程管理中的各个环节进行分解，按照有效制衡的原则将各环节职责落实到具体的部门和岗位，并建立明确的问责机制。全流程管理有利于推动商业银行传统贷款管理模式的转型，提升商业银行贷款资产的精细化管理水平。"三个办法一个指引"突出贷款全流程管理，变过去的事后检查为现在的事前控制，变被动管理为主动管理，变贷款主要流程的管理为全部流程的管理。

10. 贷款合同管理

贷款合同一般是指可以作为贷款人的银行业金融机构与自然人、法人、其他组织之间就贷款的发放与收回等相关事宜签订的规范借贷双方权利义务的书面法律文件。贷款合同分为格式合同和非格式合同两种。其中，格式合同是指银行业金融机构根据业务管理要求，针对某项业务制定的在机构内部普遍使用的统一的、标准的格式。"三个办法"要求贷款合同等协议文件要明确各方当事人的权利、义务及违约责任，避免对重要条款未约定、约定不明或约定无效，还对银行业金融机构贷款合同文本内容提出了新要求，如要求借款人通过签订贷款合同等协议文件承诺申贷材料信息的真实有效，承诺贷款的真实用途，承诺贷款资金的支付方式，承诺各方的权利义务等。

11. 贷后管理

贷后管理是银行控制贷款风险的重要环节，在贷款政策中一般就明确贷后管理的内容和要求。贷后管理内容一般包括贷款检查、贷款质量评价、贷款风险预警和不良贷款的处理等。

12. 贷款档案管理

贷款档案是贷款全过程的记录和反映。健全的贷款档案管理是贷款质量评价的重要依据。

三、贷款原则

贷款原则指商业银行在办理贷款业务时必须遵循的基本原则。它对于贷款的投向、贷款条件和用途、贷款方式以及数额都起着作用。

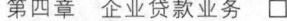

(一) 商业银行贷款原则的演进

1. 传统的贷款原则

"三原则"指计划性（贷款必须按计划发放和使用）、物资保证性（必须有足够的适用适销的物质做保证）、偿还性（按时归还）。它排斥了商品经济和市场经济。在传统"三原则"的基础上，增加了"区别对待，择优扶植"和"以销定贷"的原则。

2. 贷款原则的改革

随着商业银行改革发展，贷款原则根据《商业银行法》和《贷款通则》确定为"三性"原则：安全性、流动性、效益性（营利性）。

第一，安全性原则。安全性原则的基本含义是要求严格控制贷款对象，以科学方法评估贷款风险、监督贷款有效使用，避免贷款遭受损失。

第二，流动性原则。流动性是指商业银行能够随时满足客户提取存款等要求的能力。流动性原则要求根据构成银行负债的各种资金的期限变现能力分别决定信贷投向和归还期限，提高信贷资金的运用率，选择好贷款对象，择优发放贷款，避免贷款过于集中，分散贷款对象，加强贷款使用情况的检查和经济效益的考核。

第三，营利性原则。营利性原则要求用科学的方法管理信贷措施，保证信贷资金的投入必能带来收益。同时要求作出正确的贷款决策，加强贷款使用过程的管理，重视贷款经济效益的考核。

(二) 现行的贷款原则

银监会2009年7月18日发布《项目融资指引》（3个月后施行），2009年7月23日发布《固定资产贷款管理暂行办法》（3个月后施行），2010年2月12日发布《流动资金贷款管理暂行办法》和《个人贷款管理暂行办法》（发布日起施行）。"三个办法一个指引"，统称贷款新规，初步构建和完善了我国银行业金融机构的贷款业务法规框架，将作为我国银行业贷款风险监管的长期制度安排。"三个办法一个指引"尽管包括四个文件，但其核心要义是完全一致的，其思想精髓是完全相同的。总的来说，贷款新规的核心要义体现为明确了贷款的四条总体原则和七个基本原则。四条总体原则是依法合规、审慎经营、平等自愿和公平诚信，七个基本原则是指全流程管理原则、诚信申贷原则、协议承诺原则、贷放分控原则、实贷实付原则、贷后管理原则、罚则约束原则，其中全流程管理、协议承诺、实贷实付是其三大精髓。

1. 贷款的总体原则

"三个办法"均在总则中第四条精练地概括了贷款人开展有关贷款业务所应当遵循的总体原则：依法合规、审慎经营、平等自愿和公平诚信。与《贷款通则》第三条规定的"效益性、安全性和流动性原则"和第四条规定"借款人与贷款人的借贷活动应当遵循平等、自愿、公平和诚实信用的原则"的信贷原则相比，"三个办法"第四条在总结各国商业银行稳健经营的成功经验基础上，大胆吸收了《巴塞尔协议Ⅱ》的立法宗旨，明确而简明地规定了两项新的基本信贷原则，即依法合规、审慎经营原则。而且，依法合规、审慎经营原则始终贯穿于"三个办法"的全文，在一定程度上实现了以往立法所没有达到的高度。总之，依法合规、审慎经营原则是"三个办法"

的最大亮点，是对近些年我国金融资产显著增长、信贷资产规模迅速扩大状况的有力回应，这对保障贷款资金的安全，有效防范信用风险具有终极价值。

（1）依法合规原则。从巴塞尔银行监管委员会关于合规风险的界定来看，银行的合规特指遵守法律、法规、监管规则或标准。我国《商业银行合规风险管理指引》第三条第二款将"合规"的含义明确为"商业银行的经营活动与法律、规则和准则相一致"。合规应涵盖与银行经营业务相关的法律、规则及标准，包括诸如反洗钱、防止恐怖分子进行融资活动的相关规定、涉及银行经营的准则；包括避免或减少利益冲突等问题、隐私、数据保护以及消费者信贷等方面的规定。此外，依据监管部门或银行自身采取的不同监督管理模式，上述法律、规则及标准还可延伸至银行经营范围之外的法律、规则及准则，如劳动就业方面的法律法规及税法等。总而言之，"合规"不仅包括那些具有法律约束力的文件，还应包括更广义上的诚实廉正和公平交易的行为准则，如监管部门制定的规则及准则、市场公约，行业协会制定的行业守则以及适用于银行内部员工的内部行为守则。

（2）审慎经营原则。审慎经营是指商业银行按照国务院银行保险监督管理委员会制定的审慎经营规则、国内外行业自律惯例以及内部风险管理要求，从法人治理、风险管理、内部控制、资本充足率、资产质量、损失准备金、风险集中、关联交易、资产流动性等各方面进行硬性约束和理性管理，保障自身经营状况能够实现"稳定性、安全性和营利性"的要求。

（3）平等自愿原则。平等自愿是我国《民法》《合同法》乃至所有法律法规遵循的基本原则，由此确认贷款业务中涉及的各方的法律地位都是平等的，各方之间进行的经济行为都是自愿的，各方的权利义务是在法律法规框架下协商确定并普遍可接受的，从而构筑了贷款业务顺利开展的根本基础。同时，违反此原则的欺诈、内幕交易、恶意操纵等行为，均不具有合法效力，并应导致违法违规行为责任。

（4）公平诚信原则。公平诚信是我国法律体系和社会道德的根本原则。其中，公平是按照一定的社会标准（法律、道德、政策等）、正当秩序合理地待人处事，包含机会公平、过程公平和结果分配公平。诚信是一个道德范畴，即待人处事真诚、老实、讲信誉，言必信、行必果，是支撑社会道德的支点，是法律规范的道德，是治国之计、立业之本、为人之道。这一原则在贷款业务等经济活动中尤为重要。一方面，除规定的条件之外，借款人不管其他条件（如资产规模、贷款数额、社会地位等）的差异如何，均可以公平地获得申贷乃至获贷的机会；另一方面，贷款人应按照商业可持续原则和风险收益匹配原则，高度重视诚信因素，合理地审查审批贷款并风险定价。

2. 贷款的基本原则

（1）全流程管理原则。贷款新规要求对贷款实行全流程管理，全流程管理强调将有效的贷款风险管理行为贯穿到贷款生命周期中的每一个环节。贷款原分贷前、贷中、贷后三环节，全流程分九大环节：受理、调查、风评、审批、签约、发放、支付、后管和处置。"三个办法"均在第二章至第七章针对贷款全流程管理中的关键环节提出风险管控要求。项目融资在流程管理上适用固定资产贷款管理办法规定。

（2）诚信申贷原则。一方面，强调借款人在申贷中恪守诚实守信原则，按照贷款人要求的具体方式和内容如实、全面、及时向贷款人提供财务信息等贷款申请材料，并且承诺所提供材料是真实、完整、有效的，同时对重大事项进行披露。另一方面，借款人应证明其设立合法、经营管理合规合法、信用记录良好、贷款用途明确合法以及还款来源明确合法等，要求借款人有合法、合规地位，信用状况良好，有明确的贷款用途，有合法的收入来源。

（3）协议承诺原则。协议承诺原则要求商业银行作为贷款人应与借款人乃至其他相关各方通过签订完备的贷款合同等协议文件，规范各方有关行为，明确各方权利义务，调整各方法律关系，追究各方法律责任。协议承诺要求贷款合同等协议涵盖过去不曾包括的借款人或其他相关方面的一些事先承诺性的内容，使之成为调整贷款各方法律关系的依据。协议承诺原则要求借款人通过签订贷款合同等协议文件承诺申贷材料信息的真实有效、承诺贷款的真实用途、承诺贷款资金的支付方式、承诺双方的权利义务，协议承诺是贷款人追究借款人违约责任的依据。

（4）贷放分控原则。贷放分控是指商业银行将贷款审批与贷款发放作为两个独立业务环节分别管理和控制，从而改变我国银行业传统贷款业务操作中贷款审批与贷款发放不分的弊端，以达到降低贷款业务操作风险的目的。贷放分控的要义是贷款审批通过不等于放款。贷放分控要求贷款人设立独立的贷款发放部门或岗位，负责审核各项放款前提条件，贷款资金用途；采取贷款人受托支付的，贷款人应审核支付申请的信息是否与商务合同相符；采用借款人支付方式的，贷款人应对借款人提交的支付申请进行审核。

（5）实贷实付原则。实贷实付是指商业银行根据贷款项目进度和有效贷款需求，在借款人需要对外支付贷款资金时，根据借款人的提款申请以及支付委托，将贷款资金通过贷款人受托支付等方式，支付给符合合同约定的借款人交易对象的过程。其关键是让借款人按照贷款合同的约定用途，减少贷款挪用的风险。将实贷实存改为实贷实付，即贷款获批后，需要按合同约定由贷款人通过借款人账户直接即时划至借款人交易对手那里。贷款资金划付方式有两种：贷款人受托支付、借款人自主支付。

（6）贷后管理原则。贷后管理是指商业银行在贷款发放以后所开展的所有贷款风险管理工作。贷款新规在沿袭商业银行传统贷后管理方式的同时，突出强调以下方面的新要求：监督贷款资金按用途使用；对借款人账户进行监控；强调借款合同的相关约定对贷后管理工作的指导性和约束性；明确了贷款人按照监管要求进行贷后管理的法律责任。

（7）罚则约束原则。罚则约束原则是指监管部门对商业银行执行贷款新规的行为进行严格监管，对于明显违反贷款新规的商业银行，监管部门将利用市场准入、现场检查、非现场监管等手段给予处罚，以保障办法的执行力。通过合理设定贷款业务的处罚类别，可以督促银行业金融机构加强贷款的全流程管理，进一步提高我国银行业金融机构依法经营的水平。

四、企业贷款要素

企业贷款的基本要素包括贷款对象、贷款产品、贷款金额、贷款期限、贷款价格、清偿计划、担保方式等。

（一）贷款对象

1. 贷款对象概念

贷款对象是指贷款发放的客体或贷款的经济用途。从贷款客体看，企事业法人或国家规定可以作为借款人的其他组织都是银行企业贷款的对象。从贷款的经济用途看，我国银行对企业的流动资金需要和固定资金需要都可以贷款，即流动资金、基本建设投资、技术改造及各种专项资金都是银行贷款的对象。

2. 贷款对象的确定

（1）要反映信贷资金运动的本质要求，贷款出去要能保证偿还付息。

（2）要符合商业银行贷款原则的要求，贷款发放要遵循效益性、安全性、流动性原则。

（3）要体现贷款投向政策的要求，贷款的投向要服从国家产业政策。因此，商业银行的贷款对象必须是经营性企业单位，即具有经济收入，预付的价值能够得到补偿和增值，有归还贷款本息的资金来源。凡非经营性、没有经济收入的单位，只能作为财政拨款对象，而不能成为银行贷款对象。根据《贷款通则》的规定，贷款对象应当是经工商行政管理机关（或主管机关）核准登记的企事业法人、其他经济组织、个体工商户或具有中华人民共和国国籍的具有完全民事行为能力的自然人。

3. 贷款条件

贷款条件是指贷款对象向银行借款应具备的条件。我国银行现行贷款基本条件是：

（1）经主管部门批准设立，持有县以上工商行政管理部门核发的营业执照，对国家实施工业品生产许可证的产品，企业要取得生产许可证，即贷款对象应具有合法性；

（2）实行独立经济核算，具有资金运用、生产经营管理的自主权，即贷款对象取得了法人资格，承担明确的经济责任；

（3）拥有一定数量的自有流动资金，建立流动资金补充制度，即贷款对象应具备正常经营和承担风险的能力；

（4）在银行开立账户，并按时向银行报送财务会计报表和统计资料，即贷款对象应接受银行的监督。

（二）贷款产品

贷款产品是指特定产品要素组合下的贷款服务方式，主要包括贷款以及与贷款相关的信用服务，如票据承兑、信用证、担保、贷款承诺等。

（1）票据承兑

商业汇票是出票人签发的，委托付款人在付款日期无条件支付确定金额给收款人或持票人的一种票据。商业汇票按其承兑人不同分为商业承兑汇票和银行承兑汇票。银行承兑是指银行承诺在商业汇票到期日支付汇票金额的票据行为。商业承兑是指由付款人或收款人签发，付款人作为承兑人承诺在汇票到期日对收款人或持票人无条件支付汇票金额的票据行为。

银行承兑汇票手续费通行计收标准是票面金额的 0.5‰，但这并不是固定不变的，银行承兑汇票手续费可以围绕 0.5‰ 进行浮动，如到期申请人未能偿付票款，则承兑银行将按承兑合同每日收取 0.5‰的罚息。

（2）信用证

信用证是指开证银行应申请人的要求并按其指示向第三方开立的载有一定金额的、在一定的期限内凭符合规定的单据付款的书面保证文件。信用证支付方式是随着国际贸易的发展，在银行参与国际贸易结算的过程中逐步形成的。由于货款的支付以取得符合信用证规定的货运单据为条件，避免了预付货款的风险，因此信用证支付方式在很大程度上解决了进出口双方在付款和交货问题上的矛盾，已成为国际贸易中的一种主要付款方式。

（3）担保

担保是银行根据客户的要求，向受益人保证按照约定以支付一定货币的方式履行债务或者承担责任的业务活动。担保主要包括银行保函和备用信用证。

银行保函又称银行保证书，是指银行应申请人或委托人的要求向受益方开出的，担保申请人一定履行某种义务，并在申请人未能按规定履行其责任和义务时，由担保行代其支付一定金额或作出一定经济赔偿的书面文件。银行保函包括履约保函、预付款保函、投标保函、维修保函、预留金保函、税款保付反担保函、海关风险保证金保函等。

备用信用证（Stand By Letters of Credit，SBLC），又称担保信用证，是指银行根据商业合约的一方（申请人）的要求向商业合约的另一方（受益人）所出具的，旨在保证申请人将履行某种合约的义务，并在该方未能履行该义务时，凭受益人所提交的表明单单一致的文件或单据，代其向受益人作出一定金额支付的书面付款保证承诺。备用信用证是一种特殊形式的信用证，是开证银行对受益人承担一项义务的凭证。

（4）贷款承诺

贷款承诺是指银行向客户作出的在未来一定时期内或者某一时间按照商定条件为客户提供约定贷款或信用支持的承诺。在竞争性贷款市场上，贷款承诺的存在可以满足借款者未来不确定性贷款的需要。对承诺方而言，贷款承诺可以使其尽早作出资金安排，并可以通过建立长期客户关系来最大化其贷款市场份额。此外，贷款承诺还可以解决信息不对称引发的风险并减低交易成本，从而提高金融市场的整体效率。

（三）贷款金额

贷款金额是指银行承诺向借款人提供的、以货币计量的贷款产品数额。如何合理确定贷款金额？一是要考虑企业合理的资金需要和还款能力，二是要考虑贷款人的信贷能力，具体考虑三个因素：贷款人的贷款规模、贷款人的资金头寸、资产负债比例管理规定。

《流动资金贷款管理暂行办法》第六条规定，贷款人应合理测算借款人营运资金需求，审慎确定借款人的流动资金授信总额及具体贷款的额度，不得超过借款人的实际需求发放流动资金贷款。《流动资金贷款管理暂行办法》后附《流动资金贷款需求量的测算参考》。借款人营运资金需求可参考如下公式：

营运资金量＝上年度销售收入×（1－上年度销售利润率）
×（1+预计销售收入年增长率）／营运资金周转次数

其中：

营运资金周转次数＝360／（存货周转天数+应收账款周转天数
－应付账款周转天数+预付账款周转天数－预收账款周转天数）

周转天数＝360／周转次数

应收账款周转次数＝销售收入／平均应收账款余额

预收账款周转次数＝销售收入／平均预收账款余额

存货周转次数＝销售成本／平均存货余额

预付账款周转次数＝销售成本／平均预付账款余额

应付账款周转次数＝销售成本／平均应付账款余额

将估算出的借款人营运资金需求量扣除借款人自有资金、现有流动资金贷款及其他融资，即可估算出新增流动资金贷款额度。

新增流动资金贷款额度＝营运资金量－借款人自有资金－现有流动资金贷款－其他渠道提供的营运资金

（四）贷款期限

贷款期限有广义和狭义两种。广义的贷款期限是指银行承诺向借款人提供的、以货币计量的贷款产品的整个期间，即从合同签订到合同失效的整个期间。广义的贷款期限通常包括提款期、宽限期和还款期。狭义的贷款期限是指从具体的贷款产品发放到约定的最后还款或清偿的期限。

如何合理确定贷款期限？需考虑借款人的生产经营周期、还款能力和银行的信贷资金供给能力，原则是与借款人的现金流量相匹配。流动资产贷款期限确定的具体方法：

（1）按流动资产周转期确定贷款期限，即以流动资产周转一次所需的时间确定贷款期限。它适用于生产比较均衡，资金占用稳定，生产经营正常，资金管理水平较高的企业。其计算公式为：

贷款期限（天数）＝流动资金平均占用额／年销售收入×360天

（2）按贷款存货的平均消耗进度确定贷款期限，即以本次贷款所购存货的平均消耗时间为依据来计算贷款天数，它适用于原材料储备品种单一、消耗数量较多，或生产季节性较强的企业。其计算公式为：

贷款期限（天数）＝本次贷款金额／本次贷款所购货款日平均消耗量

（3）按销售收入确定贷款期限，即以平均每日还款能力为依据来计算贷款天数，它适用于物资或商品品种较多，贷款对象不易划分的企业。其计算公式为：

贷款期限（天数）＝本次贷款金额／（日平均计划销售成本×材料成本系数）

其中：

材料成本系数＝材料费用额／产品总成本

（4）按销售合同规定的交货日期确定贷款期限，即以企业销售合同规定的产品交货日期，直接确定本次贷款的偿还日期，它适用于一次性生产的产品为具体对象的贷款。

(5) 按特定物资的消耗和处理进度确定贷款期限，即以企业对特定物资提出的耗用或处理计划作为确定贷款期限的依据。

(五) 贷款价格

贷款价格由贷款利率和贷款费率构成。

贷款利率即借款人使用贷款时支付的价格。通常在人行规定的基础上考虑期限长短、借款人信誉、风险大小、与商业银行关系等因素来确定贷款利率。

贷款费率是指在利率以外的银行提供贷款服务的价格。贷款费率一般以贷款产品金额为基数按照一定的比率计算。主要包括：担保费、承诺费、银团安排费和开证费等。

(六) 清偿计划

贷款合同应当明确清偿计划，是一次性还款还是分期还款。在分期还款中，是定额还款还是不定额还款。在定额还款中，是等额还款还是约定还款。在等额还款中，是等额本金还款还是等额本息还款。

(七) 担保方式

担保方式是指在借款人无力或未按照约定按时还本付息或支付有关费用时，银行贷款的第二还款来源。担保方式是审查贷款项目的主要因素之一。按照我国《担保法》的有关规定，担保方式包括：保证、抵押、质押、定金和留置。其中，抵押、质押和保证是企业贷款中最常用的担保方式。

1. 贷款抵押

贷款抵押是指借款人或第三人在不转移财产占有权的情况下，将财产作为债权的担保，银行持有抵押财产的担保权益，当借款人不履行借款合同时，银行有权以该财产折价或者以拍卖、变卖该财产的价款优先受偿。根据我国《担保法》及《物权法》的规定，抵押人拥有所有权或经营管理权的下列财产可以抵押：

(1) 建筑物和其他土地附着物；
(2) 建设用地使用权；
(3) 以招标、拍卖、公开协商等方式取得的荒地等土地承包经营权；
(4) 生产设备、原材料、半成品、产品；
(5) 正在建造的建筑物、船舶、航空器；
(6) 交通运输工具；
(7) 法律、行政法规未禁止抵押的其他财产。

抵押人可以将前款所列财产一并抵押。

不得抵押的财产有：

(1) 土地所有权。在我国，土地归国家所有和集体所有。而不能为私人财产。土地所有权不得抵押，也就是不能以国家或集体所有的土地抵押。否则抵押合同无效。

(2) 耕地、宅基地、自留地、自留山等集体所有的土地使用权，但是法律规定可以抵押的除外。

（3）学校、幼儿园、医院等以公益为目的的事业单位、社会团体的教育设施、医疗卫生设施和其他社会公益设施。

（4）所有权、使用权不明或者有争议的财产。所有权、使用权不明或者有争议。无法确定是否有处分权，因此不得抵押。

（5）依法被查封、扣押、监管的财产。但是已经设定抵押的财产被采取查封、扣押等财产保全或者执行措施的，不影响抵押权的效力。

（6）法律、行政法规规定不得抵押的其他财产。如以法定程序确认为违法、违章的建筑物。

2. 贷款质押

质押是贷款担保方式之一，它是债权人所享有的通过占有由债务人或第三人移交的质物而使其债权优先受偿的权利。设立质权的人，称为出质人；享有质权的人，称为质权人；债务人或者第三人移交给债权人的动产或权利为质物。以质物作担保所发放的贷款为质押贷款。质押担保的范围包括主债权及利息、违约金、损害赔偿金、质物保管费用和实现质权的费用。

（1）质押与抵押的区别

质押与抵押虽都是物的担保的重要形式，本质上都属于物权担保，但毕竟是性质不同的两种担保方式，两者有着重要的区别。

一是标的物的范围不同。质权的标的物为动产和财产权利，动产质押形成的质权为典型质权。我国法律未规定不动产质权。抵押权的标的物可以是动产和不动产，以不动产最为常见。

二是标的物的占有权是否发生转移不同。抵押权的设立不转移抵押标的物的占有，而质权的设立必须转移质押标的物的占有。这是质押与抵押最重要的区别。

三是对标的物的保管义务不同。抵押权的设立不交付抵押物的占有，因而抵押权人没有保管标的物的义务，而在质押的场合，质权人对质物则负有善良管理人的注意义务。

四是能否重复设置担保不同。在抵押担保中，抵押物价值大于所担保债权的余额部分，可以再次抵押，即抵押人可以同时或者先后就同一项财产向两个以上的债权人进行抵押。也就是说，法律允许抵押权重复设置。而在质押担保中，由于质押合同是从质物移交给质权人占有日起生效，因此在实际中不可能存在同一质物上重复设置质权现象。

五是受偿顺序不同。在质权设立的情况下，一物只能设立一个质押权，因而没有受偿的顺序问题。而一物可设数个抵押权，当数个抵押权并存时，有受偿的先后顺序之分。

六是对标的物孳息的收取权不同。在抵押期间，不论抵押物所生的是天然孳息还是法定孳息，均由抵押人收取，抵押权人无权收取。只有在债务履行期间届满，债务人不履行债务致使抵押物被法院依法扣押的情况下，自扣押之日起，抵押权人才有权收取孳息。在质押期间，质权人依法有权收取质物所生的天然孳息和法定孳息。

（2）质押财产的范围

商业银行可接受的财产质押：

① 出质人所有的、依法有权处分的机器、交通运输工具和其他动产；
② 汇票、支票、本票、债券、存款单、仓单、提单；
③ 依法可以转让的基金份额、股权；
④ 依法可以转让的商标专用权、专利权、著作中的财产权等知识产权；
⑤ 依法可以质押的其他权利，包括合同债权、不动产受益权和租赁权、项目特许经营权、应收账款、侵权损害赔偿、保险赔偿金的受益转让权等。

商业银行不可接受的财产质押：
① 所有权、使用权不明或有争议的财产；
② 法律法规禁止流通的财产或者不可转让的财产；
③ 国家机关的财产；
④ 依法被查封、扣押、监管的财产；
⑤ 珠宝、首饰、字画、文物等难以确定价值的财产；
⑥ 租用的财产；
⑦ 其他依法不得质押的其他财产。

3. 贷款保证

保证是指保证人和债权人约定，当债务人不履行债务时，保证人必须按照约定履行债务或者承担责任的行为。保证就是债权债务关系当事人以外的第三人担保债务人履行债务的一种担保制度。在成立保证担保的情况下，如果债务人不履行债务，由保证人代为履行或承担连带责任，以满足债权人的清偿要求。

（1）保证人资格

我国《担保法》对保证人的资格做了明确的规定，只有那些具有代主债务人履行债务能力及意愿的法人、其他组织或者公民才能作保证人。其中包含两个含义：其一，作为保证人必须是具有民事行为能力的人，只有具有行为能力的人所从事的法律行为才有效。其二，保证人必须具有代为履行主债务的能力。

作为保证人不仅要满足上述两个要件，还要受下述各条件的限制：

一是《担保法》规定国家机关不得作保证人，但经国务院批准对特定事项作保证人的除外。

二是《担保法》规定禁止政府及其所属部门要求银行等金融机构或者企业为他人提供担保，并进一步规定银行等金融机构或企业对政府及其所属部门要求其为他人提供保证的行为，有权予以拒绝。

三是《担保法》规定医院、学校等以公共利益为目的的事业单位、社会团体不得作保证人；规定医院、学校等以公益为目的的事业单位、社会团体提供保证的保证合同无效，并且，提供保证的医院、学校等以公益为目的的事业单位或社会团体等还要就提供保证的过错承担相应的民事责任。

四是《担保法》规定企业法人的分支机构或职能部门不能作保证人，企业法人的分支机构有该法人书面授权的，可以在授权范围内提供保证。

（2）银行对保证贷款的审核

为了防范保证贷款的风险，商业银行所要做的就是核实保证。核实保证简称为"核保"，是指核实保证人提供的保证是在自愿原则的基础上达成的，是保证人真实意思的表示。强制提供的保证，保证合同无效。商业银行接受企业法人为保证人的，要注意验证核实以下几点：

一是法人和法人代表签字印鉴的真伪，在保证合同上签字的人须是有权签字人或经授权的签字人，要严防假冒或伪造的签字。

二是企业法人出具的保证是否符合该法人章程规定的宗旨或经营范围，对已规定对外不能担保的，商业银行不能接受为保证人。

三是股份有限公司或有限责任公司的企业法人提供的保证，需要取得董事会决议同意或股东大会同意。未经上述机构同意的，商业银行不应接受为保证人。

四是中外合资、合作企业的企业法人提供的保证，需要提交董事会出具的同意招保的决议及授权书、董事会成员签字的样本，同时提供由中国注册会计师事务所出具的验资报告或出资证明。

五是核保必须双人进行，尤其是对于初次建立贷款关系的企业，更应强调双人实地核保的制度。一人去有可能被保证人蒙骗，或与企业勾结出具假保证，而双人能起到制约作用。

六是核保人必须亲眼所见保证人在保证文件上签字盖章，并做好核保证实书，留银行备查。如有必要，也可将核保工作交由律师办理。

第二节 企业贷款定价

贷款价格是公司贷款的核心。根据市场化经济的要求，对银行贷出的资金这一特殊商品而言，贷款价格应该由市场上的资金供求关系来决定，但利率市场化是商业银行自主定价的前提。定价过高，会驱使客户从事高风险的经济活动以应付过于沉重的债务负担，或是抑制客户的借款需求，使之转向其他银行或通过公开市场直接筹资；定价过低，银行无法实现盈利目标，甚至不能补偿银行付出的成本和承担的风险。随着许多国家金融管制的放松，贷款市场的竞争日趋激烈，选择合理方法对贷款进行科学定价较以往更为重要。

一、贷款定价的内涵

所谓贷款的定价是指如何确定贷款的利率、确定补偿余额以及对某些贷款收取手续费。

二、贷款定价原则

（一）利润最大化原则

商业银行是经营货币信用业务的特殊企业。作为企业，实现利润最大化始终是其追求的主要目标。信贷业务是商业银行主要的传统业务，存贷利差是商业银行利润的主要来源。因此，银行在进行公司贷款定价时，首先必须确保贷款收益足以弥补资金成本和各项费用，在此基础上，尽可能实现利润的最大化。

（二）扩大市场份额原则

银行在进行公司贷款定价时，必须充分考虑同业、同类贷款的价格水平，不能盲目实行高价政策，除非银行在某些方面有着特别的优势。

（三）保证贷款安全原则

贷款定价最基本的要求是使贷款收益能够足以弥补贷款的各项成本。贷款成本除了资金成本和各项管理费用外，还包括因贷款风险而带来的各项风险费用，如为弥补风险损失而计提的呆账准备金、为管理不良贷款和追偿风险贷款而花费的各项费用等。可见，贷款的风险越大，贷款成本就越高，贷款价格也应越高。因此，银行在进行公司贷款定价时，必须遵循风险与收益对称原则，以确保贷款的安全性。

（四）维护银行形象原则

在贷款定价中，要求银行严格遵循国家有关法律、法规和货币政策、利率政策的要求，不能利用贷款价格搞恶性竞争，破坏金融秩序的稳定，损害社会整体利益。

三、贷款定价的具体方法

（一）成本加成贷款定价法

成本加成贷款定价法认为，贷款的利率应由四个组成部分构成：一是商业银行筹集可贷资金的成本；二是商业银行非资金性的营业成本（包括贷款人员的工资以及在发放及管理贷款过程中发生的耗材和设施成本）；三是商业银行对贷款违约风险所要求的补偿；四为商业银行股东提供一定的资本收益而必须考虑的每笔贷款的预期利润，即：

贷款利率＝筹集可贷资金的边际成本＋商业银行非资金性营业成本
　　　　＋商业银行对贷款违约风险所要求的补偿＋预期利润

以上每部分都可以用贷款额的年百分比表示。

例如，假设商业银行的某公司客户提出 1 000 万元的贷款申请，为了筹集这笔资金，商业银行必须在货币市场上以 5% 的利率拆入资金，对这笔贷款来说，可贷资金的边际成本就是 5%。用来分析、发放和监控该笔贷款的非资金性营业成本估计为总贷款额（1 000 万元）的 2%。贷款部门可能建议再多收取 2% 的贷款利率以补偿商业银行因不能及时收回贷款的违约风险。最后，商业银行还要在贷款的融资、运营和风险成本基础上，再收取 1% 的利润率。因此，这笔贷款的利率就为 10%（5%＋2%＋2%＋1%）。

必须注意，筹贷成本、违约风险敞口和利润都是包含在贷款定价模型中的因子。同时，银行与客户关系的深度和广度、要求贷款的规模以及贷款期限在贷款定价中也会扮演关键角色。例如，贷款期限越长，贷款利率越高；贷款规模越大、银行与客户关系越密切，通常贷款利率越低。

(二) 价格领导模型

成本加成贷款定价法的基础是假设商业银行准确地确定每项成本，而事实上这很难做到。银行业是个产品多元化的行业，要在其所提供的各种服务之间确切地分摊营业成本有很大的困难。此外，成本加成贷款定价法意味着商业银行在为贷款定价时可以不考虑来自其他商业银行的竞争而完全自主地进行，而目前大多数贷款定价并非如此。

由于成本加成贷款定价法的这些局限，早在 20 世纪 30 年代的大萧条时期，一些主要的货币中心银行就开始采用另外一种贷款定价方法，即价格领导模型。这些商业银行确立了统一的优惠利率（基准利率或参考利率），即对信誉最好的客户发放的短期贷款收取最低利率或者优惠利率。向客户收取的实际贷款利率由以下公式确定：

$$贷款利率 = \begin{pmatrix} 基础或优惠利率（包括放贷\\ 机构在所有营业和管理成本\\ 之上加收的预期利润） \end{pmatrix} + \begin{pmatrix} 由非优惠利率\\ 借款人支付的\\ 违约风险溢价 \end{pmatrix} + \begin{pmatrix} 长期贷款借款\\ 人支付的期限\\ 风险溢价 \end{pmatrix}$$

例如，某企业客户申请一笔 3 年期的贷款来购买新设备，优惠（基准）利率为 6%，违约风险溢价 2%，期限风险溢价 2%，银行收取的贷款利率则为 10%（6% + 2% + 2%），商业银行发放长期贷款所面临的风险比发放相对短期的贷款风险要大，所以应收取期限风险溢价。贷款的风险溢价通常称为加价，商业银行可以通过降低或提高贷款的加价幅度，来扩充或收缩其贷款组合。

利率市场化后，优惠利率定价法产生了两个公式：优惠利率加成法和优惠利率倍乘法。例如，当优惠利率为 10% 时，对短期借款客户的报价可能是优惠利率加 2%，即 12%；或者是 1.2 乘以优惠利率，即：

$$贷款利率 = 1.2 \times 优惠利率 = 1.2 \times 10\% = 12\%$$

表面看，这两个公式得出的初始贷款利率相同，但是，随着利率的变动，借款人取得浮动利率贷款后，可能得出不同的贷款利率。例如，在利率上升时，用优惠利率倍乘法计算的客户贷款利率的上升幅度大于用优惠利率加成法计算的贷款利率上升幅度；同样，在利率下降时，用优惠利率倍乘法计算客户贷款利率下降幅度较大。

(三) 客户盈利能力分析法

客户盈利能力分析与成本加成定价法类似，但是定价时考虑的角度不同。它假设商业银行在为贷款定价时，应考虑整体客户关系，即与该客户相关的所有收入和费用。客户盈利能力分析的计算公式为：

$$税前净收益率 = \frac{向该客户提供贷款和其他服务产生的总收入 - 向该客户提供贷款和其他服务发生的总费用}{该客户实际使用的贷款资金净额}$$

商业银行从客户处获得的收入可能包括贷款利率、承诺费、现金管理服务收费和数据处理收费。为客户提供贷款和服务发生的费用可能包括银行员工的工资和周薪、信用调查成本、存款利息、账户调节和处理费用以及筹集可贷资金的成本。贷款资金净额是指客户实际使用的贷款金额减去客户的平均存款余额（存款余额中要扣除存款准备金）。

如果计算得出的整体客户关系的净收益率为正值，则其贷款申请很可能会被批准，因为商业银行在收回所有费用支出（包括向股东提供的具有竞争性的回报率）后还有盈余。如果计算得出的净收益率为负值，该贷款申请很可能遭到拒绝，或者出于在盈利基础上保持客户关系的目的，商业银行可能试图提高贷款利率或客户要求的其他服务的价格。那些被认为风险较大的客户，需要向商业银行提供较高的净收益率。

举例：银行正在考虑向联合公司发放期限为 6 个月的 150 万美元的贷款。假设联合公司全额使用该额度，并在银行保留等于贷款额度 20% 的存款，则在此客户业务中，银行发生的收入和费用如表 4-1 所示。

表 4-1 银行向联合公司贷款的收入与费用

服务收入或费用项目	额度（美元）
该客户预期带来的收入	
贷款利息收入（12%，6 个月）	90 000
贷款承诺费（1%）	15 000
管理客户存款收费	45 000
资金调拨收费	5 000
信托服务和记账收费	61 000
预期年收入总额	216 000
服务该客户的预期成本	
存款利息费（10%）	15 000
筹集可贷资金的成本	80 000
作业成本	25 000
资金调拨成本	1 000
贷款处理成本	3 000
记账成本	1 000
年费用总额	125 000
预计客户当年实际使用的贷款资金净额	
向客户承诺的贷款平均额	1 500 000
减：客户平均存款余额（扣去存款准备金）	-270 000
向客户承诺的贷款资金净额	1 230 000

从客户整体关系中得到的扣除成本后的税前收益率

= （预期收入-预期成本）÷贷款资金净额

= （216 000-125 000）÷1 230 000

= 0.074 或 7.4%

许多银行可以将客户的存款余额投资到盈利资产上而得到收益，因此在计算客户能为银行带来多少收入时，要考虑从客户存款上获得的收益。当然，在计算存款资金投资收入时，不能按客户存款全额计算，因为银行还必须满足存款准备金的要求，而且客户存款余额有很大部分可能是浮存的（在途资金）。大多数银行使用下面公式计算客户存款所提供的实际可投资净额以及从客户存款上获得的收益：

银行可投资（可用）净额＝客户平均存款余额－该客户存款账户的平均浮存额

－法定存款准备金比率×该客户存款账户实存资金余额

客户存款的收益额＝年收益率×客户存款可投资资金的年度占比

×客户存款可投资（可用）净额

例如，假设某商业客户本月的存款平均余额为112.5万美元，其中未收回支票余额，即浮存额为12.5万美元，实存资金余额为100万美元。如果这是在一家大银行开设的支票账户，适用的法定准备金率为10%。银行决定以客户存款资金投资的91天短期国债的平均利率（假设目前为6.60%），计算从该客户存款账户上获得的收益。本例中，该客户的可使用（可投资）资金净额和收益额可计算如下：

银行获得的可投资（可用）净额＝1 125 000－125 000－0.10×1 000 000

＝900 000（美元）

客户存款月收益额＝3.30%×1/12×900 000＝2 475（美元）

因此，在编制银行和该客户所有业务的收入和费用概要时，由于在上个月通过将客户存款投资于盈利资产获得2 475美元的收益，银行会将该因素考虑进去，给客户相应回报。

通过客户盈利能力分析能够指出哪类客户和贷款使银行获利最大，以及哪位贷款员最为成功。

（四）风险调整资本收益（RAROC）贷款定价方法

RAROC是20世纪70年代由美国信孚银行提出的概念，RAROC贷款定价法将预期损失和非预期损失均考虑其中，对贷款风险做出全面的量化分析，RAROC方法最大的优势在于在一个统一的框架下进行风险与收益的匹配，对商业银行发放贷款具有重要指导意义。

计算公式为：贷款利率＝（RAROC×经济资本＋资金成本＋营运成本＋预期损失－贷款相关收费）/（贷款额度×贷款期限）

1. RAROC贷款定价方法的特点

（1）RAROC定价方法是基于风险角度的定价方法，符合现代商业银行经营管理理念，符合巴塞尔协议和监管当局的要求，作为一种更全面衡量商业银行真实盈利水平的绩效考核指标，越来越广泛地被应用于指导银行开展各项业务的决策实践中。

（2）RAROC定价方法兼顾了预期损失和非预期损失两种风险，克服了风险的隐蔽性和滞后性，体现了业务发展与风险控制的内在统一，符合商业银行稳健经营的正确理念。

（3）RAROC定价可以分地区、分行业、分客户、分产品确定RAROC值，实现差异化定价，有利于银行的绩效考评，在充分调动客户经理拓展业务的积极性的同时也可强化风险的控制。

（4）RAROC定价方法对成本合理分摊、风险精确计量、资本分配等要求较高，依赖于银行的历史数据，为扬长避短，使用该方法时应适当加入当前及未来客户情况的科学预期，使贷款价格更具有前瞻性。

2. RAROC 方法在我国商业银行中实施已经具备了条件

（1）风险管理体系更加科学。2010 年我国商业银行逐步实施巴塞尔新资本协议，对其风险管理提出了更高的要求，这促使商业银行采用先进的风险管理理念，全面提升风险管理能力，这些要求对我国商业银行实施 RAROC 管理提供了平台。

（2）数据收集更加全面。RAROC 贷款定价对于数据的要求和依赖性较强，我国人民银行的信贷登记咨询系统于 2006 年全国联网，为商业银行实行 RAROC 管理提供了数据支持。

（3）风险计量水平不断提高。国外关于违约概率和违约损失率的测算和计量为我国商业银行提供了很好的借鉴，我国商业银行的信贷风险管理系统也在不断地开发和完善，风险计量水平也在不断地提高，为 RAROC 方法的实行提供了技术支持。

第三节
企业贷款流程

按照"三个办法一个指引"，企业贷款流程一般包括贷款申请、受理与调查、风险评价、贷款审批、签订合同、贷款发放、贷款支付和贷后管理八个环节。

一、贷款申请

贷款申请，是指借款人需用贷款资金时，根据自身资金需求，按照贷款人要求的方式和内容向贷款人提出贷款请求，根据贷款人要求提供相关资料，通常包括借款人名称、企业性质、经营范围、申请贷款的种类、期限、金额、方式、用途、用款计划、还本付息计划等，并恪守诚实守信原则，承诺所提供材料的真实、完整、有效，贷款人根据借款人申请、相关资料及掌握的信息，对借款人是否符合国家法规和银行授信政策的资格要求与基本条件作出判断，并据以决定是否受理贷款申请的过程。

贷款人应对贷款申请材料的方式和具体内容提出要求，并要求借款人恪守诚实守信原则，承诺所提供材料真实、完整、有效。借款企业向银行申请贷款一般需提交以下（包括但不限于）材料：

（1）借款申请表。

（2）贷款卡及复印件。贷款卡指法定发证机关办理的年审合格的本企业贷款证。

（3）贷款申请报告。贷款申请报告载明了下列内容：企业的基本情况，包括注册资金、企业性质、隶属关系、办公地点、联系电话、联系人、主营业务及企业介绍。企业法人概况，包括姓名、性别、文化程度、专业职称、曾经从事的职业及职务、有何业绩等。详细写清借款金额、用途、期限、还款途径及担保形式，以及附上项目可行性报告、购销合同等；企业财务情况，包括货币资金、存货量、负债总额、所有者权益合计、总资产、本期净利润以及最近一年累计利润总额。

（4）财务报表。财务报表包括两方面内容：近三年的资产负债表、损益表和现金流量表；本期的资产负债表和损益表，有条件的要经会计师事务所核准。

（5）法人及企业相关资料。包括：① 营业执照的副本及复印件、组织机构代码证及复印件、税务登记证及复印件。② 企业征信系统、法人代表个人征信系统信用报告、有效期内的资信等级评估证书复印件。③ 验资报告及公司章程、董事会决议。另外，还需提供法人身份证明及复印件。如有其他人代替法人签字，还需提交本人身份证复印件及法人授权委托书（法人授权委托书需有法人亲笔签字并加盖公章）。

（6）保证贷款需提交的资料。若与保证公司合作，则需保证单位提供营业执照的副本及复印件、组织机构代码证及复印件、税务登记证及复印件。除证件以外，还需提供保证单位的财务报表，包括上年度的资产负债表、损益表和财务状况变动表，本期的资产负债表和损益表；保证单位同意保证的证明书，需加盖公章。

（7）抵、质押担保贷款需提交的资料。抵、质押担保贷款需提交以下资料：抵押、质押物的详细目录和产权或所有权证明；抵押物和动产质押物价值证明；抵押物和动产质押物经银行指定中介机构出具的评估报告；权利质押物鉴定书；登记机关办理登记的证明文件和证书。

（8）需要客户提供的其他资料。申请人的增值税完税凭证、所得税完税凭证（经税务局签章后的全年汇总凭证）；申请人的电费单（生产型企业）；与贷款用途有关的购销合同；申请人和保证人的有关资质、认证、代理证明；生产经营许可证或企业资质等级证书以及根据信贷业务品种、信用方式需提供的其他资料。

二、受理与调查

（一）受理申请

银行在接到借款人的借款申请后，应由分管客户关系管理的客户经理采用有效方式收集借款人的信息，对其资质、信用状况、财务状况、经营情况等进行调查分析，评定资信等级，评估项目效益和还本付息能力，同时也应对担保人的资信、财务状况进行分析，如果涉及抵质押物的还必须分析其权属状况、市场价值、变现能力等，并就具体贷款条件进行初步洽谈。客户经理根据调查内容撰写书面报告，提出调查结论和贷款意见。

《固定资产贷款管理暂行办法》第九条规定，贷款人受理的固定资产贷款申请应具备以下条件：

（1）借款人依法经工商行政管理机关或主管机关核准登记；

（2）借款人信用状况良好，无重大不良记录；

（3）借款人为新设项目法人的，其控股股东应有良好的信用状况，无重大不良记录；

（4）国家对拟投资项目有投资主体资格和经营资质要求的，符合其要求；

（5）借款用途及还款来源明确、合法；

（6）项目符合国家的产业、土地、环保等相关政策，并按规定履行了固定资产投资项目的合法管理程序；

（7）符合国家有关投资项目资本金制度的规定；

（8）贷款人要求的其他条件。

《流动资金贷款管理暂行办法》第十一条规定，流动资金贷款申请应具备以下条件：

（1）借款人依法设立；

（2）借款用途明确、合法；

（3）借款人生产经营合法、合规；

（4）借款人具有持续经营能力，有合法的还款来源；

（5）借款人信用状况良好，无重大不良信用记录；

（6）贷款人要求的其他条件。

（二）贷前调查

1. 贷前调查的内涵

贷前调查是指商业银行受到借款人的借款申请以后，信贷人员对借款人的信用状况、经营管理状况、借款用途及所能带来的经济效益、社会效益与存在的风险进行实事求是的调查和分析，最后根据产业政策、贷款政策及商业银行自身的状况提出贷与不贷、贷多贷少、利率高低、贷长贷短、还贷计划等意见和建议的活动。

2. 贷前调查的意义

（1）贷前调查是商业银行信贷决策的主要依据。

（2）贷前调查是商业银行信贷风险控制的第一道闸门。

（3）贷前调查是商业银行信贷经营管理全过程中的重要环节。

（4）贷前调查是商业银行信贷文化创建和维护的重要基础。

3. 贷前调查的原则

（1）独立性。客户经理采用A、B角制，独立发表意见，确保独立客观性。

（2）全面性。调查要涵盖客户自身财务及非财务的整个过程和全部环节。

（3）重要性。针对不同行业、不同企业要依照风险水平有所侧重。

（4）审慎性。防止低估资产、高估负债、低估收入、高估成本。

4. 贷前调查的内容

贷款人应采取现场与非现场相结合的形式履行尽职调查，形成书面报告，并对其内容的真实性、完整性和有效性负责。

《固定资产贷款管理暂行办法》第十一条规定，尽职调查的主要内容包括：借款人及项目发起人等相关关系人的情况；贷款项目的情况；贷款担保情况；需要调查的其他内容。

《流动资金贷款管理暂行办法》第十三条规定，尽职调查包括但不限于以下内容：借款人的组织架构、公司治理、内部控制及法定代表人和经营管理团队的资信等情况；借款人的经营范围、核心主业、生产经营、贷款期内经营规划和重大投资计划等情况；借款人所在行业状况；借款人的应收账款、应付账款、存货等真实财务状况；借款人营运资金总需求和现有融资性负债情况；借款人关联方及关联交易等情况；贷款具体用途及与贷款用途相关的交易对手资金占用等情况；还款来源情况，包括生产经营产生的现金流、综合收益及其他合法收入等；对有担保的流动资金贷款，还需调查抵（质）押物的权属、价值和变现难易程度，或保证人的保证资格和能力等情况。

5. 贷前调查的操作规程

知识专栏4-2

贷前调查内容

江南日化公司向银行申请贷款扩大经营规模，如果你是该商业银行负责贷款调查的客户经理，你会要求客户提供哪些资料？就抵押品、还贷能力你会提出哪些问题？如果你认定这是一位值得贷款的对象，你将如何了解借款人的信用？下一步你将参观这家公司，你将侧重观察哪些方面的情况？

（1）制订调查计划、确定调查内容。
（2）与客户沟通，做好相应准备。
（3）约谈客户，贷款面谈。
（4）信用调查。信用调查的目的都是一样的，即收集关于公司、其主要负责人以及公司所属行业的经济信息。贷款申请的推荐信将得到审阅，客户企业及其所属行业的财务情况也将得到研究。在完成一项全面的信用调查之后，应较准确地了解客户的名誉、品德和经验，公司过去和现在的经营绩效以及将来可能的经营状况，公司所属行业的总体情况。信用调查是自初次贷款面谈开始的信用评估过程的进一步深化。一项全方位的信用调查可以解决初次贷款面谈中产生的任何疑问和担心。有一项十分重要的技术，那就是重新审阅贷款面谈的总结报告并且列出有待解决的主要问题。一旦列出了主要的待解决问题，就要根据解决每一个问题所需花费的时间和费用来判断是否值得去寻求这些问题的答案。信用调查的标准如下：

5C	5P
品德（Character）	个人（People）
能力（Capacity）	偿付（Payment）
资本（Capital）	目的（Purpose）
担保（Collateral）	保障（Protection）
环境（Conditions）	前景（Prospects）

企业信用调查分析的6C原则在"5C"基础上增加了事业连续性（Continuity）。"个人"或"品德"主要衡量借款人的诚实守信或还款意愿，如果对此存有任何严重疑问，就不予贷放。"能力"或"偿付"主要衡量借款人的还款能力，借款人所具有的法律地位和经营才能，从经济意义上讲，借款人的偿还能力可以用借款者的预期现金流量来测量。"目的"或"资本"主要分析贷款的用途，评价借款者财产的货币价值，通常用净值（总资产减去负债）来衡量。资本反映了借款者的财富积累，是体现其信用状况的重要因素，资本越雄厚，就越能承受风险损失。"保障"或"担保"主要分析贷款的抵押担保情况和借款人的财务实力，借款人应提供一定的、合适的有价物作为贷款担保，它是借款者在违约情况下的还款保证。"环境"主要分析借款人的

行业、法律、发展等方面的环境，是借款者的行业在整个经济中的经营环境及趋势。像经济周期、同业竞争环境、劳资关系、政局变化等都是考虑的内容。"前景"或"事业连续性"指借款人经营前景的好坏。如图4-1所示。

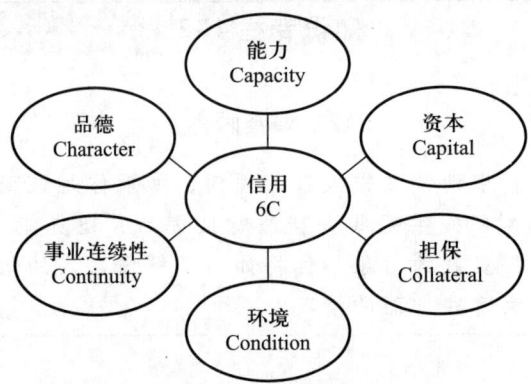

图4-1　信用调查6C原则

通过信用调查来确定客户的贷款申请是否符合商业银行的信贷政策，具体包括以下内容：了解借款企业的经营政策和作风；企业贷款用途的真实情况；企业供、产、销和人、财、物的基本情况；近期资金使用情况、盈利水平、换汇能力；信用状况；同行业同类产品的消耗、利润和质量情况，以便更好地支持优质、低耗、创汇的行业和产品；同行业的主要经济技术指标，以便选择贷款最佳投向和限制对象；本行业主要产品的发展前景和竞争能力，确定贷款扶植对象，促进企业改变产品结构等。

（5）财务分析。财务分析是以客户财务报表为主要依据，运用一定的分析方法，对客户的财务过程和结果进行研究和评价，以分析客户财务状况、盈利能力、资金使用效率和偿债能力，并由此预测客户的发展变化趋势，从而为贷款决策提供依据。财务分析包括财务报表分析和财务比率分析。

（6）非财务因素分析。非财务因素分析是指在财务因素分析以外的借款人的行业风险因素分析、经营风险因素分析、管理风险因素分析、区域风险因素分析、自然社会因素分析、借款人还款意愿分析和商业银行信贷管理分析等。非财务因素分析的目的包括：一是判断借款人的还款能力；二是判断贷款偿还可能性的需要；三是促进银行信贷管理水平的提高。

（7）担保分析。包括贷款抵押分析、贷款质押分析和贷款保证分析。

贷款抵押分析要点包括：① 抵押的有效性——抵押是否合法有效？② 抵押物的流动性——抵押物能否变现？③ 抵押的安全性——抵押物安全吗？风险因素和保管占有。

贷款质押分析要点包括：① 质押的合法有效性——质物的范围和审查事项。② 质押的充分性。③ 质押的安全性——各类质物的风险因素。

贷款保证分析要点包括：① 保证方式。包括一般保证和连带责任保证。② 保证人的资格。③ 保证能力。④ 保证意愿。包括保证人履约的经济动机，保证人与借款人之间的关系。

（8）实地走访，经济信息收集。实地查看借款人的经营场所、设施状况或项目现场，调查了解借款人的经营管理情况、财务情况以及新建项目的情况。并通过各种信息媒体搜寻有价值的资料,或通过银行自身网络或第三方机构等渠道开展调查,核实相关资料。

(9) 测算借款人的信贷资金需求量。

某企业向银行申请流动资金贷款,银行需测算该企业的流动资金贷款合理需求量。企业部分财务数据如表4-2所示。

表4-2 企业财务数据简表　　　　　　　　　　　　　单位：万元

科目	期初余额	期末余额
货币资金	6 000	7 000
应收账款	16 000	18 500
预付款项	4 000	5 000
存货	10 900	21 500
流动资产合计	36 900	52 000
短期借款	1 200	1 000
应付账款	16 500	15 000
预收款项	5 500	6 000
应交税费	1 400	1 300
一年内到期的非流动负债	4 300	3 000
流动负债合计	28 900	26 300

其他资料：第一,贷款申请年度的企业销售收入总额为10亿元,销售成本为7亿元,销售利润率约为30%；第二,企业预计第二年的销售收入年增长率为10%；第三,企业拥有自有资金2 000万元；第四,企业近期内有一笔500万元的短期贷款需要归还；第五,企业目前主要是通过银行贷款来筹措营运资金。

要求：① 估算营运资金周转次数；② 估算借款人营运资金量；③ 估算新增流动资金贷款额度。

(10) 撰写尽职调查报告,进行信用等级评定、风险分析并提出防范措施。

三、风险评价

银行贷款人员将调查结论和初步贷款意见提交银行审批部门,由审批部门对贷前调查报告及贷款资料进行全面的风险评价,评定客户的信用等级,设置定量或定性的指标和标准,对借款人情况、还款来源、担保情况等进行审查,全面评价风险因素。

(1) 贷款人应建立完善的风险评价机制,落实具体的责任部门和岗位,全面审查贷款的风险因素。贷款人应从提高风险识别能力的角度出发,建立一支专业、专注从事贷款风险评价的人员队伍,将贷款风险评价部门与经营部门分离,并明确尽职调查和风险评价人员的职责分工,做出合理的制度安排,体现制衡因素。

(2) 贷款人要建立和完善内部评级机制,采用科学合理的评级和授信方法,评定客户的信用等级,建立客户资信记录。

风险评价隶属于贷款决策过程,是贷款全流程管理中的关键环节之一。

四、贷款审批

贷款人应根据贷审分离、分级审批的原则,建立规范的贷款评审制度和流程,确保风险评价和信贷审批的独立性。贷款人应建立健全内部审批授权与转授权机制。审批人员应在授权范围内按规定流程审批贷款,不得越权审批。

(一)贷款审批原则

贷款审批作为信贷决策环节至关重要,《商业银行法》第三十五条第2款明确规定:商业银行贷款,应当实行审贷分离、分级审批的制度。其中包含两个原则:一是要求审贷分离,即贷款审批必须独立于贷款经营部门,做到"另一双眼睛看风险"的效果;二是要求分级审批,要求贷款人建立贷款审批授权制度,以授权书或制度的形式明确不同层级和审批人员的审批权限,并在实际的业务操作中严格按权限开展审批。

贷款审批核心内容是完善授权、规范流程、审贷分离、分级审批、独立审批。贷款审批人须独立审批决策,不受包括申请人在内的任何其他人的不正当影响。

(二)贷款审批方式

审批方式可采用会议、会签、双签、单签等形式,贷款人应根据自身实际确定合适的审批方式。贷款审批过程中,与业务存在重大利害关系的人员应该回避。

(三)贷款审批的主要依据

贷款审批人员应在阅读审查申报材料的基础上,根据国家有关方针政策、法律法规和贷款人的内部制度,审查信贷业务的技术、经济和商业可行性,分析申请贷款的主要风险点及风险规避和防范措施,依据该笔信贷业务给贷款人带来的风险和收益决定是否批准。确保审批的贷款业务合法合规、审批业务程序合规、授信方案各基本要素合理、还款来源稳定可靠、风险管理措施可控。

(四)贷款审批要素

贷款审批要素广义上是指贷款审批方案中应包含的各项具体内容。具体包括:授信对象贷款用途、贷款品种、贷款金额、贷款期限、贷款币种、贷款利率、担保方式、发放条件与支付方式、还款计划安排和贷后管理要求等。

五、签订合同

贷款人应和借款人及其他相关当事人签订书面借款合同及其他相关协议,需担保的应同时签订担保合同。

（一）借款合同基本内容

合同签订强调协议承诺原则。"贷款新规"将合同单列一章，主要是落实"契约原则"这一市场经济的核心要素。就贷款人和借款人之间的借贷关系而言，借款合同中的具体约定是贷款人进行贷款风险管理和支付管理的前提、基础和依据。借款申请经审查批准后，银行与借款人应共同签订书面借款合同，作为明确借贷双方权利和义务的法律文件，其基本内容应包括金额、期限、利率、借款种类、用途、支付、还款保障及风险处置等要素和有关细节。对于保证担保贷款，银行还需与担保人签订书面担保合同；对于抵质押担保贷款，银行还需签订抵质押担保合同，并办理登记等相关法律手续。

（二）支付条款

"贷款新规"第一次将贷款支付环节的管理提升到与贷款利率、金额、还款来源保障等合同要素同等重要的法律地位。如果借款合同中缺少关于这一环节的约定，贷款流程中的后道工序则不可能继续下去。支付条款，包括但不限于以下内容：贷款资金的支付方式和贷款人受托支付的金额标准；支付方式变更及触发变更条件；贷款资金支付的限制、禁止行为；借款人应及时提供的贷款资金使用记录和资料。

（三）承诺事项

贷款人应在借款合同中约定由借款人承诺以下事项：向贷款人提供真实、完整、有效的材料；配合贷款人进行贷款支付管理、贷后管理及相关检查；进行对外投资、实质性增加债务融资，以及进行合并、分立、股权转让等重大事项前征得贷款人同意；贷款人有权根据借款人资金回笼情况提前收回贷款；发生影响偿债能力的重大不利事项时及时通知贷款人。

（四）违约责任

贷款人应与借款人在借款合同中约定，出现以下情形之一时，借款人应承担的违约责任和贷款人可采取的措施：未按约定用途使用贷款的；未按约定方式进行贷款资金支付的；未遵守承诺事项的；突破约定财务指标的；发生重大交叉违约事件的；违反借款合同约定的其他情形的。

六、贷款发放

贷款发放强调贷放分离、实贷实付。贷款人应设立独立的责任部门或岗位，负责贷款发放审核。贷款人在发放贷款前应确认借款人满足合同约定的提款条件，并按照合同约定的方式对贷款资金的支付实施管理与控制，监督贷款资金按约定用途使用。一般情况下，贷款人应设置两类条件：一是贷款发放条件；二是贷款支付条件。无论是贷款人受托支付和借款人自主支付，在贷款人同意发放贷款之前，必须对发放条件进行审核。具体包括：

一是科学评估借款人的贷款需求，在尽职调查过程中要准确了解贷款用途、借款人经营情况、未来现金流等要素，合理确定贷款的额度、期限等要素。

二是事先在合同或者协议中与借款人约定明确、合法的贷款用途，约定贷款发放条件、支付方式、接受监督以及违约责任等事项。

三是设立独立的责任部门或岗位，负责贷款发放和支付审核，确保借款人的支付符合借款合同中约定用途。

四是通过在贷款管理流程中明确单笔贷款支付的最低监管标准，监测贷款资金的流向与使用。

五是在借款人不按约定的方式、用途使用贷款时，采取更严格的发放和支付条件，或停止贷款发放和支付。

通过以上方式，贷款挪用风险将进一步降低，贷款质量将得到提高，银行业金融机构的整体效益也会持续提升。

七、贷款支付

贷款人应设立独立的责任部门或岗位，负责贷款支付审核和支付操作。"贷款新规"确立了两种贷款支付方式，用于对贷款资金的支付进行管理与控制，即贷款人受托支付方式和借款人自主支付方式，并给出了两种方式的定义。其中，贷款人受托支付是贷款支付的基本做法，借款人自主支付是贷款支付的辅助做法。贷款人应根据借款人的行业特征、经营规模、管理水平、信用状况等因素和贷款业务品种，合理约定贷款资金支付方式及贷款人受托支付的金额标准。贷款支付过程中，借款人信用状况下降、主营业务盈利能力不强、贷款资金使用出现异常的，贷款人应与借款人协商补充贷款发放和支付条件，或根据合同约定变更贷款支付方式、停止贷款资金的发放和支付。

（一）贷款人受托支付

贷款人受托支付是指贷款人根据借款人的提款申请和支付委托，将贷款通过借款人账户支付给符合合同约定用途的借款人交易对象。即采用贷款人受托支付的，贷款人应根据约定的贷款用途，审核借款人提供的支付申请所列支付对象、支付金额等信息是否与相应的商务合同等证明材料相符。审核同意后，贷款人应将贷款资金通过借款人账户支付给借款人交易对象。具体要求：

（1）具有下列条件之一的，原则上应采用贷款人受托支付：与借款人新建立信贷业务关系且借款人信用状况一般；支付对象明确且支付金额较大；贷款人认定的其他情形。

（2）贷款人受托支付方式下，贷款发放就是为了支付，不能支付就意味着不允许发放，但发放和支付的审核工作可以分开，即如果借款人符合发放条件但尚不能提供支付项下交易合同等相关资料，贷款人可先对贷款发放条件进行审核并确认，在借款人能提交支付项下的交易合同等相关资料时再对支付事项进行审核。

（3）这种方式下，贷款资金不在借款人账户上停留，需要做到"实贷实付"。贷款发放至借款人存款账户后，立即划走，将贷款支付给借款人交易对象，特殊情况"T+1"要有充足理由。

（4）此处所称"借款人交易对象"属于广义概念，不限于商品或劳务合同项下的交易对手，只要是合法合规且符合合同约定的用途，皆可发放或支付。

（二）借款人自主支付

借款人自主支付是贷款人根据借款人提款申请将贷款资金发放至借款人账户后，由借款人自主支付给符合合同约定用途的借款人交易对象。采用借款人自主支付方式的，贷款人应要求借款人定期汇总报告贷款资金支付情况，并通过账户分析、凭证查验、现场调查等方式核查贷款支付是否符合约定用途。具体要求：

（1）贷款人将贷款资金发放至借款人账户并由借款人在约定的时间范围内按需支付。

（2）贷款人应在事后对借款人的支付情况进行定期检查或不定期抽查，要求借款人提交实际支付的相关凭证（交易合同、发票、支付凭证等），以分析借款人自主支付的，贷款发放前，借款人应明确计划支付的事项（可要求借款人提供清单）是否按约定的金额和用途实施了支付，检查的手段和内容由贷款人根据需要确定。例如，通过与支付凭证和账户流水的核对，判断借款人实际支付清单的可信性；借款人实际支付事项是否符合借款合同关于用途的约定；借款人实际支付事项是否与其提款申请时的计划支付事项一致；借款人实际支付是否超过借款人自主支付的金额标准；借款人是否存在化整为零规避贷款人受托支付的情形等。

八、贷后管理

贷后管理是银行在贷款发放后对合同执行情况及借款人经营管理情况进行检查或监控的贷款管理行为。其主要内容包括监督借款人的贷款使用情况、跟踪掌握企业财务状况及其清偿能力、检查贷款抵押品和担保权益完整性等方面。

（一）固定资产贷款贷后管理

《固定资产贷款管理暂行办法》第六章贷后管理（第三十条至三十七条），共8条内容：

（1）贷款人应定期对借款人和项目发起人的履约情况及信用状况、项目的建设和运营情况、宏观经济变化和市场波动情况、贷款担保的变动情况等内容进行检查与分析，建立贷款质量监控制度和贷款风险预警体系。出现可能影响贷款安全的不利情形时，贷款人应对贷款风险进行重新评价并采取针对性措施。

（2）项目实际投资超过原定投资金额，贷款人经重新风险评价和审批决定追加贷款的，应要求项目发起人配套追加不低于项目资本金比例的投资和相应担保。

（3）贷款人应对抵（质）押物的价值和担保人的担保能力建立贷后动态监测和重估制度。

（4）贷款人应对固定资产投资项目的收入现金流以及借款人的整体现金流进行动

态监测，对异常情况及时查明原因并采取相应措施。

（5）合同约定专门还款准备金账户的，贷款人应按约定根据需要对固定资产投资项目或借款人的收入现金流进入该账户的比例和账户内的资金平均存量提出要求。

（6）借款人出现违反合同约定情形的，贷款人应及时采取有效措施，必要时应依法追究借款人的违约责任。

（7）固定资产贷款形成不良贷款的，贷款人应对其进行专门管理，并及时制定清收或盘活措施。对借款人确因暂时经营困难不能按期归还贷款本息的，贷款人可与借款人协商进行贷款重组。

（8）对确实无法收回的固定资产不良贷款，贷款人按照相关规定对贷款进行核销后，应继续向债务人追索或进行市场化处置。

知识专栏4-3

银行给企业发放流动资金贷款的工作流程

银行给企业发放流动资金贷款的流程大致如下：1. 行业研究。从行业入手寻找可发展业务的公司，判断标准大致为定量和定性两方面。定性主要从公司治理、组织结构设计、管理者素质、业务结构等几方面分析。定量主要从财务数据着手。2. 准备上报项目。索取企业需要报批授信的若干资料，例如营业执照、公司章程、财务报表、项目可研报告等。撰写授信调查报告，分析企业的竞争优势、存在的资金需求、授信风险，提供风险控制方案。在这一阶段，上报项目需要客户经理、团队主管、部门总经理三级审批。3. 尽职调查。风险管理部负责对客户经理的调研进行核实，并要亲自去现场查看项目建设情况，如没问题，尽职审查员会在尽职调查报告中给出正面的结论。4. 风险评审委员会评议。上报资料及调查报告准备完毕，并且三级审批通过后，可上报风险评审委员会。各位评委会狂轰滥炸的，这时候客户经理一定要沉着冷静，将分析的结论真实、全面的阐述，赢得评委的认同。5. 专业审批人审批。一般省级分行都会有若干风险专业审批人，通常兼任副行长，此人有否决权。通常项目没有太大问题，此人一般会签署正面意见。如果项目金额较大，则需行长审批，行长通常有一票否决权，但通常不会随便行使，呵呵。至此，授信审批结束。企业可以用款了。每次用款前，企业要填一些借据等资料，经银行内审核部门审核印鉴等无误后，款项可划转至公司账户。6. 贷后管理。款项放出去后，银行会定期跟踪款项使用情况，监控资金流向，确保贷款本息能按时偿还。

（二）流动资金贷款贷后管理

《流动资金贷款管理暂行办法》贷后管理（第三十条至三十七条），共8条内容：

（1）贷款人应加强贷款资金发放后的管理，针对借款人所属行业及经营特点，通过定期与不定期现场检查与非现场监测，分析借款人经营、财务、信用、支付、担保及融资数量和渠道变化等状况，掌握各种影响借款人偿债能力的风险因素。

（2）贷款人应通过借款合同的约定，要求借款人指定专门资金回笼账户并及时提供该账户资金进出情况。贷款人可根据借款人信用状况、融资情况等，与借款人协商签订账户管理协议，明确约定对指定账户回笼资金进出的管理。贷款人应关注大额及异常资金流入流出情况，加强对资金回笼账户的监控。

（3）贷款人应动态关注借款人经营、管理、财务及资金流向等重大预警信号，根据合同约定及时采取提前收贷、追加担保等有效措施防范化解贷款风险。

（4）贷款人应评估贷款品种、额度、期限与借款人经营状况、还款能力的匹配程度，作为与借款人后续合作的依据，必要时及时调整与借款人合作策略和内容。

（5）贷款人应根据法律法规规定和借款合同的约定，参与借款人大额融资、资产出售以及兼并、分立、股份制改造、破产清算等活动，维护贷款人债权。

（6）流动资金贷款需要展期的，贷款人应审查贷款所对应的资产转换周期的变化原因和实际需要，决定是否展期，并合理确定贷款展期期限，加强对展期贷款的后续管理。

（7）流动资金贷款形成不良的，贷款人应对其进行专门管理，及时制定清收处置方案。对借款人确因暂时经营困难不能按期归还贷款本息的，贷款人可与其协商重组。

（8）对确实无法收回的不良贷款，贷款人按照相关规定对贷款进行核销后，应继续向债务人追索或进行市场化处置。

第四节

小微企业贷款业务

一、小微企业贷款业务概述

（一）小微企业的定义与运营特点
1. 小微企业的定义

小微企业是小型企业、微型企业、家庭作坊式企业、个体工商户的统称，目前主要指那些产权和经营权高度统一、产品（服务）种类单一、规模和产值较小、从业人员较少的经济组织。小微企业是经济发展的生力军。根据国务院网站披露的数据，截至 2017 年 7 月末，我国小微企业名录收录的小微企业已达 7 328.1 万户。其中，企业 2 327.8 万户，占国内企业总数的 82.5%；个体工商户 5 000.3 万户，占国内个体工商户总数的 80.9%。

小微企业的划分因行业而异。根据银监会于 2011 年发布的《中国银监会关于支持商业银行进一步改进小企业金融服务的通知》，金融机构服务的小企业，暂以《关于印发中小企业划型标准规定的通知》（工信部联企业〔2011〕300 号）的小企业定义为准，具体标准根据企业从业人员、营业收入、资产总额等指标进行划分（见表 4-3）。

表 4-3 小微企业 2011 年划分标准

行业名称	指标名称	计算单位	小型	微型
农、林、牧、渔业	从业人员	人	—	—
	营业收入	万元	50~500	50 以下
工业	从业人员	人	20~300	20 以下
	营业收入	万元	300~2 000	300 以下
建筑业	从业人员	人	—	—
	营业收入	万元	300~6 000	300 以下
	资产总额	万元	300~5 000	300 以下
批发业	从业人员	人	5~20	5 以下
	营业收入	万元	1 000~5 000	1 000 以下
零售业	从业人员	人	10~50	10 以下
	营业收入	万元	100~500	100 以下
交通运输业	从业人员	人	20~300	20 以下
	营业收入	万元	200~3 000	200 以下
仓储业	从业人员	人	20~100	20 以下
	营业收入	万元	100~1 000	100 以下
邮政业	从业人员	人	20~300	20 以下
	营业收入	万元	100~2 000	100 以下
住宿业	从业人员	人	10~100	10 以下
	营业收入	万元	100~2 000	100 以下
餐饮业	从业人员	人	10~100	10 以下
	营业收入	万元	100~2 000	100 以下
信息传输业	从业人员	人	10~100	10 以下
	营业收入	万元	100~1 000	100 以下
软件和信息技术服务业	从业人员	人	10~100	10 以下
	营业收入	万元	50~1 000	50 以下
房地产开发经营	从业人员	人	—	—
	营业收入	万元	100~1 000	100 以下
	资产总额	万元	2 000~5 000	2 000 以下
物业管理	从业人员	人	100~300	100 以下
	营业收入	万元	500~1 000	500 以下
租赁和商务服务业	从业人员	人	10~100	10 以下
	营业收入	万元	—	—
	资产总额	万元	100~8 000	100 以下
其他未列明行业	从业人员	人	10~100	10 以下
	营业收入	万元	—	—

2. 小微企业的运营特点

小微企业中的相当部分是处于初期、早期阶段的，而不是不会长大的企业，特别是一些处于种子期阶段的创新型企业，其运营过程中体现出自身的特点。

（1）高收益与高风险并存。随着小微企业产品和服务体系逐步完善、被市场接受，其成长能力可能突然爆发，从而展现出显著的高收益性特点。然而，与此同时，毕竟小微企业规模小，依然会从多个层面对企业持续成长能力形成制约，从而给商业银行的贷款投放带来较高风险。

首先，从小微企业的资本实力来看，商业银行贷款投放必然面临高风险。小微企业的注册资本多数来源于家庭成员或其他亲朋好友，注册及实收资本规模通常较小，而较小规模的注册及实收资本显然会对企业成长形成抑制——不仅不能实现各类生产要素的大规模集聚，同时在生产要素的组合方面，也难以实现在最优规模报酬阶段上展开。因而，在小微企业发展的早期阶段，由于受制于资本实力，极易出现生产率低下、错失市场机遇等问题。

其次，从小微企业的产品线和市场影响力来看，其抵御市场风险的能力必然较弱。小微企业产品线通常较为单一，且大多隶属于竞争性强的传统微利行业，这种产品线和市场影响力特征，决定了小微企业整体上抵抗市场波动的能力必然较弱，而这又必然会进一步对商业银行贷款产生较高水平的风险威胁。

再次，从小微企业的性质来看，其抵御政策风险的能力也较弱。尽管国家层面先后出台了各种政策措施力促民营企业发展，但民营企业的生态环境却依然严峻，特别是在融资政策环境方面，宏观经济金融政策通常会忽视民营企业的利益诉求。而小微企业恰好大多具有民营性质，因此，此类企业受到宏观政策冲击的可能性必然较大。

最后，从小微企业的核心竞争力来看，其可持续发展能力较差。企业若要实现持续成长，必须有持续的创新投入和产出作为支撑。而小微企业大多从事的是传统产业，发展过程中几乎不可能有规模性的创新投入，因此势必对小微企业的持续成长形成显著制约。

（2）灵活性与公司治理水平较低并存。小微企业作为企业发展的早期形态，采用家族治理为主的管理模式具有一定的必然性，譬如可以提高决策效率、降低运营成本、弱化外部不信任等，具有较强的经营灵活性。但家族管理模式也对小微企业在公司治理上的完善性形成了负面影响——家族治理模式下的小微企业，由于缺少必要的内部制衡机制，容易形成一言堂，从而给企业运营带来较大的决策失误风险。此外，随着企业的发展壮大，家族治理模式还容易形成双重三层委托代理问题，进而给企业价值成长带来不利影响。因此，小微企业较低水平的公司治理，可能对商业银行展开的小微企业价值评估形成负面约束。另外，小微企业公司治理水平较低的现状，还可能从财务信息等信息的准确性和及时披露层面对商业银行服务小微企业形成制约。由于小微企业公司治理主要以家族治理为主，在财务信息等信息整理、发布等层面缺乏必要的规程指引，同时更缺乏必要的监督机制，因此小微企业的信息准确性和披露的及时性较差，商业银行在贷款投放评审过程中会将此作为一个重要的运营特点予以考虑。

（3）外部融资过程中的保证机制较缺乏。小微企业由于规模小等特征，在申请包括商业银行贷款等外部融资支持过程中，普遍缺少保证机制。

一方面，小微企业自身实力有限，在争取外部融资支持过程中能由其自身提供的抵押、质押物较少。其一，小微企业由于总体规模较小，固定资产规模总体也必然非常有限，因而以固定资产作为抵押物几乎难以实现；其二，小微企业由于大多从事的是传统产业，创新发展能力较差，因而以无形资产为质押物实现对外部融资的保证，可能性也较低。

另一方面，小微企业运营过程中获得第三方担保支持的可能性也较低。首先，小微企业获得政府类机构担保的可能性较低。虽然小微企业在经济社会发展中具有突出的作用，政府类机构理应为其争取外部融资提供必要担保，但在我国，由于小微企业大多具有民营性质，而民营性质企业通常产权制度欠清晰，这直接导致了政府类机构无法获得建立担保机制的着力点；其次，小微企业获得非政府类第三方机构担保的可能性同样较低。对于非政府类第三方机构，由于不仅不能直接享受到小微企业发展带来的好处，即并不直接受益于小微企业对经济社会整体的贡献，同时还可能因提供小微企业第三方担保将自身拉入高风险境地，因此理论上，这些机构在小微企业争取外部融资过程中提供第三方担保的积极性也较低。

（二）小微企业贷款的内涵

1. 小微企业贷款的含义

小微企业是经济发展中最有活力的细胞，然而资金始终是发展中的难题。近年来，小微企业贷款得到了政策大力扶持。那么，银行对小微企业金融是怎么定义的呢？据悉，民生、招行、浦发、华夏、广发等银行都是比较关注小微贷款的股份制银行，但是各银行对于小微企业金融的定义却不同。民生银行针对的是 100 万～500 万元贷款的小企业和微型企业。浦发银行推行大零售模式，主要包括 500 万元以下的个人消费、个人经营贷款、小微贷款。华夏银行是针对 200 万元以下的个人经营性贷款、小额贷款和微型贷款。

2. 小微企业授信的统计标准

小微企业授信包括多种统计口径。从以往银保监会统计口径来看，小企业授信泛指银行对单户授信总额 500 万元（含）以下和企业资产总额 1 000 万元（含）以下，或授信总额 500 万元（含）以下和企业年销售额 3 000 万元（含）以下的企业、各类从事经营活动的法人组织和个体经营户的授信。目前银保监会统计的小微企业贷款包括了小型企业贷款、微型企业贷款、个体工商户贷款、小微企业主贷款。

从央行的统计口径来看，对小微企业发放的贷款是严格按照工信部等四部委发布的《关于印发中小企业划型标准规定的通知》（工信部联企业〔2011〕300号）划定的，并不包括个体工商户贷款和小微企业主贷款。

从商业银行内部统计口径来看，也存在多种标准。在贷款统计时，金融机构一般会按照工信部等四部委发布的对企业的划型标准在信贷管理系统中设定参数，客户经理录入信息时企业会被自动进行划型分类。比如工商银行会将综合授信额度 3 000 万元以下的企业按照小企业来管理；有些银行在统计时会加上个人经营贷款。

3. 小微企业贷款的特点

小微企业贷款业务的服务群体主要是小型和微型企业的个人经营者。从银行角度看，这些贷款具有以下特点：第一，资产规模小，抗风险能力弱，生命周期短，市场淘汰率高，经营风险较高；第二，符合担保要求的抵质押品少；第三，多为家族式管理，公司治理不完善，管理相对不正规；第四，信息不对称，一般缺少正规的财务报表，绝大部分报表未经过外部审计；第五，部分小微企业信用观念差；第六，贷款单笔金额小，难以形成规模效应，银行的贷款调查、贷款管理和监控成本高且风险大。

2018年8月22日李克强总理主持召开国务院常务会议，部署进一步推进缓解小微企业融资难、融资贵政策落地见效。会议指出，按照党中央、国务院部署，有关部门出台实施了一系列缓解小微企业融资难、融资贵的措施，推动金融更好服务实体经济，促进就业稳、企业兴。会议强调，一要坚持稳健的货币政策，不搞"大水漫灌"，注重精准施策，着力疏通政策传导机制，鼓励金融机构增加小微企业贷款，降低融资成本。合理确定小微企业贷款期限、还款方式，缩短贷款审批周期，适当提高中长期贷款比例。稳健发展中小企业高收益债券、私募债。二要建立金融机构绩效考核与小微信贷投放挂钩的激励机制。加快落实小微企业贷款利息收入免征增值税政策。适当提高贷存比指标容忍度。支持发行小微企业贷款资产支持证券。三要坚持促发展和防风险并重，优化监管考核，增设小微信贷专项考核指标，使小微企业得实惠，禁止存贷挂钩、借贷搭售等行为，有效防范和化解金融信贷风险。

知识专栏4-4

银保监会发布《关于2019年进一步提升小微企业金融服务质效的通知》

为深入贯彻习近平总书记在中共中央政治局第十三次集体学习中关于深化金融供给侧结构性改革、增强金融服务实体经济能力的重要讲话精神，落实中央经济工作会议要求，推动银行保险机构持续改进小微企业金融服务，进一步缓解小微企业融资难融资贵问题，银保监会于近日印发了《关于2019年进一步提升小微企业金融服务质效的通知》（以下简称《通知》）。

《通知》围绕切实增加银行信贷在小微企业融资总量中的比重、带动小微企业融资成本整体下降的指导思想，提出以下目标：信贷投放方面，强调对普惠型小微企业贷款（单户授信总额1 000万元及以下，下同），全年要实现"贷款增速不低于各项贷款增速、贷款户数不低于上年同期"的"两增"目标。其中，要求五家大型银行发挥行业"头雁"作用，力争总体实现普惠型小微企业贷款余额较年初增长30%以上。成本管理方面，要求银行保持"量""价"平衡，巩固2018年减费让利工作成效，2019年继续将普惠型小微企业贷款利率保持在合理水平。对使用人民银行支小再贷款或政策性银行转贷资金，以及获得政府性融资担保公司担保的普惠型小微企业贷款，严格控制利率定价。风险管控方面，在目前小微企业信贷风险总体可控的前提下，将普惠型小微企业贷款不良率容忍度放宽至不高于各项贷款不良率3个百分点。

二、小微企业贷款的条件与业务流程

（一）小微企业贷款应满足的条件

小微企业贷款是指小微企业为了满足生产经营的需要，向银行或其他金融机构按照规定利率和期限借款的一种方式。小微企业借款客户申请贷款需满足以下条件：

（1）有完全民事行为能力的自然人，年龄在18（含）~60周岁（不含）（外国人以及港、澳、台居民为借钱方的，应在中华人民共和国境内居住满1年并有固定居所和职业）。

（2）有合法有效的身份证明、户口所在地证明（或有效居住证实）及婚姻状况证明。

（3）有合法的经营资格，能提供个体工商户营业执照、合伙企业营业执照、个人独资企业营业执照，或持有营运证、商户经营证、摊位证等经营证照或其他的合法、有效经营资质证实；有稳定的收入来源和按时足额偿还贷款本息的能力。

（4）有良好的信用记录和还款意愿，借钱方及其经营实体在银行及其他的已查知的金融机构无不良信用记录。

（5）可以提供银行认可的合法、有效、可靠的贷款担保。

（6）借钱方在银行开立个人结算账户。

（7）银行规定的其他条件。

小微企业借款客户申请贷款还需要提交以下个人和企业资料：

小微企业借款客户申请贷款需要提交的个人资料包括：借款人夫妻双方的有效身份证件（包括身份证、户口簿）、有效居留证明和婚姻证明、家庭财产证明等。

小微企业借款客户申请贷款需要提供的企业资料包括：营业执照、企业（公司）章程、税务登记证、组织机构代码证、基本户开户许可证；企业验资报告及实收资本的变更情况说明、企业贷款登记系统查询报告、贷款卡及密码（如有），企业章程；企业主要产品或服务介绍、企业组织架构介绍、主要管理人员工作经历证明；企业连续经营记录，主要包括不低于6个月的银行流水账单记录、完税凭证、前二年及最近一期的财务报表；实物资产清单等；贷款用途的证明材料，如企业交易合同、采购协议等投资项目的审批文件及成本收益测算等资料；银行要求的其他资料。

（二）小微企业贷款运作流程

银行遵循审贷分离的原则，严格执行贷前调查、贷时审查、贷后检查"三查"流程，根据贷款业务各风险控制环节，制定相互制约的工作岗位及职责，并通过明确的责任追究制度，确保信用风险管理流程的有效实施。银行业务受理及审批流程如图4-2所示。

银行小微贷款业务的特点是重分析、轻抵押。在对企业进行分析时是将贷款客户的家庭和生意作为同一个经济单元来一起分析。同时还要针对大部分企业没有正规的财务报表（即使有也只是参考）的现实情况，由贷款人员通过询问、实地调查，根据资料和信息自制资产负债表和利润表，从而确定借款人实际资产、现金流及盈利情

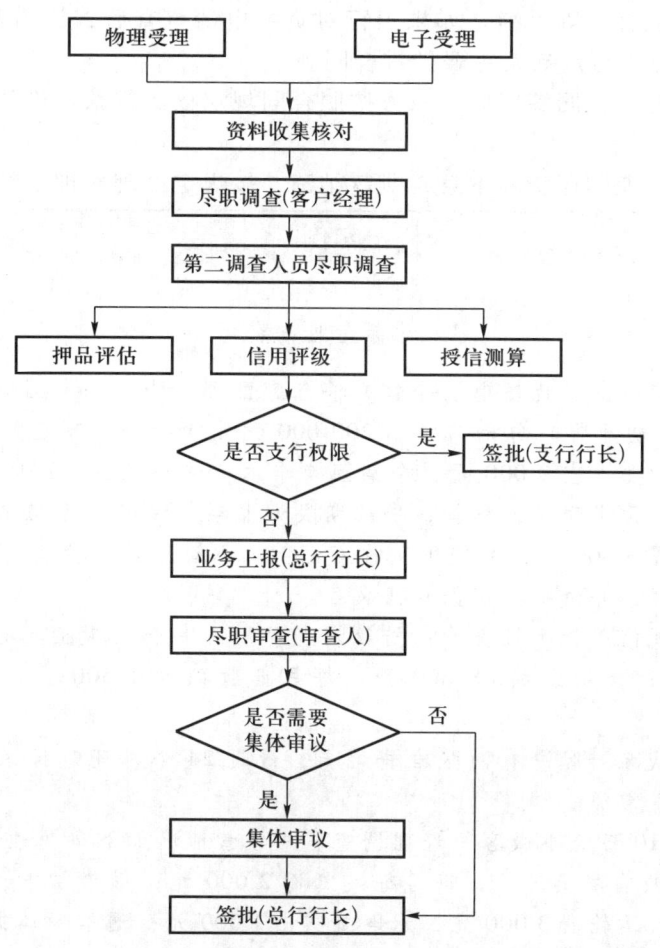

图4-2 小微企业贷款业务受理及审批流程

况。贷款调查包括非现场调查、实地调查和侧面核查。非现场调查主要为现场调查做走访前的重点检查准备。侧面调查主要为进一步核实有关正面调查事项是否属实。在此基础上,小微客户经理还要对客户提供的信息进行交叉检验。交叉检验是企业贷款中最常用的一种分析方法,贷款员对客户提供的信息要通过多个方面、多个角度和多个侧面来进行验证。一个数据要成为对贷款分析有价值的信息,必须经过至少三种方法的检验,这样才能作为分析的一个元素落实在分析表格中。交叉检验的分析方法改变了以往贷款调查中只采集客户提供信息的局面,开辟了"多方面采集信息,多角度验证信息"的立体化收集信息的格局,从而保障了银行贷款风险的控制能力。

小微企业办理贷款,一般遵循以下流程:

(1) 小微企业提出申请并提交相应资料:授信申请、企业董事会决议(如公司章程要求);企业具体贷款用途及资金使用方向(用款计划、用款总额度);还款来源分析(计划和措施),并且就还款的资金安排做出每月的现金流量分析;抵押情况、其他相关法律性文件、函电等。

(2) 银行调查。具体包括以下几个步骤:银行立项、信用评估、贷款可行性分析、综合判断和贷前调查。

（3）签署借款合同等手续。如果银行对贷款申请审查后，认为其全部符合规定，并同意放贷，则应该与贷款人签署借贷合同。

（4）贷款发放。合同签署后，双方按照合同规定核实贷款。借款人即可根据合同办理提款手续。

（5）借款人按期归还贷款本息，贷款结清，按规定办理撤押手续。

案例

小微企业贷款

客户余某经营一家服装超市（个体）多年，配偶为当地一家国有企业职工，每月工资2 500元，当初开店时向兄弟借了200 000元作为投资，现已还清。有两个女儿在读大学，每年学费支出9 000元，余某因换季急需资金进货，2018年8月8日到某商业银行申请8万元小额保证贷款，贷款期限为1年。保证人为当地某大型企事业单位职工，每月工资3 500元，并提供了收入证明。保证人经小微客户经理调查核实愿意为客户提供担保，并清楚其担保责任义务。

借款人及配偶信用状况批复为：借款人有两张信用卡，其征信记录良好，其配偶有一笔住房贷款，贷款余额88 600元，每月还款额为1 500元，正常还款，为正常类。

保证人信用状况：客户有两张准贷记卡，最近24个月还款记录良好，无借款及担保记录，属于正常类。

2018年8月10日经小微客户经理调查客户经营情况如下（见表4-4）：

1. 经调查客户有雇员三人，每月每人工资2 000元；每年初支付租金60 000元；客户口述每月平均运输费3 000元，水电费支出1 000元；通信费单据500元；招待费2 000元；客户提供的税收单据每月税收支出1 500元；其他经营性支出1 000元。

2. 家庭生活支出1 000元，两女儿生活及其他支出1 500元。

3. 调查时见到客户有前日的营业现金3 560元，×××银行存折余额68 000元。

4. 客户口述每年5—8月为销售淡季，4月、9月较为平均，其他月份生意较好做。

5. 经客户计算机财务系统查看，客户现有高、中、低档服装存货1 536件，金额合计206 000元，经营性设备50 000元，客户口述有一辆客户用来运货的微型车，现值30 000元。

6. 其他相关信息：

小微客户经理描述客户婚姻证明丢失，提交的客户经营材料仅为营业执照与商铺租赁合同。征信报告上显示的客户为某企业的职工，无经营性信息。营业执照的有效期为2012年5月24日至2021年5月23日。

表4-4 资产负债表

资产		负债与所有者权益	
现金	3 560	私人借款	0
银行存款	68 000	银行借款	88 600

续表

资产		负债与所有者权益	
应收账款		其他借款	0
预付款项			
存货	206 000		
流动资产合计	277 560	负债总计	88 600
其他资产（押金）			
设备	20 000		
交通工具	30 000	所有者权益	238 960
资产总计	327 560	负债和所有者权益合计	327 560

根据上面案例情况回答下列问题：

1. 小微企业贷款应满足什么条件？根据小微客户经理提供的资料，你认为客户还需提供哪些材料作为准入依据？

2. 小微客户经理对每笔商户保证贷款应就贷款申请和调查信息，与借款人、保证人通过电话进行核实。请分别简述对借款人和保证人电话核实信息的要点。

3. 根据小微客户经理提供的资料信息，请找出错误地方并改正，并说明更改的理由。

（三）国内部分商业银行小微企业贷款产品

1. 广发银行："生意人卡"服务小微企业主

近年来，小微企业在我国社会经济发展中的积极作用被逐渐认可和重视。但是，小微企业的贷款难问题一直存在。广发银行副行长王桂芝就曾指出："小微企业、个体工商一直都面临着融资难的困境。"因此，广发银行一直致力于在小微企业的融资服务上提供更多资源。

2011年，广发银行推出了业内领先的经营性个人信用贷款产品"生意红"；2012年又针对小微企业主经营性或企业升级转型需求推出授信额度可达1 000万元的个人经营贷款产品"生意通"，同时，这一年广发银行把小微企业金融服务业务条线并入零售银行业务条线管理，并建立业内领先的"贷款工厂"审批授信模式。到2013年，广发行正式推出"生意人卡"，为小微企业主提供专业持续的综合金融服务。据了解，"生意人卡"能提供多元化融资方案，全方位迎合客户需求；可以循环授信，随借随还；能够帮助降低成本，理财经营两不误；还推出全面实用外延服务，随需自由选择。

广发银行考虑到小微企业客户的需求特点，特别设计了全方位的融资组合方案，让每一位"生意人卡"客户都可从中选择符合自己需要的融资服务。对短期中小额融资需求，"生意人卡"客户可尊享高达50万元授信、期限长达5年的无抵押信用贷款额度，可根据POS流水情况获得高效贷款授信；对中长期资金需求，广发"生意人卡"客户可根据自身资质及不同担保方式，提供期限最长达10年、额度最高达1 000万元的贷款，满足客户经营转型方面的需求。

小微企业由于现金流以及营收情况不稳定,因此多次反复融资的需求较高。广发银行为"生意人卡"客户提供了"循环贷"产品。只需要经过一次审查授信过程,客户即可获得最长达5年的循环额度期限,而且无担保无抵押,客户可根据自己的资金流情况随借随还、按天计息。

对小微企业而言,每一分利息支出都是经营成本。因此,广发银行特别为"生意人卡"提供了"优惠贷"功能。根据客户的资金沉淀为客户提供相应的理财服务,协助客户灵活有效地运用自有资金、节省贷款利息支出,满足客户理财、节约融资成本的需求。广发"生意人卡"还为客户提供"天天智能通"智能储蓄产品,在保证客户资金流动性的同时,提供较高的利率水平。此外,广发"生意人卡"还设计了适合的理财产品,通过开展投资交流会、理财沙龙等形式促进客户有效管理闲置资金。

推出全面实用外延服务,随需自由选择。广发"生意人卡"向客户提供转账结算、工资代发、代缴税款、证照年审等服务,全部服务一卡整合,方便快捷。向客户提供刷卡手续费减免、网银转账手续费减免、免开户工本费、前3个月免财运通POS机租金、免POS机手续费或免签约贵宾服务(三选二)等优惠,减少客户资金结算成本。

2. 工商银行:"小额便利贷"给力小微企业融资

据介绍,"小额便利贷"是工行专门针对微型企业的信用贷款产品。与传统的小企业融资方式相比,办理"小额便利贷"企业无须提供任何担保,银行主要通过核实借款人主体资格、还款意愿、履约能力、净资产等情况来确定是否放贷,而不是依靠企业提供的抵质押物,使一些经营状况较好但缺少抵质押物的微型企业也可获得银行支持。由于无须办理抵押质押或保证担保等手续,"小额便利贷"办理效率更高,最快一个工作日内就可完成贷款审批。此外,"小额便利贷"的单户贷款额度不高于200万元、期限不超过7个月,额度和期限与微型企业经营周转的资金需求契合,能够较好地满足微型企业"小、频、急"的融资需求。

"小额便利贷"这种过去被大家认为风险较大的小微企业信用贷款业务到目前为止质量良好,这一方面充分说明广大微型企业诚实守信,另一方面也与工行在风险管理方面的创新是分不开的。在"小额便利贷"的贷款审批和贷后管理上,工行不仅认真审查微型企业本身的信用状况,还根据微型企业客户群体的经营特点、交易商品种类、商业模式和运作流程等全面梳理风险点,有针对性地制定风险防控措施,不仅有效地控制了风险,还大大提高了营销效率,凸显了大银行开展小微企业贷款业务的规模经济优势。

3. 建设银行:小微企业"信用贷"

建设银行江门市分行把支持中小企业作为重点任务和重要战略举措,不断满足广大中小企业客户的金融服务需求,助推中小企业成长壮大。通过对中小企业的贷款支持有力地推进了地方经济的发展,也提升了该分行经营效益,树立了以扶"微"解困为己任的社会形象。

融资难一直是中小企业发展的瓶颈,该分行率先成立中小企业经营中心,加强专业专注服务,并从专营机构建设、业务模式优化、银行产品创新、客户服务提升等方面入手,积极解决中小企业融资难题;实行"贷款工厂"模式,采用标准化、专业化、流水线作业方式，实现了企业快速融资。针对中小企业群体地域分布广、数量多、体量小的特点，该分行不断完善客户管理模式，坚持服务渠道下沉，加强渠道建设，在工业园区、专业市场等中小企业聚集地增设网点，不断丰富包括网点、电话、网络在内的全方位的小企业服务渠道，全面提升中小企业服务水平。同时，积极开展上门服务活动，做中小企业客户身边的银行。

该分行根据客户不同特点和需求加强创新，为小企业客户量身定做"特色套餐"，提供多样化、综合化的金融服务。目前，"速贷通"和"成长之路"已成为建设银行服务小微企业的两大拳头产品。以"成长之路"为例，通过持续创新，已形成了包括"联贷联保、助保金、租贷通、额度抵押贷款"等10余项产品在内的综合性产品体系。近年来，又推出了"小额贷""信用贷""善融贷"等品牌产品。为适应广大商会客户的融资需求，该分行还特别为商会客户创新了"商会通"产品。为加强对有真实贸易背景的实体经济的支持，创新推出了"供应贷"产品，产品创新和贴身服务为小企业成长壮大注入了催化剂。

4. 招商银行："生意贷"

招商银行早在2009年就在全国范围内面向广大小微企业主、个体工商户正式推出了全新个人经营贷款产品——"生意贷"。"生意贷"是一个具有强大综合功能的个人经营贷款产品。"生意贷"产品具有以下特色：

（1）一次办理，永续额度。据介绍，客户只需办理一次手续，就可以获得"永续额度"。不仅单次授信期限可长达10年，到期还可以获得自动续期。额度到期后，只要客户信用和经营状况不出现负面变化，招商银行将会根据客户实际经营情况给予客户贷款授信额度续期，方便客户继续使用贷款授信额度，保障了融资持续性。

（2）循环授信、随借随还。"生意贷"针对小微企业经营者资金周转不确定性强的特点，为客户提供了贷款授信额度"循环使用"和资金"随借随还"功能。客户在贷款授信额度内可反复多次使用，保证了企业经营资金的充裕流动性。在借款方面，客户无须前往网点，只要通过招商银行网上银行、电话银行等渠道，7×24小时想借就借，资金瞬间到账；在还款方面，也可通过自助形式实现想还就还，最大限度地节约贷款利息，降低企业经营的财务成本。

（3）免息支付、自由周转。"生意贷"为客户提供了同业首创的"免息支付"功能。办理"生意贷"的客户可选择开通"周转易"功能，直接通过POS刷卡、网上支付随时随地支付货款，还可享受最长50天的免息期。免息期内结清全部款项，无需支付利息；免息期后若未还清款项，则自动转化为贷款。

5. 中国银行："中银贷款工厂"

"中银贷款工厂"是中行专门为中小企业客户打造的服务品牌，通过"端对端"的工厂式流水线运作和专业化分工，提高服务效率，根据中小企业经营特点与融资需求，丰富产品组合与方案设计，为广大中小企业客户提供专业、高效、全面的金融服务。"中银贷款工厂"产品具有以下特色：

（1）实现"机构专营"。设立单独的中小企业专职机构，实现业务运作的专业化。

（2）打造"流程银行"。借鉴工厂式运作模式，重塑业务流程和管理体制，提高服务效率与水平。

（3）设计"专属产品"。以满足客户需求和改善客户体验为立足点，从小微企业轻资产现状出发，设计特色产品。

6. 平安银行："组合贷"

平安银行的"组合贷"是以"房地产抵押+补充担保方式"的组合担保作为风险缓释措施，向拥有稳定连续性经营收入的小微客户发放的，用于经营主体正常经营周转的授信产品。

根据不同的担保方式组合，"组合贷"主要可分为抵押+一般企业保证、抵押+专业担保公司保证、抵押+第三方自然人保证等。该贷款适用于房产抵押担保不能满足其正常流动资金周转需求的企业，通过追加担保方式，来增加企业融资额度。单户贷款金额最高可达1 500万元人民币，授信期限最长达3年。

"组合贷"的产品特色是：提升房产的抵押率，最高可达120%；增加企业融资额度，不增加企业任何融资成本；抵押物范围广，住宅、别墅、商铺、写字楼、商务公寓、酒店式公寓和标准厂房等均可抵押；授信业务涵盖贷款、票据承兑和贴现、国内保函等。

案例

平安银行："组合贷"

一、背景

某科技有限公司是一家主营闭路摄像机、硬盘录像机及网络监控产品的企业，主打产品为具备红外夜视功能的摄像机。公司拥有自己的注册商标并通过多重认证。经营场所为租赁，在某数码港区内。公司年销售收入达4 000多万元，利润率8.3%。公司法人代表吴先生，在安防、摄像器材销售行业拥有十年以上的经验。其名下拥有一套房产，认定价值178万元。公司因采购原材料、扩大再生产，需要申请小额流动资金贷款210万元。仅房产抵押不能满足公司的融资需求。

二、融资方案

运用"组合贷"产品，根据产品政策，给予公司一年期流动资金贷款210万元。对于抵押物价值不足的部分，追加其所在数码港的市场管理方某实业有限公司担保。抵押率放大至120%。追加第三方担保，解决抵押物价值不足的问题。企业使用贷款完成了原材料采购，保证了生产计划的顺利完成。

三、小微企业贷款业务模式

在国内外商业银行正在采用的小微企业贷款业务模式中，准事业部制贷款工厂模式与特色专营支行模式是最基础、应用最广泛的两种模式。但是，不论是准事业部制贷款工厂模式，还是特色专营支行模式，终将在其成熟时期转轨为独立事业部模式。

（一）准事业部制贷款工厂模式

准事业部制贷款工厂模式是指在商业银行总行设立小微企业事业部，负责小微企业业务的管理，同时在现有分支行进行小微企业授信业务时，将整个贷款受理过程，从与客户接触开始，到贷款的发放及贷后管理均采取流水线操作、标准化管理。

与传统的小微企业贷款业务模式相比，准事业部制贷款工厂模式将产品营销、目标客户管理、贷款产品、贷后风险控制等方面进行了合理整合，提高了银行为小微企业提供资金的效率，并有效地控制了商业银行信用风险。准事业部制贷款工厂模式与商业银行其他贷款方式相比所占有的优势具体体现在以下四个方面：

首先，作业方式流程化。准事业部制贷款工厂模式将授信业务中的各个环节、各个岗位标准化与专业化，其类似于工厂生产流水线式作业方式，将有利于提高银行服务质量，降低操作风险和道德风险。

其次，贷款产品生产批量化。发展小微企业授信业务的关键点在于商业银行能否满足其"短、频、快"的资金需求。批量化生产小微企业贷款产品，提高了商业银行的授信效率，加强了其在小微企业金融服务领域的竞争力。

再次，贷前审查细致化。准事业部制贷款工厂模式在遴选客户环节就已注重防范贷款风险，商业银行首先将目标市场和客户进行了细致的划分，再通过IT端对端技术有效地甄别、选择符合要求的小微企业贷款客户，银行中后台再将通过前期审核的业务进行专业分工、集中处理。

最后，贷后管理规范化。准事业部制贷款工厂模式新增了非现场监控环节，商业银行通过建立早期风险预警机制，对信用贷款的状况随时监控，以便于快速处理出现问题的贷款。虽然国内外商业银行小微企业贷款业务采用的准事业部制贷款工厂模式所沿用的逻辑与基本方法是大体一致的，但是各个银行在细节处理方面仍有不同。

（二）特色专营支行模式

由于准事业部制贷款工厂模式对商业银行的资源及能力有较高的要求，该模式在国内尚未全面普及，加之大型商业银行真正推广运作准事业部制贷款工厂模式的时间也较短，因此，国内众多城市商业银行均采取另一种方式，即不从根本上改变现有组织架构，而是选择在小微企业较集中、产业特色明显的区域，组建特色专营支行，大规模、专业化地开展小微金融服务。

在特色专营支行模式中，专营支行在与该银行其他贷款业务不相抵触的前提下，以贷款管理水平较高的支行为载体，对人员、设备、规模等进行单独配置，在分行授予的自由审批权限内审批与放款。特色专营支行模式使银行内部支行间得以特色化、差异化发展，可有效提升小微金融服务效能，充分发挥支行网点贴近小微企业的信息优势。

相比其他小微企业贷款业务模式，特色专营支行模式无论在组织架构变革成本还是在资源调配、财务费用预算等方面都更具经济性。它的优点还体现在：首先，专营支行小微企业业务不与其他支行、其他贷款业务相抵触，这就不会影响银行的整体业务模式；其次，支行可以在自由审批权限内审批贷款，有利于培养专业人才，提高发展业务的积极性；最后，对那些在管理能力、可调配资源、信息系统支撑方面尚处于弱势且尚不成熟的商业银行能成功向垂直化、专业化、条线化的小微企业事业部制转变创造了条件。但是，需要我们注意的是，现有的信息技术系统仍然不能集中开发客户，无法实现独立核算以及专门化经营管理。这也是在以后推广这一模式时要解决的问题。

（三）独立事业部制模式

独立事业部制模式是一种离行式的经营模式。该模式下的小微企业贷款中心是完全独立于其他分行的准法人，总行准予其专营小企业授信业务，且可在各地区开办小微企业贷款专营分中心。分中心所在地支行需将已有的小微企业贷款转给贷款专营分中心。

独立事业部制模式与其他小微企业贷款模式相比优势在于其独立性、专业性较强。该模式完全符合银保监会发布的"六项机制"要求，独立核算，自负盈亏。它将产品开发、销售渠道建立、客户市场开拓、贷款审批和风险管理等职能集于一身，便于统筹全行小微企业贷款业务前台营销与后台管理。

案例

富国银行小微企业贷款

富国银行目前是美国第5大银行，主要在美国西部和中西部开展业务。因巴菲特在1989年开始对其投资，而被投资者们熟知。而并不太为投资者们所熟知的是，富国银行在小微企业贷款业务领域所作出的杰出贡献和取得的辉煌业绩。

一、富国银行小微企业贷款历史

1. 1990年以前，富国银行并不是美国主要的小企业贷款发放者。

2. 1989年（巴菲特也在此时开始买入富国银行股票），在其零售银行业务下创建了"小企业银行业务集团"，专门服务于小企业客户。又在其下设立了小企业贷款部，为年销售额低于1 000万美元的小企业提供贷款。

3. 1994年，成本分析显示，通过传统的标准放贷程序（分销、发放、贷后管理）来发放超小额贷款，由于成本过高，无法实现经济效益。于是在该年创建了"企业通"，采用简化流程的方式，向年销售额低于200万美元的微型企业提供上限10万美元的超小额贷款。

4. 到目前，富国银行已成为美国小微企业贷款排名首位的银行，其在该领域所占的市场份额，超过了第二名（花旗）和第三名（摩根大通）的总和。其拥有全美第一的网上银行服务体系，一年能受理200万笔小微企业贷款。

二、富国银行的小微企业贷款产品介绍

小微企业贷款市场由该银行旗下的两家专门机构负责，它们各负责以下两个贷款产品线：

1. "企业通"（Business Direct）：贷款上限为10万美元；客户定位为年销售额<200万美元的微型企业；大部分贷款仅通过邮件、电话或分行柜台发放，连客户经理都没有；在贷款发放和账户监控中大量使用贷款评分，不使用纳税申报表或财务报表；通常无担保物。

2."小企业银行"(Business Banking):贷款上限为100万美元;客户定位为年销售额200万~2 000万美元的小型企业;贷款由训练有素的客户经理负责发放;贷款发放基于企业财务报表分析;通常需要提供担保物。

三、富国银行小微企业贷款的一些闪光点

1. 定位:富国银行是将95%的小微企业定位为个人(消费者)市场下的一个特殊细分市场,而不是"企业"客户。

2. 客户分布

(1) 按企业规模分。

大多数客户的企业规模都很小,其中:

年销售额<5万美元的企业	约170万家
5万~10万美元	约260万家
10万~20万美元	约220万家
20万~50万美元	约180万家
50万~100万美元	约70万家
100万~500万美元	约60万家
500万美元以上	约20万家

由上分布数据可见,年销售额100万美元以下的客户在数量上占绝大多数(90%以上),年销售额50万美元以下的在数量上也占85%。70%的企业只拥有5名及以下的员工。

(2) 按经营年限分。

经营了20年以上的企业	约350万家
12~20年	约420万家
10~12年	约100万家
10年以下	约110万家

由上经营年限客户分布数据可见,富国银行在挑选小微企业时,经营了10年以上的企业数量占了约90%。

3. 美国的小微企业贷款市场的历史表现

在美国,向小微企业提供小额贷款是一项庞大且仍然处于增长阶段的业务。以10万美元及以下的贷款额的历史发放情况来看,2005年以前8年的年复合增长率为13%,是美国GDP增长速度的3~4倍。

4. 放贷流程的重大改变

若继续采用传统的标准放贷程序来发放小额贷款的话,则小微企业贷款业务只有在很少一部分客户身上才能盈利。这主要是由于各种成本太高造成的。富国银行在1994年对小微企业贷款流程作出了重大改变后,使小微企业贷款业务的营利性大增,持续十多年都收到了良好的效果,并成功经受住了次贷危机的巨大考验。

放贷流程主要有如下改变:

传统流程　　　　　　　　　　　　　　　新流程

(1) 必须通过分行或贷款官员进行申请——只需通过邮件、电话或分行柜台进行申请

(2) 必须提供报税表、财务报表——无需提供这两表

（3）由人工对申请进行仔细审核——2/3 的申请实现了计算机自动化审核、批复
（4）需进行年度审核——无需定期审核，授信是"常青的"
（5）通常需要担保物——通常不需担保物
（6）在企业贷款系统中簿记——在个人贷款系统中簿记
（7）要求很低的贷款损失——因定价较高，可以允许较高的贷款损失

5. 记分卡

针对小微企业主申请贷款的记分卡，是富国银行用来审核该申请是否可以通过的决策依据。这个记分卡是一张计算机读卡（有点像中国的学生考试用的机读卡），上面记录有该企业、企业主的各种相关信息。其中典型的信息有：行业、经营年限、成为富国银行客户的年限、存款余额、营业收入区间、营业场所、企业主信用记录、企业主的金融资产和负债等。

在美国这样的信用社会中，记分卡及其后台的自动化系统的使用实现了银行对小微企业贷款申请的自动化审核批复，使小微企业贷款得以实现大规模工业化操作，从而在降低成本的前提下，大举提高了富国银行该业务的总量，并使其最终成功抓住了这一片蓝海。

6. 放贷后的管理

对每个客户进行持续的动态的风险评估，并采取必要措施以提高营利性。能达到这样的自动程度，得益于美国高度发达的个人信用记录网络体系。比如，每个月银行都从个人征信机构获取他的每个客户的 100 多条动态信息（如评分、用款、查询、账户数量、贷款余额等），再通过计算机程序根据这些信息自动作出判断，并根据得出的判断采取必要措施。比如"企业通"经常根据客户的风险行为（如经常性拖欠、超出额度）来提高价格，对表现良好的低风险客户降低利率，或提高贷款上限，逐步压低风险较高客户的贷款余额比重，增加低风险客户的贷款余额比例，甚至对某些进入黑名单的客户直接关闭账户。这样提高了总体安全性和盈利性。

7. 交叉销售

大量小微企业在成为富国银行贷款客户的过程中及以后，很多都与富国银行签了企业、个人的金融中间业务的合同，这样就实现了银行中间业务收入的长足进步，而这也是巴菲特看好富国银行的重要原因之一。

四、富国银行小微企业贷款的成功对我们的启示

小微企业贷款业务在大多数人（包括银行）心目中，是风险很高的地雷阵。而富国银行过去 15 年在该领域的实践表明，只要方法正确，这个别人眼中的地雷阵也可以变成自家治下巩固的根据地，成为塑造辉煌的前进堡垒。小微企业贷款业务按照传统模式操作无疑是高风险的，而在采取了符合实际的金融创新后，则变成了巴菲特的信里和价值投资者们口中低风险的化身。

中国与美国的差距可能很大，这既可以视为小微企业贷款的艰巨性，也可以看作它的巨大潜力。可以说，在中国的小微企业贷款领域里，同当年富国银行理念和行动最接近的银行将最有希望拥有和主宰这片蓝海领域。

第五节

贷款的质量评价

"三个办法一个指引"在沿袭商业银行传统贷后管理方式的同时，突出强调建立贷款质量监控制度和贷款风险预警体系、建立贷后动态监测和重估制度。合理的贷款质量评价，是银行稳健经营不可缺少的前提条件。贷款质量评价除了帮助识别贷款的内在风险以外，还有助于发现贷款管理、内部控制和信用文化中存在的问题，从而有利于银行改善贷款管理水平。

一、贷款风险分类与贷款损失准备提取

（一）贷款风险分类

1. 贷款风险分类的概念与标准

我国银行业在借鉴各国银行贷款质量评价方法的基础上，实行贷款五级分类的基本方法，该方法成为银行授信管理的重要组成部分。贷款五级分类是指银行贷款分析和管理人员、银行监管官员或其他有关人员，综合能够获得的全部信息，在判断借款人还款能力的基础上确定贷款的风险程度，以此将贷款划分为五类（亦称"五级分类"），即正常、关注、次级、可疑、损失。如表4-5所示。

正常：借款人能够履行合同，没有足够理由怀疑贷款本息不能按时足额偿还。

关注：尽管借款人目前有能力偿还贷款本息，但是存在一些可能对偿还贷款本息产生不利影响的因素。

次级：借款人的还款能力出现明显的问题，依靠其正常经营收入已无法保证足额偿还本息，即使执行担保，也可能会造成一定的损失。

可疑：借款人无法足额偿还本息，即使执行抵押或担保，也肯定要造成较大损失。

损失：在采取所有可能的措施和一切必要的法律程序之后，本息仍然无法收回，或只能收回极少部分。

其中次级、可疑、损失三类贷款通常总称为不良贷款。

表4-5 各类贷款的主要特征

正常	借款人有能力履行承诺，并且对贷款的本金和利息进行全额偿还。
关注	1. 净现金流减少； 2. 借款人销售收入、利润下降，或净值开始减少，或出现流动性不足的征兆； 3. 借款人的一些关键财务指标低于行业平均水平或有较大下降； 4. 借款人经营管理存在较严重的问题，借款人未按规定用途使用贷款；

续表

关注	5. 借款人的还款意愿差，不与银行积极合作； 6. 贷款的抵押品、质押品价值下降； 7. 银行对抵押品失去控制； 8. 银行对贷款缺乏有效的监督等。
次级	1. 借款人支付出现困难，并且难以按市场条件获得新的资金； 2. 借款人不能偿还对其他债权人的债务； 3. 借款人内部管理问题未解决，妨碍债务的及时足额清偿； 4. 借款人采取隐瞒事实等不正当手段套取贷款。
可疑	1. 借款人处于停产、半停产状态； 2. 固定资产贷款项目处于停缓状态； 3. 借款人已资不抵债； 4. 银行已诉诸法律来回收贷款； 5. 贷款经过了重组仍然逾期，或仍然不能正常归还本息，还款状况没有得到明显改善等。
损失	1. 借款人无力偿还，抵押品价值低于贷款额； 2. 抵押品价值不确定； 3. 借款人已彻底停止经营活动； 4. 固定资产贷款项目停止时间很长，复工无望等。

注：表中对各类特征只是做了提示性的归纳，在实际贷款的发放过程中，影响某些贷款偿还的特征可能远比列举的复杂。

在贷款实践中，各商业银行内部为加强贷款风险管理，真实、准确地反映贷款质量，在五级分类的基础上，进一步细化分类标准，实行10级、12级或更多级别的贷款分类方法。

2. 贷款分类程序

银行在对贷款进行分类以及判断借款人的某一笔贷款是正常贷款、关注类贷款还是不良贷款的过程中，通常要经过基本贷款分析、还款能力分析、还款可能性分析和确定分类结果四个步骤。

（1）基本贷款分析。在贷款分类过程中，银行首先要了解的就是贷款基本信息，其内容包括：

① 贷款目的分析。贷款目的即贷款用途，是判断贷款正常与否的最基本标志。贷款一旦被挪用，就意味着将产生更大的风险。在贷款分类中，挪用的贷款至少是关注类。如借款人申请的是一笔短期贷款，但是后来贷款被用作一块土地的先期付款，短期贷款变为长期使用，贷款被挪用，还款周期加大，贷款偿还可能性受到影响。

② 还款来源分析。还款来源是判断贷款偿还可能性的最明显标志，需要分析贷款时合同约定的还款来源及目前偿还贷款的资金来源。一般情况下，借款人的还款来源不外乎有现金流量、资产转换、资产销售、抵押物的清偿、重新筹资及担保人偿还等，由于这几种来源的稳定性和可变现性不同、成本费用不同，因此，风险程度也就不同。但通常正常经营所获得的资金（现金流量）是偿还债务最有保障的来源。依靠担保抵押或重新筹资，由于不确定因素较多和成本较高，风险也就较大。因此在分类

中，应判断借款人约定的还款来源的合理性及其风险程度。

③ 资产转换周期分析。从银行角度来讲，资产转换周期是银行贷款资金由金融资本转化为实物资本，再由实物资本转化为金融资本的过程。它包括两个方面的内容：一是生产转换周期；二是资本转换周期。

生产转换周期是指借款人用资金购买原材料、生产、销售到收回销售款的整个循环过程。借款人在购买原材料、生产和销售阶段需要现金流出；在销售和取得收入阶段获得现金流入。生产转换周期是以资金开始，以资金结束。由于资金流出和流入在时间上存在差异，就产生了借款需求。在某一时点，当资金流出大于资金流入而致使借款人自身资金不足以应付生产时，为持续经营，借款人就需要向银行申请贷款，这就是借款人贷款的原因。

资本转换周期是指借款人用资金进行固定资产的购置、使用和折旧的循环。资本转换周期是通过几个生产转换周期来完成的。借款人投入大量的资金用于购买生产设备，希望用生产期末所产生的利润来弥补投入设备的资金，如果借款人没有大量的资金可以投入购置生产设备，就无法支持生产周转，就无法生产出产品，借款人就会申明借款理由向银行申请贷款。

④ 还款记录分析。借款人的还款记录是记载其归还贷款行为的说明。它包括两个方面的内容：一是从贷款档案中直接反映借款人偿还该行贷款的能力，同时也是判断借款人还款意愿的重要依据。二是从贷款监测网络（电子档案）中反映借款人偿还其他银行及所有债务的能力。这一点不但使检查人员对借款人整个偿付能力有了一个总体的判断，而且通过借款人与其他贷款者往来关系的记录，可以总结偿还贷款的行为。即使借款人目前能够偿还该行贷款，但是不能偿还其他银行贷款，那么就说明借款人的偿还能力已经出现了问题，最终也会影响该行贷款的偿还。借款人还款记录分析从某种程度上反映了借款人的道德水准、资本实力、经营水平、担保能力和信用水平等。

（2）还款能力分析。贷款五级分类最核心的内容就是贷款偿还的可能性，而决定贷款是否能够得到偿还的主要因素是借款人的还款能力。对借款人进行财务分析是评估借款人还款能力的重要渠道，而借款人的还款能力一般又与其营利能力、营运能力、资本结构和现金净流量等密切相关，因此，在贷款分类中所进行的财务分析必须包括以下三个方面的内容：

① 财务报表分析。通过财务报表和数据的分析与预测，尤其是根据提供的连续三年的资产负债表和损益表，考察借款人过去和现在的收入水平、资产状况及其构成、所有者权益状况及构成、还款能力、盈利能力、财务趋势与盈利趋势等。

② 财务比率分析。衡量借款人短期还款能力指标有流动比率、速度比率和现金比率等；衡量借款人长期还款能力的指标主要有资产负债比率和产权比率等。

③ 现金流量分析。现金流量是偿还贷款的主要还款来源，还款能力的主要标志就是借款人的现金流量是否充足。在贷款分类中，分析借款人现金流量是否充足，其主要目的是分析借款人经营活动产生的现金流量是否足以偿还贷款本息，通过持续经营所获得的资金是偿还债务最有保障的来源。如果借款人在贷款约定时的还款来源发生了变化，即使目前偿还了部分贷款，该贷款也不能视为正常贷款。因此在考察现金流量时，需要编制现金流量表，对借款人的现金流量进行结构分析，判断其现金流量

是从经营活动、筹资，还是投资中得来的，从现金流量表中可以了解借款人在本期内各项业务活动中的收益情况。

判断贷款的最终偿还能力，还要观察连续各期的现金流量表，比较各期相关项目金额，分析某些指标增减变动情况，在此基础上判断其发展趋势，对未来可能出现的结果作出预测。

（3）还款可能性分析。一般情况下，还款可能性分析包括还款能力分析、担保状况分析和非财务因素分析。还款能力分析前面已经叙述，这里只介绍担保状况分析和非财务因素分析两个方面。

① 担保状况分析。银行设立抵押或保证的目的在于，明确规定在借款人不能履行还贷义务时，银行可以取得并变卖借款人的资产或取得保证人的承诺。如果借款人不能偿还贷款，银行可以依据抵押权或保证权追索债权。对贷款设定抵押或担保，可以使银行对借款人进行控制。担保是银行防止遭受损失的保障措施，是银行为保证贷款足够安全，在贷出资金周围设立的众多安全防护措施。

在担保的问题上，要从两方面加以考虑：一是法律方面，即担保的有效性。无论是抵押还是保证都必须具有法律效力，比如抵押和保证的合同必须是合法的，这样银行在处置抵押品和追索保证责任时才能得到有关法律的保护。土地、建筑物、机器设备等抵押品应由专门的评估机构进行价值的评估，评估要遵循法律程序，在变现抵押品时，使其具有不可撤销的法律效力，即抵押品应为债权的全部或部分清偿提供支持，并可为债权人所依法拥有。二是经济方面，即担保的充分性。在评估抵押品价值，并确定将其变现是否能获得足够的资金偿还贷款时，业务人员通常要通过对抵押品的分析来鉴别银行评价抵押品的有效性以及抵押品的市场价值。在分析抵押品变现能力和现值时，在有市场的情况下，按照市场价格定价，在没有市场的情况下，应参照同类抵押品的市场价格定价。担保也需要具有法律效力，并且是建立在担保人的财务实力以及愿意为一项贷款提供支持的基础之上。因此业务人员在分析抵押与担保时，要判断抵押与担保是否能够尽可能地消除或减少贷款风险损失的程度。

② 非财务因素分析。由于借款人的行业风险、管理能力、自然社会因素等非财务因素在很大程度上影响借款人未来的现金流量和财务状况，进而影响借款人的还款能力，而借款人的还款意愿和银行贷款管理又对贷款的最终偿还产生重大影响。因此在贷款分类中，需要对借款人的各种非财务因素进行分析，评价其对现金流量及其他财务指标的影响方向和影响程度，进而对借款人的还款能力作出更加全面、客观的预测和动态的评估，判断贷款偿还的可能性。

影响贷款偿还的非财务因素在内容和形式上都是复杂多样的，主要从借款人的行业风险、经营风险、管理风险、自然及社会因素和银行贷款管理等几个方面入手分析非财务因素对贷款偿还的影响程度。也可以从借款人行业的成本结构、成长期、产品的经济周期性和替代性、行业的营利性、经济技术环境的影响、对其他行业的依赖程度以及有关法律政策对该行业的影响程度等几个方面来分析借款人所处行业的基本状况和发展趋势，由此判断借款人的基本风险；还可以从借款人的经营规模、发展阶段、产品单一或多样、经营策略、市场份额等方面来分析判断借款人的总体特征，分析其产品情况和市场份额以及在采购、生产、销售等环节的风险因素，进而判断借款人的自身经营风险；以及从借款人的组织形式、企业文化特征、管理层素质和对风险的控制能力、经营管理作风等方面来考察借款人的管理风险，并且关注借款人遇到的一些经济纠纷及法律诉讼对贷款偿还的影响程度。

（4）确定分类结果。通过以上对各类因素的分析，银行可以在掌握大量信息的基础上对贷款偿还能力与偿还可能性进行分析与判断，因此，按照贷款风险分类的核心定义，比照各类别贷款的特征，银行就可以对贷款作出最终的分类结果。

（二）贷款损失准备及其提取

1. 贷款损失准备制度内容

《贷款损失准备计提指引》（银发〔2002〕98号）第八条规定，银行应以贷款风险分类为基础，建立审慎的贷款损失准备制度。内容包括：

（1）银行应建立贷款风险识别制度，按贷款风险分类的要求，定期对贷款进行分类，及时识别贷款风险，评估贷款的内在损失。

（2）银行应建立贷款损失准备的评估制度，在贷款分类的基础上，定期对贷款损失准备的充足性进行评估，及时计提贷款损失准备，使之与贷款的内在损失评估结果相适应，准确核算经营成果，增强抵御风险的能力。

（3）银行应建立贷款损失核销制度，及时对损失类贷款或贷款的损失部分进行核销。贷款损失的核销要建立严格的审核、审批制度，对于已核销损失类贷款，银行应继续保留对贷款的追索权。

2. 贷款损失准备的种类

银行应当按照谨慎会计原则，合理估计贷款可能发生的损失，及时计提贷款损失准备。贷款损失准备包括一般准备、专项准备和特种准备。

（1）一般准备是根据全部贷款余额的一定比例计提的、用于弥补尚未识别的可能性损失的准备。

（2）专项准备是指根据《贷款风险分类指导原则》，对贷款进行风险分类后，按每笔贷款损失的程度计提的用于弥补专项损失的准备。

（3）特种准备指针对某一国家、地区、行业或某一类贷款风险计提的准备。

3. 贷款损失准备计提

《贷款损失准备计提指引》第九条规定，贷款损失准备必须根据贷款的风险程度足额提取。损失准备提取不足的，不得进行税后利润分配。

（1）贷款损失准备的计提范围为承担风险和损失的资产，具体包括贷款（含抵押、质押、保证等贷款）、银行卡透支、贴现、银行承兑汇票垫款、信用证垫款、担保垫款、进出口押汇、拆出资金等。贷款损失准备由银行总行统一计提。外国银行在中华人民共和国境内设立的分行可由其总行统一计提一般准备，专项准备由分行分别计提。

（2）银行应按季计提一般准备，一般准备年末余额应不低于年末贷款余额的1%。银行提取的一般准备，在计算银行的资本充足率时，按《巴塞尔协议》的有关原则，纳入银行附属资本。

（3）银行可参照以下比例按季计提专项准备：对于关注类贷款，计提比例为2%；对于次级类贷款，计提比例为25%；对于可疑类贷款，计提比例为50%；对于损失类贷款，计提比例为100%。其中，次级和可疑类贷款的损失准备，计提比例可以上下浮动20%。

（4）特种准备由银行根据不同类别（如国别、行业）贷款的特殊风险情况、风险损失概率及历史经验，自行确定按季计提比例。

二、贷款资产质量监管

（一）贷款资产质量监管指标

贷款拨备率和不良贷款率、拨备覆盖率都是银行业重要的贷款资产质量监管指标，但它们的意义各不相同。

（1）贷款拨备率公式为：

贷款拨备率＝贷款损失准备/各项贷款余额×100%。

（2）拨备覆盖率是衡量商业银行贷款损失准备金计提是否充足的一个重要指标。拨备覆盖率是实际计提贷款损失准备与应计提贷款损失准备的比率，是银行的重要指标。这个指标考察的是银行财务是否稳健，风险是否可控。

拨备覆盖率＝贷款损失准备/（次级类贷款+可疑类贷款+损失类贷款）×100%

（3）不良贷款率指金融机构不良贷款占总贷款余额的比重。

不良贷款率＝（次级类贷款+可疑类贷款+损失类贷款）/各项贷款×100%
　　　　　＝贷款拨备率/拨备覆盖率×100%

（二）贷款资产质量监管

（1）中国银监会印发的《商业银行风险监管核心指标（试行）》（2005年12月31日）要求：① 不良资产率为不良资产与资产总额之比，不应高于4%。该项指标为一级指标，包括不良贷款率一个二级指标；不良贷款率为不良贷款与贷款总额之比，不应高于5%。② 准备金充足程度指标包括资产损失准备充足率和贷款损失准备充足率。资产损失准备充足率为一级指标，为信用风险资产实际计提准备与应提准备之比，不应低于100%；贷款损失准备充足率为贷款实际计提准备与应提准备之比，不应低于100%，属二级指标。

（2）《中国银监会关于中国银行业实施新监管标准的指导意见》（银监发〔2011〕44号）要求强化贷款损失准备监管：① 建立贷款拨备率和拨备覆盖率监管标准。贷款拨备率（贷款损失准备占贷款的比例）不低于2.5%，拨备覆盖率（贷款损失准备占不良贷款的比例）不低于150%，原则上按两者孰高的方法确定银行业金融机构贷款损失准备监管要求。② 建立动态调整贷款损失准备制度。监管部门将根据经济发展不同阶段、银行业金融机构贷款质量差异和盈利状况不同，对贷款损失准备监管要求进行动态化和差异化调整：经济上行期适度提高贷款损失准备要求，经济下行期则根据贷款核销情况适度调低；根据单家银行业金融机构的贷款质量和盈利能力，适度调整贷款损失准备要求。③ 过渡期安排。新标准自2012年1月1日开始实施，系统重要性银行应于2013年底前达标；对非系统重要性银行，监管部门将设定差异化的过渡期安排，并鼓励提前达标：盈利能力较强、贷款损失准备补提较少的银行业金融机构应在2016年底前达标；个别盈利能力较低、贷款损失准备补提较多的银行业金融机构应在2018年底前达标。

三、不良贷款处理

不良贷款是借款人未能按原定的贷款协议按时偿还商业银行的贷款本息，或者已有迹象表明借款人不可能按原定的贷款协议按时偿还商业银行的贷款本息而形成的贷款。在贷款五级分类制度中，不良贷款包括次级类、可疑类和损失类三类贷款。商业银行出现不良贷款后一般按照以下方式处置。

（一）现金清收

对于借款人尚存在一定的偿还能力，或是银行掌握部分第二还款来源时，银行可尝试通过催收、依法诉讼等手段进行现金清收。

1. 现金清收准备

现金清收准备主要包括债权维护及财产清查两个方面。资产保全人员至少要从以下三个方面认真维护债权：其一，妥善保管能够证明主债权和担保债权客观存在的档案材料，如借款合同、借据、担保合同、抵（质）押登记证明等；其二，确保主债权和担保权利具有强制执行效力，主要是确保不超过诉讼时效、保证责任期间，确保不超过生效判决的申请执行期限；其三，防止债务人逃废债务。

财产清查即清查债务人可供偿还债务的财产，对于清收效果影响很大。对于能够如实提供经过审计的财务报表的企业，财产清查相对容易一些。但是，债务人往往采取各种手段隐匿和转移资产。为了发现债务人财产线索，需要查找债务人的工商登记和纳税记录。有些债务人还没有完全停止经营活动，往往会采取各种手段包括互联网向其客户作正面宣传，例如营业收入和资产实力等，从债务人对自己的正面宣传中，能够发现一些有价值的财产线索。

2. 常规清收

根据是否诉诸法律，可以将清收划分为常规清收和依法收贷两种。常规清收包括直接追偿、协商处置抵质押物、委托第三方清收等方式。常规清收需要注意以下几点：其一，要分析债务人拖欠贷款的真正原因，判断债务人短期和中长期的清偿能力；其二，要利用政府和主管机关向债务人施加压力；其三，要从债务人今后发展需要银行支持的角度，引导债务人自愿还款；其四，要将依法收贷作为常规清收的后盾。

3. 依法收贷

采取常规清收的手段无效以后，要采取依法收贷的措施。依法收贷的步骤是：向人民法院提起诉讼（或者向仲裁机关申请仲裁），胜诉后向人民法院申请强制执行。胜诉后债务人自动履行的，则无须申请强制执行。在起诉前或者起诉后，为了防止债务人转移、隐匿财产，债权银行可以向人民法院申请财产保全。对于借贷关系清楚的案件，债权银行也可以不经起诉而直接向人民法院申请支付令。对于扭亏无望、无法清偿到期债务的企业，可考虑申请其破产。

（二）重组

对于借款人经营、管理或是财务状况等方面存在问题而形成的不良贷款，银行可尝试对借款人变更担保条件、调整还款期限、调整借款利率、减免贷款利息等进行恰当的重组，重新组合和安排借款要素，改善借款人财务状况，增强其偿债能力，使重组后的贷款能够降低银行的信用风险，从而改善银行的贷款质量。这需要银行付出更多的尽职调查资源，以确保重组方案的合法合规性，有效防范企业逃废银行债务。

（三）以资抵债

以资抵债是指因债务人（包括借款人和保证人）不能以货币资产足额偿付贷款本息时，银行根据有关法律、法规或与债务人签订以资抵债协议，取得债务人各种有效资产的处置权，以抵偿贷款本息的方式。它是依法保全银行贷款资产的一种特殊形式。

（四）呆账核销

对于通过各种方式均无法实现回收价值的不良贷款，银行应该在完善相关手续的前提下予以核销。

■ 本章小结

1. 企业贷款是指企业为了满足生产经营的需要，向银行或其他金融机构按照规定利率和期限借款的一种借款方式。贷款企业应该符合国家产业、行业政策，提供企业有效的营业执照、组织机构证、经营许可证等，向银行提交贷款申请。企业贷款业务是银行对企业提供的各种贷款和信用服务，涉及对象分布于各种行业，服务领域渗透到企业经营的各个环节，用途上可以是满足于日常营运周转，也可以是支持其固定资产投资。企业贷款业务数额巨大，贷款风险相对集中。因此，严格贷款条件，加强企业贷款风险管理，优化贷款资产结构，提高贷款资源的配置效率尤为重要。

2. 贷款政策是指导贷款决策行为的各项方针、措施的总和，是银行从事贷款业务的准则。根据政策制定主体不同，贷款政策可分为宏观贷款政策和微观贷款政策。

3. 贷款原则指银行在办理贷款业务时必须遵循的基本原则。它对于贷款投向、贷款条件和用途、贷款方式以及数额都起着作用。根据《商业银行法》和《贷款通则》确定为安全性、流动性、效益性"三性"原则。贷款新规的核心要义体现为明确了贷款的四条总体原则和七个基本原则。四条原则是依法合规、审慎经营、平等自愿和公平诚信，七个基本原则是指全流程管理原则、诚信申贷原则、协议承诺原则、贷放分控原则、实贷实付原则、贷后管理原则、罚则约束原则，其中全流程管理、协议承诺、实贷实付是其三大精髓。

4. 企业贷款的基本因素主要包括贷款对象、贷款产品、贷款金额、贷款期限、贷款价格、清偿计划、担保方式等。

5. 贷款定价是银行贷款经营的重要内容。贷款定价应该确保每笔贷款都是可盈利的，并可以充分补偿商业银行所承担的风险。随着许多国家对金融服务放松监管，很多商业银行从吸收存款和发放贷款中获得的利润率已经降低，使得商业银行比以前更需要为贷款制定合理的价格。

6. 贷款管理流程一般包括贷款申请、贷前调查、风险评价、贷款审批、签订合同、贷款发放、贷款支付和贷后管理八个环节。

7. 小微企业贷款是指企业为了生产经营的需要，向银行或其他金融机构按照规定利率和期限借款的一种借款方式。小微企业相异于大中型企业的经营特点，导致其对融资的需求独特，无论在融资额度、期限，还是在产品、效率等方面都有着自己的需求，亟须特色化、精细化、专业化的贷款服务。

8. "三个办法一个指引"在沿袭商业银行传统贷后管理方式的同时，突出强调建立贷款质量监控制度。合理的贷款质量评价，是银行稳健经营不可缺少的前提条件，也是及时发现不良贷款并及时处置的关键环节。贷款质量评价除了帮助识别贷款的内在风险以外，还有助于发现贷款管理、内部控制和信用文化中存在的问题，从而有利于银行改善贷款管理水平。

■ 重要名词术语

企业贷款 保证贷款 抵押贷款 质押贷款 流动资金贷款 贷款定价 小微企业 小微企业贷款 小微企业授信额度 贷款方式 贷款期限 抵押率 贷款资产质量 贷款拨备率 不良贷款率 拨备覆盖率 贷款重组 贷款五级分类

■ 复习思考

1. 借款人申请贷款要具备哪些条件？
2. 贷款新规的核心要义有哪些？
3. 贷款流程包括哪些环节？
4. 质押与抵押的区别有哪些？
5. 简述借款企业信用分析 6C 的内容。
6. 贷款定价有哪些方法？
7. 什么是小微企业？小微企业有哪些特点？
8. 简述小微企业贷款业务模式。
9. 小微企业贷款特点是什么？
10. 小微企业授信额度、方式和期限如何确定？
11. 贷款五级分类的基本内容是什么？
12. 什么是不良贷款？其成因有哪些？试述不良贷款的处置。

■ 本章实训

一、实训目的

1. 要求学生了解企业流动资金贷款调查过程，理解和掌握贷款调查的内容和方法。

2. 培养学生理论联系实际解决问题的能力。

二、实训内容

实训练习1：贷款面谈设计

某生产厂商（上市公司）申请贷款以购买原料，扩大经营规模，你将首先通过面谈获得这个企业贷款担保、还贷能力等方面的基本信息，面谈时你将提出哪些问题？如表4-6所示。

表4-6 贷款面谈经过和内容

时间	地点	调查人员	约见人员

经营者年龄超过50岁，叙述子女情况，如表4-7所示。

表4-7 法人及其家庭基本情况

姓名		年龄		职务		身份证号	
学历		婚否		从业年限		住址	
家庭成员简介	姓名	年龄	关系	职务		工作单位	

实训练习2：申请人基本情况调查

介绍公司注册地址、成立时间、发展过程；公司注册资本、主要股东和各自出资比例；公司主营业务；公司人数，经营班子，财务、技术、销售等重要部门管理者的基本情况；工人的主要来源和劳资、福利水平等。如表4-8所示。

表4-8 实际控制的关联公司情况

公司名称	注册资本	取得实际控制权方式（如有数据务必填写）	总资产（截止日期）	主业收入（注明期间）	净利润（注明期间）

实训练习3：外部调查设计

如果这是一位值得贷款的对象，你将调查了解借款人的信用状况。如表4-9所示。

表4-9 外部调查表

时间	地点	调查人员	调查对象或其他途径

调查的主要内容：

基本结论：

实训练习 4：现场调查设计，如表 4-10 所示。

表 4-10　现场调查设计表

1. 现场察看			
时间	调查人员	察看场所	调查重点
2. 现场谈话内容			
时间	调查人员		约见人员
与相关人员约谈的主要内容：			

实训练习 5：生产经营活动分析

企业生产经营过程描述与分析，如表 4-11 所示。

① 企业的生产工艺、技术装备水平及生产能力。

② 企业的投入产出情况，调查主要原材料名称、配比和原材料价格，人工费用，产出的主要产品和销售价格，即分析企业投入多少原料、需要多少成本、产出多少产品、形成多少销售，以分析企业毛利率和赢利空间。

③ 主要原料的供应渠道和供应商；主要产品的市场价格、销售渠道、主要销售市场和货款结算方式；分析企业市场地位、市场稳定性。

④ 分析企业的销售收入情况、利润的增长情况、毛利率变化情况等。

表 4-11　原料、销售产品情况表

采购产品	市场价格		年采购量	供应商	供应商关系
销售产品	出厂价	零售价	年销售量	分销商	分销商关系

三、实训组织

1. 指导教师布置实训项目，提出相关要求。

2. 学生可以 3~5 人自由组合，相互分工合作，以小组形式完成，并指定组长负责。

3. 要以 PPT 形式进行交流汇报。

■ 延伸阅读

1. 固定资产贷款管理暂行办法.

2. 流动资金贷款管理暂行办法.

3. 个人贷款管理暂行办法.

4. 项目融资业务指引（银监发〔2009〕71号）.

5. 中华人民共和国中小企业促进法（2002年，全国人大）.

6. 关于2010年进一步改进小企业金融服务有关工作的通知（2010年2月，银监会）.

7. 关于进一步做好中小企业金融服务工作的若干意见（2010年6月，一行三会）.

8. 《中国银保监会办公厅关于进一步做好信贷工作 提升服务实体经济质效的通知》.

9. 《关于2019年进一步提升小微企业金融服务质效的通知》.

第五章
个人贷款业务

章首引例

小王是一家银行的信贷工作者，上周接待了一位要求办理个人房产抵押贷款的客户。与他一番面谈之后，小王拒绝了他的贷款申请。

原来该客户张先生是经营保健品的个体工商户，年前在小王所在银行办理住房按揭贷款，目前房产仍处在抵押中，由于急需一笔资金周转，现在来到银行要求办理住房加按揭贷款。随后小王评估了他的房子，扣除剩余住房贷款余额，可以申请到一笔近50万元的加按揭贷款。但在与张先生交流到他的贷款偿还能力的时候，张先生说他可以开出银行需要的收入证明。原因是：公司是他自己开的，收入证明爱怎么开就怎么开。小王告诉他："银行要的不是一纸收入证明，银行更注重你的真实的还款能力。除了收入证明，你还得出具能证明你年收入状况的个人税收缴交证明，或者拥有的其他一些资产证明。"经过一番交谈，小王了解到原来张先生目前只有正在抵押的房产，没有其他任何银行存款，加之公司刚开业不久，也拿不出税务证明。基于张先生几乎就是准备空手套白狼的贷款申请，小王婉言拒绝了张先生。

张先生很不高兴地说："我有房子抵押，为什么不能贷款？什么叫个人贷款？你是不是看我是个打工的瞧不起我？"小王微笑着向他解释："不错，你是有房产抵押在银行，但银行不是拍卖行，银行贷款如果要靠处置您的房产来收回，那我的工作就证明很失败了，银行更注重您的个人资信以及您真实的还款能力，今天，您拿不出任何证明您还款能力的证据，那么我是拒绝您的。我也很理解您生意的困难，您要不再想想别的办法？"

这个案例表明银行在分析为什么有些客户不能贷到款时需要特定的知识与技巧。本章从个人贷款业务种类、特点和要素、个人贷款信用分析与定价、个人消费贷款和个人经营贷款等方面对商业银行个人贷款业务展开系统论述。

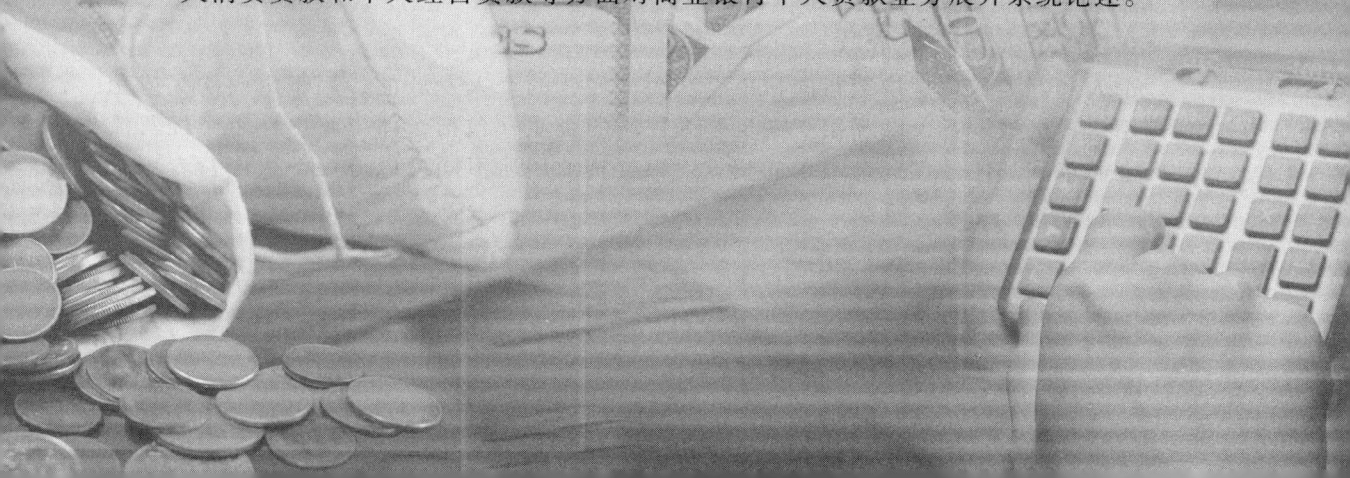

第一节 个人贷款业务概述

个人贷款是指银行业金融机构向符合条件的自然人发放的用于个人消费、生产经营等用途的本外币贷款，属于商业银行贷款业务的一部分。

一、个人贷款种类

根据贷款用途不同，个人贷款可分为个人住房贷款、个人综合消费贷款和个人经营类贷款等。

（一）个人住房贷款

个人住房贷款是指贷款人向借款人发放的用于购买住房的贷款。个人住房贷款在各国个人贷款业务中都是最主要的产品，在我国也是最早开办、规模最大的个人贷款产品。个人住房贷款包括自营性个人住房贷款、公积金个人住房贷款和个人住房组合贷款。

（二）个人综合消费贷款

个人综合消费贷款是借助商业银行的贷款支持，以借款人的信用及未来的购买力为贷款基础，按照银行的经营管理规定，对个人发放的用于家庭或个人购买消费品或支付其他与个人消费相关费用的贷款。内容包括：个人汽车贷款、个人教育贷款、个人耐用消费品贷款、个人消费额度贷款、个人旅游消费贷款、个人医疗贷款和信用卡贷款等。

（三）个人经营类贷款

个人经营类贷款是指银行向从事合法生产经营的个人发放的，用于定向购买或租赁商用房、机械设备，以及用于满足个人控制的企业（包括个体工商户）生产经营流动资金需求和其他合理资金需求的贷款。根据贷款用途不同可以分为个人经营专项贷款和个人经营流动资金贷款。

二、个人贷款特点

第一,高风险性。主要表现为:一是个人贷款的信息不对称情况较为严重,由于个人信息的获取成本较高,如果社会征信体系不健全,银行很难核实借款人提供信息的真伪,个人贷款客观上要承受更高的逆向选择和道德风险;二是个人贷款的还款来源的稳定性较差,个人贷款的还款来源主要是个人的人力资源收入和财产性收入,收入稳定性受到多种因素影响,如国内外经济形势、企业经营状况、资产价格、个人身体健康状况等,容易发生信用风险;三是个人贷款存在一定的利率风险,如市场利率下降,可能引发借款人提前还款,从而给银行的资产负债管理造成不利影响,使银行承担再投资风险。

第二,高收益性。一方面,个人贷款的高收益主要是由其高风险性决定的,由于个人贷款的风险比企业贷款高,银行在进行个人贷款定价时必然收取更高的风险溢价。另一方面,通过个人贷款的发放,银行除了获取利息收入外,还能够通过个人贷款业务带动中间业务发展,获得非利息收入,包括消费回佣收入、手续费收入和年费收入等。

第三,周期性。个人贷款的周期性体现为具有较高的经济周期敏感性。在经济扩张时期,居民对未来收入预期相对乐观,容易导致个人消费和投资需求增大,个人贷款规模膨胀;相反,在经济衰退时期,随着失业率上升、资产价格下降,个人贷款会显著收缩。

第四,利率不敏感性。除了个人经营类贷款,在其他类型的个人贷款中,借款人缺乏利率弹性,对利率不敏感。借款人的贷款需求主要取决于其受教育程度、收入水平、社会地位等因素,利率水平和利率变动通常不是借款人考虑的最重要因素。

三、个人贷款要素

个人贷款要素包括以下六个方面:

(一)贷款对象

个人贷款的对象仅限于自然人,而不包括法人。合格的个人贷款申请人必须是具有完全民事行为能力的自然人。

(二)贷款利率

个人贷款的利率按中国人民银行规定等执行,可根据贷款产品的特性,在一定的区间内浮动。一般来说,贷款期限在1年以内(含)的实行合同利率,遇法定利率调整不分段计息,执行原合同利率;贷款期限在1年以上的,合同期内遇法定利率调整时,可由借贷双方按商业原则确定,可在合同期间按月、按季、按年调整,也可采用固定利率的确定方式。

(三) 贷款期限

贷款期限是指从具体贷款产品发放到约定的最后还款或清偿的期限。不同的个人贷款产品的贷款期限也各不相同。如个人住房贷款的期限最长可达30年，而个人经营类贷款中，个别的流动资金贷款的期限仅为6个月。

经贷款人同意，个人贷款可以展期。1年以内（含）的个人贷款，展期期限累计不得超过原贷款期限；1年以上的个人贷款，展期期限累计与原贷款期限相加，不得超过该贷款品种规定的最长贷款期限。

(四) 还款方式

各商业银行的个人贷款产品有不同的还款方式可供借款人选择。如到期一次还本付息法、等额本息还款法、等额本金还款法等多种方法。

到期一次还本付息法，又称期末清偿法，指借款人需在贷款到期日还清贷款本息，利随本清。此种方式一般适用于期限在1年以内（含1年）的贷款。

等额本息还款法是指在贷款期内每月以相等的额度平均偿还贷款本息。每月还款额计算公式为：

$$每月还款额 = P \times \frac{R \times (1+R)^N}{(1+R)^N - 1}$$

式中：P 为贷款本金；

R 为月利率；

N 为还款期数（还款期数＝贷款年限×12）。

等额本金还款法是指在贷款期内每月等额偿还贷款本金，贷款利息随本金逐月递减。每月还款额计算公式如下：

每月还款额＝贷款本金÷贷款期月数＋（本金－已归还本金累计额）×月利率

(五) 担保方式

个人贷款可采用多种担保方式，主要有抵押担保、质押担保和保证担保三种担保方式。当一种方式不能足额担保时，贷款银行往往要求借款人组合使用不同的方式进行担保。

(六) 贷款额度

贷款额度是指银行向借款人提供的以货币计量的贷款数额。除了人民银行、银监会或国家其他有关部门有明确规定外，个人贷款的额度可以根据申请人所购财产价值提供的抵押担保、质押担保和保证担保的额度以及资信等情况确定。

商业银行一般按区域、品种、客户群等维度建立个人贷款风险限额管理制度。风险限额是指银行业金融机构根据外部经营环境、整体发展战略和风险管理水平，为反映整个机构组合层面风险，针对具体区域、行业、贷款品种及客户等设定的风险总量控制上限，是其在特定领域所愿意承担风险的最大限额。

知识专栏 5-1

中国人民银行 银监会关于加大对新消费领域金融支持的指导意见

中国人民银行上海总部，各分行、营业管理部，各省会（首府）城市中心支行，各副省级城市中心支行；各省、自治区、直辖市、计划单列市银监局；交易商协会；国家开发银行，各政策性银行、国有商业银行、股份制商业银行，中国邮政储蓄银行：

为贯彻落实《国务院关于积极发挥新消费引领作用 加快培育形成新供给新动力的指导意见》（国发〔2015〕66号），创新金融支持和服务方式，促进大力发展消费金融，更好地满足新消费重点领域的金融需求，发挥新消费引领作用，加快培育形成经济发展新供给新动力，经国务院同意，现提出如下意见：

一、积极培育和发展消费金融组织体系

（一）推动专业化消费金融组织发展。鼓励有条件的银行业金融机构围绕新消费领域，设立特色专营机构，完善环境设施、产品配置、金融服务、流程制度等配套机制，开发专属产品，提供专业性、一站式、综合化金融服务。推进消费金融公司设立常态化，鼓励消费金融公司拓展业务内容，针对细分市场提供特色服务。

（二）优化金融机构网点布局。鼓励银行业金融机构在批发市场、商贸中心、学校、景点等消费集中场所，通过新设或改造分支机构作为服务消费为主的特色网点，在财务资源、人力资源等方面给予适当倾斜。

二、加快推进消费信贷管理模式和产品创新

（三）优化消费信贷管理模式。鼓励银行业金融机构在风险可控并符合监管要求的前提下，探索运用互联网等技术手段开展远程客户授权，实现消费贷款线上申请、审批和放贷。优化绩效考核机制，突出整体考核，推行尽职免责制度。根据客户的信用等级、项目风险、综合效益和担保条件，通过贷款利率风险定价和浮动计息规则，合理确定消费贷款利率水平。

（四）加快消费信贷产品创新。鼓励银行业金融机构创新消费信贷抵质押模式，开发不同首付比例、期限和还款方式的信贷产品。推动消费信贷与互联网技术相结合，鼓励银行业金融机构运用大数据分析等技术，研发标准化网络小额信用贷款，推广"一次授信、循环使用"，打造自助式消费贷款平台。

（五）鼓励汽车金融公司业务产品创新。允许汽车金融公司在向消费者提供购车贷款（或融资租赁）的同时，根据消费者意愿提供附属于所购车辆的附加产品（如导航设备、外观贴膜、充电桩等物理附属设备以及车辆延长质保、车辆保险等无形附加产品和服务）的融资。汽车金融公司开展购车附加产品融资业务时，执行与汽车贷款一致的管理制度。

三、加大对新消费重点领域的金融支持

（六）支持养老家政健康消费。加快落实金融支持养老服务业发展的政策措施。在风险可控的前提下，探索养老服务机构土地使用权、房产、收费权等抵质押贷款的可行模式。加大创业担保贷款投放力度，支持社区小型家政、健康服务机构发展。

（七）支持信息和网络消费。大力发展专利权质押融资，支持可穿戴设备、智能家居等智能终端技术研发和推广。鼓励银行业金融机构与网络零售平台在小额消费领域开展合作,并在风险可控、权责明确的条件下,自主发放小额消费信贷。

(八)支持绿色消费。加快修订《汽车贷款管理办法》。经银监会批准经营个人汽车贷款业务的金融机构办理新能源汽车和二手车贷款的首付款比例,可分别在15%和30%最低要求基础上,根据自愿、审慎和风险可控原则自主决定。大力开展能效贷款和排污权、碳排放权抵质押贷款等绿色信贷业务。

(九)支持旅游休闲消费。探索开展旅游景区经营权和门票收入权质押贷款业务。推广旅游企业建设用地使用权抵押、林权抵押等贷款业务。

(十)支持教育文化体育消费。创新版权、商标权、收益权等抵质押贷款模式,积极满足文化创意企业融资需求。运用中长期固定资产贷款、银团贷款、政府和社会资本合作(PPP)模式等方式,支持影视院线、体育场馆、大专院校等公共基础设施建设。

(十一)支持农村消费。开展农村住房、家电、就学、生活服务等消费信贷产品创新。设计开发适合农村消费特点的信贷模式和服务方式。加大对农村电商平台发展的金融支持。鼓励引导金融机构建设多功能综合性农村金融服务站。

四、改善优化消费金融发展环境

(十二)拓宽消费金融机构多元化融资渠道。鼓励汽车金融公司、消费金融公司等发行金融债券,简化债券发行核准程序。鼓励符合条件的汽车金融公司、消费金融公司通过同业拆借市场补充流动性。大力发展个人汽车、消费、信用卡等零售类贷款信贷资产证券化,盘活信贷存量,扩大消费信贷规模,提升消费信贷供给能力。

(十三)改进支付服务。扩展银行卡消费服务功能。改善小城镇、农村集市、商业聚集区银行卡受理环境,提高用卡便捷度。促进移动支付、互联网支付等新兴支付方式规范发展。

(十四)维护金融消费者权益。引入社会征信机构或吸收社会资本成立独立的第三方机构,搭建消费信用信息平台,优化信用环境。加强金融消费者教育,完善金融消费纠纷受理处理机制。建立消费领域新产品、新业态、新模式的信贷风险识别、预警和防范机制,提升风险防控能力。

请人民银行上海总部、各分行、营业管理部、省会(首府)城市中心支行、副省级城市中心支行会同所在省(区、市)银监会派出机构将本意见迅速转发至辖区内相关机构,并结合辖区实际研究提出具体落实措施和工作部署,做好政策的贯彻实施工作,有关进展及时报告人民银行和银监会。

中国人民银行　银监会
2016年3月24日

第二节

个人贷款信用分析与定价

个人信用分析是根据借款人的基本信息和信用历史资料,利用特定方法得到不同等级的信用分数。贷款人据此分析客户按时还款的可能性，从而实现更加科学的产品定价，对"好"的客户采取更加优惠的利率政策，而对高风险客户采取高利率甚至拒绝其贷款申请的政策。

一、个人信用分析

（一）分析目的和分析内容

从信用分析的目的来看，个人信用分析与企业信用分析是完全相同的，主要有两个：一是分析借款人的还款意愿；二是分析借款人的还款能力。

从分析内容来看，企业信用分析的6C原则（品德Character、能力Capacity、资本Capital、担保Collateral、环境Condition、事业连续性Continuity）也同样适用于个人信用分析。所不同的是由于个人贷款金额小，客户数量大，除住房、汽车等部分抵押贷款外，大多数是信用贷款，还款来源依赖于个人收入，而个人收入从长期看是较为稳定的，因此，个人信用分析更侧重于借款人的品德，即个人消费贷款能否按期偿还更多地依赖于借款人的还款意愿。

（二）分析方法

国外商业银行个人信用分析主要采用两种方法：一是判断式；二是经验式。

1. 判断式

判断式信用分析方法，是通过对贷款申请人财务状况进行分析，也就是通过对贷款申请人的资产负债的分析，来判断贷款申请人的信用状况。个人财务报表是银行用来评价个人财务状况、确定个人信用高低的最有效的工具。除此之外，银行还可以从个人纳税申报表中了解贷款申请人的收入与支出。具体分析主要有以下内容：

（1）资产分析。由于贷款申请人的资产种类较多，银行受人、财、物的限制，既不可能也没必要对个人财务报表上所有资产都进行评估，应该按照如下四个原则来确定所需分析评估的资产范围：一是抵押原则，即贷款申请人的资产是否可以作为银行的抵押品，许多贷款申请人财产不能够充当合格的抵押品，应将其排除在外；二是变现原则，贷款申请人是否有计划将资产变现来偿还贷款；三是重要性原则，贷款申请人从资产获得的收入是否是其重要的收入来源；四是比重原则，某项资产占贷款申请人总资产的比重是否超过了10%，如果超过了，银行应将其视为重要资产而进行分析。

在进行贷款申请人资产分析时，需注意三方面的问题：① 价值和稳定性——作为贷款抵押品或担保品的资产价值，在贷款期间可能发生多大变化；② 流动性——资产是否有现成的市场，变现是否较容易；③ 所有权和控制权——贷款申请人是否拥有并控制着这些资产，贷款申请人对资产所有权是否真实。

资产分析的主要内容包括：

① 流动资产分析。流动资产具有较强的变现能力，是偿还贷款的重要来源。其内容包括以下几方面：一是现金，现金是最容易确定的资产，在将现金作为抵押品之前，贷款人员必须检查贷款人个人账户的平均余额，并确定该账户是否已被用作其他债务的抵押物而被留置；二是大额可转让存单，通过与存单发行机构联系，检查存单

的真实性；三是可转让证券，通常在个人财务报表中都单独列入借款人的每种可转让证券及其价值的表格，有股票和债券两类。

② 不动产分析。对不动产的审查主要有以下内容：一是不动产的所有权是否真正属于贷款申请人；二是确定不动产价值。

除了上述流动资产和不动产外，还有其他资产，如客户的应收账款、人寿保险单以及退休基金等，应根据上述四原则视情况加以分析。

（2）收入分析。对于经常性收入资料（包括工资和其他经常性收入），银行必须依赖于贷款申请人提供，但贷款申请人常常夸大其收入水平。银行进行收入分析的关键在于确定贷款申请人的所有收入来源，并通过纳税申请表、雇主咨询、资产所有权证等手段，核实收入金额的准确性及稳定性。

（3）负债分析。在分析贷款申请人的负债项目时，银行要特别注意审查以下几点：一是贷款申请人是否列出其所有负债；二是哪些负债有资产价值作担保；三是借款申请人是否存在或有负债，如对外担保等；四是是否存在未决诉讼；五是负债中有无拖欠。

负债分析的主要内容包括：

① 信用卡分析。分析的重点在于信用卡的贷款限额以及信用卡金额。较谨慎的贷款申请人在赊购商品时一般只使用2～3个信用卡，并按月及时还清，而缺乏谨慎态度的贷款申请人往往拥有较多的信用卡，并每月支付每张信用卡的最小限额。银行一定要分析贷款申请人所有信用卡用到最大限度时对客户财务状况的影响。

② 营业负债分析。重点考虑：贷款余额是多少？贷款何时到期？还款来源是什么？

③ 其他贷款和负债分析。银行要注意确定贷款申请人是否列出了其全部负债，如学费贷款、其他消费性贷款、偶然负债和或有负债，如贷款申请人是否对某些债务进行了担保，是否拖欠赡养费等。

（4）综合分析。将从贷款申请人的财务报表中获得的每项信息有机地组织起来，从而达到确定潜在的抵押品或还款来源、确定流动性负债、确定所有者权益、确定贷款申请人的速动比率和所有者权益比率，并将其作为最终发放贷款的依据。

综合分析首先通过调整后的资产负债表按资产流动性强弱排序，确定最容易变现的流动性资产或第二还款来源的资产，以及其他可变现资产。其次，通过对负债表调整，确定客户短期债务和下一年的债务，评估贷款申请人的现金流量。最后，计算出贷款申请人的速动比率和所有者权益与资产比率。

判断式信用分析的效果取决于贷款员估计借款人偿还债务能力和意愿的经验和洞察力。这种评估类似于工商业贷款信用评估，消费贷款贷款员必须了解借款人的特点、贷款用途、第一还款来源和第二还款来源。判断式信用分析有两个明显的不足：一是受信用分析人的主观意愿影响较大；二是烦琐费时。

2. 经验式

经验式信用分析也称消费信用的评分体系，即建立信用评价模型，赋予影响贷款申请人信用的各项因素以具体的分值，就是对贷款申请人各方面的情况进行量化，然后将这些分值的总和与预先规定的"接受—拒绝"临界分值比较，如果贷款申请人总分低于临界分值，则拒绝贷款申请。这是一种非常客观的信用分析方法，可以消除对贷款申请人的标准掌握的主观随意性。

1914年，David Durand对借款人贷款建立了他自己的评分标准，该标准被许多资信调查人员奉为经典。David Durand评分体系考虑以下9个因素，并据以对贷款申请人信用状况进行评分：① 年龄，一般年龄越大，评分越高，但有上限。20岁以后每年给0.01分，最高分为0.3分。② 性别，一般认为女性风险比较小，得分较高，给0.4分，男性给0分。③ 居住的稳定性，每年都居住在现住所的，给0.42分，最高分为0.42分。④ 职业，好职业给0.55分，坏职业给0分，其他给0.16分。⑤ 就业的产业，在公共行业、政府部门和银行给0.21分。⑥ 就业的稳定性，每年都工作在现在的部门给0.59分；⑦ 在银行有账户，给0.45分。⑧ 有不动产，给0.35分。⑨ 有生命保险，给0.19分。9项总计为2.12分。David Durand将临界分值定为1.25分。该评分系统为许多商业银行分析借款人信用提供了新思路，也为银行进行消费贷款决策提供了一种量化分析的新思路。众多商业银行纷纷效仿这种信用分析方法对贷款申请人进行信用分析。

信用评分的哲学基础是实用主义和经验主义，其目的是预测风险，而不是解释风险，基本理论是通过观察过去借款的大量人群能够识别影响贷款质量的财务、经济基础和动机等因素，也有助于在将来把优劣贷款区别开来。当然，其中含有可能接受的很小的错误风险。如果经济基础或其他因素发生剧烈变化，这一假定可能就是错的，所以，好的信用评分系统要经常重新测试和修改。

信用评分的发展经历了三个阶段：第一阶段，是以客户分类为核心的信用分析阶段。通过描述性统计学方法，如均值、方差、概率分布和探索性统计方法，利用聚类分析、因子分析和相关分析等对客户的未来表现进行初步评估和分类。这一方法在20世纪60年代是主流，这是由当时所具有的数据条件、分析技术和计算技术条件决定的。第二阶段，是以预测模型为核心的信用评分阶段。这是信用分析技术的重大突破。它通过对内部信息和外部信息进行深度挖掘，提炼出大量的反映借款人行为特征和信用能力的衍生变量，并运用先进的数理统计技术把各种信息变量进行综合，从而系统地对客户未来某方面的信用表现做出预测。这类模型在20世纪80年代推广应用。第三阶段，是以决策模型为核心的信用评分阶段。比预测模型更进一步，把决策的影响数量化，未来信用表现不仅是消费自身特征的函数，而且是决策的函数。决策模型分析技术在20世纪90年代中后期开始应用于个人贷款管理中。

信用评分系统是一种非常客观的评价方法，可以消除对贷款申请人的标准掌握的主观随意性。但是，信用评分体系需运用复杂统计工具，其信息收集和定期调整的成本昂贵。更重要的是信用评分系统缺点在于：一是统计数据采用历史值，可能完全不适用推测目前值；二是统计数据仅包括获得贷款的贷款申请人，不包括被拒绝贷款申请人，因此被拒绝的贷款申请人信用记录无法产生。

知识专栏5-2

中国人民银行：金融信用信息基础数据库已收录9.26亿自然人信息

新华社南昌6月20日电（记者 赖星）记者20日从中宣部、最高法在南昌召开的"推进诚信建设制度化 培育践行核心价值观"现场交流会上了解到，中国人民银行不断完善金融信用信息基础数据库，已收录9.26亿自然人信息，2 371万户企业和其他组织的相关信息。

近年来，一些个人或者组织诚信缺失问题严重，给人民群众财产造成重大损失，给社会诚信建设带来负面影响。为此，中国人民银行与各部门、各地方紧密合作，共同构建起守信联合激励和失信联合惩戒机制，推进各行业、各地方诚信建设。

中国人民银行征信管理局局长万存知介绍，为防范信用违约风险跨市场、跨行业、跨地域转移，中国人民银行不断完善金融信用信息基础数据库，实现了信用卡、贷款、信用担保、融资融券等金融领域负债信息的全覆盖。截至2017年5月底，累计3 000家机构接入数据库，收录了9.26亿自然人、2 371万户企业和其他组织的相关信息；2017年1月至5月，个人信用信息报告日均查询343万次，企业信用报告日均查询22万次。

此外，中国人民银行征信中心还与最高人民法院执行局签署了信息共享合作协议，将失信被执行人信息纳入征信系统，整合在信用记录中，以信用报告的形式向商业银行等接入机构提供查询。截至2017年5月底，个人征信系统中收录了353万人的近558万条法院信息，企业征信系统中收录了10万户企业的近49万条法院信息，成为银行等金融机构融资授信的重要参考。

资料来源：新华社，2017-06-20 21：33。

二、个人贷款定价

个人贷款定价，就是银行确定不同个人贷款产品的价格或利率水平。尽管个人贷款产品种类繁多，但其价格构成、定价原则、定价方法与企业贷款基本相同，在此不再赘述。

（一）影响因素

按照西方经济学的价格理论，影响个人贷款价格的主要因素是贷款资金的供求状况。具体说来，资金成本、借款人的信用水平、利率政策、借款人的保留余额和个人贷款的竞争程度都会影响贷款资金的供求。

1. 资金成本

商业银行的资金成本是指商业银行筹集资金所支付的费用，即吸收社会存款及经营管理的费用。商业银行主要的经营活动是吸收存款、发放贷款、赚取中间利差。因此，商业银行的资金成本越高，则个人贷款的定价越高，两者呈正相关关系。

2. 借款人的信用水平

借款人的信用水平包括借款人的偿还意愿和偿还能力。借款人信用水平越高，其信用风险越低，贷款的定价就越低，其贷款约束条款越少。反之，借款人信用水平低，商业银行要么拒绝其贷款申请，要么制定较高的贷款定价，以弥补信用风险的损失。

3. 利率政策

在个人贷款业务中，由于借贷双方所承担的利率风险不同，也为个人贷款定价提供了不同的策略。

（1）个人贷款利率的调整周期长短不同，对借贷双方而言所承担的风险也不同。个人贷款利率调整的周期越短，即实行完全浮动利率制，利率风险将全部由借款人承担，作为补偿贷款初始利率就应当定得较低；若利率调整的周期较长或实行固定利率制，那么利率风险则部分或全部转嫁给了银行，商业银行将利率定得较高以补偿利率风险可能给银行造成的损失。

（2）个人贷款利率调整幅度的限定对贷款定价的影响。对利率调整幅度的上限规定得越严格，利率可调整的幅度越小，商业银行可转嫁出去的利率风险就越小，自己承担的风险就越大，因而对个人贷款的定价就越高；相反，对利率调整幅度的上限规定得越宽松，利率可调整的幅度越大，则利率风险大部分将由借款人承担，作为对风险的补偿，商业银行对个人贷款利率的定价则越低。

（3）是否允许本金负摊也是个人贷款定价的影响因素之一。本金负摊是指本期的月还款额不足以偿还贷款的利息支出部分，或低于按市场利率变动应计的月还款额时，将其差额计入下一期的贷款余额中。当市场利率在短期内大幅度上升以至于对贷款利率每期调整幅度的限制发生作用时，允许本金负摊的个人贷款将按市场利率变动计算所得的每期应付贷款，与按合同调整上限规定计算所得的每期实付贷款二者间的差额计入期末贷款余额之中，作为借款人债务的一部分，将出现借款人负债总额随时间推移反而增加的现象。对于不允许本金负摊的消费贷款，每期应付贷款超过每期实负贷款的部分，不计入借款方下一期贷款负债，从而成为商业银行的损失。显然对不允许本金负摊的消费贷款，商业银行因承担了更多的风险而将个人贷款定以较高的贷款利率。

4. 借款人的保留余额

若借款人在申请贷款的商业银行存有数额较大的存款，或可提供用作抵押的存款数额较大，并且频繁地使用银行的各种服务，则说明该借款人是银行较稳定的客户，与银行的关系良好，则该借款人获得贷款的利率较低。

5. 个人贷款的竞争程度

当发放个人贷款的银行之间的竞争越激烈，银行的个人贷款的利率越低，甚至接近贷款成本，因为各银行都在扩大市场范围，增强其市场占有率。即使利率很低也要扩大其影响、增强市场竞争力。

（二）个人贷款利率的确定与计算

与企业贷款一样，个人贷款价格由贷款利率、承诺费、补偿余额和隐含价格构成，在追求利润最大化、扩大市场份额、保证贷款质量和维护市场形象的贷款定价原则指导下，银行以某种基准利率为起点，加上一定的风险升水和目标利润率，以确定借款人应承担的名义贷款利率。

同时，银行可以运用下文将要提到的各种定价方法来计算提供给借款人的实际贷款利率。

1. 对非个人住房贷款实际利率的计算

非个人住房贷款是对个人综合消费贷款和个人经营类贷款的统称。这类贷款具有借款人数众多、借款期限短、金额小的特点。在进行定价时，较流行的方法有年百分率法、单一利率法、贴现率法以及追加贷款率法等。

（1）年百分率法（Annual Percentage Rate，APR）。这一方法是在每月分期等额还款条件下，考虑借款人在整个贷款期内实际所能使用的贷款资金额，按年内平均贷款使用额计算的年利率。

例如，一个客户借入一笔期限为一年、金额为2 000美元的贷款，每月等额分期还款，名义利率为10%，预计有200美元的利息支出。但这笔贷款的真实利率不应是10%（或者200美元/2 000美元）。因为，由于每月分期等额还款，在一年的前一半时间中，这位客户有多于1 000美元的贷款可使用，但在后一半时间中，这位客户将只能少于1 000美元的贷款，直到第12个月末贷款余额达到零。因此，这笔贷款的真实利率应是：

$$\$200 \div [\$2\ 000 \div 2] = 20\%$$

在美国，联邦储备系统为贷款人员准备了可以将任何贷款利率转换为APR的利率表。很明显，这种转换对客户是有利的。因为，这能使客户将不同银行的贷款利率进行比较。

（2）单一利率法（Simple Interest）。它是考虑借款人能真正利用所借的贷款和分期等额还款的因素，根据不断减少的贷款余额计算利息额的方法。此方法也称余额递减法。

例如，某位客户申请一笔贷款，年利率为12%，金额2 000美元，分四次每季还款500美元，每季应付利息：

应付利息＝本金×利率×时间

第一季度：I ＝＄2 000×0.12×1/4 ＝＄60
第二季度：I ＝＄1 500×0.12×1/4 ＝＄45
第三季度：I ＝＄1 000×0.12×1/4 ＝＄30
第四季度：I ＝＄500×0.12×1/4 ＝＄15
应付利息总额＝＄60＋＄45＋＄30＋＄15＝＄150

应付款项（本利和）总额：
第一季度：＄500＋＄60 ＝＄560
第二季度：＄500＋＄45 ＝＄545
第三季度：＄500＋＄30 ＝＄530
第四季度：＄500＋＄15 ＝＄515
应付款项总额＝＄2 000＋＄150＝＄2 150

根据这种计算法，借款人每次等额还本，同时支付一部分利息，借款余额依次递减，利息也依次递减。很明显，单一利率法下，随着贷款接近到期日，客户节省了利息支出。

（3）贴现率法（Discount Rate Method）。这种方法适用于贴现方式发放的贷款，即在贷款一开始就要求客户预先支付利息的情况下，采用的计算利率的方法。在这种情况下，客户实际使用的贷款是减去了预先支付贴现利息后的余额。例如，贷款人员向一位客户发放一笔利率为12%的2 000美元的贷款。利息240美元（$2 000×0.12）从贷款中预先扣除，借款人有1 760美元（$2 000-$240）的可供使用的款项。但是，当贷款到期时，客户必须偿还全部的2 000美元。很明显，借款人的有效利率要高于12%的名义利率。其计算方法为：

$$贴现贷款利率 = 应付利息 \div 客户收到的贷款余额$$
$$= \$240 \div \$1\,760 = 13.6\%$$

（4）追加贷款率法（Add-on Method）。这是一种古老的贷款利率计算方法，也称加息平均法。它先按借款的金额、利率、期限计算出利息的金额，加上本金，然后按偿还的次数计算出平均每期应支付的利率。例如，银行对某客户发放一笔2 000美元的贷款，贷款利率为12%，12个月等额分期还款。

$$客户应付利息额 = \$2\,000 \times 0.12 = \$240$$
$$客户应付总额 = \$240 + \$2\,000 = \$2\,240$$
$$每月支付额 = \$2\,240 \div 12（个月）= \$186.67$$

因为借款人在全年平均获贷款1 000美元（$2 000÷2），因此，该笔贷款的实际利率为：

$$实际贷款利率 = 应付利息 \div 年平均贷款额$$
$$= \$240 \div \$1\,000 = 24\%$$

很明显，客户所承担的实际贷款利率要比报价（名义利率）高得多。

（5）78s条款（Rule of 78s）法。这是一个由经验得来的法则，它实际上是提前偿还贷款的利率计算，即当借款人使用按月分期偿付的贷款，银行允许其提前归还贷款，借款人并由此获得利息回扣时，所采用的一种利率计算方法。这种计算采用1+2+3+…+11+12=78这个经验法则（在美国称为78s条款），将借款人偿还贷款的剩余月份相加之和除以78，求得借款人因提前还贷获取的与贷款相关的利息费用的回扣率。

例如，某客户获得一笔1 000美元的贷款，12个月分期还款，期限一年。该客户有能力在9个月后还清全部贷款，这位客户将可以获得银行返还的贷款利息回扣率为：

$$提前还贷的利息回扣率 = 提前还贷所剩月份之和 \div 78 \times 100\%$$
$$=（1+2+3）\div 78 \times 100\% = 7.69\%$$

相应贷款银行仍保留92.31%的利息索取权。

（6）补偿存款余额（Compensating Deposit Balance）法。对客户发放贷款后，许多银行常要求借款人在其存款账户中保留一个百分比的贷款额，即补偿存款余额，这样借款人实际使用的贷款金额是减去这部分补偿余额后的金额。由此，借款人实际承担的贷款利息，要高于银行对其报价的贷款利率。

例如，一笔1 000美元的贷款，年利率8%，期限一年，银行要求客户保留10%的补偿存款余额。那么，该贷款的实际利率是：

$$补偿存款余额的贷款实际利率 = 贷款应付利息 \div（借款总额 - 补偿存款余额）$$
$$= \$80 \div（\$1\,000 - \$100）= 8.89\%$$

（7）浮动利率法。在发放浮动利率消费贷款时，其契约价格通常与某一基准利率（如优惠贷款利率或国库券利率等）挂钩，在分期还款中，依据契约制定的利率调整期（如 3 个月或 6 个月或 1 年）随着基准利率的变动每到一个利率调整期，贷款利率相应调整，在调整期内利率不动。

例如，1995 年 3 月，大多数美国大型银行的基准贷款利率为 9%，一位申请度假贷款或医疗费用贷款的客户，当时可能收到的银行贷款报价是：

$$浮动利率消费贷款利率 = 基准利率 + 风险升水 = 9\% + 4\% = 13\%$$

如果该贷款每 3 个月为一个利率调整期，借款人申请的贷款为 6 个月，又假设在第 3 个月后，基准利率上升至 10%，那么，该贷款后 3 个月的利率为：

$$浮动利率消费贷款利率 = 10\% + 4\% = 14\%$$

如果银行对这位客户发放了这笔为期 6 个月的贷款，那么这位借款人在前 3 个月要支付 13% 的利息，而后 3 个月则应支付 14% 的利息。

2. 对个人住房贷款实际利率的计算

为了规避利率风险，个人住房贷款大多实行可调整利率，尽管低风险偏好的客户可以选择固定利率贷款，但可调整利率贷款的利率往往比固定利率贷款低得多，而且许多银行开始对可调整利率抵押贷款设定了利率上限。比如，银行可能许诺不论利率体系中的其他利率上涨到多高，任何一年不会将贷款利率提高到两个百分点以上，或者不会在整个贷款期内提高到五个百分点以上。不论是固定利率抵押贷款还是可调整利率抵押贷款，银行贷款人员必须确定并告知客户初始贷款利率是多少，以便确定每月的支付额。

（1）固定利率抵押贷款（Fixed-Rate Mortgages，FRMs）的定价。设 P 为贷款本金，R 为月利率，N 为还款期数（还款期数 = 贷款年限 × 12）。

例如，某位客户申请一笔 25 年期、50 000 美元、年利率 12% 的住宅抵押贷款。其每月支付额计算如下：

$$每月支付额 = \$50\,000 \times [0.12/12 \times (1+0.12/12)^{(25 \times 12)}] / [(1+0.12/12)^{(25 \times 12)} - 1]$$
$$= \$526.61$$

于是，在固定利率抵押贷款下，这位客户需在 5 年内每月支付 526.61 美元，则：

$$整个贷款期支付总额 = 每月支付额 \times 贷款年数 \times 12 \text{ 个月}$$
$$= \$526.61 \times 25 \times 12$$
$$= \$157\,983$$

$$整个贷款期支付利息总额 = 支付总额 - 贷款本金$$
$$= \$157\,983 - \$50\,000 = \$107\,983$$

由于包含在个人住房贷款每月付款中的财产税、住宅保险以及其他费用不断变化，固定利率抵押贷款真正月支付每年都有一些不同。在实际操作中，贷款人员通常运用更简便的方法计算住房抵押贷款的每月支付额，即使用年百分率（APR）表。只要在 APR 表第一行项目栏中，查找相应的支付次数和利率，就可以查到每 100 美元融资的财务费用，以此计算出客户每月支付的利息额：

假设支付 300 期（=25×12）的每 100 美元贷款对应的利息费用为 215.97 美元，那么 50 000 美元贷款的利息总额为：

$$贷款利息总额 = \$50\,000 / \$100 \times \$215.97 = \$107\,985$$
$$贷款的月支付额 = (总融资费用 + 贷款) / 支付次数$$
$$= (\$107\,985 + \$50\,000) / 300 = \$526.62$$

由结果可知，用此种简单方法计算出的每月支付额与上面的方法基本相同。

（2）可调整利率抵押贷款（ARMs）的定价。浮动利率（可调整利率）抵押贷款在初始期或调整期内利率不变，与固定利率抵押贷款的利率计算相同，不同之处在于可调整利率抵押贷款在一个初始期或调整期后，利率可能要发生变动。

例如，银行对某位客户发放了一笔50 000美元的可调整利率的住宅抵押贷款，贷款期限25年，初始贷款利率12%，分12个月等额支付，利率调整期为一年。这样，第一年该客户的贷款月支付额同前面的固定利率贷款一样，也是每月支付526.61美元。但是，假定一年以后，抵押贷款利率上升到13%，这时该客户在第二年贷款的每月支付额的计算为：

每月支付 $= 49\,663 \times [0.13/12 \times (1+0.13/12)^{(24 \times 12)}] / [(1+0.13/12)^{(24 \times 12)} - 1]$
$= \$563.31$

这个例子是假设贷款在第13个月支付的初始时升为13%。这里应注意的是，在一年后，经12个月的支付，在第13个月贷款本金已从50 000美元降至49 663美元。虽然经全年的支付，贷款本金却只减少了一小部分，这是因为在抵押贷款初期，大部分的支付是利息费用而非本金。在贷款人员决定是否接受客户申请一笔可调整利率的房地产抵押贷款时，必须考虑贷款期间利率上升的可能性，以及在利率上升后客户偿付能力的变化，客户是否有足够的未来收入以应付可调节利率贷款的变化。

（3）消费抵押贷款首付费情况下的定价。银行发放住宅抵押贷款，常常在签订协议时要求借款人在一开始就支付一笔额外的费用，这称为首付费（Points）。首付费是住宅抵押贷款额的一个特定百分率。首付费对借款人来说，减少了实际使用贷款的数额，提高了住宅抵押贷款的实际利率。其对借款人的影响与前面所述的补偿存款余额是相同的，因此，首付费情况下实际利率的计算方法，也与补偿余额的利率计算一样。

例如，银行对某位客户发放一笔100 000美元的住宅抵押贷款，期限20年，利率7%，首付费率2%。这笔贷款的首付费为2 000美元，那么该笔贷款的实际利率计算为：

贷款的实际利率 $= (\$7\,000 + \$2\,000 \div 20) \div (\$100\,000 - \$2\,000) = 7.24\%$

通过要求客户支付一笔超过他的住宅贷款应付利息的额外款项，一家银行可以赚取比对借款人报价要高的实际贷款利率。

第三节

个人消费贷款

一、个人住房贷款

个人住房贷款是指向借款人发放的用于购买、建造和大修理各类型住房的贷款。

国内个人住房贷款萌芽于改革开放初期，源于城市住宅制度的改革。1980年，在全国城市房屋住宅工作会议上，住房商品化作为今后的工作设想被提了出来，同时提出了购房可分期付款的思路。1997年，中国人民银行先后颁布了《个人住房担保贷款管理试行办法》等一系列关于个人住房贷款的制度办法，标志着国内住房贷款业务的正式全面启动。此后，各商业银行陆续开办了此项业务。1998年以来，我国个人住房贷款规模迅速增长，到2013年末，我国个人住房贷款余额已达到9万亿元，比1997年末增长了474倍，占全部国内商业银行人民币贷款余额的12.9%。

（一）个人住房贷款的种类

按照资金来源划分，个人住房贷款包括自营性个人住房贷款、公积金个人住房贷款和个人住房组合贷款。

自营性个人住房贷款，也称商业性个人住房贷款，是指银行运用贷款资金向在城镇购买、建造或大修理各类型住房的个人发放的贷款。

公积金个人住房贷款，也称委托性住房公积金贷款，是指由各地住房公积金管理中心运用个人及其所在单位所缴纳的住房公积金，委托商业银行向购买、建造、翻建或大修自住住房的住房公积金缴存人以及在职期间缴存住房公积金的离退休职工发放的专项住房贷款。该贷款不以营利为目的，实行"低进低出"的利率政策，带有较强的政策性，贷款额度受到限制。因此，它是一种政策性个人住房贷款。

个人住房组合贷款，是指按时足额缴存住房公积金的职工在购买、建造或大修住房时，可以同时申请公积金个人住房贷款和自营性个人住房贷款，从而形成特定的个人住房贷款组合。

（二）个人住房贷款的特点

个人住房贷款与其他个人贷款相比，具有以下特点：

第一，贷款金额大、期限长。购房支出通常是家庭支出的主要部分，住房贷款也普遍占家庭负债的较大份额，因此，个人住房贷款相对其他个人贷款而言金额较大，期限也较长，通常为10~20年，最长可达30年。

第二，以抵押为前提建立的借贷关系。个人住房贷款的实质是一种融资关系而不是商品买卖关系。对于个人住房贷款的借方而言，其目的是通过借款融资而取得购买住房的资金，实现对住房的拥有，而不是出售作为抵押物的住房；对于个人住房贷款的贷方而言，其取得该住房抵押权的目的并不是实际占有住房，而是在贷出资金未能按期收回时，作为一种追偿贷款本息的保障。因此，住房抵押贷款情形下，借款人或第三人不转移对抵押财产的占有。

第三，风险因素类似，风险具有系统性特点。由于个人住房贷款大多数为房产抵押担保贷款，因此风险相对较低。但由于大多数个人住房贷款具有类似的贷款模式，系统性风险也相对集中。除了客户还款能力和还款意愿等方面的因素外，房地产交易市场的稳定性和规范性对个人住房贷款风险的影响也较大。

（三）个人住房贷款的要素

个人住房贷款的要素和其他种类贷款一样，包括贷款对象、贷款利率、贷款期限、还款方式、担保方式和贷款额度的设定。

我国商业银行要求个人住房贷款的对象在满足基本条件之外,有合法有效的购买(建造、大修)住房的合同、协议、符合规定的首付款证明材料及贷款银行要求提供的其他证明文件;有贷款银行认可的资产进行抵押或质押,或有足够代偿能力的法人、其他经济组织或自然人作为保证人。

个人住房贷款的利率按商业性贷款利率执行,上限放开,实行下限管理。按照国发〔2010〕10号文,对贷款购买第二套住房的家庭,贷款利率不得低于基准利率的1.1倍;对贷款购买第三套及以上住房的,贷款利率应大幅度提高,具体由商业银行根据风险管理原则自主确定。

个人住房贷款期限的影响因素包括:法律规定的承担民事责任的年龄、住房的土地使用期限、影响房屋质量的房龄、住房贷款用途。通常来说,银行要求个人住房贷款申请人的年龄+贷款年限≤65年;居住性住房的最长贷款期限为30年;商用房的贷款期限不超过10年;别墅的最长贷款期限为15年。

个人住房贷款可采取多种还款方式进行还款。一般来说,贷款期限在1年以内(含1年)的,借款人可采取一次还本付息法,在贷款到期日前一次性还清贷款本息。贷款期限在1年以上的,可采用等额本息还款法和等额本金还款法等。借款人可以根据需要选择还款方法,但一笔借款合同只能选择一种还款方法,贷款合同签订后,未经贷款银行同意,不得更改还款方式。

在个人住房贷款业务中,采取的担保方式以抵押担保为主,抵押的财产必须符合《担保法》的法定条件。借款人以所购住房作抵押的,银行通常要求将住房价值全额用于贷款抵押;若以贷款银行认可的其他财产作抵押的,银行往往规定其贷款额度不得超过抵押物价值的一定比例。在房屋未实现抵押登记前,普遍采取抵押加阶段性保证的方式。在一手房贷款中,一般由开发商承担阶段性保证责任,而在二手房贷款中,一般由中介机构或担保机构承担阶段性保证的责任。借款人、抵押人、保证人应同时与贷款银行签订抵押加阶段性保证借款合同。在所抵押的住房取得房屋所有权证并办妥抵押登记后,根据合同约定,抵押加阶段性保证人不再履行保证责任。

贷款额度方面,对购买首套自住房且套型建筑面积在90平方米以下的,贷款的发放额度一般是按拟购(建造、大修)住房价格扣除其不低于价款20%的首期付款后的数量来确定。按照国发〔2010〕10号文,对购买首套自住房且套型建筑面积在90平方米以上的家庭(包括借款人、配偶及未成年子女,下同),贷款首付款比例不得低于30%;对贷款购买第二套住房的家庭,贷款首付款比例不得低于50%;对贷款购买第三套及以上住房的,贷款首付款比例应大幅度提高,具体由商业银行根据风险管理原则自主确定。

案例

星海花园个人住房贷款

户主甲(丈夫)月基本工资5 000元,妻子乙月工资4 000元,属于稳定的正常职工收入,并且甲、乙每月都会有1 000~2 000元的奖金。甲、乙两人已经结婚十年，都在 A 大学工作，从事教学工作，是十分稳定的职业。两人目前靠学校提供的公寓居住生活，存款额已达到 35 万元（含有父母存款），并且已经有了小孩（五岁），还有两位老人需要赡养，因此甲、乙两人决定购买商品房。扣除每个月的基本生活需要 3 000 元与弹性的生活需要 2 000 元，预计两人一共的月还款能力在 5 000 元左右。鉴于首付的金额已经达到基本要求，二人决定买房，还款期限在 20 年以内。

由于甲、乙两人均在 A 大学从事教育工作，小孩已经年满 5 岁，需要上小学，并且考虑到小孩要去 A 大学附属小学以及将来可能去 A 大学附属中学上学，因此，决定在 A 大学附近购房。二人最后决定，在地理位置优越、符合自己品位的星海花园购买房子。

考虑到两人收入的稳定性和两位老人以及小孩的因素，最后选定了星海花园 10 楼的一套房子。建筑面积 174.85 平方米，套内使用面积 140.39 平方米。内设主卧室、卧室 1（供父母居住）、卧室 2（供小孩居住）、客厅、餐厅、厨房、两个方向的阳台、两个卫生间。因此，可以满足家人以及自己的需求。

本套住房在 10 楼，属于中层，价格为 5 020 元/平方米。由于两人有稳定的收入，属于优质客户，可以打 99 折，因此最后的房款总金额为 868 970（5 020×174.85×0.99）元。

此外，贷款费用 185 元，包括公证费 100 元、抵押登记费 80 元、印花税票 5 元；物业方面代收的费用为 3 050 元，其中包括煤气管道初装费用 2 650 元、有线电视费用 400 元；其他的办证费用 53 615 元。这些杂费合计为 56 850 元。

银行贷款的首付比例不少于购房总金额的 30%，而购房总金额 868 970 元，三成为 260 691 元，接近于 268 970（868 970－600 000）元，因此最后的首付金额定为 268 970 元，占购房总金额的 30.952 7%。再加上杂费合计的 56 850 元，首次需要花费的总金额为 325 820 元。住户甲、乙两人存款额已经达到 35 万元，是完全可以负担得起的。最后的贷款金额为 600 000 元。下面将对个人住房贷款的方法进行详细介绍与分析，以选择对甲、乙最有利的且最合适甲、乙两人的贷款方式。

根据《中国人民银行个人住房贷款管理办法》第 12 条规定，用信贷资金发放的个人住房贷款利率按法定贷款利率（不含浮动）减档执行。即贷款期限为 1 年期以下（含 1 年）的，执行半年以下（含半年）法定贷款利率；期限为 1 至 3 年（含 3 年）的，执行 6 个月至 1 年期（含 1 年）法定贷款利率；期限为 3 至 5 年（含 5 年）的，执行 1 至 3 年期（含 3 年）法定贷款利率；期限为 5 至 10 年（含 10 年）的，执行 3 年至 5 年（含 5 年）法定贷款利率；期限为 10 年以上的，在 3 至 5 年（含 5 年）法定贷款利率基础上适当上浮，上浮幅度最高不得超过 5%。

具体还款方式如表 5-1 所示。

表 5-1　还款额的确定

期限（年）	期限（月）	月利率（‰）	年利率（%）	月还款额（元）	本息总额（元）	总利息（元）
1	12	5.000	6.00	51 639.86	619 678.29	19 678.29
2	24	5.125	6.15	26 632.94	639 190.52	39 190.52
3	36	5.125	6.15	18 293.97	658 582.90	58 582.90
4	48	5.333	6.40	14 201.32	681 663.13	81 663.13
5	60	5.333	6.40	11 711.61	702 696.33	102 696.33

续表

期限（年）	期限（月）	月利率（‰）	年利率（%）	月还款额（元）	本息总额（元）	总利息（元）
6	72	5.458	6.55	10 100.25	727 217.82	127 217.82
7	84	5.458	6.55	8 924.19	749 632.20	149 632.20
8	96	5.458	6.55	8 046.52	772 465.57	172 465.57
9	108	5.458	6.55	7 367.73	795 715.28	195 715.28
10	120	5.458	6.55	6 828.15	819 378.32	219 378.32
11	132	5.458	6.55	6 389.78	843 451.40	243 451.40
12	144	5.458	6.55	6 027.30	867 930.89	267 930.89
13	156	5.458	6.55	5 723.16	892 812.85	292 812.85
14	168	5.458	6.55	5 464.84	918 093.08	318 093.08
15	180	5.458	6.55	5 243.15	943 767.08	343 767.08
16	192	5.458	6.55	5 051.20	969 830.08	369 830.08
17	204	5.458	6.55	4 883.71	996 277.07	396 277.07
18	216	5.458	6.55	4 736.59	1 023 102.81	423 102.81
19	228	5.458	6.55	4 606.59	1 050 301.80	450 301.80
20	240	5.458	6.55	4 491.12	1 077 868.36	477 868.36
21	252	5.458	6.55	4 388.08	1 105 796.61	505 796.61
22	264	5.458	6.55	4 295.76	1 134 080.47	534 080.47
23	276	5.458	6.55	4 212.73	1 162 713.71	562 713.71
24	288	5.458	6.55	4 137.81	1 191 689.95	591 689.95
25	300	5.458	6.55	4 070.01	1 221 002.66	621 002.66
26	312	5.458	6.55	4 008.48	1 250 645.20	650 645.20
27	324	5.458	6.55	3 952.50	1 280 610.81	680 610.81
28	336	5.458	6.55	3 901.47	1 310 892.65	710 892.65
29	348	5.458	6.55	3 854.84	1 341 483.81	741 483.81
30	360	5.458	6.55	3 812.16	1 372 377.29	772 377.29

从表5-1中可以看到，由于预计两人一共的月还款能力在5 000元左右，理想的还款年限为16年，则月还款额为5 051.20元，本息总额为969 830元，利息总计369 830元。

（四）个人住房贷款的操作流程

个人贷款业务操作流程包括贷款的营销受理、贷款调查、贷款审批、贷款发放和贷后管理五个环节。现就个人住房贷款业务在各环节中的特殊操作展开说明。

1. 营销受理

银行通过现场咨询、窗口咨询、电话银行、网上银行、业务宣传手册等渠道和方式，向拟申请个人住房贷款的个人提供有关信息咨询服务。

贷款受理人应要求借款申请人以书面形式提出个人贷款申请，并按要求提交能证明其符合贷款条件的相关申请材料。对于有共同申请人的，应同时要求共同申请人提交有关申请材料。贷款受理人对材料进行初审，如材料不完整、不规范，应要求申请人补齐或重新提交；如果不予受理，应退回贷款申请并向申请人说明原因。经初审符合要求后，贷款受理人应将借款申请书及申请材料交由贷前调查人进行贷前调查。

2. 贷款调查

贷款人受理借款人申请后，进行贷前调查，并形成贷前调查报告。具体内容包括：

（1）对开发商资信的审查、项目本身的审查以及对项目的实地考察。在此基础上由贷款人员撰写项目调查报告，包括以下内容：① 开发商的企业概况、资信状况；② 开发商要求合作的项目情况、资金到位情况、工程进度情况、市场销售前景；③ 通过商品房销售贷款的合作可给银行带来的效益和风险分析，即银行通过与开发商进行商品房销售合作，将对负债业务、资产业务、中间业务等各类业务带来哪些效益和风险；④ 项目合作的可行性结论以及对可提供个人住房贷款的规模、相应年限及贷款成数提出建议。

（2）对借款人的申请材料、身份证明、信用情况、偿还能力、首付款证明、购房合同或协议、担保材料、贷款真实性进行调查。由贷前调查人对调查结果进行整理、分析，填写《个人住房贷款调查审批表》，提出是否同意贷款的明确意见及贷款额度、贷款期限、贷款利率、担保方式、还款方式、划款方式等方面的建议，并形成对借款申请人还款能力、还款意愿、担保情况以及其他情况等方面的调查意见，连同申请资料等一并送交贷款审核人员进行贷款审核。

3. 贷款审批

贷款审查人负责对借款申请人提交的材料进行合规性审查，对贷前调查人提交的《个人住房贷款调查审批表》、面谈记录以及贷前调查的内容是否完整进行审查。审查完毕后，应对贷前调查人提出的调查意见和贷款建议是否合理、合规等在《个人住房贷款调查审查表》上签署审查意见，连同申请材料、面谈记录等一并送交贷款审批人进行审批。

贷款审批人依据银行各类个人住房贷款办法及相关规定，结合国家宏观调控政策或行业投向政策，从银行利益出发审查每笔个人住房贷款业务的合规性、可行性及经济性，根据借款人的偿付能力以及抵押担保的充分性与可行性等情况，分析该笔业务预计给银行带来的收益和风险。

4. 贷款发放

经审批同意的，贷款银行与借款人、开发商签订个人住房贷款合同，明确各方权利和义务。借款合同应符合法律规定，明确约定各方当事人的诚信承诺和贷款资金的用途、支付对象、支付金额、支付条件、支付方式等。

贷款发放前，贷款发放人应落实有关贷款发放条件。主要包括：① 确认借款人首付款已全额支付到位。② 借款人所购房屋为新建房的，要确认项目工程进度符合人民银行规定的有关放款条件。③ 需要办理保险、公证等手续的，有关手续已经办理完毕。④ 对采取委托扣划还款方式的借款人，要确认其已在银行开立还本付息账户用于归还贷款；⑤ 对采取抵（质）押的贷款，要落实贷款抵（质）押手续。⑥ 对自然人作为保证人的，应明确并落实履行保证责任的具体操作程序；保证人有保证金要求的，应要求保证人在银行存入一定期限的还本付息额的保证金。

5. 贷后管理

个人住房贷款贷后管理是指贷款发放后到合同终止期间对有关事宜的管理，包括贷后检查、合同变更、贷款的回收、贷款风险分类与不良贷款管理等工作。

（1）贷后检查。贷后检查是以借款人、抵（质）押物、担保保证人、担保物、合作开发商及项目为对象，通过客户提供、访谈、实地检查、行内资源查询等途径获取信息，对影响个人住房贷款资产质量的因素进行持续跟踪调查、分析，并采取相应补救措施的过程，从而可以判断借款人的风险状况，提出相应的预防或补救措施。

（2）合同变更。合同变更是指在合同履行期间，借款合同主体、借款期限、分期还款额和担保方式等的变更。

① 合同主体变更。在合同履行期间，需变更借款合同主体的，借款人或财产继承人持有效法律文件，向贷款银行提出书面申请。经办人应对变更后的借款人主体资格、资信情况进行调查，核实担保人是否同意继续提供担保等，形成书面调查报告后，按贷款审批程序进行审批。

② 借款期限调整。借款期限调整指借款人因某种特殊原因，向贷款银行申请变更贷款还款期限，包括延长期限、缩短期限等。

延长期限是指借款人申请在原来借款期限的基础上延长一定的期限，借款合同到期日则相应延长。原借款期限与延长期限之和不得超过有关期限规定的要求：原借款期限加上延长期限达到新的利率期限档次时，从延长之日起，贷款利率按新的期限档次利率执行。已计收的利息不再调整。如遇法定利率调整，从延长之日起，贷款利率按新的法定的同期限档次利率执行。

缩短期限是指借款人申请在原来借款的基础上缩短一定的借款期限，借款合同到期日则相应提前。对分期还款类个人贷款账户，缩短期限后，贷款到期日期至少在下个结息期内，即剩余有效还款期数不能为零。对到期一次还本付息类个人贷款账户，不允许缩短借款期限。缩短借款期限后新的借款期限达到新的利率期限档次时，从缩短之日起，贷款利率按新的期限档次利率执行。已计收的利息不再调整。如遇法定利率调整，从缩短之日起，贷款利率将按照合同约定的利率方式执行或按国家有关规定执行。

③ 分期还款额的调整。银行应允许借款人在合同履行期间申请调整分期还款额，并分清原因，分别处理。第一种情况，借款人提前部分还款后，对于希望保持原贷款期限不变，仅调整分期还款额的申请，银行应在办理完提前部分还款手续后，按贷款余额、剩余贷款期限重新计算分期还款额。第二种情况，借款人提前部分还款后，如需要调整贷款期限并相应调整分期还款额的，经办人应要求借款人按调整贷款期限提出申请，并按借款期限调整的规定办理。

④ 担保变更。在合同履行期间，借款人申请变更保证人或抵（质）押物的，须向银行提出变更贷款担保申请。经办人应审查新的保证人或抵（质）押物是否符合担保要求。该笔贷款是否有拖欠贷款本息及相关费用的情况，提出审查意见，按贷款审批程序进行审批。以房产作为新的抵押物的，必须由银行认可的评估机构对房产进行评估。变更担保后，贷款余额与新的抵（质）押物评估价值之比不得高于规定的抵（质）押率，新的保证人必须有足够的保证能力。

（3）贷款的回收。银行根据借款合同的约定进行贷款的回收。借款人与银行应在借款合同中约定借款人归还借款采取的支付方式、还款方式和还款计划等。借款人按借款合同约定偿还贷款本息，银行则将还款情况定期告知借款人。

(4) 贷款风险分类和不良贷款管理。

① 贷款风险分类。一般先进行定量分类，即先根据借款人连续违约次（期）数进行分类；再进行定性分类，即根据借款人违约性质和贷款风险程度对定量分类结果进行必要的修正和调整。贷款风险分类应遵循不可拆分原则，即一笔贷款只能处于一种贷款形态，而不能同时处于多种贷款形态。贷款形态分正常、关注、次级、可疑和损失五类。

② 不良贷款的认定。按照五级分类方式，不良个人住房贷款包括五级分类中的后三类贷款，即次级、可疑和损失类贷款。银行应按照银行监管部门的规定定期对不良个人住房贷款进行认定。银行要适时对不良贷款进行分析，建立不良个人住房贷款台账，落实不良贷款清收责任人，实时监测不良贷款回收情况。

③ 不良贷款的催收。对不同拖欠期限的不良个人住房贷款的催收，可采取不同的方式如电话催收、信函催收、上门催收、通过中介机构催收，以及采取法律手段催收等方式。同时，应利用信息技术对不良贷款催收情况进行登记管理，实现不良贷款催收管理的自动化。个人住房贷款出现违约后，银行的经办人员或相关管理人员应按规定程序对借款人发出催收提示和催收通知。

④ 不良贷款的处置。抵押物处置可采取与借款人协商变卖、向法院提起诉讼或申请强制执行依法处分；对认定为呆账贷款的个人住房贷款，贷款银行应按照财政部、中国人民银行和商业银行有关呆账认定及核销的规定组织申报材料，按规定程序批准后核销；对银行保留追索权的贷款，各经办行应实行"账销案存"，建立已核销贷款台账，定期向借款人和担保人发出催收通知书，并注意诉讼时效。

二、个人综合消费贷款

个人综合消费贷款是借助商业银行的贷款支持，以消费者的信用及未来的购买力为贷款基础，按照银行的经营管理规定，对个人发放的用于家庭或个人购买消费品或支付其他与个人消费相关费用的贷款。

（一）个人综合消费贷款的种类

按照贷款的用途分，个人综合消费贷款可分为个人汽车贷款、个人教育贷款、个人耐用消费品贷款、个人消费额度贷款、个人旅游消费贷款、个人医疗贷款等。

1. 个人汽车贷款

个人汽车贷款是指银行向个人发放的用于购买汽车的贷款。贷款所购车辆按用途可以划分为自用车和商用车。自用车是指借款人申请汽车贷款购买的、不以营利为目的的汽车；商用车是指借款人申请汽车贷款购买的、以营利为目的的汽车。还可以按注册登记情况划分为新车和二手车。二手车是指从办理完机动车注册登记手续到规定报废年限一年之前进行所有权变更并依法办理过户手续的汽车。

2. 个人教育贷款

个人教育贷款是银行向在读学生或其直系亲属、法定监护人发放的用于满足其就学资金需求的贷款。根据贷款性质不同，个人教育贷款可分为国家助学贷款和商业助学贷款。如表 5-2 所示。

国家助学贷款由国家指定的商业银行面向在校的全日制高等学校中经济确实困难的本专科学生（含高职学生）、研究生以及第二学士学位学生发放的，用于支付在校期间的学费、生活费，并由教育部门设立"助学贷款专户资金"给予财政贴息的贷款。实行"财政贴息、风险补偿、信用发放、专款专用和按期偿还"的原则。

商业助学贷款是指银行按商业原则自主向个人发放的用于支持境内高等院校困难学生学费、住宿费和就读期间基本生活费的商业贷款。商业助学贷款实行"部分自筹、有效担保、专款专用和按期偿还"的原则。

表 5-2 国家助学贷款和商业助学贷款比较分析

	国家助学贷款	商业助学贷款
贷款经办机构	中国工商银行、中国农业银行、中国银行、中国建设银行	开办此项业务的商业银行和城乡信用社
贷款对象	无法支付学费、住宿费和生活费的全日制、专科学生（含高职生）、研究生和第二学士学位学生	就读国内中学、普通高校及攻读硕士、博士等学位或已获批准在境外就读中学、大学及攻读硕士、博士等学位的在校受教育人或其他法定被监护人
贷款利息	按法定贷款利率执行，国家财政给予50%贴息	按法定利率执行
贷款担保	无担保信用贷款	抵押、质押、保证、信用四种方式；担保人可以为法人也可以为自然人
学校介入程度	学校负责协助经办银行办理	学校一般只负责证明借款学生的学生身份及其在校表现
贷款额度	贷款数额每人每年最高不超过6 000元	最低额度为人民币2 000元，最高额度为人民币50万元
贷款期限	最长不得超过10年	一般为1至6年，最长不超过10年

3. 个人耐用消费品贷款

耐用消费品通常是指价值较大、使用寿命相对较长的家用商品，包括除汽车、房屋以外的家用电器、计算机、家具、健身器材和乐器等。

该类贷款通常由银行与特约商户合作开展，即借款人需在银行指定的商户处购买特定商品。特约商户通常与银行签订耐用消费品合作协议，该类商户应有一定的经营规模和较好的社会信誉。

4. 个人消费额度贷款

个人消费额度贷款是指银行向个人发放的用于消费的、可在一定期限和额度内循环使用的人民币贷款。主要用于满足借款人的消费需求，可先向银行申请有效额度，必要时才使用，不使用贷款不收取利息。在额度有效期内，客户可以随时向银行申请使用。

5. 个人旅游消费贷款

个人旅游消费贷款是指银行向个人发放的用于该个人及其家庭成员（包括借款申请人的配偶、子女及父母）参加银行认可的各类旅行社（公司）组织的国内外旅游所需费用的贷款。借款人必须选择银行认可的重信誉、资质等级高的旅游公司，并向银行提供其与旅游公司签订的有关协议。

6. 个人医疗贷款

个人医疗贷款是指银行向个人发放的用于解决市民及其配偶或直系亲属伤病就医时资金短缺问题的贷款。个人医疗贷款一般由贷款银行和保险公司联合当地特定合作医院办理。借款人到特约医院领取并填写经特约医院签章认可的贷款申请书，持医院出具的诊断证明及住院证明，到开展此业务的银行申办贷款，获批准后持个人持有的银行卡和银行盖章的贷款申请书及个人身份证到特约医院就医、结账。

（二）个人综合消费贷款的要素

个人综合消费贷款对象应满足如下条件：① 有完全民事行为能力，年龄在65岁以下；② 有正当的职业和稳定的收入，有还款能力；③ 信用良好，无不良信用记录；④ 能够提供合法、有效、可靠的担保；⑤ 贷款用途明确。

在贷款利率方面，个人综合消费贷款不同于个人住房贷款，没有任何价格优惠，按照中国人民银行规定的同期、同档次贷款利率执行。

个人综合消费贷款以中长期贷款为主。汽车、耐用消费品、旅游等贷款通常不超过5年，教育、医疗用途的贷款受到学习和身体康复时间的限制，可以延长到8年。当然，在住房抵押和有可靠还款来源的情况下，个人综合消费贷款最长也可达到15年。对于期限比较长的贷款，抵押物的市场价值波动性较大，需要银行定期进行抵押物评估。

个人综合消费贷款和个人住房贷款一样，采取按月还本付息的方式还款。对于贷款期限不足1年的贷款，也可以按季、半年或一次还本付息。

在担保方式选择上，个人综合消费贷款一般采取抵押、质押和保证等担保方式，只有少数优质客户可以获得无担保的信用贷款。为了降低信用风险，有的银行还对一些特定用途的消费贷款规定了指定的担保方式。如中国工商银行对医疗和教育贷款，要求必须用抵押或质押的方式。

个人综合消费贷款额度与担保方式挂钩。以抵押方式贷款，贷款额一般不超过抵押品价值的70%；以质押方式贷款，贷款额最高不超过质押物面值的90%，由于外币、外币理财产品有汇率风险，以此为质押物，抵押率通常要低10%左右。

（三）个人综合消费贷款的流程

个人综合消费贷款的流程和其他个人贷款一样，都包括营销受理、贷款调查、贷款审批、贷款发放和贷后管理。各环节相同内容不再赘述。

1. 营销受理

借款人向银行提出书面个人综合消费贷款申请，申请材料包括贷款申请审批表、固定住所证明、有效身份证明、婚姻状况证明、收入或财产证明、抵（质）押权属证明、财产所有人同意抵（质）押的证明、贷款用途计划、抵押物资产评估报告等。

银行在审核借款人提供的材料后，进入中国人民银行个人信用信息基础数据库调查借款人及其担保人的信用情况，对符合银行规定的申请人进行面谈和进一步调查。

2. 贷款调查

银行贷款部门的调查员对借款申请人及其贷款申请资料进行调查。调查内容包括：贷款资料是否真实有效？借款申请人有无固定的住址和固定电话？收入是否可靠并有足够的偿债能力？贷款用途是否真实合理？贷款担保是否合法有效？银行将根据上述调查评定借款人的信用等级，给出调查意见和贷款方案。

3. 贷款审批

贷款审查人负责对借款申请人提交的材料进行合规性审查，给出书面审查意见，连同申请材料、面谈记录等一并送交贷款审批人进行审批。贷款审批人依据银行个人综合消费贷款办法及相关规定，结合国家宏观调控政策，从银行利益出发进行审查，并分析该笔业务预计给银行带来的收益和风险。

4. 贷款发放

对经审批同意的贷款，应及时通知借款申请人以及其他相关人（包括抵押人和出质人等），确认签约的时间，签署借款合同和相关担保合同。贷款发放前，应落实有关贷款发放条件；之后，贷款发放人应按照合同约定将贷款发放、划付到约定账户。按照合同要求借款人需要到场的，应通知借款人持本人身份证件到场协助办理相关手续。

5. 贷后管理

个人综合消费贷款的贷后管理是指贷款发放后到合同终止前对有关事宜的管理，包括贷后检查、合同变更、贷款的回收、贷款风险分类与不良贷款管理。具体管理方法可参考"个人住房贷款流程"的相关内容。

（四）个人汽车贷款的运行模式

目前个人汽车贷款最主要的运行模式包括间客式与直客式两种。

1. 间客式

"间客式"在目前个人汽车贷款市场中占主导地位。该模式指由购车人首先到经销商处挑选车辆，然后通过经销商的推荐到合作银行办理贷款手续。汽车经销商或第三方（如保险公司、担保公司）协助银行对贷款购车人的资信情况进行调查，帮助购车人办理申请贷款手续，提供代办车辆保险等一系列服务，部分经销商为借款人按时还款向银行进行连带责任保证或全程担保。在这种情况下，由于经销商或第三方在贷款过程中承担了一定的风险并付出了一定的人力和物力，所以他们往往要收取一定比例的管理费或担保费。

简单来说，间客式运行模式就是"先买车，后贷款"。其贷款流程为：选车—准备所需资料—与经销商签订购买合同—银行在经销商或第三方的协助下做资信情况调查—银行审批、放款—客户提车。

2. 直客式

采取"先贷款，后买车"的方式，即客户先到银行申请个人汽车贷款，由银行直接面对客户，对客户资信情况进行调查审核，在综合评定后授予该客户一定的贷款额度，并与之签订贷款协议。客户在得到银行贷款额度后即可到市场上选购自己满意的车辆。在选定车型之后，到银行交清首付款，并签署与贷款有关的其他合同，由银行代客户向经销商付清余款,客户提车,之后就是借款人按月向银行还款了。

直客式运行模式的贷款流程为:到银行网点填写个人汽车贷款借款申请书—银行对客户进行资信调查—银行审批贷款—客户与银行签订借款合同—客户到经销商处选定车辆并向银行交纳购车首付—银行代理提车、上户和办理抵押登记手续—银行放款—客户提车。由于在这种模式下,购车人首先要与贷款银行做前期的接触,由银行直接对借款人的还款能力以及资信情况进行评估和审核,所以把这种贷款方式称为直客式运行模式。

两种模式都需要汽车经销商等机构的配合,其实质区别在于:间客式运行模式中银行将审贷责任交给经销商或者第三方,而在直客式运行模式中则是由银行负责客户的资信调查和贷款审批。

(五)信用卡透支

按国际通行惯例,信用卡指的是具有循环信贷、转账结算、存取现金等功能和"先消费,后还款"、无须担保人和保证金、可按最低还款额分期还款等特点的个人信用和支付工具。

中国人民银行颁布的《银行卡业务管理办法》,将银行卡按是否向发卡银行缴存备用金分为贷记卡、准贷记卡两类。贷记卡是指发卡银行给予持卡人一定的信用额度,持卡人可在信用额度内先消费、后还款的信用卡。准贷记卡是指持卡人须先按发卡银行的要求缴存一定金额的备用金,当备用金账户余额不足以支付时,可在发卡银行规定的信用额度内透支的信用卡。

信用卡的消费信贷功能是通过信用额度体现的。信用额度是指信用卡持卡人最高可使用的透支金额。银行根据申请人的收入、资产、职业等信用资料,综合评定申请人的信用额度。持卡人可凭信用卡在发卡银行的特约商户直接消费购物,无须支付任何附加费用,而且可在银行规定的信用额度内透支,银行将提供消费信贷服务。透支金额和利息须在规定的期限内偿还,否则银行就要随时间推移收取越来越高的利息。例如,我国银行规定,透支金额和利息须在 30 天内归还,最长不得超过 60 天。透支利息自透支之日起 15 天内按日息 0.5‰ 计算;超过 15 天按日息 1‰ 计算;超过 30 天或透支金额超过规定限额的,按日息 1.5‰ 计算;本金或利息未还清又透支的,透支日期连续计算。透支利息不分段,按最后期限或最高透支额的最高利率档次计息。

发达国家最常见的信用卡还款方式是个人支票,持卡人每月将支票邮寄给发卡行,可以轻易绕过不同银行间的账户壁垒。我国个人信用体系不完善,个人支票屡屡碰壁,无法广泛使用。为了避免手持现金前往发卡行的麻烦,偿还信用卡透支金额的唯一方式就是在该银行设立一个借记卡账户。目前,我国信用卡的还款方式有三种:

(1)自动转账还款。持卡人事先选择一个存款账户,并授权银行在到期付款日前一个工作日,根据月结单上载明的所欠金额直接从活期存款账户扣款,持卡人需要在存款账户中存入足够的资金。

(2)半自动还款。持卡人选择一个活期存款账户,但不授权银行定期扣款,而是由持卡人通过电话等形式通知银行扣款。

(3) 主动还款。持卡人在收到月结单后前往银行用现金、支票或从个人储蓄账户转账还款。

第四节
个人经营贷款

个人经营贷款是指银行向从事合法生产经营的个人发放的，用于定向购买或租赁商用房、机械设备，以及用于满足个人控制的企业（包括个体工商户）生产经营流动资金需求和其他合理资金需求的贷款。

一、个人经营贷款种类

根据贷款用途不同，个人经营贷款可以分为个人经营专项贷款（简称专项贷款）和个人经营流动资金贷款（简称流动资金贷款）。

（一）专项贷款

专项贷款是指银行向个人发放的用于定向购买或租赁商用房和机械设备，且其主要还款来源是由其产生的现金流的贷款。主要包括个人商用房贷款和个人经营设备贷款。个人商用房贷款是指银行向个人发放的用于定向购买或租赁商用房所需资金的贷款，如中国银行的个人商用房贷款、交通银行的个人商铺贷款。目前，个人商用房贷款主要用于商铺（销售商品或提供服务的场所）贷款。个人经营设备贷款是指银行向个人发放的，用于购买或租赁生产经营活动中所需设备的贷款，如中国光大银行的个人工程机械按揭贷款。

（二）流动资金贷款

流动资金贷款指银行向从事合法生产经营的个人发放的用于满足个人控制的企业（包括个体工商户）生产经营流动资金需求的贷款。流动资金贷款按照有无担保的贷款条件分为有担保流动资金贷款和无担保流动资金贷款。例如，中国银行的个人投资经营贷款、中国建设银行的个人助业贷款属于有担保流动资金贷款；渣打银行的"现贷派"、花旗银行的"幸福时贷"属于无担保流动资金贷款。

二、个人经营贷款的特点

个人经营贷款的最大特点就是适用面广，它可以满足不同层次的私营企业主的融资需求，且银行审批手续相对简便。个人经营贷款主要有以下几个特征：

第一,贷款期限较短。个人经营贷款主要用于满足借款人购买机械设备或临时性流动资金需求,因此,贷款期限一般较短,通常为3~5年。

第二,贷款用途多样,影响因素复杂。个人经营贷款用于借款人购买设备或用于企业的生产经营,受宏观环境、行业景气程度、企业本身经营状况等不确定因素影响较多。因此,贷款用途多样,影响因素复杂。

第三,风险控制难度较大。除了对个人经营贷款借款人自身情况加以了解外,银行还需对借款人经营企业的运作情况有详细的了解,并对该企业资金运作情况加以控制,以保证贷款不被挪作他用。因此,个人经营贷款的风险控制难度更大。

三、个人经营贷款要素

(一)商用房贷款的要素

商用房贷款的对象应该是具有中华人民共和国国籍,年满18周岁,且具有完全民事行为能力的自然人,同时具备下列条件:一是申请数额、期限和币种合理;二是具有当地常住户口或有效居留身份;三是信用状况良好,无重大不良信用记录;四是具有稳定的职业和收入,具备还款意愿和还款能力;五是申请贷款购买或租赁的商用房,一般要求位于大中城市中心区和次中心区,具有优良的发展前景,并且属于永久性建筑的商用房;六是所购或所租的商用房必须手续齐全,项目合法,并由开发商出示证明;七是与开发商签订购买或租赁商用房的合同或协议;八是必须先付清不低于所购或所租的商用房全部价款50%以上的首期付款;九是提供经贷款银行认可的有效担保。

商用房贷款的利率不得低于中国人民银行规定的同期同档次利率的1.1倍,具体利率水平由贷款银行根据贷款风险管理相关原则自主确定。

商用房贷款的期限通常不超过10年,具体贷款期限由贷款银行根据贷款风险管理相关原则自主确定。

商用房贷款的还款方式有多种,比较常用的是等额本息还款法、等额本金还款法和到期一次还本法。一般来说,贷款期限在1年以内(含1年)的,借款人可采取到期一次还本法;贷款期限在1年以上的,可采用等额本息还款法和等额本金还款法等。借款人可根据需要选择还款方式,但一笔贷款只能选择一种还款方式,合同签订后,未经贷款银行同意不得更改。

申请商用房贷款,借款人需提供一定的担保措施,包括抵押、质押和保证等,还可以采取履约保证保险的方式。

商用房贷款的额度通常不超过所购或所租商用房价值的50%,具体的贷款额度由商业银行根据贷款风险管理相关原则自主确定;对以"商住两用房"名义申请贷款的,贷款额度不超过55%。

(二)流动资金贷款的要素

流动资金贷款的对象应该是持有工商行政管理机关核发的非法人营业执照的个体户、合伙人企业和个人独资企业或自然人。借款人原则上为其经营企业的主要所有人，且所经营的企业具有一定的盈利能力。

有担保流动资金贷款的利率不得低于中国人民银行规定的同期同档次利率的1.1倍。无担保流动资金贷款的利率通常比较高，但一旦贷款成功，利率即被锁定，未来市场利率的变化不会影响贷款利息。

有担保流动资金贷款的期限由贷款银行根据贷款风险管理相关原则确定，一般在1年以内，有些银行为3~5年。无担保流动资金贷款的期限一般为1年，个别银行最短为6个月，最长为4年，可以根据实际情况自主申请。

有担保流动资金贷款的额度由各商业银行根据贷款风险管理相关原则确定，通常各家银行会根据不同的抵（质）押物制定相应的抵（质）押率，有关抵（质）押率将成为贷款的额度。无担保流动资金贷款的额度通常根据个人的收入和信用状况综合决定贷款额度，通常最高限额为20万~50万元人民币。

四、个人经营贷款的管理重点

个人经营贷款具有金额大、不确定因素多、风险高、违约损失大等特点，在贷款发放后，需要像对待企业贷款一样进行严格的贷后管理，包括贷后监督、贷后检查、违约贷款催收等内容。

个人经营贷款的贷后监督重点是担保落实情况，严防假按揭、假担保等骗贷事件。贷款发放程序的合规性也是贷后监督的一个重点。为了加强个人经营贷款的风险管理，对违约贷款、大额贷款、一人多笔贷款或同一个企业多人贷款要进行重点的非现场监督，动态把握这些贷款的现金流情况，定期形成监测报告，一旦发现异常情况，便于银行及时采取有利于保护自身权益的措施。

个人经营贷款的贷后检查重点是：① 贷款用途。银行要跟踪借款人账户的资金流动方向，监督借款人是否按照合同的约定使用贷款。一旦发现银行资金被挪作他用，就要求借款人改正，否则银行将收回资金。② 还款能力。对借款人的经营账户进行监测和实地考察，对借款人的经验状况、收入、还款能力进行判断，同时还要检查抵押物的保管、权属以及市场价值变化情况。

知识专栏5-3

三类创业型贷款

一、妇女创业贷款

妇女创业贷款是指由城镇创业再就业妇女申请，县级或县级以上妇联组织推荐，经银行审查审批同意而发放的贷款，属于下岗失业人员小额担保贷款范畴，享受贴息政策，贷款用于解决创业就业过程中资金不足的问题。

该类贷款业务的开展起源于2009年7月。当时财政部、人力资源社会保障部、人民银行、全国妇联联合发布了《关于完善小额担保贷款财政贴息政策推动妇女创业就业工作的通知》，决定将妇联组织纳入下岗失业人员小额担保贷款工作体系，通过适当提高妇女小额担保贷款额度，扩大妇女小额担保贷款申请渠道，推动妇女特别是农村妇女创业就业工作。

此后,在全国妇联指导下,中国许多地方都在实行妇女小额担保贷款。有数据显示,截至2013年6月底,全国已累计发放妇女小额担保财政贴息贷款1 514.79亿元,中央和省两级财政贴息77.62亿元,为300多万人次妇女提供了创业启动资金,辐射带动近千万妇女创业就业。

贷款条件:

借款主体为符合现行小额担保贷款申请条件的城镇妇女,此外还应满足以下条件:

1. 借款人年龄与贷款期限之和不超过60;
2. 经营项目具有可行性或具有可持续发展的能力,且该项目的自筹资金不低于30%;
3. 提供与推荐部门同级的小额贷款担保机构担保,若没有同级担保机构的,可申请由上级担保机构担保或提供银行认可的其他担保;
4. 无不良信用记录或重大违法违纪记录;
5. 身体状况良好且具备一定的技能;
6. 涉及贷款的经营行为已经开始并已经形成部分投入;
7. 目前经营情况或合理预期的经营情况能够按期还清贷款,且这种还款能力不依赖他方融资,还款不影响自身经营;
8. 银行认为应具备的其他条件。

贷款金额、利率、担保方式和还款方式:

金额:符合贷款条件的申请人可获得的贷款最高额度为8万元,符合条件的妇女合伙经营和组织起来创业就业的,每人最高贷款额度为10万元;

利率:贷款享受优惠利率,贷款利率一般为基准利率。

担保方式:贷款原则上应由推荐相应贷款的妇联组织的同级财政担保中心提供担保,没有相应担保机构的,贷款担保应由经办行认可。

还款方式:除经营项目现金流量季节性特征明显的除外,一般应采用一定期限后按月平均还本的还款方式。

办理流程:

1. 申请贷款的妇女首先向户口所在地县级或县级以上妇联提出申报,并提交下列资料:

    (1) 劳动保障部门核准的《再就业优惠证》;
    (2) 合法、有效的身份证明;
    (3) 贷款申请书;
    (4) 贷款项目计划书;
    (5) 其他必要材料。

2. 妇联部门初审合格后出具推荐证明,报劳动保障部门审核。
3. 妇联部门将劳动保障部门审查后的贷款申请人资料报送担保机构。担保机构对担保申请进行审核,并对审核通过的提供贷款担保。
4. 妇联部门将由劳动保障部门和担保部门确认合格的材料报银行审查,银行审查通过后完善各项贷款手续并发放贷款。

5. 贷款发放后，经办行将数据汇总报妇联组织。妇联组织对银行报送的数据确认后转财政部门，财政部门及时将贴息划转银行账户。

6. 借款人根据合同规定使用贷款，并按规定的还款计划将还款资金存入银行指定账户还款，直至本息两清。

二、农民工创业贷款

2009年前后，受金融危机影响，企业用工需求下降，返乡农民工人数高达2 000万。在这种背景下，全国总工会启动了"千万农民工援助行动"，其中包括为农民工提供多种形式的低息或无息贷款，以支持农民工自主创业。全国多地政府部门、金融机构先后出台了相关政策予以支持。农民工返乡创业贷款基本要求如下：

申请条件：

1. 需要凭户口所在地乡镇（街道）劳动保障工作机构出具的外出务工证明；

2. 可到户口所在地劳动保障厅办理相关手续，申请《就业失业登记》，可以凭借此证明、营业执照（复印件也可）、税务登记证件以及店面租赁合同等有效证件到户口所在地的社保局申请小额担保贷款。

办理流程：

1. 自愿申请。借款人向户口或经营所在地的社区或街道（乡镇）劳动保障工作机构提出书面申请，并提交相关资料和证件。

2. 审查推荐。社区或街道（乡镇）劳动保障工作机构接到申请后对申请人的资格条件、诚信情况、经营场所、项目市场前景、个人创业能力等进行调查，初审合格的出具推荐意见，上报担保机构。

3. 承诺担保。担保机构对申请人进行资格认定和项目审查，担保机构应简化程序，尽量降低或取消反担保。

4. 发放贷款。借款人与经办银行签订借款合同，经办银行发放贷款。

贷款利率及贷款额度时间：

小额担保贷款期限一般为2年，可展期2年。

自主创业、自谋职业申请的小额担保贷款额度，一般不超过5万元；对合伙经营和组织起来就业的，可按人均5万元的规模申请贷款，但总额不超过50万元。另外，根据不同地方规定，贷款年限及额度有所不同。

创业贷款利率部分城市可享贴息政策。

三、大学生创业贷款

在当前巨大的就业压力下，大学生创业的比例越来越高，各级政府针对大学生贷款纷纷出台新政策。申请大学生创业贷款需具备的条件如下：

贷款申请条件

1. 大学专科以上毕业生。

2. 毕业后6个月以上未就业，并在当地劳动保障部门办理了失业登记。

3. 在申请此类贷款时，有三点比较重要：第一，贷款申请者必须有固定的住所或营业场所。第二，营业执照及经营许可证，稳定的收入和还本付息的能力。第三也是最重要的一点，就是创业者所投资项目已有一定的自有资金。

具备以上条件的方能向银行申请，申请时需要提供的资料主要包括：婚姻状况证明、个人或家庭收入及财产状况等还款能力证明文件；贷款用途中的相关协议、合同；担保材料，涉及抵押品或质押品的权属凭证和清单，银行认可的评估部门出具的抵（质）押物估价报告。除了书面材料以外就是要有抵押物。抵押方式较多，可以是动产、不动产抵押，定期存单质押、有价证券质押、流通性较强的动产质押，符合要求的担保人担保。发放额度就根据具体担保方式决定。

贷款期限和金额要求

国家为大学毕业生提供的小额创业贷款是政府贴息贷款，其期限为 1~2 年，2 年之后不再享受财政贴息。创业贷款金额一般要求最高不超过借款人正常生产经营活动所需流动资金、购置（安装或修理）小型设备（机具）以及特许连锁经营所需资金总额的 70%；期限一般为 2 年，最长不超过 3 年，其中生产经营性流动资金贷款期限最长为 1 年；个人创业贷款执行中国人民银行颁布的期限贷款利率，可在规定的幅度范围内上下浮动。

贷款偿还方式

1. 贷款期限在一年以内（含一年）的个人创业贷款，实行到期一次还本付息，利随本清。

2. 贷款期限在一年以上的个人创业贷款，贷款本息偿还方式可采用等额本息还款法或等额本金还款法，也可按双方商定的其他方式偿还。具体优待政策可以咨询当地政府。

■ 本章小结

1. 个人贷款是指银行业金融机构向符合条件的自然人发放的用于个人消费、生产经营等用途的本外币贷款。根据贷款用途不同，个人贷款可分为个人住房贷款、个人综合消费贷款和个人经营贷款等。个人贷款具有高风险性、高收益性、周期性、利率不敏感性的特点。

2. 个人贷款的信用风险度量可以通过个人信用分析实现。个人信用分析是根据借款人的基本信息和信用历史资料，利用相应的信用分析方法，得到不同等级的信用分数。根据借款人的信用分数，贷款人可以分析客户按时还款的可能性，从而实现更加科学的产品定价。

3. 个人住房贷款、个人综合消费贷款、个人经营性贷款在贷款对象、贷款利率、贷款期限、还款方式、担保方式和贷款额度上的规定各有不同，各类贷款的流程包括营销受理、贷款调查、贷款审批、贷款发放和贷后管理五个环节。

4. 个人经营贷款是指银行向从事合法生产经营的个人发放的，用于定向购买或租赁商用房、机械设备，以及用于满足个人控制的企业（包括个体工商户）生产经营流动资金需求和其他合理资金需求的贷款。根据贷款用途不同，个人经营贷款可以分为个人经营专项贷款（简称专项贷款）和个人经营流动资金贷款（简称流动资金贷款）。个人经营贷款具有金额大、不确定因素多、风险高、违约损失大等特点，在贷款发放后，需要像对待企业贷款一样进行严格的贷后管理，包括贷后监督、贷后检查、违约贷款催收等内容。

□ 业务篇

■ 重要名词术语

个人贷款　个人信用分析　个人贷款定价　个人住房贷款　个人综合消费贷款　个人经营贷款　补偿存款余额　专项贷款　流动资金贷款

■ 复习思考

1. 什么是个人贷款？个人贷款有什么特点？
2. 个人贷款要素有哪些？
3. 个人贷款的申请条件是什么？
4. 简述影响个人贷款价格的因素。
5. 个人住房贷款的操作流程如何？
6. 个人住房贷款的特点是什么？
7. 个人经营贷款种类有哪些？
8. 什么是个人经营贷款？个人经营贷款有什么特点？
9. 个人综合消费贷款的流程是什么？

■ 本章实训

一、实训目的

通过实训，学生应掌握选择最适合的房屋贷款方式，为客户提供优质服务的方法。

二、实训任务

根据案例，计算每一种贷款方式的贷款金额和利息支付，选择最合适的贷款方式。

三、基本背景

某购房者夫妇二人欲购买一套总价 50 万元的住房，以自有资金支付首付款 30%，即 15 万元，其余 35 万元申请 15 年贷款。夫妇二人月收入为 6 000 元，月公积金缴存比例为 20%，现公积金总额为 4 万元。商业性贷款的利息负担比政策性贷款高得多，达到了 1/3，月还款额多出 10%，总额多出近 5 万元，可不是个小数目。如此看来，自然应该选择个人住房委托贷款，但是不行，这对夫妇不能完全依靠个人住房委托贷款，即便他们现有的公积金达 4 万元，就是按 10 倍的较低倍率计算他们也可申请 40 万元的公积金贷款，但因为政策性贷款最高限额只有 30 万元，因此 35 万元还是不可以的。因此，这对夫妇只有退而求其次，选择个人住房组合贷款。那么，他们每月的还款负担承受得了吗？说起来他们每月还款 2 781.45 元，但其中一部分可以由他们还款期每月缴存的公积金抵付，金额最多可以达到总收入的 20%，即 1 200 元/月，那么他们需要自行支付的供楼款只有 1 581.45（2 781.45－1 200）元/月，和他们 6 000 元的月收入相比负担是很轻的了。不过，如果没有公积金的支持，完全依靠商业贷款，那么每月还款负担还是比较重的，但占总收入 50% 左右的供楼负担还是可以接受的。建议购房者在确定购房预算时不妨仔细算一算，多列出几种选择比较一下再去申请相应的贷款。

四、实训组织

1. 指导教师布置实训项目，提示相关要求。
2. 采取学生自由组合的方式，将班级学生划分为若干小组，并指定组长进行负责。

■ 延伸阅读

1. 个人贷款管理暂行办法.
2. ［美］彼得·S. 罗斯, 西尔维娅·C. 赫金斯. 商业银行管理. 原书 9 版. 刘园, 译. 北京: 机械工业出版社, 2013.
3. 庄毓敏. 商业银行业务与经营. 4 版. 北京: 中国人民大学出版社, 2014.
4. 彭建刚. 商业银行管理学. 3 版. 北京: 中国金融出版社, 2013.

第六章
中间业务

章首引例

　　中间业务从哪儿来？这个问题想必会让许多银行家感到头痛。尤其在资本约束进一步加强的情况下，寻找新的中间业务收入来源已不是高高在上的战略问题，而是迫在眉睫的战术问题。如何开拓中间业务，有两个案例值得参考。

　　其一是被媒体炒得沸沸扬扬的天津文化艺术品交易所。作为文交所的资金托管和监管银行，投资者在开户之前必须先到招商银行开通"一卡通"金葵花（日均资产余额50万元以上）以上级别的银行卡账户。按照目前媒体披露的交易情况，全国已累计有4万人开户参与文交所的各类交易。假如这4万名投资者都持有招行金葵花卡，那么仅托管一项业务，平均每日沉淀在招商银行的存款就有200亿元。同时由于行情火爆，交易者的数量还以日均300人的速度增加，这意味着每天招商银行还能吸收到大约1.5亿元的增量存款。稍有股票交易经验的人都知道，这些资金绝大部分将是活期存款。按理来说，此类托管业务并不新鲜，但文交所的网站却并没有给出其他银行的业务链接。从中间业务角度看，招行在这个平台上聚拢的4万名资产50万元以上的高端客户潜力自然非同小可。

　　另一个值得一提的案例，则是招行成为2011年夏天第26届大运会的独家财务顾问。

　　在以往的大型国际体育赛事中，商业银行作为合作伙伴，提供的更多是外汇结算方面的优惠服务，因为赛会举办期间举办地的入境人数会大大增加，各类消费也会异常活跃，取现结算的方便程度至关重要。但这种合作模式相对来说简单，银行除了品牌价值上的收益，实际的中间业务增量收益却非常有限。

　　招行成为大运会的财务顾问可以做些什么？顾名思义，财务顾问提供的服务应该是如何管钱，以及如何花钱的点子。招行也不例外，除了作为财务顾问介入大运会的市场运作外，大运会组委会的资金划拨也基本均通过招商银行进出。招商银行在这一领域内的尝试并没有停止。据了解，招行目前也是深圳前海管理局唯一的财务顾问银行，但这其中能够为中间业务收入演绎出何种别样的风采？

第一节 中间业务概述

随着利率市场化的逐步推进，商业银行资产与负债业务收入增长的压力不断增加，中间业务已日渐凸显其作为三大业务之一的重要地位，中间业务的发展已成为商业银行追求的重要目标。随着中间业务的发展，中间业务形成的非利息收入已经成为商业银行营业收入的重要组成部分，中间业务的发展水平也已成为衡量商业银行竞争力的重要内容。

一、商业银行中间业务的概念

中间业务，是指商业银行代理客户办理收款、付款和其他委托事项而收取手续费的业务。它是银行不需动用自己的资金，依托业务、技术、机构、信誉和人才等优势，以中间人的身份代理客户承办收付和其他委托事项，提供各种金融服务并据以收取手续费的业务。银行经营中间业务无须占用自己的资金，是在银行的资产负债信用业务的基础上产生的，并可以促使银行信用业务的发展和扩大。

中间业务与资产业务、负债业务共同构成商业银行的三大业务类型。

二、商业银行中间业务的内容

（一）转账结算和汇兑业务

转账结算业务又称非现金结算或划拨清算业务，即用划转客户存款余额的办法来实现货币收支的业务活动。转账结算业务主要是银行支票、银行汇票等结算业务，这是银行中间业务中最频繁、量最大的业务。汇兑业务是指商业银行将客户交付的款项汇往异地的指定收款人的业务活动。

（二）承兑与信用证业务

承兑业务是指商业银行为企业的商业票据进行担保，承诺到期一定付款的业务活动。信用证业务是由银行担保付款的业务，可以解决买卖双方互不了解信用能力的矛盾。银行经营信用证业务可以从中收取手续费，并可占用一部分客户的资金。

□ 业务篇

（三）代收业务

代收业务指银行接受客户的委托，代替客户根据各种凭证收取款项的业务。代收业务的主要凭证有支票、有价证券、商品凭证、外汇和其他票据。

（四）同业往来

同业往来是指银行之间在办理各种业务时建立的往来关系。

银行在办理汇兑、信用证、代收等业务时，需要在一家或两家以上的银行之间进行。如果这些银行之间没有联行关系，就需要事先订立契约，并建立往来账户，通过往来账户办理相互之间互托的收付事项。

（五）银行卡业务

银行卡业务是指商业银行通过发行各种形式的银行卡为持卡人办理的存取款、转账支付等业务活动。银行卡有信用票卡、自动出纳机卡、记账卡等多种形式。

除上述业务之外，商业银行的其他业务还包括代客业务、信托业务、租赁业务、咨询业务，为客户提供保险箱子计算机服务业务等。

三、商业银行中间业务的特点

商业银行中间业务与商业银行的表内资产业务相比，风险度较低，但并不能说没有风险。与表内资产负债业务相比，商业银行中间业务呈现以下特点：

一是自由度较大。中间业务不像传统资产负债业务，受金融法规严格限制。一般情况下，只要交易双方认可，就可达成协议。中间业务可以在场内交易，也可以在场外交易。大多数中间业务不需要相应的资本金准备，这导致部分商业银行委托性和自营性中间业务的过度膨胀，从而给商业银行带来一定的潜在风险。

二是透明度差。中间业务大多不反映在资产负债表上，许多业务不能在财务报表上得到真实反映，财务报表的外部使用者如股东、债权人和金融监管当局难以了解银行的全部业务范围和评价其经营成果，经营透明度下降，影响了市场对银行潜在风险的正确和全面的判断，不利于监管当局的有效监管。

三是多数交易风险分散于银行的各种业务之中。中间业务涉及多个环节，银行的信贷、资金、财会、计算机等部门都与其相关，防范风险和明确责任的难度较大。

四是高杠杆作用。高杠杆作用，也就是"小本博大利"。这主要是指金融衍生业务中的金融期货、外汇按金交易等业务所具有的特征。例如，一名债券投资者，只要拿出10万美元，便可以在金融期货市场上买入几个100万美元价值的债券期货合约。由于高杠杆的作用，从事金融衍生业务交易，既存在大赚的可能性，也存在大亏的可能性。

四、商业银行中间业务的作用

与商业银行表内业务相比，商业银行中间业务具有以下作用：

一是不直接构成商业银行的表内资产或负债，风险较小，为商业银行的风险管理提供了工具和手段。商业银行在办理中间业务的时候，不直接以债权人或债务人的身份参与，不直接构成商业银行的表内资产或负债，虽然部分业务会产生"或有资产"或"或有负债"，但相对于表内业务而言，风险较小，改变了商业银行的资产负债结构。在商业银行的中间业务中，金融衍生业务风险相对较大。但这部分业务在具有一定的风险的同时，也给商业银行管理自身的风险提供了工具和手段，提高了商业银行资产负债管理的能力和风险防范的手段。

二是为商业银行提供了低成本的稳定收入来源。由于商业银行在办理中间业务时，通常不运用或不直接运用自己的资金，大大降低了商业银行的经营成本。中间业务收入为非利息收入，不受存款利率和贷款利率变动的影响。由于信用风险和市场风险较小，中间业务一般不会遭受客户违约的损失，即使损失，影响也不大。这样，中间业务能给商业银行带来低成本的稳定收入来源，有利于提高商业银行的竞争能力和促进商业银行的稳健发展。中间业务收入已经成为西方国际性商业银行营业收入的主要组成部分，占比一般为40%至60%，一些银行甚至达70%以上。

三是完善了商业银行的服务功能。随着财富的积累、物质生活和文化生活的日益丰富，不管是企业还是个人，对个人理财、企业理财、咨询、外汇买卖、证券买卖等各个方面均存在较大需求。因此，人们对金融服务提出了更多的要求。中间业务的发展，丰富和完善了银行的功能，使银行在提供传统的银行业务之外，能根据客户的需求，不断进行产品创新，提供多方面的服务。西方部分商业银行的中间业务产品已经覆盖了银行业、保险业、证券业、信托业，甚至工商流通领域，成为"金融超市"，具有强大的服务功能，大大提高了银行的竞争能力。随着银行业发展全球化、综合化趋势的加强，新技术在银行业的应用，金融创新的加速，中间业务已日益成为现代商业银行显示服务功能和竞争能力的关键领域。

第二节

结 算 业 务

支付结算是单位、个人在社会经济活动中使用票据、信用卡、汇兑、托收承付、委托收款等结算方式进行货币给付及资金清算的行为。银行是支付结算和资金清算的中介机构。银行办理结算的原则是恪守信用、履约付款，谁的钱进谁的账、由谁支配，银行不垫款。支付结算实行集中统一和分级管理相结合的管理体制。中国人民银行总行负责制定统一的支付结算制度，组织、协调、管理、监督全国的支付结算工作，调解、处理银行之间的支付结算纠纷。

一、国内结算

国内结算业务是商业银行的中间业务。银行经营结算业务是由一定的结算工具和结算方式完成的。

结算工具，是商业银行执行中介职能时使用的用于清偿债权债务的票据，主要包括三种：汇票、本票和支票。

结算方式有同城结算和异地结算两种。异地结算主要包括三种方式：一是汇兑结算；二是托收结算；三是信用证结算。汇兑结算指收款人委托银行将款项汇往外地收款人的结算方式，又包括了电汇、票汇和信汇三种形式。托收结算指收款人为向异地付款人收取款项而向其开出汇票，并委托银行代收的一种结算方式。办理托收的，先由收款人开出一份以外地付款人作为付款方的汇票，将汇票与其他单据交开户行，由开户行通过付款人开户行向付款人收款，然后转交收款人。信用证结算指付款人预先将款项存入开户行作为结算保证金，委托银行开出信用证，通知异地收款人开户行告知收款人，收款人按照合同和信用证的要求发货后，银行即按信用证规定代付款人付款。信用证结算主要用于货物购销合同的货款收付。

（一）票据结算

票据是由出票人签发，出票人自己承诺或委托付款人在见票时或按指定日期对收款人无条件支付一定金额的有价凭证。各国对票据的分类有所不同，目前国际上有关票据的立法主要有两大法系：一类是以《1882 年英国票据法》为代表的英美法系；另一类是以 1934 年 1 月 1 日起生效的《日内瓦统一法公约》为代表的大陆法系，该公约的《汇票和本票统一法公约》以及《支票统一法公约》被多数欧洲国家采行。我国在 1995 年颁布的《中华人民共和国票据法》中规定，票据包括汇票、本票和支票。

1. 汇票

汇票是出票人签发的，委托付款人在见票时或者在指定日期无条件支付确定的金额给收款人或者持票人的票据。汇票按出票人分为银行汇票和商业汇票。

（1）银行汇票。银行汇票是出票银行签发的，由其在见票时按照实际结算金额无条件支付给收款人或者持票人的票据。银行汇票是自付票据，出票银行即为银行汇票的付款人，银行汇票的代理付款人是代理本系统出票银行或跨系统签约银行审核支付汇票款项的银行。银行签发汇票后，通常由汇款人持往异地办理转账结算，填明"现金"字样的银行汇票也可用于支取现金。客户如需使用银行汇票汇款，应向出票银行填写"银行汇票申请书"，填明收款人名称、汇票金额、申请人名称等事项并签章。出票银行受理银行汇票申请书，向申请人收取款项后，签发银行汇票，并压印出票金额，将银行汇票和解讫通知一并交给申请人。申请人应将银行汇票和解讫通知一并交付给汇票上记明的收款人。收款人受理申请人交付的银行汇票时，应在出票金额以内，根据实际需要的款项办理结算，并将结算金额准确、清晰地填入银行汇票和解讫通知的有关栏内。收款人也可以将银行汇票背书转让给被背书人。持票人向银行提示付款时，必须同时提交银行汇票和解讫通知。在银行开立存款账户的持票人向开户银行提示付款时，应在汇票背面"持票人向银行提示付款签章"处签章，并将银行汇票和解讫通知、进账单送交开户银行，银行审查无误后办理转账，将解讫通知与联行报单寄交出票行。未在银行开立存款账户的个人持票人，可以向其选择的任何一家银行机构提示付款。银行审核无误后，以持票人的姓名开立应解汇款及临时存款账户。若银行汇票的实际结算金额低于出票金额，其多余金额由出票银行退交申请人。银行汇票的结算程序如图6-1所示。

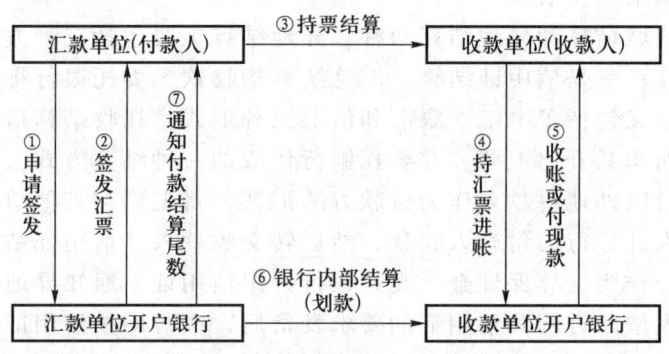

图6-1　银行汇票结算流程图

（2）商业汇票。商业汇票的出票人是在银行开立存款账户的法人。在银行开立存款账户的法人以及其他机构之间，只有具备真实的交易关系或债权债务关系，才能使用商业汇票。商业汇票在同城和异地均可使用，付款人为汇票承兑人。根据承兑人不同，商业汇票可分为商业承兑汇票和银行承兑汇票，前者由银行以外的付款人承兑，后者由银行承兑。商业承兑汇票可以由付款人签发并承兑，也可以由收款人签发交由付款人承兑。付款人应当在汇票正面记载"承兑"字样和承兑日期并签章。付款人对汇票进行承兑后，交收款人收执。持票人应在提示付款期限内通过开户银行委托收款，如承兑人（付款人）在异地开户，持票人可匡算邮程，提前通过开户银行委托收款。付款人开户银行收到持票人开户行交来的商业承兑汇票和委托收款凭证后，应及时通知付款人。付款人收到付款通知后，应在当日通知银行付款，如未通知银行付款，视同付款人承诺付款。银行在办理划款时，如果付款人存款账户的余额不足支付，应填制付款人未付票款通知书，连同商业承兑汇票邮寄持票人开户行，由其转交持票人。

银行承兑汇票的出票人或持票人向银行申请承兑时，银行对出票人的资格、资信、购销合同和汇票记载的内容进行审查，必要时可由出票人提供担保。经银行审查合格后，出票人与银行签订承兑协议。出票人应于汇票到期前将票款足额交存其开户银行，以备兑付。承兑银行应在汇票到期日或到期日后的见票当日支付票款。出票人于汇票到期日未能交足票款时，承兑银行须为其垫款，同时将出票人尚未支付的汇票金额作逾期贷款处理，并计收利息。

2. 本票

本票是出票人签发的，承诺自己在见票时无条件支付确定的金额给收款人或者持票人的票据。本票按出票人分为商业本票和银行本票,这里所说的本票是指银行本票。单位和个人在同一票据交换区域需要支付各种款项,均可以申请使用银行本票。银行本票可以用于转账,注明"现金"字样的银行本票可以支取现金。中国的银行本票分为不定额本票和定额本票两种。前者面额固定,由中国人民银行统一负责印制,各银行代办发售和兑付;后者由经办银行根据申请人的要求填明金额,并压印数字。目前流行的主要是不定额本票。申请人使用银行本票,应向银行填写"银行本票申请书",填明收款人名称、申请人名称、支付金额等事项并签章。出票银行受理银行本票申请书,收妥款项后签发银行本票,交给申请人。申请人应将银行本票交付给本票上记明的收款人。收款人可以将银行本票背书转让给被背书人。持票人将银行本票和进账单送交开户银行,银行审查无误后办理转账。若持票人凭票取现,银行审查后办理付现手续。对于他行签发的不定额本票,兑付银行将通过同城票据交换提交签发行。由于银行办理定额本票业务属代理性质,出票行需将其向本票申请人收取的款项划缴中央银行,而兑付行代中央银行垫付的款项应向中央银行收回。

3. 支票

支票是出票人签发的,委托办理支票存款业务的银行在见票时无条件支付确定的金额给收款人或者持票人的票据。支票的出票人可以是在银行开立支票存款账户的单位和个人,付款人为支票上记载的出票人开户银行。现金支票只能用于支取现金,转账支票只能用于转账,支票上未印有"现金"或"转账"字样的为普通支票,可用于支取现金,也可用于转账。普通支票上划有两条平行线的为划线支票,只能用于转账,不得支取现金。依据中国票据法,支票只允许在同城范围内使用。付款方可开出转账支票,委托其开户行从自己的账户中将款项划转到指定的收款人账户。支票的出票人签发记名支票的金额不得超过在付款行处实有的存款金额,更禁止签发空头支票,支票的收款人可以将支票背书转让。不记名支票由于不记载收款人姓名,凡持票人都可凭票支取款项。持票人通常将支票连同进账单送交开户行,委托开户行收款。如果出票人与持票人均在同一银行开户,银行受理持票人解入的本行支票,在审查无误后,即可将款项划入收款人账户。如果出票人不在该行开户,持票人开户行应将支票通过票据交换系统提交支票付款行,付款行在收到支票后,如经审查无误,即应办妥支付手续,持票人开户行在收妥款项后入账。持票人也可以直接向付款行提示付款。出票人在付款行处的存款足以支付支票金额时,付款行应当在见票当日足额付款。支票的结算程序如图6-2所示。

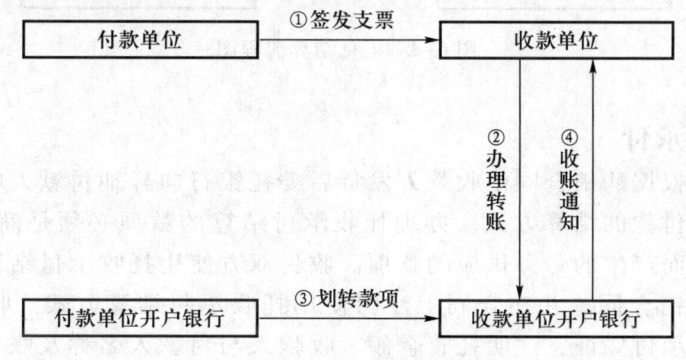

图6-2 支票结算流程图

（二）银行卡结算

银行卡是一种使用十分方便的非现金结算工具。持卡人在发卡银行开立银行卡存款账户，并存入一定的备用金后，可在特约商户利用银行卡购物或支付劳务费用。持卡人应提交银行卡和身份证件，但持卡人凭密码在销售点终端上消费、购物，可免验身份证件。特约商户受理银行卡，需审查该卡是否为本单位可受理的银行卡，是否在有效期内，未列入止付名单等事项。经审查无误后，商户在签购单上压卡，填写实际结算金额、用途、持卡人身份证件号码、特约单位名称和编号。如结算金额超过支付限额，商户应确认发卡银行是否有授权，其后，由持卡人在签购单上签名确认。特约单位在每日营业终了，应将当日受理的银行卡签购单汇总，并填写汇总单和进账单，连同签购单一并送交收单银行办理进账。

（三）汇兑

汇兑是汇款人委托银行将其款项支付给收款人的结算方式。单位和个人的各种款项的结算，均可使用汇兑结算方式。汇兑按凭证传递方式不同分为信汇、电汇两种，由汇款人选择使用。汇款人应签发汇兑凭证，凭证上需记载汇款金额、收款人名称、汇款人名称、汇入地点、汇入行名称、汇出地点、汇出行名称等事项，并表明委托银行从自己账户中支付一笔款项汇给收款人。汇出行受理汇款人签发的汇兑凭证，经审查无误后，应及时将信汇凭证连同联行报单邮寄给汇入行，或依据电汇凭证向汇入行拍发电报，并向汇款人签发汇款回单。对于开立存款账户的收款人，汇入行应将汇给收款人的款项直接转入其账户，并向其发出收账通知。未在银行开立存款账户的收款人，凭信汇、电汇的取款通知向汇入行支取款项。汇兑结算的程序如图 6-3 所示。

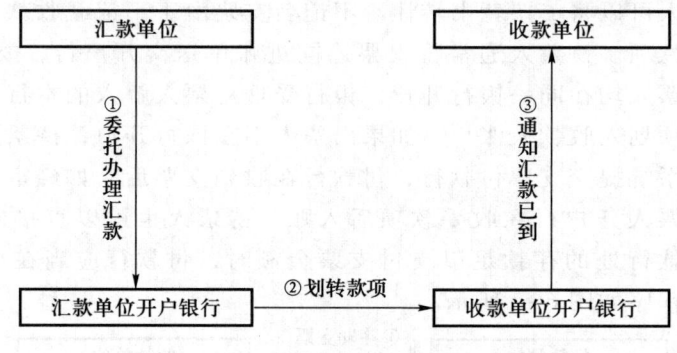

图 6-3　汇兑结算流程图

（四）托收承付

托收承付是根据购销合同由收款人发货后委托银行向异地付款人收取款项，由付款人向银行承认付款的结算方式。办理托收承付结算的款项必须是商品交易的款项，以及因商品交易而产生的劳务供应的款项。收付双方使用托收承付结算必须签有符合经济合同法的购销合同，并在合同上注明使用托收承付结算方式。收款人办理托收时，应签发托收承付凭证，注明托收金额、收款人与付款人名称及账号、收款人与付款人开户银行名称、托收附寄单证张数或册数、购销合同名称及号码、委托日期等事项。收款人应将托收凭证和所附发运证件或其他符合托收承付结算的有关证明和交易单证送交银行。收款人开户银行审查无误后，将托收凭证及交易单证寄付款人开户银行。对方银行收到托收凭证及其附件后，通知付款人。承付货款分为验单付款和验货付款两种。验单付款的承付期通常在一周之内，付款人在承付期内未向银行表示拒绝付款，银行即视为承付，并在承付期满的次日将款项按照收款人指定的划款方式划给收款人。验货付款的承付期为10天之内，或由收付双方商定。付款人收到提货通知后，立即向银行交验提货通知。银行于承付期满的次日将款项划给收款人。

（五）委托收款

委托收款是收款人委托银行向付款人收取款项的结算方式。单位和个人凭已承兑商业汇票、债券、存单等付款人债务证明办理款项的结算，均可以使用委托收款结算方式。委托收款在同城、异地均可办理。收款人首先应签发委托收款凭证，载明委托收款金额、付款人和收款人名称、委托收款凭据名称及附寄单证张数等事项，并将凭证及有关收款依据提交开户行。开户行审查后，将凭证及有关收款依据寄交付款人开户行，后者审查无误后办理付款。委托收款的程序如图6-4所示。

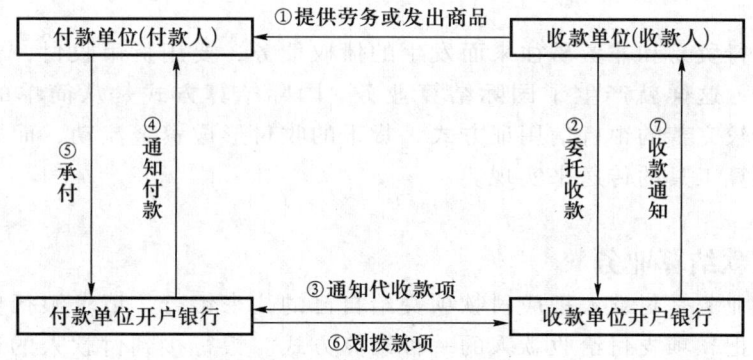

图6-4 委托收款流程图

（六）国内信用证

国内信用证是指开证行依照申请人的申请开出的，凭符合信用证条款的单据支付的付款承诺。信用证为不可撤销、不可转让的跟单信用证。这里所称的信用证办法适用于国内企业之间商品交易的信用证结算。国内信用证具有以下特点：

（1）国内信用证只限于办理转账结算，不得支取现金。

（2）信用证与作为其依据的购销合同相互独立，银行在处理信用证业务时，不受购销合同的约束。

（3）一家银行做出的付款、议付或履行信用证项下其他义务的承诺不受申请人与开证行、申请人与受益人之间关系的制约。受益人在任何情况下，不得利用银行之间或申请人与开证行之间的契约关系。

（4）在信用证结算中，各有关当事人处理的只是单据，而不是与单据有关的货物及劳务。

图 6-5 为国内信用证结算流程图。

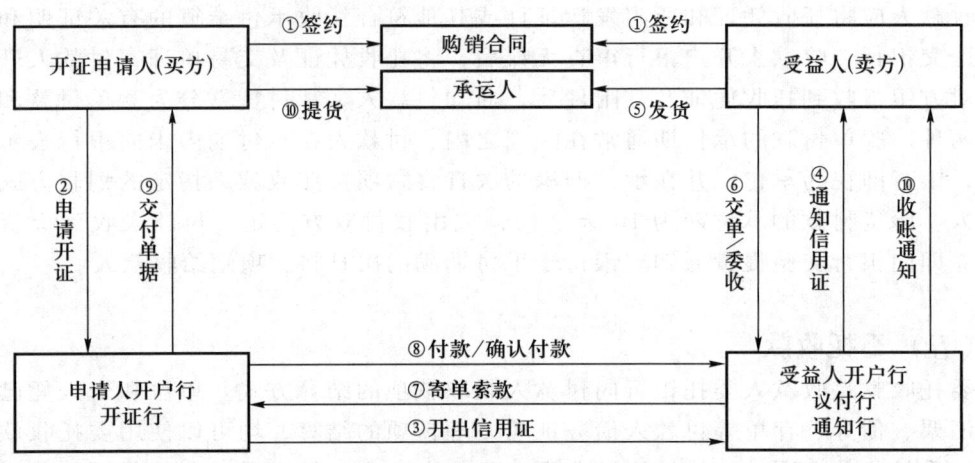

图 6-5　国内信用证结算流程图

二、国际结算业务

国际上进行贸易和非贸易往来而发生的债权债务,要用货币收付,在一定的形式和条件下结清,这样就产生了国际结算业务。国际结算方式是从简单的现金结算方式,发展到比较完善的银行信用证方式,货币的收付形成资金流动,而资金的流动又须通过各种结算工具的传送来实现。

(一) 汇款结算业务

汇款结算业务是付款人把应付款项交给自己的往来银行,请求银行代替自己通过邮寄的方法,把款项支付给收款人的一种结算方式。银行接到付款人的请求后,收下款项,然后以某种方式通知收款人所在地的代理行,请其向收款人支付相同金额的款项。最后,两个银行通过事先的办法,结清两者之间的债权债务。

汇款结算方式一般涉及四个当事人,即汇款人、收款人、汇出行和汇入行。

国际汇款结算业务基本上分为三大类,即电汇、信汇和票汇。

(二) 托收结算业务

托收结算业务是债权人为向国外债务人收取款项而向其开发汇票,委托银行代收的一种结算方式。一笔托收结算业务通常有四个当事人,即委托人、托收银行、代收银行和付款人。商业银行办理的国际托收结算业务为两大类:一类为光票托收;另一类为跟单托收。

(三) 信用证结算业务

信用证结算业务是指进出口双方签订买卖合同后,进口商主动请示进口地银行向出口商开立信用证,对自己的付款责任作出保证。当出口商按照信用证的条款履行了自己的责任后,进口商将货款通过银行交付给出口商。一笔信用证结算业务所涉及的基本当事人有三个,即开证申请人、开证行和受益人。

(1) 开证申请人(Opener),是指向银行申请开立信用证的当事人,在国际贸易中,一般是进口商。开证申请人是信用证业务的发起人,开证申请人向银行申请开立信用证时,需填写开证申请书、缴纳开证押金。

(2) 开证行(Opening Bank/ Issuing Bank),即接受开证申请人的委托、开出信用证的银行。开证行一般是进口商所在地的银行。开立信用证的依据是开证申请人填写的开证申请书。信用证一旦开出,开证行承担首要付款责任,而且其付款是终局性的,一经付出,不得追回。开证行可拒付表面上与信用证条款不一致的单据。

(3) 受益人(Beneficiary),即信用证指明有权使用信用证的人,一般是出口商。受益人收到信用证后,应与合同进行核对,对于不符合合同的信用证可要求开证申请人通过开证行改正。

(四)担保业务

在国际结算过程中,银行还经常以本身的信誉为进出口商提供担保,以促进结算过程的顺利进行。目前为进出口结算提供的担保主要有两种形式,即银行保证书和备用信用证。

1. 银行保证书(Letter of Guarantee)

银行保证书又称保函,是银行应委托人的请求,向受益人开出的担保被保证人履行职责的一种文件。

2. 备用信用证(Stand-by Letter of Credit)

备用信用证是一种银行保证书性质的凭证。它是开证行对受益人开出的担保文件,保证开证申请人履行自己的职责,否则银行负责清偿所欠受益人的款项。

三、支付清算系统

支付清算系统,也称支付系统,是一个国家或地区对交易者之间的债权债务关系进行清偿的系统。具体来讲,它是由提供支付服务的中介机构、管理货币转移的规则、实现支付指令传递及资金清算的专业技术手段共同组成的,用以实现债权债务清偿及资金转移的一系列组织和安排。

从2002年10月8日大额实时支付系统成功投产试运行,经过多年的建设发展,中国现代化支付系统已建成了包括第一代人民币跨行大额实时支付系统、小额批量支付系统、支票影像交换系统和境内外币支付系统、电子商业汇票系统以及中央银行会计集中核算系统,形成了比较完整的跨行支付清算服务体系,为各银行业金融机构及金融市场提供了安全高效的支付清算平台,对经济金融和社会发展的促进作用日益显现。与第一代人民币跨行支付系统相比,第二代支付系统能为银行业金融机构提供灵活的接入方式、清算模式和更加全面的流动性风险管理手段,实现网、银互联,支撑新兴电子支付的业务处理和人民币跨境支付结算,实现本外币交易的对等支付(PVP)结算。同时,系统还将具备健全的备份功能和强大的信息管理与数据存储功能,建立高效的运行维护机制，进一步强化安全管理措施，并逐步实现支付报文标准国际化。中央银行会计核算数据集中系统将实现中央银行会计数据的高度集中，通过再造业务流程，实现内部管理扁平化，信息数据的网络化传输和共享，支持金融机构提高资金管理水平，为其提供多元化的服务。同时，系统还创建严密的风险防范和安全管理机制，具备健全、完善的灾难备份功能。

2005年，中国人民银行大额实时支付系统上线运行，系统支持各政策性银行、商业银行和绝大多数农村信用社的接入，实现了资金实时到账，提高了资金周转速度，通过连接中央债券综合业务系统、公开市场业务交易系统、银行跨年支付系统、全国银行间外汇交易系统以及香港、澳门人民币清算业务体系，为金融市场资金清算和跨境人民币结算提供了有力的支持。

2010年中国人民银行网上支付跨行清算系统建成运行，对广大企事业单位和消费者主要带来三个方面的好处：一是提高跨行支付效率。客户可以方便、及时地办理跨行转账、信用卡跨行还款等业务。二是便利财富管理。通过与银行签订协议后，客户依托一家银行的网上银行，即可查询在其他银行的账户信息，实现"一站式"财富管理。三是拓展电子商务的业务范围。客户可依托一个银行账户方便地办理公用事业缴费、网络购物等业务，便利其日常生产生活，客观上也可支持并促进我国电子商务的快速发展。

知识专栏6-1

2018年3月5日央行发布的《2017年支付体系运行总体情况》摘录

2017年，全国共办理非现金支付业务1 608.78亿笔，金额3 759.94万亿元，同比分别增长28.59%和1.97%。

一、票据

票据业务量持续下降。2017年，全国共发生票据业务2.56亿笔，金额172.37万亿元，同比分别下降12.79%和8.21%。其中，支票业务2.37亿笔，金额153.81万亿元，同比分别下降13.09%和7.23%；实际结算商业汇票业务1 648.39万笔，金额16.77万亿元，同比分别下降0.49%和11.48%；银行汇票业务52.73万笔，金额3 644.82亿元，同比分别下降65.54%和61.65%；银行本票业务164.70万笔，金额1.42万亿元，同比分别下降29.77%和31.92%。

电子商业汇票系统业务量快速增长。2017年，电子商业汇票系统出票655.42万笔，金额12.68万亿元，同比分别增长184.38%和52.02%；承兑678.00万笔，金额13.02万亿元，同比分别增长185.17%和51.75%；贴现179.23万笔，金额6.95万亿元，同比分别增长113.96%和20.50%；转贴现503.48万笔，金额44.48万亿元，笔数同比增长62.71%，金额同比下降2.89%。质押式回购44.00万笔，金额6.92万亿元，同比分别增长181.20%和104.90%。

二、银行卡

发卡量保持稳步增长。截至2017年末，全国银行卡在用发卡数量66.93亿张，同比增长9.27%。其中，借记卡在用发卡数量61.05亿张，同比增长7.87%；信用卡和借贷合一卡在用发卡数量共计5.88亿张,同比增长26.35%。借记卡在用发卡数量占银行卡在用发卡数量的91.22%,较上年末有所下降。全国人均持有银行卡4.84张,同比增长8.35%。其中,人均持有信用卡0.39张,同比增长25.82%。

受理市场环境不断完善。截至2017年末,银行卡跨行支付系统联网商户2 592.60万户,联网POS机具3 118.86万台,ATM 96.06万台,较上年末分别增加525.40万户、665.36万台和3.64万台。全国每万人对应的POS机具数量225.56台,同比增长26.04%,每万人对应的ATM数量6.95台,同比增长3.06%。

银行卡交易量继续增长。2017年,全国共发生银行卡交易1 494.31亿笔,金额761.65万亿元,同比分别增长29.41%和2.67%,日均4.09亿笔,金额2.09万亿元。其中,银行卡存现96.41亿笔,金额67.92万亿元,同比分别下降7.95%和11.99%;取现173.17亿笔,金额65.07万亿元,同比分别下降3.78%和0.65%;转账业务638.46亿笔,金额559.99万亿元,同比分别增长31.17%和3.20%;消费业务586.27亿笔,金额68.67万亿元,同比分别增长52.96%和21.54%。全年银行卡渗透率达到48.71%,比上年上升0.24个百分点。银行卡卡均消费金额为1.03万元,同比上升11.22%;银行卡笔均消费金额为1 171.24元,同比下降20.54%。

银行卡信贷规模继续增长。截至2017年末,银行卡授信总额为12.48万亿元,同比增长36.58%;银行卡应偿信贷余额为5.56万亿元,同比增长36.83%。银行卡卡均授信额度2.12万元,授信使用率44.54%。信用卡逾期半年未偿信贷总额663.11亿元,占信用卡应偿信贷余额的1.26%,占比较上年末下降0.14个百分点。

三、贷记转账等其他结算业务

贷记转账等其他结算业务量保持增长。2017年,全国共发生贷记转账、直接借记、托收承付、国内信用证等其他业务111.91亿笔,金额2 825.92万亿元,同比分别增长19.77%和2.48%。其中,贷记转账业务96.67亿笔,金额2 780.67万亿元。

四、电子支付

移动支付业务量保持较快增长。2017年,银行业金融机构共处理电子支付业务1 525.80亿笔,金额2 419.20万亿元。其中,网上支付业务485.78亿笔,金额2 075.09万亿元,笔数同比增长5.20%,金额同比下降0.47%;移动支付业务375.52亿笔,金额202.93万亿元,同比分别增长46.06%和28.80%;电话支付业务1.60亿笔,金额8.78万亿元,同比分别下降42.58%和48.56%。

2017年,非银行支付机构发生网络支付业务2 867.47亿笔,金额143.26万亿元,同比分别增长74.95%和44.32%。

第三节

代理业务

代理类中间业务(代理业务)指商业银行接受客户委托、代为办理客户指定的经济事务、提供金融服务并收取一定费用的业务，包括代理政策性银行业务、代理中国人民银行业务、代理商业银行业务、代收代付业务、代理证券业务、代理保险业务、代理其他银行银行卡收单业务等。代理业务是典型的中间业务，银行充分利用自身的信誉、技能、信息等资源代客户行使监督管理权、提供各项金融服务。目前，私人银行业务日益成为我国商业银行拓展中间业务的竞争核心。

代理业务具有以下特点：一是在代理过程中，委托人并没有转移财产的所有权，银行只是运用自身的信誉、技能、网络、信息等优势，代客户行使监督管理权，提供金融服务；二是银行不使用自己的资产，不为客户垫款，不参与收益分配；三是代理业务是有偿服务，银行根据代理业务的数量、风险程度等收取一定的手续费。

一、代收代付业务

（一）代收代付的定义

代收代付是指商业银行利用自身的结算便利，接受客户的委托代为办理指定款项收付的业务，例如代理各项公用事业收费、代理行政事业性收费和财政性收费、代发工资、代扣住房按揭消费贷款还款等。

（二）代收代付的特点

1. 时间的固定性

代理收付款项的时间一般是固定不变的，如每年的年初，季度的某个月份，每月的上、中、下旬，每周的星期几等。

2. 收付款的经常性

代收代付款业务不是一次性完成任务，而是持续不断地收付。

3. 数额的少量性

这类收付的款项金额一般不大，零碎而不一致。

4. 工作范围的广泛性

这类业务涉及的工作范围相当大。

5. 手续的统一性

收付款的内容简单一致，经办手续一致，以便于审核。

（三）代收代付业务原则

客户要求商业银行代理收付款时，应向商业银行有关部门提出申请，并明确所收（付）款的金额、用途等内容。

（1）商业银行为客户代理收付款时，双方要签订经济合同或协议，明确双方责任，避免经济纠纷的发生。合同的内容应包括代理项目、代理期限、结算方式的选择以及违约责任、其他未尽事项等。

（2）商业银行为客户代理收付款时要遵循互惠互利的原则，根据具体情况，按照一定的规定要求收取合理的手续费用。对在业务发展中花费的宣传费用，可由两家酌情协议分摊。

（3）商业银行为客户代理收付款时要遵守国家有关的法律及政策规定，遵守商业银行的结算原则。

（4）商业银行要根据客户提供的收（付）费依据代理收（付）款项，对付款项不能按期交纳款项，农村信用社不负任何责任，且原则上不予垫款，但有义务向客户提供真实情况。

（5）商业银行代理客户收付款项，应当同客户保持密切联系，经常沟通情况，发现问题应及时向客户通报，听取客户的意见，在客户的配合下，在相互信任的基础上完成代理工作。

（四）代收代付业务的主要种类

代收代付业务种类繁多，涉及范围广泛，归纳起来可以分为两大类：

1. 代缴费业务

代缴费业务是指银行代理收费单位（邮电、电、气、供水等部门）向其用户收取费用的一种转账结算业务。收费单位与用户均应在代理银行开立活期存款账户，银行定期在协议规定的收费日从用户存款账户中按收费单位所列收费清单扣划给收费单位，并按用户交款笔数收取手续费。客户也可以现金方式在银行柜台缴费，如代收电话费、移动电话费、交通违章罚款、保险费等。

2. 代发薪业务

代发薪业务是指银行受国家机关、行政事业单位及企业的委托，通过其在银行开立的活期储蓄账户，直接向本单位职工发放工资的业务。其办理手续是：经银行和发薪单位协商后，发薪单位填写代理发薪委托书并交给银行，单位每位职工要在经办银行开立活期存款账户，银行发给存折或ATM卡，凭存折或ATM卡支取。此业务改变了客户传统习惯，变"先用后存"为"先存后用"，方便了客户。

二、代保管业务

商业银行以自身拥有的保管箱、保管库等设备条件，接受单位和个人委托，代为保管各种贵重金属、契约文件、设计图纸、文物古玩、珠宝首饰以及股票、债券等有价证券的业务。代理保管的种类主要有：出租保管箱、密封保管、露封保管等。按保管物品不同，按年收取一定的手续费。

保管箱是银行为方便客户寄存贵重物品和单证而提供的安全、可靠的保密设施。它可存放金银珠宝、文物珍品、有价证券、契约、合同、重要资料和保密档案等，具有租价适宜、品种齐全以及开箱方式安全可靠等特点。凡持有身份证、护照的国内公民、港澳同胞、台湾同胞、外籍人员和持有单位证明、营业执照的各种企事业单位及个体工商户均可申请租用保管箱。其租金按保管箱的大小和租期长短计收，租金标准尚未统一，开办保管箱业务的经办行自行确定。

露封保管业务，即保管品不予加封，以显露的包装形式寄存，受理保管的信托机构可以了解其内容，并对保管品的质量负一定的责任。

密封保管业务，也称原封保管，由客户自行将保管品外加包装物，并予以封闭，以包裹或箱柜式入库寄存保管，届期凭封包原样发还。

知识专栏6-2

银行托管业务介绍

银行托管业务是指银行作为第三方，依据法律法规和托管合同规定，代表资产所有人的利益，从事托管资产保管、办理托管资产名下资金清算、进行托管资产会计核算和估值，监督管理人投资运作，以确保资产委托人利益，并收取托管费的一项中间业务。银行托管业务包括证券投资基金托管、委托资产托管、社保基金托管、企业年金托管、信托资产托管、农村社会保障基金托管、基本养老保险个人账户基金托管、补充医疗保险基金托管、收支账户托管、QFII（合格境外机构投资者）托管、贵重物品托管。

随着我国资本市场的快速发展，财富管理蓬勃兴起。2012年底，券商、基金、保险资管新政打开新的市场空间。特别是今年以来，资产管理行业规模更是突飞猛进，信托规模逼近10万亿元，银行理财持续膨胀，券商、基金资管爆发增长，保险资管蓄势待发，外汇政策变化带来QDII、QFII、R-QFII规模迅速扩张。为适应市场变化，国内各商业银行纷纷将资产托管业务定位于新兴战略业务，而证监会出台新政放开基金托管机构范围，资产托管市场竞争压力迫在眉睫。

第四节
银行卡业务

一、银行卡的概念

银行卡是指商业银行等金融机构及邮政储汇机构向社会发行的，具有消费信用、转账结算、存取现金等全部或部分功能的信用支付工具。银行卡包括信用卡和借记卡两种。因为各种银行卡都是塑料制成的，又用于存取款和转账支付，所以又称之为"塑料货币"。

20世纪70年代以来，科学技术的飞速发展，特别是电子计算机的运用，使银行卡的使用范围不断扩大。银行卡的使用不仅减少了现金和支票的流通，而且使银行业务由于突破了时间和空间的限制而发生了根本性变化。银行卡自动结算系统的运用，使一个"无支票、无现金"社会的到来不久将成为现实。

二、银行卡的分类

（一）按发行对象不同，银行卡分为单位卡（商务卡）、个人卡

单位卡是发卡机构向单位发行的银行卡。它一般以法人名义申领并授权指定个人使用，凡是在中国境内金融机构开立基本存款账户的单位可申领单位卡。单位卡账户的资金一律从其基本存款账户转账存入，不得交存现金，不得将销货收入的款项存入其账户。单位卡一律不得支取现金，不得用于 10 万元以上的商品交易、劳务供应款项的结算。个人卡是发卡机构向个人发行的银行卡。它以个人名义申领并由其承担用卡的一切责任。个人卡账户的资金以持有的现金存入或以其工资性款项及属于个人的劳动报酬收入转账存入，严禁将单位的款项存入个人卡账户。个人申领银行卡（储值卡除外），应当向发卡银行提供公安部门规定的本人有效身份证件，经发卡银行审查合格后，为其开立记名账户。

（二）按信息载体不同，银行卡分为磁条卡、芯片（IC）卡

磁条卡是指将磁条压贴在卡片上，以磁条为信息载体的银行卡。磁条按照严格的 ISO 标准制造，一般有三个磁道，分别用于记载特定的信息。芯片卡又称集成电路卡（Integrated Circuit Card，IC 卡）是指在卡片上嵌置一个或多个集成电路。集成电路芯片可以是存储器或微处理器。带有存储器的 IC 卡又称记忆卡或存储卡。记忆卡可以存储大量信息。带有微处理器的 IC 卡又称智能卡或智慧卡，智能卡则不仅具有记忆能力，而且具有处理信息的功能，它的安全性比磁条卡大大提高。

（三）按记账性质不同分类，分为信用卡和借记卡

信用卡允许持卡人在信用额度内先消费后还款。信用卡按是否向发卡银行交存备用金分为贷记卡、准贷记卡两类。贷记卡是指发卡银行给予持卡人一定的信用额度，持卡人可在信用额度内先消费、后还款的信用卡。准贷记卡是指持卡人须先按发卡银行要求交存一定金额的备用金，当备用金账户余额不足支付时，可在发卡银行规定的信用额度内透支的信用卡。借记卡没有消费信用功能。借记卡可进一步划分为转账卡（含储蓄卡）、专用卡和储值卡。转账卡是实时扣账的借记卡。具有转账结算、存取现金和消费功能。专用卡是具有专门用途、在特定区域使用的借记卡，具有转账结算、存取现金的功能。这里的"专门用途"是指在百货、餐饮、饭店、娱乐行业以外的用途。储值卡是发卡银行根据持卡人要求将其资金转至卡内储存，交易时直接从卡内扣款的预付钱包式借记卡。

（四）按结算币种不同，银行卡可以分为人民币卡和外币卡

人民币卡即以人民币为结算货币的银行卡。外币卡指发卡机构以某种可自由兑换的货币作为结算货币的银行卡。外币卡按照结算货币的数量分成单币种外币卡和双币种外币卡。单币种外币卡是指存款、信用额度均为外币，并且应当以外币偿还的银行卡。因

为这种产品的使用有比较大的局限性，只适合在境外使用。双币种外币卡是指存款、信用额度同时有人民币和外币两个账户的银行卡。双币种外币卡集合了外币卡和人民币卡的功能特点，将人民币和另外一种可自由兑换货币两种结算币种账户并存于一张银行卡之中。

知识专栏6-3

银行卡欺诈的常见手段

一是冒用别人的身份证等有效身份证件申领银行卡进行诈骗。

二是利用人们麻痹、轻信的心理作案。用假卡、空卡掉包、贴"紧急通知"等，如犯罪分子在ATM上贴一张所谓的"紧急通知"，声称ATM系统受到病毒侵害，为保证用户资金安全，用户必须把资金转移到指定账户上，只要用户把资金转入该账户，银行卡里的资金立即就会被犯罪分子提走。因此，千万不要轻信"紧急通知"和"公告"，以防受骗。在ATM旁看到"紧急通知"，要求您提供密码信息，绝对不是银行的行为，而是恶意窃取持卡人资料的犯罪分子所为。

三是高科技作案，如在ATM上安装微型摄像头，利用盗卡器等高科技作案。自助操作时，您应注意ATM上是否有摄像头等多余装置。还有就是自助银行的大门一般要求刷卡才能进入，刷卡时是不要求输入密码的，有的不法分子改动自助银行的门禁装置，要求刷卡后输入密码以实现盗取的目的。遇到此情况切不可输入密码，应立即和银行联系。

三、银行卡业务的风险

随着银行卡业务迅速发展和竞争日趋激烈，有关银行卡方面的投诉、纠纷、案件时有发生，银行卡业务风险处于多发、高发期。银保监会有关专家指出，当前银行卡业务主要有以下四类风险：

（一）外部欺诈风险

在各类银行卡风险中，外部欺诈风险是目前最严重、危害最大的一类风险。主要通过ATM取现、POS机套现（消费）或网络（电话）转账等渠道实现欺诈目的。欺诈手段主要是：伪卡欺诈、直接骗取客户资金和利用ATM骗卡。

（二）中介机构交易风险

中介机构交易风险指特约商户非法交易或违章操作引起持卡人或发卡机构资金损失的风险。中介机构的交易风险主要体现为两类：一类是部分不法商户提供信用卡套现交易，为犯罪目的实现提供了渠道，引发交易风险；一类是中介机构或个人不规范（甚至是非法）的信用卡营销行为引发的风险。

（三）内部操作风险

内部操作风险指银行工作人员违规操作或操作失误造成银行资金损失，或工作人员利用职务之便，与不法分子勾结、串通作案，引起发卡行或客户资金损失的风险。与外部欺诈风险和中介机构交易风险相比，这类案件不具有普遍性，但由于是内部专业人员作案，手段更隐蔽。

（四）持卡人信用风险

当前各行在信用卡业务的发展上重规模、轻质量，不能有效区分潜在客户，对客户授信未予严格把关，发卡对象有向高风险群体扩展的现象，过度消费、透支炒股等高风险事件时有发生。

知识专栏 6-4

怎样保管银行卡

银行卡的主要构成材料是塑料和磁条，易受外力和环境影响受损，如保管和使用不当，会出现变形、断裂、磁性减弱、磁条损坏、消磁等现象，无法被正常识别或读取信息，造成银行卡失效。银行卡磁条上记录和储存着您的相关资料信息，如果磁条信息减弱、改变或丢失，您在用卡时，POS机、ATM等终端设备可能无法读出正确的银行卡信息，造成交易失败。因此，银行卡最好放在带硬皮的钱夹里，并防止尖锐物品磨损、刮伤磁条或扭曲折坏；多张银行卡不要紧贴一起存放，或将两张银行卡背对背叠放一起。银行卡要尽可能远离电磁炉、微波炉、电视、冰箱等电器，尽量不要和手机、计算机、掌上计算机、磁铁、文曲星、商务通等带磁物品放在一起。

出门时，请不要将所有银行卡放在同一皮包里，在寄放外套的公共场所中，不要将装有银行卡的钱包放在外套口袋里，也不要置于车内或寄物柜中，应随身保管，切勿丢失。对暂时不用的银行卡，要锁在抽屉或柜子里，千万不可随意放置，以免引起他人贪念，偷取后盗刷。为避免银行卡遗失遭受损失，建议您将银行卡、密码和身份证分开存放，切记不可随意将银行卡卡号告知他人，不要将银行卡转借他人，否则极易发生银行扣卡、止付以及资金损失等情况，甚至引起债务纠纷。

您最好将银行卡卡号及发卡银行的服务专线电话号码另行抄录并妥善保管，同时在手机的通讯录中备份，以便在发生意外的第一时间内，同发卡银行取得联系，避免损失。

四、中国的银行卡业务发展

（一）中国的银行卡业务的早期发展

改革开放初期，国际人士和港、澳、台同胞及华侨带来了信用卡这一新事物，为了适应形势的需要，中国人民银行指定涉外的中国银行为国外信用卡代办行，此后其他银行也相继开始办理这一业务。中国大陆银行业自己发行的第一张信用卡是1985年3月1日中国银行珠海分行发行的"中银卡"。此后，我国自己发行的各种信用卡便纷纷出现。1987年12月中国银行与万事达国际组织合作发行了第一张长城万事达人民币信用卡，1987年8月中国银行与维萨国际组织合作发行了第一张长城维萨人民币信用卡。四家国有商业银行是这一时期的主要发卡行。

信用卡的便利性及其给银行带来的经济效益促进了其他商业银行开始推出银行卡业务。深圳发展银行的"深发卡"、交通银行的"太平洋卡"、招商银行的"储蓄一卡通"、民生银行的"民生卡"等众多的银行卡在90年代相继出现。

（二）中国银联和银行卡的联网通用

虽然中国的银行卡业务当时得到了迅速的发展，但是与发达国家相比，银行卡数量还很少，普及率不高，银行卡业务发展遇到了瓶颈。其中一个重要的原因是各家银行的银行卡技术标准不统一，也不能实现联网通用。

1993年中国提出金卡工程的建设。1994年全国金卡工程启动。同时北京、上海、广州、武汉、南京等城市的商业银行相继合资组建起地方性的银行卡信息交换中心，开了了区域性的联合。在全国18个城市的银行卡信息交换中心联合组织的基础上，2002年3月26日中国银联股份有限公司在上海宣告成立，形成一个全国性的跨银行、跨地区的银行卡信息交换网络中心。中国银联成立后，中国的银行卡开始了迅速发展的进程。

（三）当前中国的银行卡业务

中国的银行卡行业的一个鲜明特征是借记卡的主导地位。当前中国的银行借记卡的应用领域不断扩展。随着各种借记卡汇款和转账类业务的开通，购买基金、证券、保险等与理财业务相关的资金划拨成为借记卡的重要交易目的。

在借记卡被广泛使用的同时，信用卡的消费交易也日益活跃。各商业银行对信用卡营销力度不断加强，信用卡在消费交易中无论笔数还是金额所占的比例都明显上升，而且信用卡日益成为消费信用的重要形式。

从银行卡的品牌来看，国内发卡市场的品牌竞争日趋激烈。维萨、万事达、美国运通（American Express）、JCB（Japanese Credit Bureau）等国际品牌通过大规模的广告和营销投入加大对中国市场的渗透。中国银联则从产品、服务、营销等各方面加大市场化的品牌推广力度，各方展开了激烈的竞争。从各品牌的交易量来看，银联标准卡的总体活跃度明显超过其他品牌银行卡。

第五节
承诺与担保业务

一、承诺业务

承诺类中间业务（承诺业务）是指商业银行在未来某一日期按照事前约定的条件

向客户提供约定信用的业务，主要指贷款承诺，包括可撤销承诺和不可撤销承诺两种。可撤销承诺附有客户在取得贷款前必须履行的特定条款，在银行承诺期内，客户如没有履行条款，则银行可撤销该项承诺，可撤销承诺包括透支额度等。不可撤销承诺是银行不经客户允许不得随意取消的贷款承诺，具有法律约束力，包括备用信用额度、回购协议、票据发行便利等。

（一）贷款承诺

贷款承诺是指商业银行等金融机构作出的在一定期间内以确定条款和条件向承诺持有者（潜在借款人）提供贷款的承诺。贷款承诺属于银行的表外业务，是一种承诺在未来某时刻进行的直接贷款。对于在规定的借款额度内客户未使用的部分，客户必须支付一定的承诺费。

1. 贷款承诺的种类

贷款承诺具有多种表现形式，根据作出承诺的条款和条件等要素，贷款承诺可以划分为不同的种类：

（1）定期贷款承诺（Term Load Commitment）。在定期贷款承诺下，借款人可以全部或部分地提用承诺金额，但仅能提用一次；如果借款人不能一次提用所承诺的全部资金，那么承诺实际就降至已提用的金额，贷款的期限通常与借款人提用承诺时承诺的剩余期一致。

（2）备用承诺（Standby Commitment）。在备用承诺下，借款人可多次提用，一次提用部分贷款并不失去对剩余承诺在剩余有效期内的使用权力。然而，一旦借款人开始偿还贷款，尽管偿还发生在承诺到期之前，已偿还的部分就不能被再次提用。

（3）循环承诺（Revolving Commitment）。循环承诺就是借款人在承诺有效期内可多次提用，并且可反复使用已偿还的贷款，只要借款人在某一时刻使用的贷款不超过全部承诺额就可以，即对贷款额度实行存量管理。

2. 贷款承诺的期限

贷款承诺的期限从开出之日起到正式签订借款合同止。一般为 6 个月，最长不超过 1 年。

3. 贷款承诺的特点

（1）灵活性。对于借款人来说，贷款承诺首先具有较大的灵活性，获得承诺的借款人等于是拥有了一种机动灵活地选择融资的权力，他可以根据自己的经营状况，自由随时地确定贷与不贷、贷多贷少、期限长短，以求最合理地使用资金，提高资金的使用效率。

（2）支持性。贷款承诺具有客观上的支持性，借款人通常都依靠银行的承诺来支持自身在货币和资本市场上的信誉，尽管付给银行一定的承诺费，但由于提高了自己在货币和资本市场上的信誉，在很大程度上会降低筹资成本。

（3）收益性。对于承诺银行来说，贷款承诺能给银行带来较大的收益，申请贷款承诺的借款人通常都把它作为一种支持性工具，借以提高自己的融资信誉。所以，实际上银行往往不需要真正动用资金，就可以获取较高的佣金。

（4）风险性。贷款承诺具有较高的风险性。由于贷款承诺是在事先作出的，如果在承诺期间借款人的财务状况恶化，从而影响其偿债能力，这时银行也必须履约贷款，显然这种贷款的风险系数是相当大的，有时会严重地影响银行资产的质量和安全。

4. 贷款承诺的定价

贷款承诺的定价是指承诺银行在进行贷款承诺时收取佣金的多少。贷款承诺定价的核心是佣金费率的确定。佣金费率的确定一般由银行和借款人协商解决。影响佣金费率的因素主要有借款人的信用水平、经营状况、财务状况、承诺期限的长短以及是否进行贷款的可能性大小等。佣金费率一般以年度贷款总额的 0.25%~0.75% 计算，最高不超过 1%。一般以未使用的承诺金额作为计费基础，根据收费的承诺期限和佣金费率计算总的承诺佣金。

5. 贷款承诺的程序

贷款承诺的程序一般可以分为以下几个步骤：

（1）借款人向银行提出贷款承诺的申请。借款人向银行提出贷款承诺的申请必须提交正式书面的申请书，同时还要提交借款人详细的财务资料和生产经营状况资料，作为银行是否进行贷款承诺的根据。

（2）银行进行审查和审批。如果银行认为有进行承诺的可行性，就和借款人进行贷款承诺条件的协商，主要包括承诺的类型、承诺的金额、承诺的期限、佣金率、偿还安排和保障条款等。

（3）银行和借款人签订贷款承诺协议书。银行和借款人对上述的承诺条件协商一致后，就必须签订正式的贷款承诺协议书，以明确规定双方的义务，保障双方的权利。

（4）借款人贷款资金的提用。借款人在承诺额度之内提用资金之前，必须在合同规定的时间内通知银行，以便银行能够及时地组织资金；银行必须在合同规定的时间内将资金划入借款人的存款账户，供借款人使用。

（5）归还借款本息和支付佣金。借款人必须按期缴纳佣金和支付贷款本息，并按合同规定按时偿还贷款本金。

6. 贷款承诺与贷款意向的区别

（1）承诺程度不同。贷款意向的含义是可以为贷款协议进行进一步的准备和商谈；贷款承诺则是已经就贷款条件和合同主要条款达成一致。

（2）阶段不同。大型建设项目在项目建议书批准阶段一般需要银行出具贷款意向书；在可行性报告批准阶段则需要银行出具贷款承诺书。

（3）法律责任不同。贷款承诺具有法律约束力，银行须按正常贷款的审查程序对贷款作出评估，签订正式的贷款承诺协议；贷款意向则不具备法律约束力。

（4）内容不同。贷款承诺内容包括承诺额度、承诺的有效期限、贷款的有权批准机关、贷款条件及收费事项等，而贷款意向不表示贷款的额度以及期限。

（5）费用不同。贷款承诺一般要收取承诺费，而贷款意向不收取费用。

（二）票据发行便利

票据发行便利（Note Issuance Facilities，NIFS），又称票据发行融资安排，是 1981

年在欧洲货币市场上基于传统的欧洲银行贷款风险分散的要求而产生的一种金融创新工具。它是指有关银行与借款人签订协议，约定在未来一段时间，借款人根据具有法律约束力的融资承诺，连续发行一系列的短期票据由银行购买并以最高利率成本在二级市场上出售，否则由包销银行提供等额贷款以满足借款人筹措资金需要的一种融资创新活动。票据发行便利约定期限一般为3~7年，短期票据循环发行，期限从7天至一年不等，大部分为3个月或6个月。

1. 票据发行便利的特点

（1）企业可以获得较低成本资金，提高使用资金的灵活性。

（2）企业通过发行短期票据获得中长期资金，具有创造信用功能，并使风险进一步分散，表内业务表外化。

（3）银行可以向借款人收取协助筹资报酬，一般占发行总额5~10个基本点；承诺费为未发行额度的5~10个基本点；包销费，即承购包销票据的费用，一般占包销额5~15个基本点。

2. 票据发行便利市场的发展

票据发行便利自1981年问世以来发展迅速，特别是1982年国际债务危机发生，国际银团贷款大为紧缩以来，更加受到贷款人、投资者的青睐。在1983年底至1984年间，为满足借款人对特定筹资的需要，或使其能够在最适合的情况下选择成本最低的方式提用资金，出现了多种选择便利。1985年以后成为经济合作与发展组织成员国运用浮动利率票据和商业票据筹资的替代物或补充，出现了多种变型。主要有短期票据发行便利、全球循环承购便利、可转让循环承购便利和抵押承购便利等。票据发行便利的票据使用的货币单位主要是美元，也有用欧洲货币单位或新加坡元的。一般而言，票据发行便利的主要借款人是欧洲大型商业银行和经合组织成员国政府，还有一些亚洲、拉丁美洲国家借款人。借款人如果是银行，发行的票据通常是可转让大额定期存单；如果是工商企业则主要采用本票性质的欧洲票据。按惯例借款人通过票据发行便利取得借款要缴纳三种费用：一次性缴纳发行管理费用；在每期票据期末向承包银行支付发行费用；向贷款人支付基础参考利率LIBOR或LIBOR加一定额度的收益。

（三）回购协议

1. 回购协议概述

回购协议指的是由借贷双方签订协议，规定借款方通过向贷款方暂时售出一笔特定的金融资产而换取相应的即时可用资金，并承诺在一定期限后按预定价格购回这笔金融资产的安排。其中的回购价格为售价另加利息，这样就在事实上偿付融资本息。

回购协议实质上是一种短期抵押融资方式，那笔被借款方先售出后又购回的金融资产即是融资抵押品或担保品。回购协议分为债券回购和股票回购两种。两种形式都是融资的手段，而且一贯都被认为是比较安全且回报高而快的方式。

回购协议有两种形式，即正回购协议和逆回购协议。正回购协议是指在出售证券的同时，和证券的购买商签订协议，协议在一定期限后按照约定价格回购所出售的证券，从而及时获取资金的行为；逆回购协议（Reverse Repurchase Agreement）是指买入证券一方同意按照约定期限和价格再卖出证券的协议。

回购协议的期限一般很短，最常见的是隔夜拆借，但也有期限长的。此外，还有一种"连续合同"的形式，这种形式的回购协议没有固定期限，只在双方都没有表示终止的意图时，合同每天自动展期，直至一方提出终止为止。

2. 回购协议方式的特点

（1）将资金的收益与流动性融为一体，增大了投资者的兴趣。投资者完全可以根据自己的资金安排，与借款者签订"隔日"或"连续合同"的回购协议，在保证资金可以随时收回移作他用的前提下，增加资金的收益。

（2）增强了长期债券的变现性，避免了证券持有者因出售长期资产以变现而可能带来的损失。

（3）具有较强的安全性。回购协议一般期限较短，并且有100%的债券作抵押，所以投资者可以根据资金市场行情变化，及时抽回资金，避免长期投资的风险。

（4）较长期的回购协议可以用来套利。如银行以较低的利率用回购协议的方式取得资金，再以较高利率贷出，可以获得利差。

在美国，回购协议市场的利率一般以联邦储备资金拆借市场的利率为基准，但经常会略低一些。回购协议作为重要的短期资金融通方式，已越来越受到重视。

3. 银行回购协议借款的原因

首先，回购协议借款是银行推行负债储备管理的有力工具之一，尤其是大银行喜好用回购协议调整储备金头寸。其次，回购协议所获借款无须提交储备金，这就降低了回购协议借款的实际成本。再次，由于回购协议下有政府债券等金融资产作担保，资金需求银行所付的利息稍低于同业拆借利率。最后，回购协议的期限弹性佳。回购协议的期限虽多为一个营业日，但也有长达几个月的，而且双方可签订连续合同。在协议不产生异议的情况下，协议可自动展期。因此，回购协议为商业银行提供了一种比其他可控制负债工具更容易确定期限的工具。

二、担保业务

担保类中间业务（担保业务）指商业银行为客户债务清偿能力提供担保，承担客户违约风险的业务。主要包括银行承兑汇票、备用信用证、银行保函等。

（一）银行承兑汇票

1. 银行承兑汇票的定义

银行承兑汇票（Bank's Acceptance Bill，BA）是商业汇票的一种，是由收款人或付款人（或承兑申请人）签发，并由承兑申请人向开户银行申请，经银行审查同意承兑的商业汇票。对出票人签发的商业汇票进行承兑是银行基于对出票人资信的认可而给予的信用支持。由实力雄厚、信誉卓著的企业承诺到期付款的汇票称为商业承兑汇票。由于市场经济所必需的信用体系在我国尚未完全建立，商业承兑汇票目前使用范围并不广泛，我们经济生活中大量使用的是银行承兑汇票。

2. 银行承兑汇票的特点

（1）信用好，承兑性强。银行承兑汇票经银行承兑到期无条件付款，就把企业之间的商业信用转化为银行信用。对企业来说,收到银行承兑汇票,就如同收到了现金。

(2) 流通性强,灵活性高。银行承兑汇票可以背书转让,也可以申请贴现,不会占压企业的资金。

(3) 节约资金成本。对于实力较强、银行比较信得过的企业,只需交纳规定的保证金,就能申请开立银行承兑汇票,用以进行正常的购销业务,待付款日期临近时再将资金交付给银行。由于银行承兑汇票具有上述优点,因而受到企业的欢迎。

3. 银行承兑汇票的操作步骤

银行承兑汇票的签发与兑付大体包括如下步骤:

(1) 签订交易合同。交易双方经过协商,签订商品交易合同,并在合同中注明采用银行承兑汇票进行结算。作为销货方,如果对方的商业信用不佳,或者对对方的信用状况不甚了解或信心不足,使用银行承兑汇票较为稳妥。因为银行承兑汇票由银行承兑,由银行信用作为保证,因而能保证及时地收回货款。

(2) 签发汇票。付款方按照双方签订的合同的规定,签发银行承兑汇票。银行承兑汇票一式四联:第一联为卡片,由承兑银行支付票款时作付出传票;第二联由收款人开户行向承兑银行收取票款时作联行往来账付出传票;第三联为解讫通知联,由收款人开户银行收取票款时随报单寄给承兑行,承兑行作付出传票附件;第四联为存根联,由签发单位编制有关凭证。

(3) 汇票承兑。付款单位出纳员在填制完银行承兑汇票后,应将汇票的有关内容与交易合同进行核对,核对无误后填制"银行承兑协议",并在"承兑申请人"处盖单位公章。银行承兑协议一式三联,其内容主要是汇票的基本内容,汇票经银行承兑后承兑申请人应遵守的基本条款等。

(4) 支付手续费。按照"银行承兑协议"的规定,付款单位办理承兑手续并向承兑银行支付手续费,由开户银行从付款单位存款户中扣收。按照现行规定,银行承兑手续费按银行承兑汇票的票面金额的 1‰ 计收,每笔手续费不足 10 元的,按 10 元计收。

承兑期限最长不超过 6 个月。承兑申请人在银行承兑汇票到期未付款的,按规定计收逾期罚息。

(二) 备用信用证

1. 备用信用证的基本概念

备用信用证,简称 SBLC (Standby Letters of Credit),又称担保信用证,是指不以清偿商品交易的价款为目的,而以贷款融资或担保债务偿还为目的所开立的信用证。具体地讲,备用信用证是指开证行应借款人要求,以放款人作为信用证的受益人而开具的一种特殊信用证,以保证在借款人破产或不能及时履行义务的情况下,由开证行向受益人及时支付本利。它是集担保、融资、支付及相关服务于一体的多功能金融产品,因其用途广泛及运作灵活,在国际商务中得以普遍应用。

备用信用证起源于美国,是一种金融工具创新的产物。根据美国联邦银行法,无论是在联邦还是在各州注册的银行均不得开立保函,各银行为了争取业务,占领更大的市场份额，采取变通的手段，创造了实际上是银行保函的备用信用证。

2. 备用信用证的性质

（1）不可撤销性。除非在备用信用证中另有规定，或经对方当事人同意，开证人不得修改或撤销其在该备用信用证下之义务。

（2）独立性。备用信用证下开证人义务的履行并不取决于：① 开证人从申请人那里获得偿付的权利和能力。② 受益人从申请人那里获得付款的权利。③ 备用信用证中对任何偿付协议或基础交易的援引。④ 开证人对任何偿付协议或基础交易的履约或违约的了解与否。

（3）跟单性。开证人的义务要取决于单据的提示，以及对所要求单据的表面审查。

（4）强制性。备用证在开立后即具有约束力，无论申请人是否授权开立，开证人是否收取了费用，或受益人是否收到或因信赖备用信用证或修改而采取了行动，它对开证行都是有强制性的。

3. 备用信用证与一般的跟单信用证的比较

备用信用证和一般的跟单信用证一样，银行都承担第一性付款责任，但两者还是有一定区别的。具体表现在：跟单信用证通常只作为货物买卖的国际支付；备用信用证不仅适用于货物买卖的支付，还适用于投标担保、还款担保等各类经济担保。备用信用证的付款行凭受益人出具的证明开证人已经违约的证明书，承担付款责任；跟单信用证付款行凭受益人提交的符合信用证要求的货运单据付款。备用信用证具备"备而不用"的性质，适用于开证人不履约；跟单信用证适用于履约，受益履行了信用证规定的条件，开证行即付款。

（三）银行保函

1. 银行保函的定义

银行保函是指银行应客户的申请开立的以银行信用作担保的书面承诺文件。一旦申请人未按其与受益人签订的合同约定偿还债务或履行约定义务，银行按保函的约定履行担保责任。

2. 银行保函的分类

（1）履约保函。履约保函指投标人与国外招标人签订供货或工程承包合同，银行向受益人担保，当被担保人签订合同后，在规定的时间内如不能履行合同，银行将按合同的规定支付赔偿金。

（2）投标保函。投标保函指投标人投标时，应招标人的要求，向银行申请开立的投标保证书，银行向招标人担保，若投标人中标后不签约，银行将在保函的范围内向其支付规定的金额。

（3）租赁保函。租赁保函指承租方在用租赁方式进口设备时，应出租人的要求，由承担人向银行申请开立的租赁保证书，向出租人担保，当承租人未按租赁合同规定的期限支付租金时，由银行担保代为给付。

（4）预付款保函。预付款保函指出口贸易和承包国际工程项目中，买方或业主预付款项，同时应买方或业主的要求，由卖方或工程承包方向银行申请开立保证书，保证在卖方或承包方未能履行合同时返还预付款。

(5) 付款保函。付款保函指进口货物和技术等贸易中,应出口方的要求,由进口方向银行申请开立的付款保证书。银行向出口方担保,当进口方在货到后或货到经检验与合同相符后由银行保证支付货款,或者是在技术交易中,向卖方担保,当买方在收到技术资料经检验与合同相符后由银行保证支付价款。

另外还有加工装配业务进口保函、承包工程保函、质量维修保函、留置金保函、延期付款保函、海关保函、保释金保函、补偿贸易保函、外汇融资保函等。

3. 银行保函的主要优势

(1) 银行保函以银行信用作为保证,易于为客户所接受,帮助客户实现交易。

(2) 银行保函是独立的承诺并且是单证化的交易,针对性强、目的明确、条款清楚,操作简单。

(3) 保证受益人在履行了合约义务后,将肯定能得到其所应得到的合同价款的权利,从而保障合同的履行。

■ 本章小结

1. 中间业务是指商业银行为客户办理收付及其他委托代理事项、提供各种金融服务的业务。在办理这类业务时,银行既不是债务人也不是债权人,而是处于受委托代理地位,以中间人身份进行各项业务活动。

2. 支付结算是单位、个人在社会经济活动中使用票据、信用卡、汇兑、托收承付、委托收款等结算方式进行货币给付及资金清算的行为。银行是支付结算和资金清算的中介机构。目前的结算办法主要有银行汇票、商业汇票、银行本票、支票、汇兑、委托收款和异地托收承付以及信用卡等方式。

3. 代理类中间业务指商业银行接受客户委托、代为办理客户指定的经济事务、提供金融服务并收取一定费用的业务,包括代理政策性银行业务、代理中国人民银行业务、代理商业银行业务、代收代付业务、代理证券业务、代理保险业务、代理其他银行银行卡收单业务等。

4. 银行卡是指商业银行等金融机构及邮政储汇机构向社会发行的,具有消费信用、转账结算、存取现金等全部或部分功能的信用支付工具。银行卡包括信用卡和借记卡两种。

5. 承诺类中间业务是指商业银行在未来某一日期按照事前约定的条件向客户提供约定信用的业务,主要指贷款承诺,包括可撤销承诺和不可撤销承诺两种。

6. 担保类中间业务指商业银行为客户债务清偿能力提供担保,承担客户违约风险的业务。主要包括银行承兑汇票、备用信用证、银行保函等。

■ 重要名词术语

中间业务 现金结算业务 转账结算 支票 汇票 本票 信用证 代理 代保管 银行卡 信用卡 贷款承诺 票据发行便利 银行承兑汇票 银行保函 备用信用证

■ 复习思考

1. 什么是中间业务？中间业务有哪些特点？
2. 我国商业银行从事的代理业务有哪些？
3. 简述银行卡的功能。
4. 商业银行信用卡有哪些风险？如何防范？
5. 银行承诺业务有哪些？
6. 信用证与备用信用证的区别是什么？

■ 延伸阅读

1. 电子商业汇票业务管理办法（人民银行 2012 年 12 月）.
2. 大额支付系统业务处理手续（试行）（人民银行 2009 年 5 月）.
3. 中国现代化支付系统运行管理办法（试行）（2009 年 5 月）.
4. 郑振龙. 金融工程. 3 版. 北京：高等教育出版社，2012.

第七章
金融市场业务

章首引例

国内银行频发票据案

2016年4月,天津银行爆发票据案,涉资逾7亿元。天津银行票据案是票据市场积弊浮现的案例。此前2016年1月农行爆出过39亿元票据案,最令人震惊的是一票据包内出现部分票据被报纸替代的怪事。案件的大致脉络是:农行北京分行与某银行进行银行承兑汇票转贴现业务,在回购到期前,银票应存放在农行北京分行的保险柜里,不得转出。但实际情况是,银票在回购到期前,就被某重庆票据中介提前取出,与另外一家银行进行了回购贴现交易,而资金并未回到农行北京分行的账上,而是非法进入了股市。

此案尚未平息,中信兰州分行也被爆出10亿元票据案件。有报道提到,2015年5—7月,有犯罪嫌疑人伙同银行工作人员,利用伪造的银行存款单等文件,以虚假的质押担保方式在银行办理存单质押银行承兑汇票业务,并在获取银行承兑汇票后进行贴现。

为规范票据市场,央行正在大力推广电票。从2017年1月1日起单张出票金额在300万元人民币以上的商业汇票全部通过电票办理。2018年1月1日起,单张金额在100万元以上的商业汇票全部通过电票办理;到2018年底,各金融机构办理的电票承兑业务在本机构办理的商业汇票承兑业务中金额占比应达到80%以上。

纸票给操作流程带来了很多风险隐患,票据业务电子化是很好的解决办法。为此,央行于2016年12月建立全国统一的票据交易所,涵盖电子票据和纸质票据。

第一节 金融市场业务概述

近年来，随着利率市场化的深入推进和互联网金融异军突起，金融脱媒快速发展，商业银行利润增长乏力，面临转型发展的挑战。金融市场业务涉及货币市场、债券市场、外汇市场、贵金属市场等多个市场业务，在产品和服务创新、带动客户及利润增长等方面具有独特的优势。因此，在新的经济金融形势下，大力发展金融市场业务、实现金融市场业务转型发展日益成为新的重点。我国商业银行从20世纪八九十年代开始，逐渐在债券市场上开展一二级市场的投资与交易业务，赚取投资收益和价差收益。20世纪90年代以来，随着我国金融市场的发展，商业银行金融市场业务也取得了快速发展，越来越多的银行成立了金融市场部，集中处理自营、代客、承销发行等业务，涵盖债券、人民币、外汇、大宗商品、衍生品、贵金属等诸多业务品种。目前，金融市场业务在商业银行的业务发展中处于举足轻重的地位。

一、金融市场的概念与分类

金融市场是指经营货币资金借款、外汇买卖、有价证券交易、债券和股票的发行、黄金等贵金属买卖场所的总称，直接金融市场与间接金融市场的结合共同构成金融市场整体。金融市场的构成十分复杂，它是由许多不同的市场组成的一个庞大体系。但是，一般根据金融市场上交易工具的期限，把金融市场分为货币市场和资本市场两大类。货币市场是融通短期（一年以内）资金的市场，资本市场是融通长期（一年以上）资金的市场。货币市场和资本市场又可以进一步分为若干不同的子市场。货币市场包括金融同业拆借市场、回购协议市场、商业票据市场、银行承兑汇票市场、短期政府债券市场、大面额可转让存单市场等。资本市场包括中长期信贷市场和证券市场。中长期信贷市场是金融机构与工商企业之间的贷款市场；证券市场是通过证券的发行与交易进行融资的市场，包括债券市场、股票市场、基金市场、保险市场、融资租赁市场等。

二、商业银行金融市场业务功能

(一) 有利于有效支持实体经济发展

随着利率汇率市场化、资本和金融账户开放等金融领域改革的不断推进,银行对实体经济的支持已经不局限在传统的"存贷汇"业务上,而是要为客户提供覆盖境内外、本外币、表内外各类资产负债业务的"一揽子金融服务解决方案",相应的交易型业务不可或缺。它既可为银行和实体经济带来可观利润,也可锁定利率、汇率、股票、基金、期货等金融市场价格变动风险,为公司、机构和个人客户以及银行自身保驾护航。

(二) 有利于商业银行自身的转型发展

金融市场业务是商业银行转型发展的重点业务,金融市场业务转型成功与否直接关系到商业银行转型发展的成败,因此,推进金融市场业务转型对商业银行自身转型发展也有着重要意义。

(三) 有利于促进金融市场的发展和完善

金融市场业务和交易型银行建设对金融市场的深度及广度有着较高要求,客观上要求相对完善和发达的金融市场,这在一定程度上有利于促进金融市场的发展和完善。

此外,对于我国商业银行而言,大力开展金融市场业务有利于支撑人民币国际化和国家"走出去"战略。近年来,人民币国际化快速发展,人民币有望最终成为全球三大货币之一。商业银行通过跨境、跨行业、跨市场金融市场业务,可以有力支持人民币国际化的发展,促使人民币最终成为世界货币。此外,商业银行通过为企业在全球市场上提供配套的"一揽子金融服务解决方案",可有力支持企业"走出去"。

第二节

证券投资业务

一、证券投资的功能

商业银行证券投资是指为了获取一定收益而承担一定风险,对有一定期限的资本证券的购买行为。它包含收益、风险和期限三个要素,其中收益与风险呈正相关关系，期限则影响投资收益率与风险的大小。银行证券投资的基本目的是在一定风险水平下使投资收益最大化。围绕这一基本目标，商业银行证券投资具有以下几项主要功能：

（一）获取收益

从证券投资中获取收益是商业银行投资业务的基本功能。商业银行证券投资由两部分组成：一是利息收益，包括债券利息、股票红利等；一是资本利得收益，即证券的市场价格发生变动所带来的收益。

（二）保持流动性

商业银行保持一定比例的高流动性资产是保证其资产业务安全的重要前提。尽管现金资产具有高流动性，在流动性管理中具有重要作用，但现金资产无利息收入，为保持流动性而持有过多的现金资产会增加银行的机会成本，降低营利性。变现能力很强的证券投资是商业银行理想的高流动性资产，特别是短期证券，既可以随时变现，又能够获得一定收益，是银行流动性管理中不可或缺的第二级准备金。

（三）分散风险

降低风险的一个基本做法是实行资产分散化。证券投资为银行资产分散化提供了一种选择，而且证券投资风险比贷款风险小，形式比较灵活，可以根据需要在市场上随时买卖，有利于资金运用。

（四）合理避税

商业银行投资的证券多数集中在国债和地方政府债券上，政府债券往往具有税收优惠，银行可以利用证券组合投资达到合理避税的目的，增加银行的收益。

除此之外，证券投资的某些证券可以作为向中央银行借款的抵押品，证券投资还是银行管理资产利率敏感性和期限结构的重要手段。总之，银行从事证券投资是兼顾资产流动性、营利性和安全性三者统一的有效手段。

二、证券投资的种类

在1929—1933年资本主义世界经济大危机以前，西方国家在法律上对商业银行证券投资的对象没有明确限制。大危机后，经济学家认为这场资本主义社会的空前经济危机与商业银行大量从事股票承销和投资密切相关。为了恢复公众对银行体系的信心，西方国家纷纷立法对商业银行证券投资业务予以规范，其中最有影响的是美国1933年颁布的《格拉斯—斯蒂格尔法》，它严格禁止美国商业银行从事股票的承销和投资，但允许商业银行投资国库券、中长期国债、政府机构债券、市政债券和具有一定信用评级等级的公司债券。美国对商业银行证券投资的限定有理论和法律的支持，在世界各国具有广泛影响。除了德国全能型模式下的商业银行可以从事股票投资外，大多数国家禁止商业银行参与股票业务。20世纪80年代以来，随着来自非银行金融机构的竞争压力增大，以及金融工具和交易方式的创新，西方商业银行努力扩展证券投资的业务范围，商业银行兼营投资银行业务已成为一种趋势。1993年1月正式实施的欧盟"第二号银行指令"，规定欧盟成员国银行间采取相互承认的原则，即欧盟内相互承认的商业银行可直接或通过子公司经营证券承销与买卖、衍生金融工具交易等13类业务。1998年4月，美国花旗银行与擅长证券承诺、企业并购策划的旅行者公司宣布组成花旗集团。然而，这些仅仅表现为一种趋势，在分业经营的国家里，商业银行从事投资银行业务还有许多法律和监管冲突没有解决。因此，商业银行证券投资仍以各类债券，特别是国家债券为主。

（一）政府债券

政府债券通常有三种类型：中央政府债券、政府机构债券和地方政府债券。

1. 中央政府债券

它又称国家债券，是由中央政府财政部发行的借款凭证。按其发行对象可以分为公开销售债券和指定销售债券。公开销售债券向社会公众销售，可以自由交易。指定销售债券向指定机构销售，不能自由交易和转移。商业银行投资的政府债券一般是公开销售债券。

国家债券按照期限长短可分为短期和中长期国家债券。短期国家债券又称国库券，通常期限为1年以内，所筹资金主要用于弥补中央财政预算临时性收支不平衡。国库券期限短、风险低、流动性高，是商业银行流动性管理的重要工具；国库券一般为不含息票，交易以贴现方式进行。中长期国债是政府发行的中长期债务凭证，2～10年为中期国债，10年以上为长期国债，所筹集资金用于弥补中央财政预算赤字，多为含息票证券。银行进行证券投资时一般首选国家债券，因为它与其他证券相比具有安全性高、流动性强、抵押代用率高的特点，素有"金边证券"之称。

2. 政府机构债券

政府机构债券是中央财政部以外的其他政府机构所发行的债券，如中央银行发行的融资债券、国家政策性银行发行的债券等。政府机构债券的特点与中央政府债券相似，违约风险较小，故在二级市场上交易十分活跃。

政府机构债券通常以中长期债券为主，流动性不如国库券，但收益率较高。它虽然不是政府的直接债务，但通常也会受到政府担保，因此债券信誉较高，风险较低。政府机构债券利息收入通常要缴纳中央所得税，不用缴纳地方所得税，税后收益较高。

3. 地方政府债券

它又称市政债券，是由中央政府以下各级地方政府发行的债券，所筹资金多用于地方基础设施建设和公益事业发展。市政债券就其偿还的保障可分为两类：第一类称"普通债券"，一般用于提供基本的政府服务如教育等，其本息偿还由地方政府征税能力作保证；第二类称"收益债券"，用于政府所属企业或公益事业单位的项目，其本息偿还以所筹资金投资项目的未来收益作保证，安全性不如普通债券。地方政府债券的发行和流通市场不如国家债券活跃。

知识专栏 7-1

中国的地方政府债券

在中国所谓地方债券，是相对国债而言，以地方政府为发债主体。不过我国债券业内也往往把地方企业发行的债券列为地方债券范畴。20 世纪 80 年代末至 90 年代初，许多地方政府为了筹集资金修路建桥，都曾经发行过地方债券。有的甚至是无息的，以支援国家建设的名义摊派给各单位，更有甚者就直接充当部分工资。但到了 1993 年，这一行为被国务院制止了，原因乃是对地方政府承付的兑现能力有所怀疑。此后颁布的《中华人民共和国预算法》第 28 条，明确规定"除法律和国务院另有规定外，地方政府不得发行地方政府债券"。

中国的地方政府债券最早出现在中华人民共和国成立初期，1981 年恢复国债后地方债券就不见踪影了，1993 年地方国债被国务院明确"叫停"，原因是"怀疑地方政府承付的兑现能力"。1995 年 1 月 1 日起施行的《预算法》第 28 条明确规定：除法律和国务院另有规定外，地方政府不得发行地方政府债券。"地方政府债券"的禁令一直保持至 2009 年。

（二）优级公司债券

公司债券是企业对外筹集资金而发行的一种债务凭证，发行债券的公司向债券持有者做出承诺，在指定的时间按票面金额还本付息。优级公司债券是规模、业绩、经营管理等各方面较好的公司发行的债券。

公司债券可分为两类：一类是抵押债券，公司以不动产或动产作为抵押而发行的债券。另一类是信用债券，公司仅凭其信用发行，通常只有信誉卓著的大公司才有资格发行此类债券。

商业银行对公司债券的投资较为有限，主要原因是：① 公司债券要缴纳中央和地方两级所得税，税后收益有时比其他债券低；② 由于公司经营状况差异很大，且市场变化无常，故公司债券违约风险较大；③ 公司债券在二级市场上的流动性不如政府债券。为保障商业银行投资的安全，许多国家在银行法中规定，仅允许商业银行购买信用等级在投资级别以上的公司债券，且投资级别的信用等级各国规定也有一定的差别。

除了以上两类主要工具之外，商业银行还可以投资货币市场的短期债券、票据等，随着各国金融管制的放松，商业银行证券投资范围逐渐扩大。

三、证券投资的策略选择

商业银行证券投资的主要目的是获取收益、分散风险和增强流动性。银行综合考虑自身的投资目的、流动性需要、税收利益以及法规限制等各方面因素，选择合适的投资策略。由于商业银行持有证券范围有限，证券投资的违约风险相对较小，而主要是市场利率风险或期限控制风险，因而银行证券投资策略的目标强调在控制利率风险前提下实现证券投资流动性和收益的高效组合。

(一) 利率环境

1. 利率与商业周期

债券的收益主要依赖于利率环境的变化,而利率变化又与商业周期的变化息息相关。在经济扩张时期,企业和消费者会借入更多的资金,对资金的需求增加将推动利率上升和债券价格的下降。在经济衰退时期,企业与消费者将变得更谨慎,会减少借款和增加储蓄,以预防可能的失业与收入损失,这时利率通常会下跌,而债券价格将上升。伴随着经济周期发展,利率变化也呈现出一定的周期性。

2. 债券组合与利率的周期变动

利率伴随商业周期的变动为银行的证券投资提供了一种利率周期期限决策方法。在经济周期进入波谷,即将恢复扩张时,银行的证券投资组合应当更多地持有短期证券,减少长期证券;在经济周期进入波峰,利率处于上升周期转折点并逐步下降时,银行应当将其证券组合大部分转换成长期证券;当利率再次降到下降周期的转折点时,银行应再次将其证券组合转换成以短期证券为主。这种投资策略将利率与商业周期的变动联系起来,在长期中被认为是最大限度地利用了利率波动。因为当利率上升时,到期证券的现金流将按不断上升的利率进行再投资,银行投资组合的收益率得到提高。当利率达到上升周期最高点时,银行将证券组合逐步调整到长期证券占较高比重,等待下一轮利率下降周期的出现。

但周期投资策略也存在一定的局限性,它只适用于利率环境呈现出有规律周期波动的情况,因此只是在长期中可以运用,对日常频繁变动的市场利率,该方法不具有可操作性。在股份制商业银行组织结构下,由于银行投资管理人员与股东集团对投资获利方式和时机的选择往往存在差异,容易使得该投资策略的实施效果大打折扣。例如,在经济复苏的初期阶段,银行信贷需求疲软,利率相对较低,银行证券投资管理人员会受到来自股东集团的压力,要求其在证券投资上增加当期盈利。由于此期间利率曲线向上倾斜,这种压力意味着银行会延长投资证券的期限。这样一来,银行实际上把投资的证券锁定在相对于转折点而言较低的利率上,并使银行在其证券组合急需调整时降低了自身的流动性。

3. 久期与免疫投资组合

如果市场利率的未来变动很难预测和把握,银行应当选择被动的证券组合管理,也就是使得投资组合处于不受利率变化影响的"免疫"(Immunization)状态。市场利率变化对银行的证券投资带来两种风险:利率风险和再投资风险,前者是利率升高导致证券价格下降的风险。后者恰恰相反,是利率降低使得从证券所收到的现金流必须以越来越低的利率再投资的风险。这两种风险恰好呈现反向运动,我们可以利用久期的概念来使投资组合获得免疫。

证券的久期是从现金流动的角度考虑证券投资的本金与利息的实际回收时间,它表现为投资者真正收到该投资所产生的所有现金流量的加权平均时间。如果我们使得单个证券或证券组合的久期等于银行计划持有该证券或证券组合的期间长度,银行的投资组合就获得了免疫性。

（二）证券投资的期限选择

银行选择了持有证券类型后，还存在所持有的这些证券在一段时间内怎样分配的问题，也就是其投资组合中短期证券和长期证券的比重问题。商业银行证券投资有不同的期限组合策略，每一策略都有其自身特有的优势和劣势。各个银行基于对利率波动预测能力的差异，可以采取相对稳健或相对积极的投资策略。

1. 梯形期限战略

梯形期限战略是相对稳健的投资方法，该方法要求银行把全部的证券投资资金平均投入到不同期限的证券上，使银行持有的各种期限的证券数量都相等，当期限最短的证券到期后，银行用收回的资金再次购买期限最长的证券，如此循环往复，使银行持有的各种期限的证券总是保持相等的数额，从而可以获得各种证券的平均收益率。虽然不会使投资收益最大化，但由于投资分散使得违约风险减少，收益较为稳定。因为这种投资方法用图形表示很像阶梯形状，就被称为梯形期限战略，见图7-1。

假设某银行有1 000万美元可用于证券投资，并决定不购买期限超过10年的证券。那么，在梯形期限战略中，该银行可以决定把其投资组合的10%投资于1年期证券，另10%投资于2年期证券，另10%投资于3年期证券，以此类推，使得资金平均分配在1~10年的这10种证券上，每种证券投入100万美元。1年后，1年期证券到期，银行可以将收回的资金购买新发行的10年期证券，而此时原有的证券组合中证券的到期日均缩短一年，此时银行仍然持有1~10年期的证券各100万美元。也就是说，通过不断地将最短期限证券到期后收回的资金再投资于最长期限证券，银行可以在保持证券组合的实际偿还期结构不变的情况下，获取更高的投资收益率。

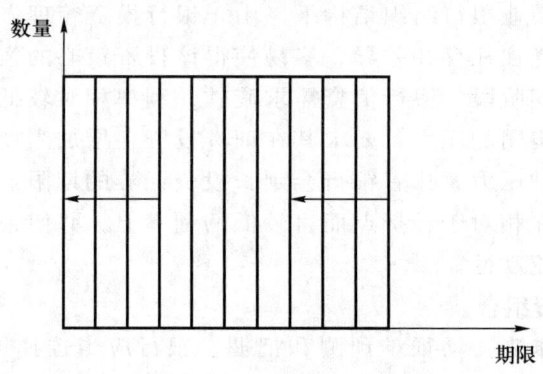

图7-1　梯形（矩形）期限战略

梯形期限战略是中小银行在证券投资中较多采用的。其优点在于：一是管理方便，容易掌握。银行只需要将资金在期限上做均匀分布，并定期进行再投资安排即可。二是银行不必对市场利率走势进行预测，也不必频繁地进行证券交易。三是这种投资组合可以保障银行在避免因利率波动出现投资损失的同时，获取至少是平均收益的投资回报。但梯形期限战略也有其缺陷：一是过于僵硬，缺少灵活性，当有利的投资机会出现时，特别是当短期利率提高较快时，不能利用新的投资组合来扩大利润；二是流动性不高，该方法中的短期证券持有量较少，当银行面临较高的流动性需求时出售中长期证券有可能出现投资损失。

为了避免梯形期限战略的缺陷，一些银行采用了更灵活的方法。当市场上短期利率上升、短期证券价格下降时，银行用到期证券收回的资金购买短期证券而不是长期证券。当短期利率下降、短期证券价格上升后，再出售短期证券，购买长期证券。在这个循环后，银行持有的证券仍然是梯形的。

2. 前置期限战略

前置期限战略是指在银行面临高度流动性需求的情况下且银行认为一段时间内短期利率将趋于下跌，将绝大部分证券投资资金投放在短期证券上，很少或几乎不购买其他期限的证券。如银行把1 000万美元资金中的990万美元投资于2年或2年期以下的证券，10万美元投资于2年期以上的证券，如图7-2所示。

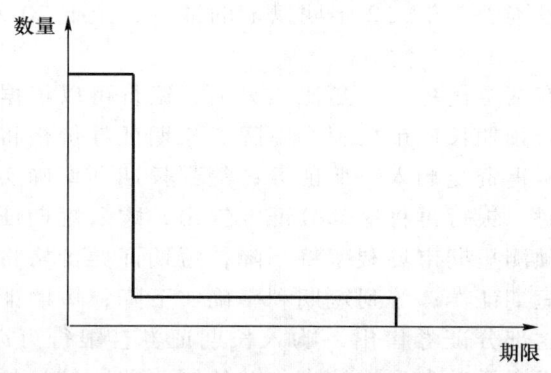

图7-2 前置期限战略

这一战略使证券组合具有高度的流动性，强调投资组合主要作为流动性来源而非收入来源。当银行需要资金时，可以迅速地把短期证券卖出。但是，这种投资战略的收益取决于证券市场上利率变动的情况。如果银行购买证券后市场上短期利率下降，短期证券的价格就会上涨，银行就会获得资本收入；反之，如果市场短期利率上升，短期证券价格下降，银行就会遭到较大的损失。

3. 后置期限战略

后置期限战略与前置期限战略恰恰相反，它把绝大部分资金投资于长期证券上，几乎不持有任何其他期限的证券。如银行把1 000万美元资金中的990万美元投资于9~10年期限范围的证券，如图7-3所示。

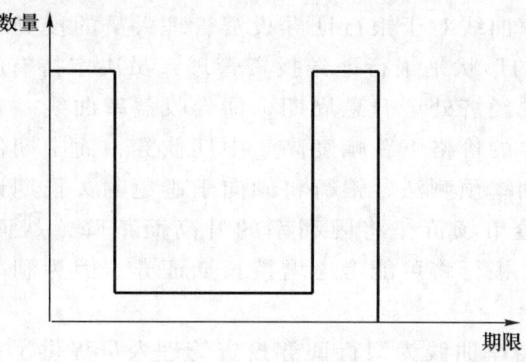

图7-3 后置期限战略

这种方法强调把投资组合作为收入来源。由于长期利率的变化并不频繁，从而长期证券的价格波动不大，银行投资的资本收入和损失不明显，而且长期证券票面收益率比其他期限的票面收益率都要高，所以这种战略可以使银行获得较高的收益。但是该战略缺乏流动性，银行在需要现金时难以转手长期证券，或者在证券转让时可能遭到较大的损失，这样该银行可能严重依赖于从货币市场上借款以帮助满足其流动性需要。

4. 杠铃期限战略

杠铃期限战略是前置期限战略和后置期限战略的一种组合方法，即银行把大部分资金投资于具有高度流动性的短期证券和较高收益率的长期证券，不投或只投少量资金用于购买中期证券。因为这种投资方法用图形表示很像杠铃形状，于是被称为杠铃期限战略。如银行把1 000万美元资金中的490万美元投资于9~10年期限范围的证券，另外490万美元投资于2年或2年期以下的证券，余下20万美元投资于3~8年期等中期证券。

杠铃期限战略具有两个优势。一是比较灵活，银行可以根据市场利率的变动对其投资进行调整。当银行预期长期市场利率下降，长期证券价格将上升时，银行可以出售部分短期证券，用所得资金购入长期证券；等到长期利率确实下降，长期证券价格已经上涨到一定幅度时，银行再将这部分证券售出，购入短期证券，银行可以多获得一部分收益。当银行预测短期市场利率将下降，短期证券价格将上涨时，银行可以出售部分长期证券购入短期证券；等到短期利率确实下降，短期证券价格已经上涨到一定幅度时，银行再将这部分证券售出，购入长期证券，银行可以多获得一部分收益。二是可以使得银行的投资活动在保持较高收益的同时兼顾较好的流动性。但是，该方法对银行证券转换能力、交易能力和投资经验要求较高，风险也较高。

5. 收益率曲线战略

收益率曲线是描绘市场利率因贷款和证券的到期时间不同而变化的图形。一般来说，收益率曲线是向上倾斜的，但少数情况下收益率曲线可能发生变异，向下倾斜或者保持水平。例如在20世纪80年代初，美国为了反通货膨胀，将短期利率提高至20%以上的高水平，同时，减少了长期国债的发行。这使得短期债券收益率急剧上升，而中长期债券收益率升幅有限，导致了债券收益率曲线是略向下弯曲的形态。

事实上，收益率曲线反映了投资者对未来利率变化的隐含预期和债券资产风险补偿因素。向上倾斜的收益率曲线反映了市场平均预测未来的短期利率将比现在高。更重要的是，债券期限越长，流动性风险越高，基于风险补偿原理，期限越长的债券往往收益率越高。收益率曲线对于银行证券投资管理人员的投资决策具有重要意义。

（1）收益率曲线的形状是银行证券投资管理人员决定持有哪种期限证券的重要参考依据。例如，在宏观经济处于升息周期，债券收益率曲线一般会更加陡峭地向上倾斜。这意味着长期债券的价格下跌幅度高于中期债券，而中期债券的下跌幅度又高于短期债券。那么遵从利率预测法，银行将倾向于避免购买长期证券而重点投资短期证券，因为预期长期证券市场价格将因利率的升高而下降，从而给银行带来损失。反之，如果在降息周期，银行将可能考虑增持长期证券，因为利率下降将为长期证券提供巨大的资本盈利机会。

（2）短期内，收益率曲线为银行证券投资管理人员提供了有关证券定价过高或定价不足的线索。由于收益率曲线表明每一期限证券的各种收益率是多少，因此，收益率位于某一特殊时点的收益率曲线之上的证券，其收益率暂时来说过高，价格也就过低，适合银行买入。另一方面，收益率位于收益率曲线之下的证券，其收益率暂时来说过低，价格也就过高，不适合银行买入。

（3）收益率曲线可以告诉银行证券投资管理人员如何在追求更大收益和接受更大风险之间取得平衡。收益率曲线的形状决定了通过将长期证券替换为短期证券（或者相反）能为银行赢得多少额外收益。例如，一向上倾斜的收益率曲线上的5年期债券和10年期债券的收益率相差150个基本点，这意味着，银行证券投资管理人员可以通过把5年期债券转化为10年期的债券，来获取1.5%的额外收益。但是，10年期债券通常比5年期债券的风险更大，因为10年期的债券不但流动性较差，而且更容易受到利率变动的影响。因此，银行在作出证券期限转换之前，必须对其所能带来的收益和风险作详细比较。

（4）根据收益率曲线，银行可以对证券投资的持有期限进行研究，使银行获得更大的收益率。银行对债券的持有期不同，所能获得的收益率也不同。在收益率曲线向上倾斜且预期市场利率在今后一段时间内保持稳定不变或稳步下调的状况下，购入中长期债券并持有一段时间后出售，其边际收益率不仅高于债券的短期收益率，也会高于债券的长期收益率。

显然，收益率曲线策略需要大量市场预测的技能，风险相当大。银行对收益率曲线的预测必须正确，如果发生错误，银行所遭受的损失将十分惨重。由于这一原因，在证券投资管理中不应当过分强调收益率曲线战略，而应与一种或多种其他投资战略一起使用。

（三）债券投资的避税组合策略

应税证券与免税证券在税负上的差异使得银行可以利用应税债券与免税债券的组合，使银行证券投资的收益率进一步提高。基于避税目标的证券投资组合的基本原则是：在投资组合中尽量利用税前收益率高的应税证券，使其利息收入抵补融资成本，并使剩余资金全部投资于税后收益率最高的免税证券，从而提高证券投资盈利水平。

例如，某商业银行计划发行1 000万美元大额存单，这笔资金将专用于证券投资。大额存单年利率为8.2%，并必须对大额存款持有3%的法定存款准备金。现有两种可供银行投资选择的债券：一种是年收益率为10%的应税国债；另一种是年收益率为8%的免税市政债券，该银行所处边际税率等级为34%。那么，该银行应如何组合证券才能使投资收益最高？

表7-1展示了三种不同的组合方式对盈利的影响：第一种组合，银行将970万美元的可用资金全部投资在应税国债上，产生应税利息收入97万美元，扣除82万美元的融资成本后，税前净利息收入为15万美元。该笔收入按34%的所得税税率纳税后，银行得到的税后净收入是9.9万美元。第二种组合，银行将970万美元的可用资金全部投资在免税市政债券上，产生了77.6万美元的利息收入，扣除82万美元的融资成本，银行的投资亏损额为4.4万美元。第三种组合，银行将可用资金分成两部分，其中820万美元投资于应税国债，获得82万美元的利息收入，150万美元投资于免税市政债券，获得12万美元的利息收入，合计获得94万美元的利息收入。应税国债的利

息收入正好与82万美元的融资成本相抵消，这样该银行就不需缴纳所得税，税后净收入就是12万美元。很显然，第三种组合利用税负差异成功避税，使该种组合的投资回报水平最高。

表 7-1 证券投资组合效果比较　　　　　　　　　单位：美元

	全部投资于国债	全投资于市政债券	最佳投资组合
投资额：国债	9 700 000	0	8 200 000
市政债券	0	9 700 000	1 500 000
利息收入：国债	970 000	0	820 000
市政债券	0	776 000	120 000
利息收入总计	970 000	776 000	940 000
利息支出：大额存单	820 000	820 000	820 000
利息净收益	150 000	−44 000	120 000
支付所得税（34%）	51 000	0	0
税后净收入	99 000	−44 000	120 000

从上述分析可以看出，在对一种免税证券和一种应税证券组成的投资组合进行分配时，确定两种证券最佳持有量的关键在于使得投资于应税证券所得的利息收入与该组合的融资成本恰好互抵，则投资于免税证券所得的利息收入就是该组合的净收入。这种方法充分发挥了应税证券税前收益率高和免税证券税后收益率高的比较优势。

（四）证券互换策略

证券互换是通过对收益率进行预测，将证券进行置换以便主动管理证券资产。在进行互换时，证券投资经理用价格低估的证券来替换价格高估的证券。互换分类有很多标准，一般分为以下三类。因为商业银行的特殊地位，各国对其证券投资的对象都有严格的规定，多以债券为主。

1. 替代互换

如果两种债券在面值、到期期限等方面相同，仅在价格方面存在短期差别，那么，当其中的一种证券已在投资组合中时，银行用投资组合中的低收入证券与组合之外的高收入证券进行交换可以提高投资组合的收益，即是替代互换。

假设某银行持有一种期限为30年的政府长期债券，票面收益率为7%，到期收益率为7%。现在假设还有另一种AAA的公用事业债券可供选择，该债券票面收益率也是7%，但现行售价却使债券的到期收益率为7.1%。预计第二种债券7.1%的到期收益率不会持久，最终会降到7%的水平。这样，该银行就可以进行一个替代互换操作，卖掉到期收益率7%的债券，买入到期收益率为7.1%的债券。

假设债券的定价使得1年后的到期收益率为7%，那么目前到期收益率暂时为7.1%的债券实际所实现的回报率是8.29%。对于该银行现在所实际持有的债券，7%既是期望的也是实际的回报率。这样，通过互换操作，即卖出现在所持有的债券，买入上面所提到的暂时到期收益率为7.1%的另一种债券，即可以得到129个基点的额外收益（见表7-2）。

表 7-2　替代互换操作举例　　　　　　　　　　　　　　　　　单位：美元

	目前的债券	新债券
每种债券的投资额	1 000	987.7
收到的票面利息总额	70	70
6 个月票面利息再投资额	1.23	1.23
年终到期收益率为 7% 时的本金	1 000	1 000
应计总收入	1 071.23	1 071.23
收益总额	71.23	83.53
每单位投资收益	0.071 23	0.084 58
所实现的半年复合的年收益率	7%	8.29%
互换的价值	在 1 年内 129 个基点	

说明：目前持有的债券：30 年期，票息率为 7%，定价 1 000 美元，到期收益率为 7%。作为互换对象的债券：30 年期，票息率为 7%，定价 987.7 美元，到期收益率为 7.1%。

2. 场间价差互换

场间价差互换是利用现行市场各部分收益率的不平衡，从市场的一部分转移到另一部分以赚取差价。在不同市场上的两种证券，若各个方面的特征基本相似，但收益有所差别，银行交换这两种证券，可以改善投资组合的收益。

场间价差互换是不同市场债券之间的互换。进行这种互换的动机，是认为不同市场间利差偏离正常水准。与替代互换的区别在于，场间利差互换所涉及的债券是完全不同的。例如互换的债券一种可能是工业债券，而另一种则可能是公用债券。场间价差互换可以从两种角度进行操作：其一，买入一种收益较高的新债券，卖出现在持有的债券。进行这种操作的原因是期望市场间利差会缩小。这样，相对于已售出债券，新购买的债券到期收益率会下降，因此通过新购买债券价格的上升获得资本增值。其二，买入一种收益较低的新债券，卖出现在持有的债券。进行这种操作的原因是期望市场间利差会扩大。这样，相对于原有债券，新购买债券的到期收益率还会下降，但由此而获得的资本增值足以补偿到期收益率的下降。

表 7-3 描述的是在利差缩小情况下场间价差互换的一个例子。互换的基础是期望当前的 50 个基点的利差会缩小为 40 个基点。如果某银行预期一种公司债券的到期收益率会由现在的 7% 下降到 6.9%，那么该银行即可以将现在持有的政府长期债券换成上述债券。如果互换的结果能像所预期的那样，公司债券的价格就会由 1 000 美元上升到 1 012.46 美元。这一价格加上票息以及票息再投资的利息，到年末的总价值将达到 1 083.69 美元。这样，该银行的投资回报率将达到 8.20%，比 1 年之中始终持有政府长期债券的投资回报率高出 170 个基点。

表 7-3　场间价差互换操作举例　　　　　　　　　　　　　　　单位：美元

	目前的债券	新债券
每种债券的投资额	671.82	1 000
收到的票面利息总额	40	70
6 个月票面利息再投资的利息	0.7	1.23
年终到期收益率为 7% 时的本金	675.55	1 012.46
应计总收入	716.25	1 083.69
收益总额	44.23	83.69

续表

	目前的债券	新债券
每单位投资收益	0.066 1	0.083 7
所实现的半年复合的年收益率	6.5%	8.2%
互换的价值	在1年内170个基点	

说明：目前持有的债券：30年期政府长期债券，息票率4%，定价671.82美元，到期收益率为6.5%。作为互换的新债券：30年期的AAA级公司债券，息票率为7%，定价为1 000美元，到期收益率为7%。过渡期：1年。再投资利率：7%。互换基础：公司债与政府长期债券之间的利差从现在的50个基点降为40个基点，即公司债的到期收益率为6.9%，而政府长期债券到期收益率为6.5%。

3. 避税互换

避税互换是通过把税款支付从当前年份推迟到未来的纳税年份而从中赚取收益。

在避税互换中，应税证券的经营者将出售一种价值下降的债券，购买一种相似而并不相等的债券。在出售前一种债券时发生的损失，可用来减少在本纳税年度实现的应纳税收入。假设某银行的债券投资组合自购入以来其价值已经从50万美元下降到40万美元。如果该银行以40万美元出售这些债券，并且购买另外一种类似的债券，在交易过程中会出现10万美元的损失，这可用来抵消该银行赚得的其他应纳税收入。然而，该银行持有的证券组合结构事实上并没有发生变化，只是用一种相类似的债券代替了原有债券而已。

在避税互换中，债券比股票具有特别的吸引力，这是因为一些国家的税法对避税互换有条文上的限制，而债券能够比较容易避开这些限制。在美国，税法禁止对任何证券进行避税互换，办法是如果某个投资者在证券出售前或出售后30天之内因受损失而购买"大批等同的证券"，便拒绝承认这是一笔可避税的损失，并认为这是虚售。因此，如果一位投资者出售股票产生了一笔亏损，他便被禁止在出售前或出售后30天内购买同类股票并禁止就这笔资本损失要求税负减免。而如果这位投资者购买一些其他股票来代替出售的股票，这种互换便不能认为是一次虚售。但因为不同发行者的股票是不同的，替换的股票不可能具有与已出售的股票相同的投资特点，因此他的证券组合的构成会发生变化。如果这位投资者是因为出售债券发生了一笔亏损，他可以很容易找到一种具有相似的票面收益率、期限以及信用等级的替代债券，即使它的发行者可能不同。因此，证券组合的实际构成将没有任何变化，但税务当局不会将涉及两个不同的发行人的这种避税互换当作一次虚售来处理。显然，债券可以被很好地利用来作为避税互换。

第三节

资产管理业务

一、资产管理的概念与特征

（一）资产管理的概念

国外对资产管理（简称资管）的概念是：投资者作为资产的委托人，委托资产管理机构代为投资管理资产，实现资产保值增值并支付一定费用获取投资收益的过程。国内对资产管理的定义描述为：监管部门批准的相关机构作为资产管理人向特定的客户募集资金或者接受特定客户的委托，作为资产管理人对募集的资金进行管理投资运作，以实现资产的保值增值的一种资产管理行为。如商业银行的理财产品、信托公司的信托计划、券商公司和基金子公司的券商资管产品等均属于资产管理产品的范畴。

（二）大资管时代的特征

大资管时代是一个泛称，它是在金融监管政策进一步放开后，各金融机构的资产管理业务不再是独立经营，而是相互渗透、互相竞争的局面。因此，大资管时代主要有以下四个方面的特征：

第一，特殊性。中国资产管理与国外资产管理不同的是，发行主体承担的角色和工作职能不同。在国外的资产管理价值链条中，包括上、中、下游三类：上游的资产配置、投资管理和产品研发；中游的产品存续管理和通道业务；下游的客户开发与维护、渠道管理和产品营销；在整个价值链条中，每一部分都有相应的主体。而在中国，资产管理业务的特殊性在于这些链条中的大多数模块均由受托人一方承担。由此构成大资管时代特征之一的特殊性。

第二，机构主体众多。参与资管市场的机构主体越来越多，不仅商业银行以及非银行金融机构，还有现今发展势头迅猛的第三方理财公司、互联网金融企业等，均可以提供各式各样的资产管理产品及服务。

第三，资金提供者众多。从资金提供方面来看，过去的资金提供者是少数的高净值人群，而如今，人民生活水平不断提高，日益积累的财富急剧增大，投资理财的意识越来越专业，加上产品的丰富多样，投资门槛降低，中产阶级甚至普通的老百姓都可以参与到投资理财市场中来，投资的受众群体进一步扩大。与此同时，企业在资金管理方面的需求也逐步扩大，使得资金供给方的实体范围更加广泛。亦即大资管时代的第三大特征——资金提供者众多。

第四，产品众多。为了应对日益增长的投融资需求，满足众多投资者多样化的投资要求，各机构加大创新力度，在符合监管的要求下创造更多优质多样的产品，体现在产品服务变得越来越多元化，不仅是融资类、财富管理类产品本身，风险管理、咨询、支付等附加的功能都介入到服务产品的环节当中。

二、资管业务分类

（一）代客理财

代客理财是目前最多的资产管理业务服务模式，是商业银行通过设计发售不同的理财产品筹集资金，按照理财产品合约约定的方式进行组合管理、投资运作。在这个过程中也需要披露相关的信息，让投资者享有相对的知情权。严格来讲，代客理财的本质是商业银行对募集到的资金进行投资运作，而客户则需要自担风险，而目前商业银行的这项业务并不成熟，依然存在一些保本类产品。

（二）代为推荐信托计划业务

这类业务其实就属于通道业务，信托公司委托商业银行，让商业银行通过自己与客户频繁接触的特有优势选择一些优质的投资者，将信托计划推介给他们。在此种业务模式下，商业银行的任务主要是负责推介信托计划并且向投资者披露此类信托计划所包含的风险。而投资者则需要承担该信托计划的全部投资风险。

（三）资产管理投资顾问

在此类业务中，商业银行只需要凭借自己所具有的专业优势，发挥自己的专长，根据客户在投资理财方面的需求在专业方面给予他们帮助。此类业务模式中客户需要承担自主投资的风险。

三、资管业务特点

（一）资产管理业务不需要占用商业银行资本

由于资产管理业务不需要纳入资产负债表内核算，商业银行并不承担风险，因而也就不需要占用商业银行资本。因此，此类业务的风险并不高，主要承担一定的声誉风险，并不承担其他的风险。目前，金融机构已进入白热化竞争的阶段，银行风险暴露正不断增加，资产管理业务的这种优势有助于商业银行走出资本充足率与回收率难于双赢的困境。

（二）具有不断创新、技术密集性特点

一方面，在资产管理业务中商业银行虽然不需要承担太多的风险，但需要过硬的专业化团队，通过其专业化的投资及引导，使客户收益最大化、风险最小化。从投资者所需要的专业来看，主要是评估及量化投资风险、产品市场定价、投资价值评估等；另一方面，在大资管时代，资管业务金融牌照的放开，金融机构在资管领域同质化现象日益严重，要想获得比较优势，就需要根据投资者的需求不断进行创新。

（三）多模式多投资标的运作

从投资模式来看，包括以下几种投资模式：直接投资、合格境内机构投资者、推介信托计划；从投资标的看，已由传统的存款、债券、股票投资标的转向另类投资领域，另类理财产品涉及饮品、艺术品、文化产品。可以看出，资产管理业务是一种涉及多类市场、多类模式、多类工具的综合型业务。

（四）综合化服务

一方面，商业银行资产管理业务可提供代为推荐信托计划、代客理财、资产管理投资顾问等各类服务。另一方面，服务对象呈现多元化。根据市场的细分可划分为普

通客户、中高端客户，根据不同市场的不同需求提供相应的资产管理服务。

四、资产管理运作模式

商业银行理财产品的资产标的随着宏观经济局势、监管政策变动、金融市场波动及投资需求变动而变化。这里归纳出从 2004 年第一只理财产品问世到现今理财产品的几种模式：2004 年的理财产品全是利率类的；2005 年以利率类的理财产品为主，并不断涌现出其他类型的产品，不过数量较少；2006 年出现的挂钩违约事件的信用类产品颇具匠心；2007 年成功发行的新股申购和 QDII 产品受到了投资者极大的追捧；2008 年金融危机席卷全球时，商品类理财产品一定程度上抑制了通胀；2009 年信贷类产品引起了争议；2010 年以来资产池模式已经成为银行理财业务的主要模式。

（一）资产池模式简述

商业银行通过理财产品的发行募集资金，将这些资金构成"资金池"；然后与自己构建的"资产池"采用"滚动发售、集合运作、期限错配、分离定价"等方式对接，入池资产包括货币市场工具、信贷资产、债券、股权、票据等，是一种集合性资产包。而为了在一定程度上确保获取资金来源的稳定与持续，就需要通过持续不断地发行理财产品，最后，为了使得收益率曲线走势向上，提高投资者收益，就需要通过采取流动性管理进行资金的期限错配，提高投资者收益，这就是资产池模式。

（二）建立资产池的作用

1. 拓宽商业银行提供理财产品的种类

资产池模式推动了金融业的创新，能给客户带来更多元化的产品，使理财业务进入了综合化阶段。并且商业银行通过资产池模式可以获得稳定的资金来源，由于此类业务属于表外业务，因此还会增加中间业务收入，为商业银行进入宏观经济体系新常态开辟了新的利润增长点。

2. 使产品定价机制更完善

目前，金融市场竞争已经进入白热化阶段，完善产品定价机制和提高创新水平依然成为在金融市场竞争中取胜的关键。资产池模式将商业银行原有的内部优势进行了有效的整合，完美地将券商所具有的专业优势与商业银行天然的优势结合了起来，将聚合效应发挥到极致。从而在一定程度上完善商业银行金融产品的定价机制，与此同时，也使商业银行的创新水平得到提高。这些都为利率市场化的背景下商业银行的竞争带来福利。

3. 有助于商业银行传统业务转型

由于我国的国情，之前都是人民银行对商业银行的利率进行管制，从而商业银行一直以来都是以存贷利差作为主营业务收入。不过目前来看，商业银行很难再以传统经营业务模式为主要模式。不仅是利率市场化使金融市场的竞争异常激烈，而且居民的理财意识逐渐提高，单纯依靠存款来寻求资金的简单保值已经很难再满足客户的需求。而这种资产池类理财产品不仅可以丰富产品，而且促进了商业银行经营模式的转型——转向了风险管理模式，为目前商业银行在金融市场的竞争注入了持久的活力。

（三）资产池模式的不足

1. 产品、资产池错配的特性易导致风险难以控制

在资产池模式中，商业银行一般采用发行不同期限及不同类型的产品，通过发行此类理财产品募集资金，然后投资于各种不同的资产，并不是像单个产品采取封闭运作的方式那样。因此，在该过程中，理财产品与产品的投资对象存在错配，并且在资产池内不同资产所具有的风险是不同的，从而对于整个资产池，商业银行就难以达到成本可算、风险可控要求，也就很难控制及转移风险。

2. 期限错配易导致系统流动性风险

由于长期资产与短期负债的期限不匹配，商业银行就需要通过产品持续的滚动发行保障资金池的持续资金注入。一般都会选取摊余法将前期和后期理财产品的收益均摊，在这个过程中，很有可能出现采用后期理财产品收益填补前期的空缺。因此，一旦某个环节出现偏差，就会导致系统性风险。

3. 商业银行表内业务与资管业务交易存在很大关联

目前，我国的理财产品存在存款替代效应，由于受存贷比、资本充足率等指标的限制，每到月末临近考核时点，资金就会频频在存款、理财之间以及资产负债表内、资产负债表外转化。在考核期间，银行为了达标都会将理财产品募集到的资金转为存款，在此期间，资产池资金要是短缺，则需要借入银行的表内资金，其间过后，理财资金回归，再将表内资金归还。总之，这种频频的关联交易实质上是商业银行采用了用自营资金为资管业务提供了一种隐性担保的措施，由此造成了商业银行业务的混乱。

（四）欧美商业银行资产管理业务模式

1986年美国已经完全实现了利率市场化，金融市场已经实现了自由化。随着它们的不断冲击，商业银行资产管理业务不断受到重视，逐渐走向成熟，资产管理业务模式也已经演变成为事业部制，还有就是区域与业务条线混合的矩阵式，而原来实施的是直线职能制，由于欧美国家的综合经营模式不同及金融机构自身不同从而使业务模式呈现出三大类别。

1. 业务条线子公司制

业务条线子公司制在美国最为常见，由于之前所叙述的美国的金融体制为金融控股制度，美国的一些大型商业银行也采用了金融控股的综合经营模式，其业务的开展都是通过子公司来展开，形成了条线垂直管理模式。严格来讲，由于其中还掺杂一些区域管理，理论上应该称为矩阵式管理模式，但由于区域管理微乎其微，因此整体上还是表现为业务条线垂直管理的子公司制。以摩根大通银行为例。摩根大通银行的法律形式为金融控股公司，其于1968年成立。作为一家跨国金融服务机构，它的业务遍及60多个国家，一共包含四个业务板块，分别是资产管理、商业银行、投资银行、消费者与社区银行，而其批发银行业务则由前三大板块构成。2013年，上述四大板块的 ROE 分别是 23%、19%、15%、23%。资产管理业务板块的利润几乎占银行整体收入的 11%。而其资产管理业务板块主要由其资产管理子公司经营。该子公司在多达 30 个国家开展资产管理业务，提供固定收益、货币基金、权益投资、另类投资等几乎所有的资产管理业务。摩根资管重视客户的地位，其资管业务业绩好坏的衡量标准就是能够给客户提供最合理的资管方案，使客户在有限的资源下收益最大化。即使退休后，也同样使客户享受到最好的财务状况，一般人群的养老基金达到预期回报率，能使高净值人群财富更好地传承。摩根大通银行的资产管理业务虽然只是子公司经营，但该子公司却可以与其他子公司相互合作，给客户提供更多元化的服务，从一般的现金管理、按揭贷款到不动产、信托，满足客户全方位的服务需求。在这些服务中，此银行对于信托文化特别重视，于 2013 年还专门设立了信托风险管理委员会，凸显自己的信托责任。从此业务模式可看出，资管子公司既能发挥在资管业务方面的优势，又能在一定程度结合其他子公司的优势，提供多元化的服务。

2. 矩阵式管理模式

在矩阵式管理模式下，资产管理业务并不是像业务条线那样仅由子公司提供，而是依据不同客户的多元化需求由集团不同的部门提供，它是一种真正的综合化的现代金融服务。以德国商业银行为例。

德国的银行基本上都是全能银行，德国商业银行也不例外。德国商业银行成立于 1870 年，是德国最大银行之一。目前，其业务已经延伸到了全球 50 多个国家。其业务分为企业融资、个人客户、中东欧、投资银行、非核心资产 5 个板块。在全能银行制度下，其业务并不是都由子公司经营，而是只有少部分通过子公司进行，基本上都是由银行部门运营。德国商业银行资产管理业务中以个人客户为对象的板块分为下面两个部分：首先，专门为客户提供的建议咨询服务，这种服务呈现两种形式，即财富管理与"客户指南针"。财富管理主要是依据客户的投资需求以及资产状况给客户提出一个合理的建议，这是一种传统的服务模式。"客户指南针"在技术方面要求更高，需要凭借软件以及模型针对客户的风险容忍度给予符合投资者最满意的投资建议。其次，为投资服务，在该服务下，德国商业银行为个人客户专门设定了一个账户平台，该平台主要进行证券投资管理。根据客户的自主性分为了以下几个账户：固定收费卓越账户，该账户下客户自主性最差，银行不仅给予咨询服务，而且给予证券交易服务，由于银行提供的服务较为全面，因此收费最高；专业咨询投资账户，该账户下客户自主性适中，银行只是提供了专业性知识的服务，收费也就适中；完全自主投资账户，在该账户下，客户自主性最高，银行收费也就最低。

3. 以资产管理业务为主模式

以道富银行为例。道富银行虽然也采取综合化经营，但它以资产管理业务为主，它的资产管理业务以及托管业务闻名。道富银行下面由以资产管理业务为主的道富环球投资管理、以投资组合研究与交易业务为主的道富环球市场及以提供给投资者所有的后期服务与跟踪为主的道富环球服务三大分支机构构成。以资产管理业务为主的道富环球投资管理部提供的投资管理业务，管理方式分为被动性的管理以及主动性的管理。

道富银行开展资产管理业务的成功经验包括以下两个方面：一方面是持续创新。1993 年，道富推出了首只在美国上市的 ETF 基金，进一步扩大集团在被动资产管理业务方面的领先优势。同时，道富坚持资产管理业务创新。例如，其 SPDR ETF 产品系列包括 173 个全球产品。道富 SSGA 客户中持有新业务的客户比例高达 77%。产品创新为道富提供了持续性的资产管理优势。

另一方面，资产管理业务的建立是以托管业务为基石，资产管理业务的进行离不开资产托管业务这个服务环节。资产托管业务使道富银行原来的资金供应商成为了直接投资综合金融服务商，减少了中间环节从而使成本最小化。

五、当前资管新规的主要内容

近年来，我国资产管理业务快速发展，在满足居民和企业投融资需求、改善社会融资结构等方面发挥了积极作用，但也存在部分业务发展不规范、多层嵌套、刚性兑付、规避金融监管和宏观调控等问题。为规范金融机构资产管理业务，统一同类资产管理产品监管标准，有效防控金融风险，引导社会资金流向实体经济，更好地支持经济结构调整和转型升级，中国人民银行等部委于 2018 年 4 月发布了资产管理的相关规定。

（一）商业银行开展资产管理业务遵循的原则

（1）坚持严控风险的底线思维。把防范和化解资产管理业务风险放到更加重要的位置，减少存量风险，严防增量风险。

（2）坚持服务实体经济的根本目标。既充分发挥资产管理业务功能，切实服务实体经济投融资需求，又严格规范引导，避免资金脱实向虚在金融体系内部自我循环，防止产品过于复杂，加剧风险跨行业、跨市场、跨区域传递。

（3）坚持宏观审慎管理与微观审慎监管相结合、机构监管与功能监管相结合的监管理念。实现对各类机构开展资产管理业务的全面、统一覆盖，采取有效监管措施，加强金融消费者权益保护。

（4）坚持有的放矢的问题导向。重点针对资产管理业务的多层嵌套、杠杆不清、套利严重、投机频繁等问题，设定统一的标准规制，同时对金融创新坚持趋利避害、一分为二，留出发展空间。

（5）坚持积极、稳妥、审慎推进。正确处理改革、发展、稳定关系，坚持防范风险与有序规范相结合，在下决心处置风险的同时，充分考虑市场承受能力，合理设置过渡期，把握好工作的次序、节奏、力度，加强市场沟通，有效引导市场预期。

（二）商业银行资产管理业务应当符合的相关规定

（1）金融机构不得将资产管理产品资金直接投资于商业银行信贷资产。

（2）资产管理产品不得直接或者间接投资法律法规和国家政策禁止进行债权或股权投资的行业和领域。

（3）鼓励金融机构在依法合规、商业可持续的前提下，通过发行资产管理产品募集资金投向符合国家战略和产业政策要求、符合国家供给侧结构性改革政策要求的领域。鼓励金融机构通过发行资产管理产品募集资金支持经济结构转型，支持市场化、法治化债转股，降低企业杠杆率。

（4）金融机构应当向投资者主动、真实、准确、完整、及时披露资产管理产品募集信息、资金投向、杠杆水平、收益分配、托管安排、投资账户信息和主要投资风险等内容。国家法律法规另有规定的，从其规定。对于公募产品，金融机构应当建立严格的信息披露管理制度，明确定期报告、临时报告、重大事项公告、投资风险披露要求以及具体内容、格式。在本机构官方网站或者通过投资者便于获取的方式披露产品净值或者投资收益情况，并定期披露其他重要信息：开放式产品按照开放频率披露，封闭式产品至少每周披露一次。① 对于私募产品，其信息披露方式、内容、频率由产品合同约定，但金融机构应当至少每季度向投资者披露产品净值和其他重要信息。② 对于固定收益类产品，金融机构应当通过醒目方式向投资者充分披露和提示产品的投资风险，包括但不限于产品投资债券面临的利率、汇率变化等市场风险以及债券价格波动情况，产品投资每笔非标准化债权类资产的融资客户、项目名称、剩余融资期限、到期收益分配、交易结构、风险状况等。③ 对于权益类产品，金融机构应当通过醒目方式向投资者充分披露和提示产品的投资风险，包括产品投资股票面临的风险以及股票价格波动情况等。④ 对于商品及金融衍生品类产品，金融机构应当通过醒目方式向投资者充分披露产品的挂钩资产、持仓风险、控制措施以及衍生品公允价值变化等。

（5）主营业务不包括资产管理业务的金融机构应当设立具有独立法人地位的资产管理子公司开展资产管理业务，强化法人风险隔离，暂不具备条件的可以设立专门的资产管理业务经营部门开展业务。① 金融机构不得为资产管理产品投资的非标准化债权类资产或者股权类资产提供任何直接或间接、显性或隐性的担保、回购等代为承担风险的承诺。② 金融机构开展资产管理业务，应当确保资产管理业务与其他业务相分离，资产管理产品与其代销的金融产品相分离，资产管理产品之间相分离，资产管理业务操作与其他业务操作相分离。

（6）金融机构应当做到每只资产管理产品的资金单独管理、单独建账、单独核算，不得开展或者参与具有滚动发行、集合运作、分离定价特征的资金池业务。

第四节
银行业与证券业的分离与融合

一、银证分合的历史和发展趋势

银行业和证券业的分离或融合是金融制度的基本特征之一。纵观世界各国，银行业和证券业的经营关系主要有两种模式：一种是以德国为代表的两业始终融合的模式；另一种是以美国、日本为代表的两业分离模式。并且在经历了融合、分离的过程之后，现又走向融合。

20世纪30年代以前，证券市场体系处于初创阶段，银行业为证券市场的超额利润所吸引，涉足证券业务。同时，证券业为了网罗资金，也涉足银行业务。这一时期的银行业和证券业之间没有明确的界限，实行的是混业经营。

1929年10月的"黑色星期一"，导致美国证券市场崩溃。在随后的4年中，又有近万家银行倒闭，金融体系全面崩溃。美国国会银行调查委员会将此次金融危机的原因归结为银行业和证券业的混合经营。该委员会认为，银行业和证券业的混合经营会产生以下两个方面的不良后果：一是银行一方面让自己的证券公司包销经营不良企业发行的证券，另一方面要求该企业将通过发行证券筹集起来的款项用于偿还银行以前发放的不良贷款，结果是通过牺牲投资者的利益来保护银行和银行存款人的利益。二是银行对证券市场的过度介入，会形成证券市场的"泡沫"。一旦证券市场崩盘，将大量资产投资于证券市场的银行必然会随之发生巨额的亏损，甚至破产倒闭，支付系统危机的"多米诺骨牌"连续不断倒下。为了消除银行业和证券业混合经营给银行体系造成的不稳定，减少金融系统的风险，1933年9月"格拉斯—斯蒂格尔法"在大萧条的凄风苦雨中诞生，标志着银行业和证券业分业经营的模式正式确立。此后，不少市场经济国家都借鉴美国的做法，实行了银行业和证券业的分业经营。实行银证分离的国家主要有美国、日本、比利时、加拿大、英国、瑞典。这些国家的证券业务活动基本上分为两种类型：投资银行型证券业务和商业银行型证券业务。前者指所有证券代理发行、证券包售、证券分售、证券经纪业务；后者指政府公债、国库券、一部分地方政府公债以及一定限额内的股票和债券的买卖。这些国家的投资银行业务不同程度地限制和禁止商业银行进入（有些国家，如英国，这种分工更多的是业务惯例）。银证分离制度的确立，在一定程度上保障了银行体系的稳定性，使得银行倒闭率大幅度下降。

发展到20世纪七八十年代，金融界掀起了经济自由化的狂潮，新技术革命和金融创新风起云涌，又使得法律用来隔离和保护银行业务的规定常常被规避，出现了一系列新情况和新问题：银行和其他非银行金融机构的业务界限变得模糊，属于银行独有的业务已寥寥无几；非银行金融机构通过金融创新大量渗入商业银行业务，导致商业银行从事传统的银行业务所获收益日益减少；商业银行为了增强与其他非银行金融机构竞争的能力，提高自身经济效益，也想方设法避开不许从事投资银行业务的法规限制，从事更多的证券业务；投资银行通过创新金融工具达到融通资金的目的，也进入了商业银行业务领域。例如，在美国，从1980年开始，商业银行利用"格拉斯—斯蒂格尔法"的非完全分离进行票据贴现经纪业务和保险业务，同时证券公司也通过建立非银行的银行而经营商业银行业务。在日本《1981年新银行法》和修改后的《证券交易法》规定银行可以经营公债，同时，允许证券公司从事大额可转让存单的交易；允许其设立中期债券基金，并用这些基金开设现金管理账户，除此之外，证券公司还获准向顾客发放以公债为担保、不限用途的贷款，这样，证券公司就具有了部分银行职能。在英国，1986年10月27日，伦敦股票交易所允许本国和外国银行、保险公司以及证券公司申请成为交易所会员，允许交易所以外的银行或保险公司甚至外国公司100%地购买交易所会员的股票，此次改革被称为金融"大冲击"。从银行业和证券业合分的历史发展过程可以看出，两业合分的具体选择取决于所处的历史阶段以及经济发展的客观实际。发展到目前阶段，许多国家司法机构、金融管理机构对有关银行业和证券业分离的法律条款的解释日益宽松，新修订的银行法规或证券法规都不同程度地对原先严格分离的制度有所放松，理论界、管理层、金融业者要求放松监管、融合经营的呼声日益高涨，银行业和证券业有走向融合的发展趋势。

二、中国银行业与证券业的分与合

银行业和证券业的融合和分离各有道理，各有利弊，很难说孰优孰劣，必须根据客观实际进行选择。在我国，银证分合问题也要结合我国的具体情况。

（一）从银证分合的时代背景来看

美国的分业管理是在 20 世纪 30 年代大危机后加强政府干预的背景下出台的；日本采取这种形式则是由美国占领当局制定的，其顺利实施的背景是日本一直实行"政府主导型市场经济"。银证融合是在七八十年代经济自由主义重新抬头，经济学家指责"政府干预失灵"的背景下，政府对各个产业放松管制的同时，对金融业放松管制的内容的一部分。我国实行的是社会主义市场经济体制，较为强调政府在经济管理中的作用，因此应采取分业经营。实行分业经营，有利于政府分门别类地制定法规、政策。

（二）从制度进入和退出的成本来看

选择分业经营模式，进入和退出都比较容易，且成本较低；选择融合经营，进入和退出的成本都比较高。我国目前还处在市场经济体系的完善时期，主要还是选择分业经营的模式。主要原因在于：在进入时，从计划经济体制下的金融"大一统"管理模式转向分业管理模式，银行业和证券业各行其道，容易为政府部门和广大金融机构所理解和接受；在缺乏市场经济基础的条件下，如若从"大一统"模式直接转向两业融合的模式，可能出现金融业的无序竞争。我国前几年的混业经营已经在一定程度上导致了金融秩序的混乱，金融压制和经济泡沫并存。而在退出时，从分业经营模式转向两业融合模式相对而言又比较容易，只要允许银行业、证券业相互进入对方的领域，阻力就会小得多。如果从两业融合模式转向分业经营模式，则需要银行业、证券业进行清理整顿，各自退出对方的业务领域，必然会遭到银行业和证券业的联合反对。

（三）从资本市场的发展水平来看

银证分合的选择与市场经济的发展水平和监管水平密切相关。我国资本市场现阶段处于发展阶段，市场成熟度有限，资本市场的参与者自律能力较差，容易发生内幕交易、大户操纵、违规操作等问题，监管部门监管能力很难适应市场发展的速度，因此，便于管理的银证分离模式，不失为现阶段的一种好的选择。但是，我们也要看到，分业管理模式限制了竞争，其金融效率不如银证融合方式，这也是世界各国金融一体化过程中为适应竞争需要而由分业经营逐渐转向两业融合经营的重要原因。所以，我国在采用分业管理模式时一定要注意在同一业种内鼓励竞争。另外，还要在市场经济发展到一定程度时，提倡更公平的竞争，政府"把竞争的场地铺平"允许商业银行和投资银行之间的竞争，即以两业融合模式取代分业经营模式。当然，两业融合经营需要市场经济的高度发展和市场秩序的高度完善，这在我国还需要相当长的一个时期。

■ 本章小结

1. 在新的经济金融形势下，大力发展金融市场业务、实现金融市场业务转型发展日益成为新的重点。金融市场业务已成为与公司金融业务、个人金融业务并列的三大业务之一，在商业银行的业务发展中处于举足轻重的地位。

2. 金融市场是指经营货币资金借款、外汇买卖、有价证券交易、债券和股票的发行、黄金等贵金属买卖场所的总称，直接金融市场与间接金融市场的结合共同构成金融市场整体。

3. 商业银行大力发展金融市场业务有利于有效支持实体经济发展，有利于商业银行自身的转型发展，也有利于促进金融市场的发展和完善。

4. 商业银行证券投资是指为了获取一定收益而承担一定风险，对有一定期限的资本证券的购买行为。它包含收益、风险和期限三个要素，其中收益与风险呈正相关关系，期限则影响投资收益率与风险的大小。商业银行证券投资的基本目的是在一定风险水平下使投资收益最大化。

5. 商业银行资管业务是指经监管部门批准的相关机构作为资产管理人向特定的客户募集资金或者接受特定客户的委托，作为资产管理人对募集的资金进行管理投资运作，以实现资产的保值增值的一种资产管理行为。

■ 重要名词术语

金融市场　证券投资　中央政府债券　政府机构债券　地方政府债券　公司债券　资产管理　场间价差互换

■ 复习思考

1. 简述商业银行金融市场业务的功能。
2. 商业银行资管业务特点是什么？
3. 商业银行证券投资的功能有哪些？
4. 商业银行证券投资的种类有哪些？
5. 杠铃期限战略具有什么优势？
6. 简述商业银行资产管理运作模式。
7. 简述资金池模式的不足。

■ **延伸阅读**

1. 关于进一步明确规范金融机构资产管理业务指导意见有关事项的通知（中国人民银行）.
2. 商业银行理财业务监督管理办法（中国银行保险监督管理委员会）.
3. 证券期货经营机构私募资产管理业务管理办法（中国证券监督管理委员会）.

第八章
电 子 银 行

章首引例

  曾经,每月初就会出现有许多单位的员工来"打工资",造成银行现金区排长队的情况。银行工作人员杨燕芬首先想到了"网银"的查询功能,为此,率先与一名排到前台打折的员工说:"阿姨,请问您家有没有计算机?"
  "没有!"
  "那单位呢?"
  "有呀!"
  "那你可以不用来银行打折的,你这个折不是有张卡吗,帮你开通那个网银,您就可以在网上查询到你的工资发了没,不用每天跑一趟嘛!"
  阿姨似乎对网银不太了解,又有点抗拒又有点好奇:"那不好,在网上别人知道了,把钱取走了怎么办,信不过的!"
  "不用怕呀!我先帮你开通网上银行的"查询"功能和"挂失"功能就好了,你只能在网上查到发了工资没,存折有多少钱,人家知道了你卡号也转不走钱的。还有,如果你不见了这卡,可以在网上先办理挂失,你都知道,晚上银行是不开门的,丢了卡,你可以上网立刻挂失了,人家捡到、知道了密码也用不了!而且,现在开通网上银行是不用收费的!"
  "可以这样呀?那好,帮我开通了它。"就这样,在柜员的引导下,有了第一个敢于吃螃蟹的顾客。而刚好排在那位顾客后也是同一单位的员工,刚刚"偷听"网上银行的功能后,也主动上前询问。
  作为新型服务渠道和分销方式,电子银行不仅深刻地改变人们的生活习惯,也使得商业银行的服务效率和服务品质显著提高,从而提升银行的社会形象。本章从国内外电子银行发展现状与特点、电子银行的基本形式等方面对电子银行业务进行阐述。

第一节
电子银行业务概述

在金融全球化的大趋势下,银行信息化向信息化银行转变已成为整个银行业发展的主流。与此伴随的是电子银行业务的迅猛发展,业务品种从简单 ATM 取款、电话余额查询拓展到以网上银行业务、手机银行业务、自助终端业务为主体的多元化的业务体系。电子银行业务不仅在业务办理效率方面优于传统的人工业务,从经营成本的角度来看也是传统人工业务无法比拟的。因此,电子银行业务越来越受到商业银行的广泛关注。

一、电子银行业务的内涵

(一) 电子银行业务的定义

电子银行业务是商业银行等银行业金融机构利用面向社会公众开放的通信通道或开放型公众网络,以及银行为特定自助服务设施或客户建立的专用网络,向客户提供的银行服务。电子银行业务主要包括利用计算机和互联网开展的网上银行业务,利用移动电话和无线网络开展的手机银行业务,以及其他利用电子服务设备和网络,由客户通过自助服务方式完成金融交易的网络服务方式。

根据《电子银行业务管理办法》第 2 条第 2 款的规定,电子银行业务包括网上银行、电话银行、手机银行,以及其他利用电子服务设备和网络,由客户通过自助服务方式完成金融交易的银行业务。如图 8-1 所示。

(二) 电子银行业务的特征

相对于传统银行的所有业务都需要经过柜面办理而言,电子银行具有以下特征:

1. 以网络信息技术为依托

电子银行业务与传统银行业务的根本区别在于电子银行业务以计算机技术为基础,网络为媒介。虽然,传统银行业务办理也借助于计算机网络技术,但它只是商业银行用于内部之间进行传输数据、办理业务的一种工具而已,而电子银行业务则是在更加开放的环境下利用计算机网络技术,并以此为平台开展各项银行业务。

2. 使自助服务成为可能

客户自助服务是电子银行业务和传统柜面服务的主要区别所在。传统柜面服务以

图 8-1　电子银行业务类型

面对面服务为主要途径，利用专用设备结合账户、密码、凭证等要素，完成各项业务操作。然而，电子银行业务主要通过通信网络等技术，在客户熟知账户和密码的前提下自助办理业务，如自助进行账户余额查询和转账等。同时，分支机构大大缩减，逐渐被计算机网络等其他自助设备取代，客户接收的服务模式也由原来的被动变为主动，可以随时随地通过电子银行系统办理业务。

3. 为客户提供全方位离柜式金融服务

电子银行业务的兴起，不仅在业务种类和产品服务上得到了拓展，由原来单一的现金处理延伸到资产、负债业务以及中间业务，而且实现了无时间、无空间限制的全天候的金融服务模式，即 3A 式的服务模式，能够使得顾客在任何时候、任何地方以任何方式办理所需的各项金融业务，真正做到了无处不在、无时不在。

二、电子银行业务与传统银行业务比较

物理网点作为传统银行的代表是最传统的网点形式，遍布于大街小巷，拥有固定的经营场所以及标准化的分级形式，进入门槛较低，主要为客户提供面对面的服务。随着中国加入世贸组织，金融方面的开放度逐渐加大，外资银行在大陆慢慢立住脚跟，于是电子银行成为各界关注的焦点。关于传统银行与电子银行之间关系的讨论也变得日益激烈：是竞争还是协作？事实上，两者兼有，只不过是从不同的角度去看待。

相比于传统的银行业务，电子银行业务在金融服务方面更加突出效率。它依靠计算机网络技术优化配置银行的各项资源，在简化银行业务流程的同时，也使得银行的销售收入大大增加。具体的业务优势如下：

(一) 有利于降低业务的运营成本

电子银行业务在运行初期也需要在设备购置、软件开发、人员培训、市场推广以及后续的维护升级等方面投入一定的费用，但是一旦建成，客户便可自主化操作，无须柜员介入，大大降低了人力成本。与此同时，电子银行业务与传统业务相比，提高了业务办理效率，从而产生了一定的规模效应。换句话说，银行办理的业务越多，服务的客户越多，分摊在每笔业务上的成本便越小，进而使得长期运营成本降低，可以获得集约化经营管理的规模效应。美国银行业一项关于不同交易渠道的交易成本调查表明，电子银行的单笔交易成本远低于传统柜面网点的成本。图 8-2 显示了美国银行业务不同运营渠道的单笔交易成本。

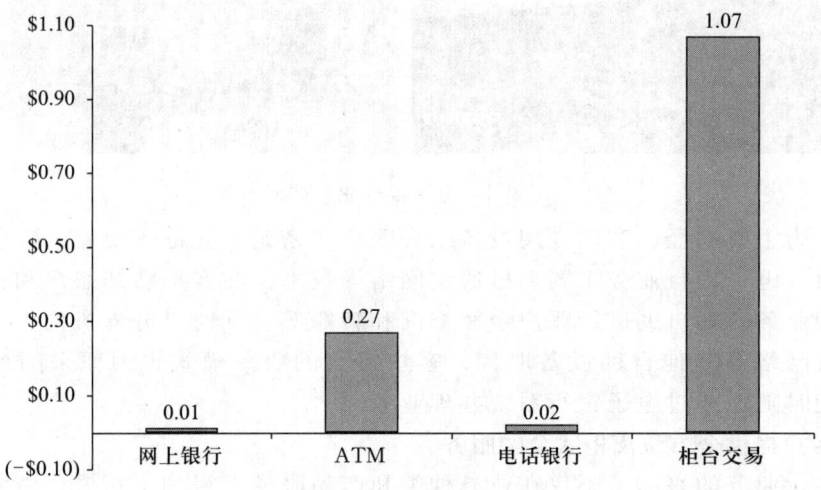

图 8-2　银行成本比较

资料来源：根据《金融高科技的发展及深层次影响研究》绘制

(二) 有利于缓解柜台压力

银行的服务网点和柜台窗口是银行从事金融服务的重要媒介，但是长时间的排队等候不仅浪费了顾客的宝贵时间，而且降低了业务办理效率。针对这一情况，电子银行固有的自助特性高效地对柜面办理业务人群进行了分流，在提高效率与降低服务成本的同时，也使得柜台可以集中力量满足优质客户的服务需要。

(三) 有利于业务处理效率和服务质量的提高

由于电子银行业务依托计算机网络技术平台，不仅消除了客户与柜台人员之间的物理距离，实现数据的集中共享，而且无纸化的银行业务办理，在提升业务办理速度的基础上，减少了人为错误，保证了服务的精准度，进而使得服务质量大幅度提高。

(四) 有利于扩大业务经营领域和金融产品的创新

相比于物理网点提供的窗口式金融服务而言，电子银行还可以通过 ATM、

POS机、电话、计算机和手机等享受金融服务，形成了多个虚拟网点，无形之中扩展了银行的服务渠道。例如，商业银行完全可以利用电子银行特有的优势建立全新的代销平台，通过网上银行、电话银行、手机银行等渠道代理发布合作伙伴的商品信息，并且借助银行自身强大的支付结算体系完成商品买卖双方的交易和资金结算。

（五）有利于更好地为客户提供高效的信息服务

除了向客户提供上述服务外，电子银行还能通过其高效的数据收集能力向顾客提供相关金融信息服务，从而有助于客户进行理性的投资活动。例如，代客理财、投资咨询等服务都是银行建立在强大信息基础上所提供的金融衍生服务。

但是，需要注意的是，目前电子银行业务规模还较小，盈利能力也较弱，而传统银行由于经过长时间的发展壮大，拥有了大量而稳定的客户群，银行可以依托此种优势向客户进行网上银行、手机银行等业务的宣传。同时，由于之前的银行卡在客户中已经得到普及化，因此可以直接开通这些卡的网银功能，使得这些潜在的客户转为有效客户，对虚拟网点业务的开展起到积极的促进作用。可以说，虚拟网点的建设是银行转型的需要，而不是取代谁，它们作为不同的服务渠道，将会发挥不同的作用，进而满足客户差异化的金融服务需求。例如，传统银行与电子银行的经营特点并不相同，如表8-1所示。

表8-1 传统银行与电子银行的经营特点比较

	传统银行	网络银行
流动性	资产管理	利用信息反应敏捷、交易速度快等优势大量发展新型金融工具
安全性	缺口管理	利用信息反应敏捷、交易速度快等优势大量发展新型金融工具
营利性	负债管理	增加客户规模；开展个性化服务

资料来源：根据《网络银行与传统银行比较研究》整理。

同时，之前所说的网上银行等服务渠道的开通减少了银行网点的交易型业务，提高了业务的离柜率，缓解了柜台的运行压力，把更多更好的资源让给那些具有高附加值的业务。例如，目前客户完全可以通过网上银行、电话银行等渠道完成转账、账户查询等业务办理，而这些简单烦琐的业务从前都是通过柜台完成的，现在通过渠道分流后，客户经理便可以为客户提供更全面、周到的服务，把精力放在产品的销售和营销方面，最终实现物理网点从交易型向销售型的转变。值得注意的是，这种方式的转变只是顺应了一种趋势的发展，而这种发展并不是以另一种渠道的消亡为代价，而是补充其他渠道，从而产生1+1>2的协同效应。

三、电子银行业务发展模式

电子银行的业务模式有两种：一种是运用信息技术和设施的传统银行电子化模

式;另一种是配备强大的人力和财力资源,将传统业务和创新业务推广至互联网上的纯电子银行发展模式。

传统银行电子化模式有两类:一是兼并收购别的银行的电子银行业务;二是根据自身的传统银行业务创新推出符合自身经营理念的电子银行业务。银行收购已有的电子银行,能够减少投资,收效快速,通过利用收购网络银行已有的技术设备获取市场份额,快速占据网上的竞争优势,不断开辟新的市场。不足之处在于收购银行与被收购银行需要一段时间的磨合期,才能产生良好的效益。发展自己电子银行业务的优势是可以利用已经发展起来的理财产品,以本行的各个分支机构、ATM 等渠道作为依托来拓展业务渠道,发展传统业务中的老顾客,而且电子银行业务与本行的传统业务之间容易协调配合,不存在磨合期。劣势是由于要开发和使用互联网等高科技及将柜台金融产品转化为电子银行产品,因此存在一个较长的投资期,存在一个逐步培养的阶段。该模式适应于已经建立分支机构网络、已经取得稳定市场份额的传统银行。

纯电子银行发展模式凭借高科技的发展,不需要设立物理的营业网点便可面向客户办理各项业务。客户想要办理各项金融业务只需在互联网上填写一张含有基本信息的申请表,发送至银行,并打印申请表,签名连同存款支票一并寄给银行便可开户。该模式的电子银行节约了人力资源,大幅度降低了经营成本。这也是纯电子银行存款利率较高的原因,在单位产品利润率相同的情况下,纯电子银行将节约的大部分经营成本返还给客户。

知识专栏 8-1

电子渠道替代率超 90% 四大行"瘦身"转型控成本

在利率市场化和互联网金融的冲击下,银行的利润和网点布局、员工的数量不再正相关。

受人力成本上升、租金上涨、息差收窄等客观因素影响,为了低成本解决客户"最后一公里"的金融服务需求,国有大行主动进行了一轮"瘦身"。随着银行年报数据不断披露,《中国经营报》记者了解到,四大行纷纷调整策略,正在掀起新一轮物理网点"瘦身"和优化,将传统银行服务向全面电子银行服务模式转型,2016 年四大行电子渠道替代率均超过 90%。伴随而来的是四大行 2016 年人员的流失数量达到 1.88 万人次,其中涉及网点裁撤和柜员减少。

工行 2016 年末的物理网点数量 16 429 家,较上年减少了 303 家;农行在推行"四个一批"(增设一批、瘦身一批、迁址一批、做强一批)网点优化工程中,对近 1 800 家低效网点实施"瘦身",12 000 多家网点推广了标准化转型;中行 2016 年披露的境内外机构数量为 11 556 家,相比 2015 年 11 633 家减少了 77 家。仅建行在网点设立上集中于"信贷工厂",对大城市、中心城市和强富县进行布局,网点数量在不断增加。

第二节

网上银行业务

网上银行又称网络银行或虚拟银行，是指银行借助互联网作为传输渠道，向客户提供金融服务的方式。它有两个层次的含义：一个是机构概念，指通过信息网络开办业务的银行；另一个是业务概念，指银行通过信息网络提供的服务，包括传统银行业务和因信息技术应用而带来的新兴业务。网上银行服务一般分为企业网上银行服务和个人网上银行服务。

一、个人网上银行

（一）个人网上银行的概念

个人网上银行就是银行在互联网上设立的虚拟银行柜台，客户通过互联网办理信息查询、转账汇款、缴费支付、投资理财等服务。

个人网上银行客户分为注册客户和非注册客户两大类。注册客户按照注册方式分为柜面注册客户和自助注册客户，按是否申领证书分为证书客户和无证书客户。可以说，个人网上银行是在 Internet 上的虚拟银行柜台。

（二）个人网上银行特点

1. 即时性

即时登录、即时开通、即时享用。

2. 业务全面

查询到账资金、转账支付、即时缴纳手机费、网上购物、个人贷款、投资理财等，功能非常强大。

3. 安全性

商业银行网上银行推出动态口令卡和 U 盾的安全措施，提高了产品的安全性，保障了客户的资金安全。

（三）个人网上银行办理流程

1. 使用动态口令卡的客户

在网点柜台开立预留密码的个人实名制账户—开通账户的网银服务（签约）—登录网银，并下载证书—成为网上银行高级客户，使用动态口令卡开始支付、缴费等。

2. 使用 U 盾的客户

在网点柜台开立预留密码的个人实名制账户—开通账户的网银服务（签约）并购买 U 盾—登录网银—成为网上银行高级客户，插入 U 盾开始支付、缴费等。

（四）个人网上银行业务品种

一般说来，个人网上银行的业务品种主要包括基本网银业务、网上投资、网上购物、个人理财助理、企业银行及其他金融服务。这里介绍前四个品种。

1. 基本网银业务

商业银行提供的基本网上银行服务包括在线查询账户余额、交易记录，下载数据、转账和网上支付等。

2. 网上投资

由于金融服务市场发达，可以投资的金融产品种类众多，国外的网上银行一般提供包括股票、期权、共同基金投资和 CDs 买卖等多种金融产品服务。

3. 网上购物

商业银行网上银行设立的网上购物协助服务，大大方便了客户网上购物，为客户在相同的服务品种上提供了优质的金融服务或相关的信息服务，加强了商业银行在传统竞争领域的竞争优势。

4. 个人理财助理

个人理财助理是国外网上银行重点发展的一个服务品种。各大银行将传统银行业务中的理财助理转移到网上进行，通过网络为客户提供理财的各种解决方案，提供咨询建议，或者提供金融服务技术的援助，从而极大地扩大了商业银行的服务范围，并降低了相关的服务成本。

二、企业网上银行

企业网上银行适用于需要实时掌握账户及财务信息、不涉及资金转入和转出的广大中小企业客户。客户在银行网点开通企业电话银行或办理企业普通卡证书后，就可在柜面或在线自助注册企业网上银行普及版。客户凭普通卡证书卡号和密码即可登录企业网上银行普及版，获得基本的网上银行服务。

通常商业银行的企业网上银行包括：

（一）账户管理

1. 账户信息查询

客户可查询各类银行账户的基本信息，账户基本信息包括账户种类、开户日期、币种、余额等。账户种类包括结算账户、定期账户、保证金账户等。

2. 企业资金运营明细查询

客户可查询企业各类银行账户一段时间（比如一个月或一年）内的交易明细，同时国内部分商业银行也提供短信或 E-mail 发送功能，将查询结果自动发送到客户指定的手机或 E-mail 信箱，以方便客户保存或进一步分析。

3. 电子回单查询

客户可在线自助查询或打印往来户的电子补充回单。

（二）代收业务

代收业务是指银行为收费企业提供的向其他企业或个人客户收取各类应缴费用的

功能。通常只有事先签订收费企业、缴费企业或个人、银行三方协议后，银行才提供此项功能。

（三）付款业务

付款业务是企业客户通过网上银行将其款项支付给收款人的一种网络结算方式。一般包括：集团账户间转账汇款、任意账户间转账汇款、跨行汇款等。

（四）B2B 在线支付

B2B 在线支付是专门为电子商务活动中的卖方和买方提供的安全、快捷、方便的在线支付结算服务。

（五）投资理财

投资理财是银行通过提供基金、证券、外汇等系列投资理财产品，满足不同企业客户进行各种投资需要，实现企业资金保值增值的金融服务。

（六）代理行业务

代理行业务是商业银行专为银行同业客户提供的网上代理签发银行汇票和网上代理汇兑业务。其中，网上代理汇兑是指商业银行通过网上银行接受其他商业银行（被代理行）的委托，为其办理款项汇出和汇入的服务；网上代理签发银行汇票是指其他商业银行（被代理行）使用代理行的银行汇票凭证、汇票专用章和专用机具，通过代理行网上银行为其客户单位或个人签发银行汇票，并由代理行所有通汇网点兑付的行为。

（七）网上银行信用证业务

网上银行信用证业务为企业客户提供了快速办理信用证业务的渠道，实现了通过网络向银行提交进口信用证开证申请和修改申请、网上自助打印有关信用证申请材料以及网上查询等功能。网上银行信用证业务能有效提高工作效率，同时也为集团总部查询分支机构的信用证业务情况带来了便利，满足了客户财务管理的需求。

（八）票据托管

票据托管实现了集团公司对总部和分支机构所持票据的信息录入、查询，以及票据贴现、质押、转让、托收等功能。

（九）网上年金服务

网上年金服务为企业年金客户全面掌握本单位、下属单位以及员工的年金相关信息提供了一种简单方便的渠道。客户通过登录企业网上银行，即可实现查询个人基本信息、个人账户信息、企业账户信息等多种功能。

（十）集团理财

集团理财是通过网上银行为集团客户提供的集团内部资金上收、下拨与平调等业务。集团理财以及由此延伸的网上现金管理能有效帮助大型企业集团实现由高负债、高费用、高成本的粗放型经营管理模式向低负债、低费用、低成本的集约型管理模式转变，特别适合于在全国范围内经营的企业集团客户，并已经在众多的集团客户中得到了广泛应用。

信息技术的发展为商业银行拓宽金融服务领域、提升服务质量、降低服务成本、强化内部管理等提供了新的实践思路。在这种新形势下，网上企业银行除了要担负起传统网上金融服务的经营职能，更将成为新经济模式下银企合作的纽带，其新型的服务和营运模式，也将在银行以提升资本和成本的使用效率为核心的二次转型战略中发挥更重要的作用。

知识专栏8-2

全球最受欢迎网上银行座次排定

Consumer Reports 对网上银行进行排名，在考察账户设立和网站导航是否简便易行、用户隐私和安全规定以及在线支付成本之后，该杂志列出了15家最受欢迎的网上银行。其中前排名最靠前的五家网上银行如下：

1. E-Trade（ET）。该公司只提供网上银行业务，但拥有1万台自动柜员机。该公司要求开立账户的最低额度为1 000美元，对账户余额低于这个标准的，每月将收取10美元的费用。

2. 花旗银行（Citibank）。该公司每月收取7.50美元的手续费，最低账户余额为1 500美元。该银行也通过邮局寄送单据。

3. Net Bank（NTBK）。没有最低账户余额要求，也不收取月费。

4. 摩根大通（JP Morgan Chase）。月费9.50美元，最低账户余额3 000美元。

5. Bank One（ONE）。该公司允许用户通过邮局寄送单据。但收取月费6.45美元，最低账户余额为500美元。

这15家网上银行最后三家分别为PNC Bank（PNC）、Sun Trust（STI）和Fifth Third Bank（FITB）。它们的网站容易使用，安全规定也不错，但要在Sun Trust和Fifth Third Bank上开立账户相当困难，它们只接受某些地区的客户。

第三节

电话银行

一、电话银行的概念

电话银行是近年来国外日益兴起的一种高新技术，是实现银行现代化经营与管理的基础。它通过电话这种现代化的通信工具把用户与银行紧密相连，使用户不必去银行，无论何时何地，只要拨通电话银行的电话号码，就能够得到电话银行提供的其他服务（往来交易查询、申请技术、利率查询等）。银行安装这种系统以后，可使银行提高服务质量、增加客户，为银行带来更好的经济效益。

电话银行服务的密码由六位不全为零的阿拉伯数字组成，由客户自己设定，并可随时通过电话银行服务对自己的密码进行更改。用户如果忘记电话银行密码，必须持借记卡和有效身份证件到储蓄网点申请电话银行密码重置，填写"挂失申请书"，并输入两次新密码。

从系统上说，电子银行系统一般由以下几部分组成：自助语音系统、人工话务服务系统、业务处理系统、柜员及参数管理系统、监控系统、数据库等。它利用电话与计算机集成技术（CTI），为客户提供自动语音服务和人工座席服务。客户可以在任何时间、任何地点利用身边的电话，进行账户信息查询、转账、咨询、投诉等银行业务处理（见图8-3）。

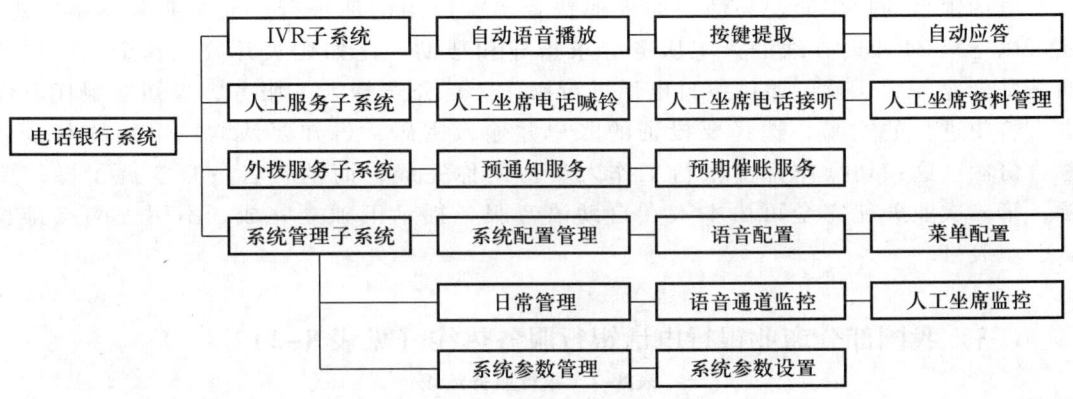

图8-3 电话银行总体架构

与其他服务方式相比，电话银行服务的基本特点是：操作简单，自动化管理，不需要人工干预；安全性高，系统内配有多级用户验证，保证客户银行信息安全；可实时查询，实现银行24小时服务；银行内线与外线任意配置；可配置传真接口；可实现强行拨号，而无须等待提示语音结束；线路的接口应该符合信息产业部的入网标准。各家银行都能够开通电话银行，客户需到网点办理借记卡，在柜台申请开通电话银行。

二、电话银行产品

当客户拨打电话银行专用号码进入电话银行系统客户服务中心后，就可根据语音提示进行操作。操作方式一般有两种：一是自动语音，即客户根据语音提示自行完成操作；二是人工座席服务，即客户根据语音提示，选择转人工服务，然后由业务代表根据客户要求完成相应的操作。同时，商业银行还可以通过电话银行实现对客户的主动外拨功能，开展主动的外拨营销。

（一）电话银行服务的内容

现在的电话银行提供的服务内容基本与柜台一致，也就是说，除了存取款的现金业务，大部分在柜台能办的服务项目，都能通过电话银行完成。这里以最常用的查询服务为例，有了电话银行，银行客户可省去跑 ATM 或银行网点之劳，只要拿起电话输入个人账号和查询密码，自动语音服务会将你的个人账户余额情况报得清清楚楚。电话银行还可提供交易记录的查询，如某个时期内个人账户的存取款记录都可以查到，这对于那些粗心的客户来说，还起到一个实时账户管理流水账的作用。而且如果需要，大多数电话银行还可提供传真服务，将个人账户交易记录传真给你。此外，对于客户的投资账户情况，也可提供查询，如电话银行开通了基金买卖、国债交易或外汇等交易功能，便可随时查询个人的交易情况。

（二）电话银行服务的特点

电话银行的使用简便易懂。如果消费者初次使用电话银行，或对业务不很熟悉，还可以选择 24 小时在线的人工服务寻求指导和帮助。比如购买开放式基金，客户开通其基金业务后，就可通过拨打电话进行操作。首先选择人工服务，告知客服代表你本人希望进行的交易，选择要投资的账户并输入密码，告知要认购或申购的基金名称、份额，这一切操作都由银行工作人员协助你完成，而消费者一旦掌握了操作要领，第二次业务就完全可由本人在自助语音服务提示下独立完成，不用去网点排长队、填表格。

（三）我国部分商业银行电话银行服务热线（见表 8-2）

表 8-2　银行服务热线

工商银行	95588	农业银行	95599
中国银行	95566	建设银行	95533
交通银行	95559	邮储银行	95580
中信银行	95558	光大银行	95595
华夏银行	95577	广发银行	95508
深发展银行	95501	招商银行	95555
浦发银行	95528	兴业银行	95561
民生银行	95568	浙商银行	95527
平安银行	95511	北京农商行	96198
广州农商行	961111	重庆农商行	966866
北京银行	95526	长沙银行	95611

知识专栏 8-3

电话银行安全提示

电话银行是指银行利用电话等声讯设备和电信网络为客户提供金融信息和金融交易业务服务。电话银行通过自助语音和人工座席服务相结合的方式向客户提供账户查询、转账汇款、投资理财、缴费支付，以及修改查询密码、业务咨询、投诉建议等金融服务。为防止不法分子利用电话银行偷盗客户资金，银行的电话银行转账功能一般都分为同一个客户的"账户内划转"和不同客户的"账户间划转"两种。对于同一客户名下的活期、定期以及信用卡账户划转，一般不存在资金被窃的风险。对于不同客户账户间的资金划转，银行会采取更严格的网络管理和数据加密等手段，加强交易主机通信的安全保障，同时还会对不同客户账户间资金划转进行金额上的限制，起到防范风险的作用。使用电话银行时主要注意以下几点：

安全使用电话银行提示：

1. 拨打正确的银行客服电话，不要轻信任何非正常渠道提供的电话银行服务，防止电话欺诈行为。

2. 不要使用公用电话进行电话银行操作，不要到可以查询到转入号码的电话机上进行电话银行操作，不要使用电话免提方式进行交易类操作。

3. 科学设置电话银行密码，妥善保管电话银行密码等账户信息，不要透露给他人。电话银行密码与 ATM 提款密码尽量区分开来，电话银行密码不要设置为 123456、身份证号码等弱密码。

4. 在进行电话银行交易类操作时注意避免使用免提电话。

5. 尽量避免使用公用电话进行电话银行操作，并且用完电话银行后，应再次摘下话机听筒，拨"9"，再挂断电话，以免被他人重拨号码并盗取账户和密码。

第四节

手机银行与自助银行

一、手机银行

当手机把收音机、MP3、照相机、摄像机、电视机、PDA 等各种功能集于一身，超出了最初作为单纯的通信工具的定位，成为人们日常生活的一个重要组成部分的同时，也成为了银行业嫁接的目标，即银行业务与手机结合而成的"手机银行"。个人手机银行注册流程如图 8-4 所示。

（一）手机银行的概念

手机银行也称移动银行（Mobile Banking Service），是利用移动通信网络及终端办理相关银行业务的简称。作为一种结合货币电子化与移动通信的崭新服务，手机银行业务不仅可以使人们在任何时间、任何地点处理多种金融业务，而且极大地丰富了银行服务的内涵，使银行能以便利、高效而又较安全的方式为客户提供传统和创新的服务。

（二）手机银行的构成

手机银行由手机、短信中心和银行系统构成。

在手机银行的操作过程中，用户通过 SIM 卡上的菜单对银行发出指令后，SIM 卡根据用户指令生成规定格式的短信并加密，然后指示手机向网络发出短信，短信系统收到短信后，按相应的应用或地址传给相应的银行系统，银行对短信进行预处理，再把指令转换成主机系统格式，银行主机处理用户的请求，并把结果返回给银行接口系统，银行接口系统将处理的结果转换成短信格式，短信中心将短信发给用户。

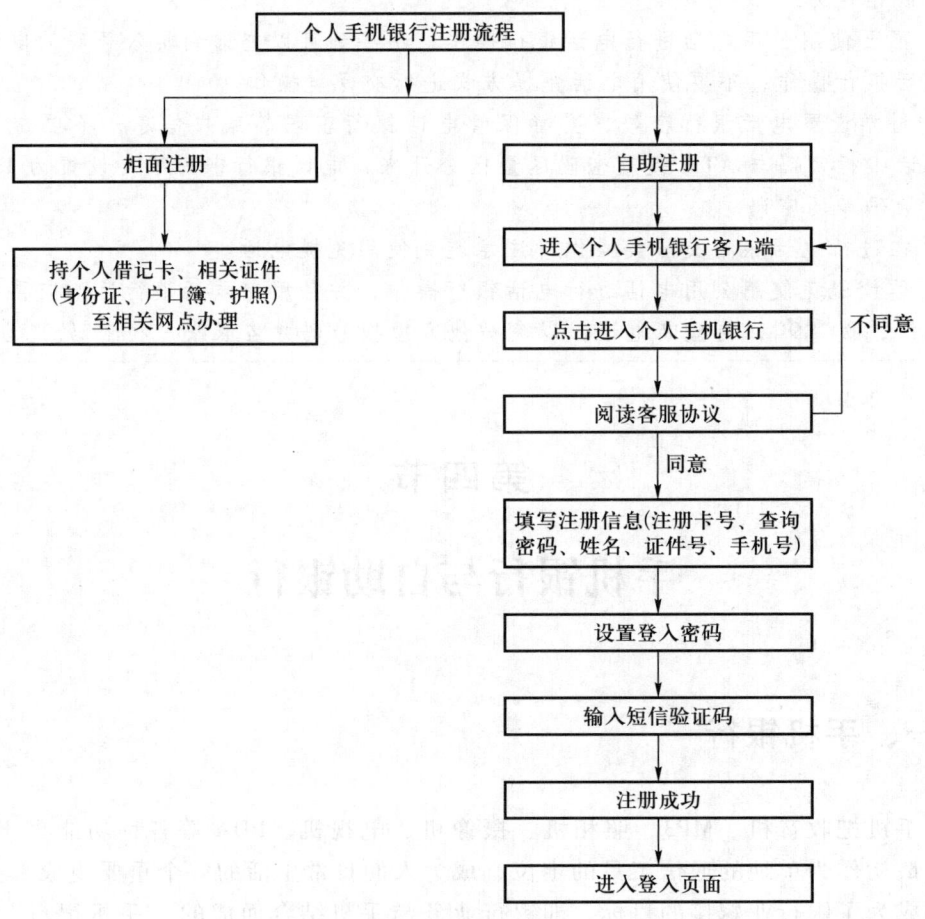

图 8-4　个人手机银行注册流程

（三）手机银行的特点

手机银行并非电话银行。电话银行是基于语音的银行服务，而手机银行是基于短信的银行服务。通过电话银行进行的业务都可以通过手机银行实现，手机银行还可以完成电话银行无法实现的二次交易。比如，银行可以代用户缴付电话、水、电等费用，但在划转前一般要经过用户确认。由于手机银行采用短信息方式，用户随时开机都可以收到银行发送的信息，从而可在任何时间与地点对划转进行确认。

手机银行与WAP网上银行相比，优点也比较突出。首先，手机银行有庞大的潜在用户群。其次，手机银行只有同时经过SIM卡和账户双重密码确认之后，方可操作，安全性较好。而WAP是一个开放的网络，很难保证在信息传递过程中不受攻击。另外，手机银行实时性较好，折返时间几乎可以忽略不计，而WAP进行相同的业务需要一直在线，还将取决于网络拥挤程度与信号强度等许多不确定因素。

（四）手机银行的主要功能

随着移动通信技术的发展，手机的功能越来越强大，银行能够提供的手机银行服务范围不断扩大。手机银行主要拥有以下功能：

（1）账户管理。提供账户查询、交易明细、活期转活期、默认卡设置、账户别名管理等功能。可以进行多账户、多币种的余额、交易明细的查询；客户号下卡折的活活互转以及默认卡设置、账户别名管理等功能。

（2）定期存款。提供"活期转定期""定期转活期"等功能。

（3）通知存款。提供"一天/七天通知""周周赢通知存款""支取""查询/取消通知"等功能。

（4）转账汇款。提供"行内汇款""跨行汇款""手机汇款""收款人登记簿"等功能。

（5）基金投资。提供基金的查询和买卖。

（6）手机股市。提供行情查询、银证转账和资金账户余额查询等功能。

（7）自助缴费。直接利用手机来办理银行代理的各项缴费业务，如缴水费、电费、煤气费、手机费、电话费等。

（8）信用卡。直接利用手机银行查询还款信息并还款。

（9）其他手机银行服务，如银行卡挂失、手机地图、常用信息查询等。

从目前手机银行所提供功能来看，与网上银行和电话银行相比，其功能相对比较简单，而且以小额支付为主，这主要受目前有关技术环境和条件的影响。一是由于整个手机银行的交易过程涉及手机终端厂商、移动运营商、银行和客户，整个生产链比较长，任何一个环节对数据和技术的不兼容都会影响客户的正常使用。二是网络环境的制约。手机银行应用的基础是无线网络，而无线网络相对有线网络的带宽比较窄，容易产生信息阻塞，且稳定性相对比较差。这些都对手机银行的应用推广形成一定的制约。

知识专栏8-4

二维码手机银行

随着移动互联网与手机终端技术的加速发展,二维码的手机银行将进一步提升手机银行的交易规模,推动商业银行在移动金融业务的发展。与此同时,客户通过手机将更方便地识别商品,确认订单,完成支付。

商家首先要安装手机银行客户端,然后可将商品信息、消费金额等编辑成二维码,并在手机、平板电脑、报纸、杂志、广告、图书等介质载体上进行展示。消费者通过使用银行客户端应用的智能手机扫描二维码,银行手机客户端将识别二维码中包含的商品名称、价格等消费信息,消费者确认购买,与商家的手机银行账户结算后,商户根据交易信息中的地址、联系信息进行商品配送,完成交易。同时用户在使用手机银行消费的同时,商家可以得到用户的详细信息,二维码的手机银行的平台将对消费数据进行统计,给银行及商家提供完善的解决方案。

移动支付、手机银行客户端的出现为移动金融服务开辟了新渠道。商业银行在移动互联时代大力发展手机银行,陆续推出手机银行客户端,拓展移动支付业务。

二、自助银行的类型

(一)自助银行的类型与功能

自助银行又称无人银行电子银行,它属于银行业务处理电子化和自动化的一部分,是近年在国外兴起的一种现代化的银行服务方式。它利用现代通信和计算机技术,为客户提供智能化程度高、不受银行营业时间限制24小时全天候金融服务,全部业务流程在没有银行人员协助情况下完全由客户自己完成。

自助银行主要包括自动柜员机(ATM)、自动存款机(CDM)、销售终端(POS)、多媒体自助终端、自助服务电话等。最早的自助银行只配备一些自动提款机(CD)和自动柜员机,有的自助银行偶尔也搭配一些外币提款机,其所有的功能只相当于一般营业厅的延伸。随着计算机和网络技术的广泛应用,自助银行发展到今天,其功能和服务范围已经大大扩展,且不受时间限制,独立于一般营业厅之外,从而让顾客充分享受自我服务的成就感和便利感。

(二)自助银行的主要功能

自助银行的主要功能如下:

1. 自动提款机

自动提款机就是常说的ATM(Automatic Teller Machine),也称自动柜员机。自动提款机是自助银行最普遍的机器设备,其主要的功能就是提供最基本的一种银行服务,即出钞交易。此外,在自动提款机上也可以进行账户查询、密码修改等业务。

2. 自动存款机

自动存款机能实时将客户的现金存入账户,这种功能其实就是自动取款的反向操作。在存款过程中，自动存款机能自动识别面值并判断真伪。客户存款实时入账，并可以立即查询交易处理结果。

3. 存折补登机

存折补登机是一种方便客户存折更新需要的自助服务终端设备。存折补登机通过存折感受器和页码读取设备的配合，实现自动打印和向前、向后自动翻页。客户将存折放入存折补登机后，设备自动从存折上的条码和磁条中读取客户的账户信息，然后将业务主机中的客户信息打印到存折上。

4. 多媒体查询机

多媒体查询机利用触摸屏技术提供设备说明、操作指导、金融信息、业务查询等多种服务。其中包括外汇牌价、存贷款利率等信息。不少自助银行还都配有大屏幕及时提供各类公共信息的查询。

5. 外币兑换机

外币兑换机的主要服务对象为外国游客和有外汇收入的居民。外币兑换机能识别多种不同的货币，在兑换过程中自动累计总数，然后按照汇率进行兑换。

6. 外汇买卖、银证转账

客户在银行的营业柜台办理外汇买卖、银证转账交易开通手续。客户根据相应外汇信息，通过自助银行终端直接进行外汇买卖交易。

7. 缴纳公用事业费

当前不少银行的自助终端都能提供公用事业费的缴纳服务。用户只需将存折或借记卡插入或输入卡折的号码、密码，然后将带条形码的公用事业缴费单对准机器紫外线端口扫描，机器就会自动将账户内的对应资金扣除，缴费即刻成功。

第五节

互联网银行

自 2003 年互联网泡沫破灭之后，互联网经历了长达 10 年之久的恢复之后再次迎头赶上，引领整个产业经济的走向。互联网与金融的交叉渗透，互联网与人们生活的交织契合，使得互联网银行孕育而生，撼动了传统银行主导金融市场的格局，呈现出一种新的银行发展模式。

一、互联网银行的内涵

互联网银行（Internet Bank or E-bank）是指借助现代数字通信、互联网、移动通信及物联网技术，通过云计算、大数据等方式在线实现为客户提供存款、贷款、支付、结算、汇转、电子票证、电子信用、账户管理、货币互换、P2P 金融、投资理财、金融信息等全方位无缝、快捷、安全和高效的互联网金融服务机构。互联网银行可以吸收存款，可以发放贷款，可以做结算支付。

二、互联网银行的主要特点

互联网银行概念由互联行创始人林立人先生率先提出，并付诸实施，互联网银行是对传统银行颠覆性的变革，是未来金融格局的再造者，通俗来说，就是把传统银行完全搬到互联网上，实现银行的所有业务操作。互联网银行有如下特点：一是互联网银行和传统银行之间最明显的区别是，互联网银行无须分行，服务全球，业务完全在网上开展；二是拥有一个非常强大安全的平台，保证所有操作在线完成，足不出户，流程简单，服务方便、快捷、高效、可靠，真正的 7×24 小时服务，永不间断；三是通过互联网技术，取消物理网点和降低人力资源等成本，与传统银行相比，具有极强的竞争优势；四是以客户体验为中心，用互联网精神做金融服务，共享，透明，开放，全球互联，是未来银行的必然发展方向。

三、我国互联网银行的实践

互联网银行可以吸收存款，可以发放贷款，可以做结算支付。这种模式在国外已经发展得很成熟，而且运营良好，且呈上升态势，正在蚕食传统银行的空间。目前，在我们国内，由于政策所限，民营银行事实上还没有完全放开，互联行的 IB（Internet Banking），即互联网银行业务，暂时还不能上线经营，但是已经完成了系统开发，并且已完成了内部测试，等待可申请的牌照，但是在国内，和互联网银行相关的互联网银行平台已经上线。

2014 年以来中国银保监会批准了 5 家试点民营银行的筹建申请，至今全部获得开业批复。微众银行是国内首家开业的互联网民营银行，该银行既无营业网点，也无营业柜台，更无须财产担保，而是通过人脸识别技术和大数据信用评级发放贷款。

如果从银行基本功能"存、贷、汇"的角度来审视微众银行 App 提供的服务，那么很难将其视为一款完整的手机银行产品。所有互联网用户只要提交姓名、身份证号、手机账号等，再绑定一张他行银行卡交叉验证后就可开户成功，并获得一张 19 位卡号的虚拟微众卡。用户可以通过全国 1 600 多家银行的柜台和网银向微众卡转账汇款，但在转出方向上，微众卡目前只能实现与其他已绑定的同名银行卡进行转账，暂不支持刷卡消费和给他人转账等功能。功能限制主要来自目前央行对远程开户的限制。因此，微众卡电子账户依然属于弱实名账户，购买产品需要通过中国银联等支付清算机构委托扣款，转账额度的上限取决于清算机构和其他银行的协议，微众银行不能决定上限，而且短期内可能较难实现向他人转账。

对于没有线下网点的互联网银行来说，远程开户的问题解决不了，就很难真正实现银行的全功能。不过，微众银行也在用户绑定第二张银行卡时引入了人脸识别模块。这一模块需要先扫描识别用户身份证上的姓名、性别等信息，同时要求用户念一段数字，通过唇语监测判断出该用户为实时活体，然后将图像与公安部信息库中的照片存档进行比对。引入人脸识别，正是为了未来的远程开户试水相关技术。

从具体服务功能来看，目前微众银行提供的主要服务包括"活期+""定期+""股票基金买卖"等。"活期+"和"定期+"两个服务项目分别为微众银行与国金基金定制的货币基金和与太平资产合作的保险资管类产品，与目前支付宝钱包中的"余额宝"和"招财宝"颇为类似。让人眼前一亮的是"自动存工资""还房贷"的功能，在设定好金额和日期后，可以每月自动从相关银行卡转入或转出固定金额款项。

互联网银行的优势是庞大的客户基础及由此而来的信息优势，以及资产端的金融变现能力，这也是微众银行未来的看点。因而，与传统银行 App 相比，互联网银行 App 在界面设计上可以更为简单。另外，在流量导入方面，利用微信、QQ 的广大客户群体，采用账号通用的机制，大大增加了其客户群体规模。未来互联网银行 App 将逐渐引入其个人信贷、个人征信数据以及转账汇款业务。此外，线下手机支付也将成为其一个重要功能。

第六节
新型电子银行渠道

一、微信银行

2013 年 7 月，招商银行在信用卡智能客户服务平台的基础上升级综合服务平台，成立国内首家"微信银行"。现在国内很多商业银行都开通了微信银行。作为一种新兴电子渠道，微信银行是以智能手机为载体，通过微信这个软件建立的商业银行电子渠道。目前微信银行业务发展迅速，现可提供除取现之外的几乎全部业务服务，很多商业银行还开通了自己的特色功能，业务功能多样。微信银行目前发展势头良好，业务量和客户数均有显著增加，但由于是商业银行的创新尝试，缺乏细致的规划设计，所以还没有形成成熟的发展模式，还没有确定统一规则和具体名称，发展模式还不成熟。由于兴起时间较晚，微信银行监管层而存在缺失，有一定的安全风险。

二、电商业务

目前，我国十几家上市银行都开通了电子商务业务，基本上都打造了较为独立的电商运营平台。如工商银行的"融 e 购"、建设银行的"善融商务"、民生银行的"民生电商"等电商品牌。银行电商虽然呈现出较快发展势头，但还存在一系列问题。基于功能建设、产品数量、分类体系、客户注册数量、网站活动信息、客户体验水平等方面，商业银行电商平台在交易量、现金流量等一系列指标上远远落后于互联网金融行业巨头和部分垂直 B2B 平台。就整体水平而言，电子商务对银行中间收入的贡献还不够，收入占比也不高。电子商务业务还处于建设期，远未达到业绩规模增长的利润回报期。平台客户系统尚缺乏开放性，平台内容质量和管理水平有待提高，电子商务业务品牌推广绩效较差，缺乏一定的数据分析和应用能力。

三、直销银行

直销银行以互联网和移动设备为支撑，摆脱了对实体网点的依赖，有利于不方便去柜台办理业务的客户。相对于有多层分支经营架构的"分销"式传统银行而言，客户通过简单、便捷的操作即可完成业务办理和产品购买，且具有更高的业务回报。直销银行的定位是辅助银行实现零售转型发展互金业务。直销银行为银行内部提供产品创新支撑，分析用户财富管理需求，通过先行先试的方式，利用互联网场景及科技因素，优化改造传统产品，帮助业务部门将产品直接推向市场。协调银行拓展业务，进行区域扩张。促进服务升级，留住并提升用户活跃度。直销银行虽被视为发展互金业务的重要利器，其使用率仍旧较低，截至2018年第三季度，已上线的独立App中，仅35%可监测到相关数据。

■ 本章小结

1. 电子银行是指利用面向社会公众开放的通信通道或开放型公众网络，以及银行为特定自助服务设施或客户建立的专用网络，向客户提供的银行服务。目前，主要提供网上银行、电话银行、手机银行及其他电子自助设备服务。

2. 网上银行是指以互联网为基础，为个人客户在网络上提供交易平台和服务渠道的金融服务。网上银行按服务品种划分，可分为基础网上银行业务、创新网上银行业务和附属网上银行业务；按照发展战略划分，可分为传统大银行网上银行业务、中小银行网上银行业务和纯粹网上银行业务。

3. 电话银行业务是利用电话自助语音或人工服务方式为银行客户提供业务咨询、账号查询、转账汇款、投资理财、代理业务等金融服务的电子银行业务。

4. 手机银行也称移动银行，是利用移动通信网络及终端办理相关银行业务的简称。作为一种结合了货币电子化与移动通信的崭新服务，移动银行业务不仅可以使人们在任何时间、任何地点处理多种金融业务，而且极大地丰富了银行服务的内涵，使银行能以便利、高效而又较安全的方式为客户提供传统和创新的服务。

5. 自助银行又称无人银行、电子银行，它属于银行业务处理电子化和自动化的一部分，是近年在国外兴起的一种现代化的银行服务方式。它利用现代通信和计算机技术，为客户提供智能化程度高、不受银行营业时间限制的24小时全天候金融服务，全部业务流程在没有银行人员协助的情况下完全由客户自己完成。

6. 互联网金融是指依托于支付、云计算、社交网络以及搜索引擎等互联网工具，实现资金融通、支付和信息中介等业务的一种新兴金融。互联网金融在给商业银行带来挑战的同时，也给商业银行经营方式的转变带来了机遇。

■ 重要名词术语

电子银行　自助银行　个人网上银行业务　公司网上银行业务　电话银行业务　手机银行业务

■ 复习思考

1. 什么是电子银行业务？有何特点？
2. 网上银行业务的主要类型有哪些？
3. 电话银行有哪些服务功能？
4. 手机银行有哪些服务功能？
5. 自助银行主要有哪些服务功能？
6. 简述互联网银行的概念和特点。

■ 延伸阅读

1. 电子银行业务管理办法（中国银行业监督管理委员会，2006年3月1日施行）．
2. 帅青红．网上支付与电子银行．北京：机械工业出版社，2010．
3. 中国电子银行网．

管 理 篇

第九章
资本金管理

章首引例

资本充足水平告急，南京银行 140 亿元定增夭折

近年来不少银行由于资本充足率的问题，都抛出定增方案，比如农业银行、兴业银行，但都无一例外获得通过。而 2018 年 7 月 30 日，南京银行发布公告称，该行发行非公开发行股票的申请未获得证监会发审委核准通过。此前，南京银行拟非公开发行募资不超过 140 亿元。事实上，这是南京银行上市以来规模最大的一次定增融资计划。公司定增被否后，次日，股价闻讯大跌 4.21%。

定增的背后是资本充足率欠缺。2017 年末南京银行资本充足率、一级资本充足率和核心一级资本充足率分别为 12.93%、9.37% 和 7.99%，下滑幅度分别为 0.78 个百分点、0.4 个百分点和 0.22 个百分点。其中核心一级资本充足率接近 7.5% 的监管红线。从规模上看，南京银行规模在股份制银行中不算大，在快速发展时期，未来空间较大，但在快速发展的同时，就需要相应的资本充足率。

近几年由于银行业整体在处理坏账，银行业规模和利润都处于增速较缓的阶段，对于资本充足率不足的问题并不明显。但随着坏账出清完毕，银行业要想快速发展就必须有充足的资本充足率，不然未来银行业整体快速发展的时候，由于公司资本充足率不达标，则可能抑制公司规模扩张速度，进而在一定程度上会影响公司净利润。

本章从商业银行资本金的构成与功能、商业银行资本充足性的度量、资本金的筹集与管理、经济资本管理等方面对商业银行资本金问题展开论述。

第一节
资本金的构成与功能

资本金是商业银行资金来源的基础部分，银行的设立和经营活动的开展都要以一定数量的资本金为前提，更重要的是，银行资本的充足程度还关系到债权人和社会公众对银行安全的信心。因此，资本金对银行有着重要的特殊意义。

一、资本金的含义

银行资本是一个较复杂且不断发展的概念。就目前来讲，银行资本可以从银行自身角度、巴塞尔委员会监管角度和中国监管角度三个层次进行理解。

（一）银行自身角度

商业银行资本金是指银行投资者为了正常的经营活动及获取利润而投入的货币资金和保留在银行的利润。它代表着投资者对商业银行的所有权，同时也代表着投资者对所欠债务的偿还能力。资本金越高，银行的安全性越高。

商业银行之所以需要资本金，其内涵在于：其一，在存款流入之前，资本为银行注册、组建和经营提供了所需资金。一家新银行需要启动资金来购买土地、盖新楼或租场地、装备设施，甚至聘请职员。其二，资本增强了公众对银行的信心，消除了债权人（包括存款人）对银行财务能力的疑虑。银行必须有足够的资本，以使借款人相信银行在经济衰退时也能满足其贷款需求。其三，资本为银行的增长和新业务、新计划及新设施的发展提供资金。当银行成长时，它需要额外的资本，用来支持其增长并且承担提供新业务和建新设施的风险。大部分银行最终的规模超过了创始时的水平，资本的注入使银行在更多的地区开展业务，建立新的分支机构来满足扩大了的市场和为客户提供便利的服务。其四，银行经营的高风险性使得银行的经营损失在所难免。随着银行风险的增加，银行资本吸纳损失的能力也会增加，对保证银行经营的长期性和稳健性至关重要。

（二）巴塞尔委员会监管角度

国际统一的银行资本标准起源于 1988 年巴塞尔协议。从 1988 年巴塞尔协议颁布以来，协议经过多次重大修改，其修改内容主要包含在 1996 年《资本协议关于市场风险的修正案》和 1997 年《有效银行监管的核心原则》等相关文件中。1988 年巴塞尔协议及以上两个文件统称为旧巴塞尔协议（Basel Accord，简称巴塞尔协议Ⅰ）。自 1999 年 6 月《〈新巴塞尔资本协议〉征求意见稿》公布后，巴塞尔委员会分别于 2001 年 1 月和 2003 年 4 月发布了第二个和第三个征求意见稿，2004 年 6 月 26 日颁布了《统一资本计量和资本标准的国际协议：修订框架》，最终形成巴塞尔新资本协议（The New Basel Capital Accord，简称巴塞尔协议Ⅱ）。随后的 2008 年国际金融危机证实了学术界对巴塞尔协议Ⅱ因提高资本风险敏感度而对宏观经济造成冲击的担忧。据此，2010 年 12 月 16 日，巴塞尔委员会正式颁布了《第三版巴塞尔协议》（A Global Regulatory Framework for More Resilient Banks and Banking Systems，简称巴塞尔协议Ⅲ），对原有的银行监管标准和体系实施全面改革，改革的根本目的在于提高银行业应对来自金融与经济冲击与吸收损失的能力，从而减少金融风险向实体经济的溢出。如图 9-1 所示。

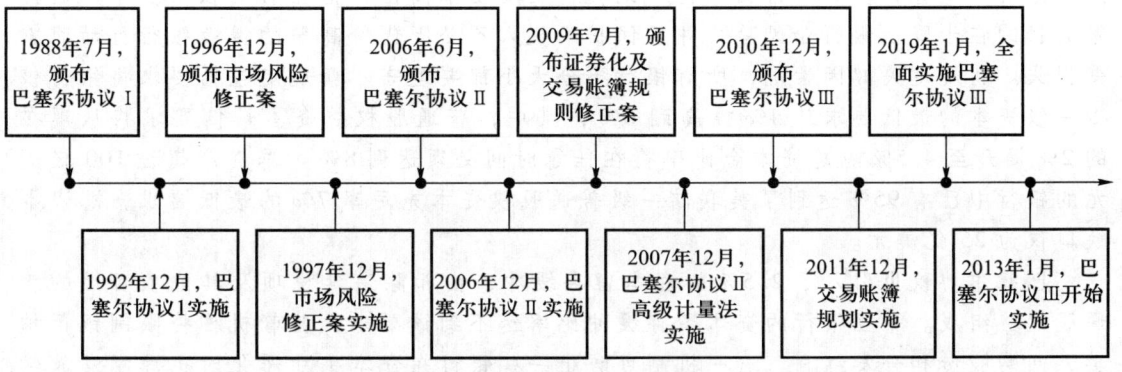

图 9-1　巴塞尔银行资本监管 30 年

按照较广泛的监管意义上的资本界定，银行资本主要包括：

（1）权益资本。股份制银行的自有资本也称权益资本，由普通股、优先股、资本盈余、未分配利润组成。

（2）损失准备金与资本准备金。银行为了应付意外事件，通常会在已实现利润中按一定比例提取损失准备金。资本准备金则用于未来回购股票、支付可能的法律诉讼费用、延期税收支付或偿付其他意外事故债务等项目。

（3）债务资本。商业银行可以发行长期次级债务工具作为资本的补充来源，其持有者对银行收益和资产的要求权优先于普通股、优先股，但次于存款人和其他债务人，又称附属债务。由于债务资本的债务属性，各国法律原则上不允许债务资本直接冲抵银行损失，它仅在债务系列的追索权上位于最后。

知识专栏 9-1

美联储批准巴塞尔协议Ⅲ

美联储（FED）2013 年 7 月 2 日批准美国银行业执行巴塞尔协议Ⅲ资本规定，承诺将制定针对华尔街大型金融机构的严厉新规，同时还将保护小银行免受这项新规的一些最严重冲击。美联储经过投票批准在美国实施这项全球性规定，新规要求银行业持有更多股权资本用于支持自身业务，以便在 2007—2009 年贷款危机之后具备更强的抗风险能力。按照 2010 年金融改革法的规定，美联储投票 7：0 赞成通过了长达 792 页的巴塞尔协议Ⅲ。但该规定也需要获得联邦存款保险公司（FDIC）和货币监理署（OCC）的批准。规定的最终版本里还具备一些有利于房地产复苏和小型银行的弹性，但美联储表示将在未来几个月内拟定四项新规，以应对美国八家最大银行给金融系统带来的风险。

巴塞尔协议Ⅲ以银行业监管机构——国际清算银行（BIS）的所在地得名。这份协定旨在加强银行业的稳定性。之前爆发的金融危机是大萧条以来最为严重的。负责监管的美联储理事塔鲁洛（Daniel Tarullo）概述了进一步的计划，该计划将迫使各大银行牺牲利润以提高安全性。这些计划所含的提议包括：迫使银行持有相对于总资产更高水平的股本，并对最依赖短期批发资金的银行提高资本要求。这项协定将从明年开始分阶段实施，多数银行必须持有比现行制度要求高出两倍左右的核心资本，这样做的目的在于降低银行业风险，并且保护纳税人不必因代价高昂的援救银行行动而蒙受损失。新规定关键因素是，所有银行不分大小都要遵守。新规定包括要求将银行核心一级资本的最低要求从 4% 提高到 6%，其中，普通股权益资本最低要求将从现在的 2% 提升至 4.5%。总资本金比率将在任意时间必须达到 8%。总资产超过 100 亿美元的银行中已有 95% 达到了美联储一级普通股权资本充足率 7% 的最低要求，总资本缺口仅为 25 亿美元。

巴塞尔协议Ⅲ引入了 2.5% 的资本留存缓冲，由扣除递延税项及其他项目后的普通股权益组成。一旦银行的资本留存缓冲比率达不到该要求，监管机构将限制银行拍卖、回购股份和分发红利。这一机制可防止一些银行在资本头寸恶化时也肆意发放奖金和高红利，从而将建立一个更加安全的资本边际，使银行有更大的余地来应对经济衰退期的困难。美联储还宣布，不会提高银行所需要的抵押贷款资本要求。分析师指出，规模最大的抵押贷款发起人富国银行（WFC）将会受益。

（三）中国监管角度

中国银监会 2012 年 6 月发布了《商业银行资本管理办法（试行）》，该办法从监管的角度对资本充足率计算、监管要求、资本定义等方面进行了详细的规定。根据我国《商业银行资本管理办法（试行）》，商业银行总资本由核心一级资本、其他一级资本和二级资本组成。如表 9-1 所示。

1. 核心一级资本

（1）实收资本或股本。实收资本是指投资者按照银行章程或合同、协议的约定，实际投入银行的资本，它是银行注册登记的法定资本总额的来源，它表明所有者对银行的基本产权关系。实收资本是银行永久性的资金来源，它是保证银行持续经营和偿还债务的最基本的物质基础，是银行抵御各种风险的缓冲器。

（2）资本公积。资本公积是指银行收到投资者的超出其在企业注册资本（或股本）中所占份额的投资，以及直接计入所有者权益的利得和损失等。资本公积包括资本溢价（或股本溢价）和直接计入所有者权益利得和损失等。资本公积可用于转增资本但不能用于分配利润。

（3）盈余公积。盈余公积是指银行按照规定从净利润中提取的各种积累资金。盈余公积是根据其用途不同分为公益金和一般盈余公积两类。公益金专门用于银行职工福利设施的支出。按现行规定，上市银行按照税后利润的5%至10%的比例提取法定公益金。

一般盈余公积分为两种：一是法定盈余公积。上市银行的法定盈余公积按照税后利润的10%提取，法定盈余公积累计额已达注册资本的50%时可以不再提取。二是任意盈余公积。任意盈余公积主要是上市银行按照股东大会的决议提取。法定盈余公积和任意盈余公积的区别就在于其各自计提的依据不同。前者以国家的法律或行政规章为依据提取；后者则由银行自行决定提取。

（4）一般风险准备。银行在提取资产减值准备基础上，设立一般风险准备用于弥补银行尚未识别的与风险资产相关的潜在可能损失。该一般风险准备作为利润分配处理，所有者权益组成部分原则上应不低于风险资产期末余额的1%。

（5）未分配利润。未分配利润是银行留待以后年度进行分配的结存利润。未分配利润有两方面含义：一是留待以后年度分配的利润；二是尚未指定特定用途的利润。资产负债表中的未分配利润项目反映了银行期末在历年结存的尚未分配的利润数额，若为负数则为尚未弥补的亏损。

（6）少数股东资本可计入部分。

2. 其他一级资本

其他一级资本是非累积性的、永久性的、不带有利率跳升及其他赎回条款，本金和收益都应在银行持续经营条件下参与吸收损失的资本工具。主要由两部分组成：一是其他一级资本工具及其溢价；二是少数股东资本可计入部分。

3. 二级资本

二级资本是指在破产清算条件下可用于吸收损失的资本工具。二级资本的受偿顺序列在普通股之前、在一般债权人之后，不带赎回机制，不允许设定利率跳升条款，收益不具有信用敏感性特征。二级资本包括二级资本工具及其溢价、超额贷款损失准备可计入部分。

表9–1　银行资本的构成

	基本部分	具体分类
银行资本金	核心一级资本	实收资本（股本）
		资本公积
		盈余公积
		一般风险准备
		未分配利润
		少数股东资本可计入部分
	其他一级资本	其他一级资本工具及其溢价
		少数股东资本可计入部分
	二级资本	二级资本工具及其溢价
		超额贷款损失准备

二、商业银行资本金的特殊性

任何以营利为目的的企业，包括商业银行，在业务发展初创时期以及今后进行业务经营都需要筹集并投入一定量的资本金，并在以后的业务经营过程中不断地加以补充。但商业银行在经营对象、资金来源与运用方面的特殊性，使得银行资本金与一般企业资本金仍然具有一定的区别。

（一）资本金所包含的内容不同

企业的资本金等于资产总值减去负债总值的净值，即所有者权益或者产权资本，也可称为自有资金。商业银行的资本金既包括所有者权益部分的资本，也包括一定比例的债务资本，如呆账准备金、坏账准备金，在资产负债表中的资产方，但以"-"号来表示。

（二）资本在资金来源中所占比例不同

现代企业都具有负债经营的特点，即经营中都依赖一定的外部资金。但由于企业发展的性质和特点不同，资本金在资金来源中所占比例也就不同。按照国际惯例，一般性企业的负债率在66%左右，自有资金应保持在34%左右。商业银行作为特殊的金融企业，其80%~90%的资金是从各种各样的客户筹集的，商业银行的资本金占其资金来源的比例一般为10%~20%，从而形成了商业银行高负债经营的状况。

（三）固定资产的形成能力与其资本金的数量关联性不同

一般企业的固定资产既可以由其资本金形成，也可以由各种借入资金、包括商业银行的贷款来形成，与资本金的关联性不大。商业银行固定资产的形成能力却与其资本金的数量有着非常明显的关联关系，因为银行的固定资产是商业银行形成较好的业务经营能力的必要物质条件，这些设施的资金占用时间较长，只能依赖于自有的资本金。

三、银行资本金的功能

按照《巴塞尔协议》和我国《商业银行资本管理办法（试行）》的规定，银行资本金对增强商业银行抵御风险能力、保持业务经营的稳定性和长期生存能力起决定性的作用。从商业银行经营管理的角度来看，具体来说，银行资本金的功能主要体现在以下几个方面：

（一）银行资本是商业银行设立的条件

商业银行是一国内部核心、关键的经济部门，是经济稳定与健康发展的重要决定因素，因此商业银行在设立之初都要达到一定的资本金要求。在存款流入之前，资本为银行注册、组建和经营提供了所需资金。资本金作为银行重要的资金来源，是银行正式开业的物质条件之一。

（二）银行资本是商业银行运营和发展的基础

银行资本通过提供一定的资金支持来发展商业银行的各种业务和规划。银行处于蓬勃发展时期，更需要大量的资本用以支撑业务增长和削弱不可预知的风险损失。资本的注入不仅使大部分银行的最终规模超过了创建时的水平，还满足了银行扩大市场份额的需要。

（三）银行资本是商业银行防止非预期损失、应对风险的减震器

商业银行是以少量资本通过杠杆效应运作大额资金的金融机构，在银行经营过程中蕴藏了巨大的风险。充足的银行资本可以抵御非预期损失，给银行提供缓冲。尤其随着金融全球化的飞速发展，金融业务的不断创新使得金融市场在日益繁荣的同时也带来了可怕的危机。因此，银行资本的充足能够提升银行抗风险的能力，对银行应对资金短缺、弥补损失的水平有着深远的影响。

（四）银行资本是商业银行满足外部监管的需要

银行在国民经济中的特殊核心地位使得银行的日常经营活动直接影响公众利益和社会安定。监管部门为了维护存款人的资金安全和银行体系的稳定，要求银行资本的增长与贷款及其风险资产的增长相协调。通过设定最低标准的资本额、资本比率等指标对商业银行的经营风险进行调控。资本是银行业务能够实现长效增长的一个关键性因素。

（五）银行资本是商业银行增强公众信心的需要

商业银行作为信用机构，其业务开展需要建立在高度的公众信赖的基础之上。一家商业银行所获得的信用评价，将会直接影响投资者对其的评价，进而影响业务的开展。公众对于银行的信心首先来自银行资本额充足与否。银行资本额数量高，资本充足率高，那么存款人才会放心，投资人才会降低对银行偿债能力的疑惑，且对于银行新业务的开展、新市场的拓展等都具有重要的作用。

第二节

资本充足性

由于资本金在经营中的地位与特殊性，商业银行具有一定的资本充足性对保证银行的稳健经营、保证国家银行体系的稳定都至关重要。

一、资本充足性的内涵

银行资本充足性指银行资本数量必须超过金融管理当局所规定的能够保障正常营业并足以维持充分信誉的最低限度。同时，银行现有资本或新增资本的构成，应该符合银行总体经营目标或需增资本的具体目的。因此，银行资本充足性的内涵包括数量和结构两个层面的内容。其中，资本数量是否充足是银行能否健康发展、稳定经营的重要标志，而合理的资本结构可以尽可能降低商业银行的经营成本与经营风险，增强经营管理与进一步筹资的灵活性。资本充足性一般用资本充足率指标来衡量。

随着金融竞争的日益激烈，商业银行的经营风险增大，监管当局对银行资本充足性有非常明确与具体的管制要求。中国银监会制定的《商业银行资本管理办法（试行）》于2013年1月1日正式实施，在正式实施时的6年过渡期作出了详细规定。比如，在大部分商业银行已经满足《商业银行资本管理办法（试行）》规定的资本充足率要求的前提下，为了进一步减缓商业银行实施《商业银行资本管理办法（试行）》的压力，银监会对储备资产要求（2.5%）设定6年的过渡期：2013年末，储备资本要求为0.5%，其后五年每年递增0.4%。2013年末，对国内系统重要性银行的核心一级资本充足率、一级资本充足率和资本充足率的最低要求分别为6.5%、7.5%和9.5%；对非系统重要性银行的核心一级资本充足率、一级资本充足率和资本充足率的最低要求分别为5.5%、6.5%和8.5%。

知识专栏9-2

2018年上半年17家银行资本充足率或核心一级资本充足率出现不同程度下降

2018上半年，五大行中，除农业银行千亿元定增使得资本充足率均值上升外，工商银行、中国银行、交通银行、建设银行的一级资本充足率、核心一级资本充足率均出现下降。26家上市银行中，有17家银行资本充足率或核心一级资本充足率出现不同程度下降。

究其原因，在去杠杆、强监管下，各家银行压缩同业资产、表外非标投放等，相应增加表内信贷投放。上半年，各家银行的表内信贷投放速度明显加快。高风险权重资产回表，使得银行资产消耗速度增加。

资料来源：各上市银行年报。

二、资本充足率的计算

通常，资本充足性以资本充足率来衡量。根据我国《商业银行资本管理办法（试行）》第5条的定义，资本充足率是商业银行持有的符合本办法规定的资本与风险加权资产之间的比率；一级资本充足率是指商业银行持有的符合本办法规定的一级资本与风险加权产之间的比率；核心一级资本充足率是指商业银行持有的符合本办法规定的核心一级资本与风险加权资产之间的比率。

（一）资本的扣除项

按照《商业银行资本管理办法（试行）》的规定，在计算相应的资本充足率时，需要对相应的资本进行扣除。

计算资本充足率时，商业银行应当从核心一级资本中全额扣除以下项目：① 商誉。② 其他无形资产（土地使用权除外）。③ 由经营亏损引起的净递延税资产。④ 贷款损失准备缺口。⑤ 资产证券化销售利得。⑥ 确定受益类的养老金资产净额。⑦ 直接或间接持有本银行的股票。⑧ 对资产负债表中未按公允价值计量的项目进行套期形成的现金流储备，若为正值应予以扣除；若为负值，应予以加回。⑨ 商业银行自身信用风险变化导致其负债公允价值变化带来的未实现损益。⑩ 商业银行之间通过协议相互持有的各级资本工具，或银保监会认定为虚增资本的各级资本投资应从相应监管资本中对应扣除。⑪ 商业银行对未并表金融机构的小额少数资本投资，合计超出本银行核心一级资本净额投资 10% 的部分，应从各级监管资本中对应扣除。⑫ 商业银行对未并表金融机构的大额少数资本投资中，核心一级资本合计超出本行一级资本净额投资 10% 的部分应从本银行核心一级资本中扣除；其他一级资本投资和二级资本投资应从相应层级中全额扣除。

（二）资本充足率的计算公式

商业银行总资本包括核心一级资本、其他一级资本和二级资本。各自充足率的计算公式分别为：

$$资本充足率 = \frac{总资本 - 对应资本扣减项}{风险加权资产} \times 100\%$$

$$一级资本充足率 = \frac{一级资本 - 对应资本扣减项}{风险加权资产} \times 100\%$$

$$核心一级资本充足率 = \frac{核心一级资本 - 对应资本扣减项}{风险加权资产} \times 100\%$$

（三）风险加权资产的确定

1. 信用风险加权资产权重与转换系数

信用风险加权资产为银行表内资产信用风险加权资产与表外项目信用风险加权资产之和。商业银行计量各类表内资产的风险加权资产，应首先从资产账面价值中扣除相应的减值准备，然后乘以风险权重。商业银行计量各类表外项目的风险加权资产，应将表外项目名义金额乘以信用转换系数得到等值的表内资产，再按表内资产的处理方式计量风险加权资产。我国《商业银行资本管理办法（试行）》规定的主要资产信用风险权重和转换系数如表 9-2 和表 9-3 所示。

表 9-2 主要资产信用风险权重汇总

风险权重	对应的资产负债表内容	对应表外项目内容
0%	现金、对本国中央银行的债权、对评级为从 AA- 及以上国家和地区政府和中央银行的债权;对我国政策性银行的债权;对我国中央政府投资的金融资产管理公司的债权;对我国商业银行原始期限四个月以内的债权等。	原始期限不足 1 年的承诺;原始期限超过 1 年但可随时无条件撤销的承诺。
20%	对我国商业银行原始期限四个月以上的债权;对评级为 AA- 及以上国家或地区注册的商业银行或证券公司的债权。	与贸易相关的短期或有负债。
50%	对评级为 AA- 及以上国家与地区政府投资的公用企业的债权;对我国中央政府投资的公用企业的债权;对个人住房抵押贷款。	与某些交易相关的或有负债。
100%	对评级为 AA- 以下国家和地区政府和中央银行的债权;对评级为 AA- 以下国家和地区政府投资的公用企业的债权。	等同于贷款的授信业务;信用风险仍在银行的资产销售与购买协议。

2. 市场风险加权资产

市场风险是指因市场价格（利率、汇率、股票价格和商品价格）的不利变动而使商业银行表内和表外业务发生损失的风险。市场风险资本计量应覆盖商业银行交易账户中的利率风险和股票风险，以及全部汇率风险和商品风险。商业银行市场风险加权资产为市场风险资本要求的 12.5 倍，即：

$$市场风险加权资产 = 市场风险资本要求 \times 12.5$$

表 9-3 表外项目的信用转换系数

项目	信用转换系数
等同于贷款的授信业务	100%
与某些交易相关的或有负债	50%
与贸易相关的短期或有负债	20%
承诺	
原始期限不足 1 年的承诺	0%
原始期限超过 1 年但可随时无条件撤销的承诺	0%
其他承诺	50%
信用风险仍在银行的资产销售与购买协议	100%

3. 操作风险加权资产

《商业银行资本管理办法（试行）》所称的操作风险是指由不完善或有问题的内部程序、员工和信息科技系统，以及外部事件所造成损失的风险，包括法律风险，但不包括策略风险和声誉风险。商业银行可采用基本指标法、标准法或高级计量法计量操作风险资本要求。商业银行操作风险加权资产为操作风险资本要求的 12.5 倍，即：

操作风险加权资产=操作风险资本要求×12.5

三、资本充足率的监管要求

按照《商业银行资本管理办法（试行）》的规定，商业银行资本充足率监管要求包括最低资本要求、储备资本和逆周期资本要求、系统重要性银行附加资本要求以及第二支柱资本要求。

（1）核心一级资本充足率不得低于5%。
（2）一级资本充足率不得低于6%。
（3）资本充足率不得低于8%。

商业银行应当在最低资本要求的基础上计提储备资本。储备资本要求为风险加权资产的2.5%，由核心一级资本来满足。

特定情况下，商业银行应当在最低资本要求和储备资本要求之上计提逆周期资本。逆周期资本要求为风险加权资产的0~2.5%，由核心一级资本来满足。

监管部门2018年3月要求，各级监管部门在拨备覆盖率120%~150%、贷款拨备率1.5%~2.5%的区间范围内，按照同质同类、一行一策原则，确定银行贷款损失准备监管要求，其中明确资本充足率高的银行可适度下调，进一步强化了资本充足水平对商业银行各项业务发展的重要影响。2018年7月20日，中国人民银行发布资管新规执行通知，支持有非标准化债权类资产回表需求的银行发行二级资本债补充资本。

知识专栏9-3

2018年6月末商业银行核心一级资本充足率达到10.65%

据银保监会网站消息，2018年上半年，商业银行累计实现净利润10 322亿元，同比增长6.37%，增速较上年同期下降1.55个百分点。商业银行平均资产利润率为1.03%，较上季末下降0.02个百分点；平均资本利润率13.70%，较上季末下降0.30个百分点。

2018年二季度末，商业银行（法人口径，下同）不良贷款余额1.96万亿元，较上季末增加1 829亿元；商业银行不良贷款率1.86%，较上季末上升0.12个百分点。商业银行正常贷款余额103.1万亿元，其中正常类贷款余额99.6万亿元，关注类贷款余额3.4万亿元。商业银行贷款损失准备余额为3.50万亿元，较上季末增加1 036亿元；拨备覆盖率为178.70%，较上季末下降12.58个百分点；贷款拨备率为3.33%，较上季末下降0.01个百分点。商业银行（不含外国银行分行）核心一级资本充足率为10.65%，较上季末下降0.06个百分点；一级资本充足率为11.20%，较上季末下降0.07个百分点；资本充足率为13.57%，较上季末下降0.07个百分点。

资料来源：银保监会网站。

第三节
资本金管理策略

银行是货币、信用的中介机构。为了适应市场的发展与竞争和扩大规模的内在要求，银行迫切需要发展资本补充新渠道，以确保充足和稳定的资金来源、银行再融资计划的发展、资本结构本身的合理规划。选择适当的融资工具，积极拓宽资本补充渠道，减少对资本市场融资的依赖，从而使商业银行可以筹集到资金，以支持业务的发展，并尽量削弱再融资对股票市场可能带来的不利影响。资本金是运营和抵御风险的重要保护。资本充足率要求是保护中小投资者和客户利益的基础，是维持金融系统稳定性和减少金融风险的基本手段，是防止因信息不对称而造成金融危机的最终保证。可以说，商业银行抵御风险的能力、资本充足率的偿付能力，反映公众信誉和综合实力，已成为整个金融改革的核心和焦点。目前，中国商业银行的资本充足率明显增加。通过近几年的金融改革，商业银行通过注资、处置不良资产、引进战略投资者和大力募集资金等方式，资本充足率有了较大的提高。今后如何选择符合自身发展情况的资本金补充渠道和构建资本金的长效补充机制，会成为各银行关注的核心问题。

一、内源性融资

内源性融资即是留存收益，是净利润扣除当年分派股息后盈余，是通过银行内部积累补充核心资本的一种方式。内源性融资相对来说成本较低，不会稀释原有股东对银行的股权结构，因此成为银行补充资本金的最有效途径，特别是对于不能进入资本市场的小银行来说尤为重要。建立持续的资本金补充机制、完善的资本金管理体系，从根本上说要看商业银行能否从内部增加资本即银行的创利能力。银行要积极改善其盈利能力，增强银行自身的创造功能。内源资本主要包括各种税后利润和计提准备金，因而资金来源依赖于商业银行的盈利能力。增强盈利能力和利润，可以有更多的利润来补充银行资本，银行应继续努力提高自身的盈利能力，从而提高自身的创造功能。由于资本实力有所提高，而且更有利于补充外源资本，从根本上来看，城市商业银行应加强对内源性融资的认识，通过提高留存收益水平来转增资本，以补充其资本金。较强的盈利能力，以及对资本高回报的形成，更有利于外部资本补充。若银行没有利润，就不可能从内部来增加资本。因此，为了增加核心资本，商业银行就必须增加自己的盈利能力。即使内部积累可能不是商业银行资本补充的最主要方式，但它却是构建资本金补充长效机制的根基。如果没有较高的盈利能力，在危机来临时恐怕难以应对。

（一）加大中间业务创新力度，增强盈利能力

随着加息周期的到来，城市商业银行信贷业务的获利空间将进一步压缩，因此，

必须进一步开拓市场，拓宽业务收入来源。目前，中国城市商业银行以存、汇、贷为主的商业模式，资本成本率高。从长远来看，商业银行需要改善资产负债结构，大力发展中间业务和表外业务，努力提高资本管理效率，提高创新能力，改变现在单一的发展模式，开拓新的业务领域。除了或有业务以外，开展中间业务不会增加风险资产总额，所以不会要求资本的相应增加。大力发展中间业务，可以开拓传统信贷业务之外的利润增长点。由于中间业务占用资本金较少，银行通过大力发展中间业务，可以摆脱资本金的约束。

中间业务在国外大型商业银行中已成为利润的主要来源，而我国商业银行的中间业务发展水平还比较低，中间业务的未来发展前景很好，盈利空间和机遇很大。美、英、日等发达国家的商业银行中间业务收入占全部收入的比重约60%，我国商业银行中间业务收入占总收入比重还较低，我国商业银行中间业务发展水平很低，业务还是以存贷利差为其收入的主要来源。这说明中间业务对于我国商业银行还有广阔的发展前景，我国商业银行目前正在努力于中间业务的研究和开发，不断开拓中间业务种类，扩大经营收入范围。大力开发中间业务会增加商业银行的盈利水平，改善利润结构，使得内源性融资顺利进行。如投资银行、债务融资工具承销、银行类理财、企业年金、银行卡以及电子银行等新兴中间业务发展飞快，这些品种和业务都是我国商业银行可以创新和开发的地方。商业银行应该抓住机遇，转变发展的观念，大力发展银行卡类、代理类、支付结算类、担保类、承诺类、交易类等中间业务，带动银行的非利息收入的增加，使银行盈利能力再上一个新台阶，从而达到增进内部积累、充实资本金、提高资本金充足率的目的。

（二）提高服务效率，柜台业务流程再造

商业银行各主要业务尤其是中间业务的拓展主要倚赖的是服务意识和服务水平。随着商业银行改革的不断深入，我国城市商业银行在公司管理、风险控制、业务开拓、业务流程和组织架构、经营理念、人员素质等方面均取得了巨大的成效，银行的服务水平、管理水平和竞争能力都有了大幅度的提升。但是，目前我国商业银行的服务还不足以满足客户多样化的需求。收费价格、诚信服务、产品宣传是广大金融产品消费者投诉最多的问题。

银行业归根到底是隶属于服务业的范畴，各城市商业银行首先要树立牢固的服务意识，服务是银行业不变的主题。商业银行作为服务业的一种，其本质还是提供服务，切实承担起服务群众的社会责任，服务质量已经成为影响城市商业银行综合竞争力的重要因素。所以，城市商业银行应该如何改进服务质量，就成了其提高核心竞争力的重要内容。创新的柜台业务流程大大提高了服务质量和服务效率。对公结算账户是指以存款人名称开设的银行结算账户。一般情况下，商业银行在对公结算账户开立流程为：受理，信息录入，客户身份识别和录入客户信息等工作（一般都由办理业务的柜员来完成相关操作）。对公结算账户比一般的结算账户操作程序更加复杂，需要审核和录入的信息量比较大。办理对公结算账户需要填写《申请开立银行结算账户申请书》，柜员需要告诉客户怎样正确填写以防填写出错而重新填写。之后，柜员需要审核和打印近10种原始凭证。这一标准业务流程使得柜员的工作压力很大，银行风

险控制能力会存在很大的疏漏。

（三）大力发展互联网金融

在新兴产业中，互联网技术的快速发展给人们的生活带来了巨大的变化。零售银行业是未来银行业发展的主要趋势。因为它具有高利润、低风险的特点，已经成为国际上主要银行业重要的利润增长点。零售银行业务是指商业银行依托新兴科技，运用现代化的经营理念，向个人、家庭和中小企业提供个体化、专业化、特色化的金融服务。互联网与金融行业之间的融合正在从外部增加银行业的竞争。各商业银行面对越来越激烈的竞争，已经认识到互联网金融对银行信用和服务造成的重大变革。越来越多的商业银行开始加入互联网金融中以寻求银行未来更大的发展，我国互联网金融具有很大的发展空间和利润空间，但目前商业银行在发展互联网金融方面差距还很大，互联网金融是商业银行可以大力开发利用的一部分。

二、外源性融资

内源性资本是商业银行资本金补充机制的基础，但对于银行业这一高负债率经营的行业来说，外源性资本则是资本数量上的重要来源。外源性股权融资是银行通过发行新股等手段从外部来募集资金补充核心资本。虽然外源性资本补充机制的交易成本比内源性资本要高得多，但由于外源性资本融资在数量上会很高，所以外源性资本融资仍然是我国商业银行进行资本金补充的首选。商业银行从目前来看主要采用首次公开发行、优先股、公开增发、长期债券、国家财政注资、引进外资和民间资本以及引进新的战略投资者等形式从外部获得资本。

（一）上市融资

虽然银行可以通过各种途径来补充资本金，但只有筹集股本融资是增加其核心资本的最直接方法。上市融资是指企业通过资本市场来募集资金，通过 IPO 融资。在一个成熟的市场经济环境下，上市融资是商业银行扩大资本规模、补充资本金的基本方法。普通股代表了银行股东的拥有权，无论是发行股票来筹集资金，还是采取其余方式，取决于银行从外部获得资本的困难程度、资金成本大小和对银行业务的影响，银行可以通过发行和出售普通股来增加资本公积和股本。上市融资对于商业银行来说有两个好处：一是建立起正常的资本金补充渠道和建立现代企业制度。国内一些实现上市的股份制商业银行在这两方面都有了很大的提高，特别是提供了强有力的资金支持来保证它们实现快速的扩张势头。由于资本金的补充和银行治理结构一直是困扰商业银行的两个重大问题，在国有大型商业银行和股份制银行已经实现上市的情况下，其他商业银行上市的呼声比以往任何时候都更高。鼓励管理和盈利能力强的商业银行上市，可以对中国资本市场的发展和完善补充新的动力和活力。通过市场募集资金，城商行不仅可以增加其资本充足率，而且可以促进城商行加快业务创新、加强经营管理、增强综合竞争力。二是商业银行成为上市公司，可以打破限制更流畅地进行操作。公开发行股票是银行业补充资本金的重要方式。

（二）高等级的金融次级债券

按照巴塞尔协议的规定，发行长期次级债可以被列入附属资本中。长期次级债是商业银行的一种积极工具，它不能被用于弥补银行的日常经营亏损，当银行倒闭后，长期次级债的清偿顺序在其他负债之后，但清偿顺序比股本要早。长期次级债期限长、不会减少股东权益、利息免税、资本成本较低、方式灵活的优点，能较好地解决资本流动性问题，因此备受国际大银行的青睐，是欧洲、美国和日本等国商业银行提高资本充足率的重要手段。不过，普通的次级债券不能计入核心资本，并且按照目前的规定，次级债券不得超过核心资本净额的50%，抵御风险的能力受到了一定的限制。相比之下，高水平的金融债券具有一定的优势：首先，发行行可以推迟支付利息。这是指当银行缺乏资金或者营运产生损失时，可以延期支付到期利息。其次，在非结算条件下可以弥补损失。即当银行破产，发生流动性风险，投资者要求赔偿的权利可能被暂停。这两个条件使长期次级金融债券的风险比其他类型债券要低，银行业发生财务危机时，可以发挥抵御风险的能力。最后，高等次级债券还可以解决巴塞尔协议规定的不得超过一级资本50%的限制，提高附属资本在监管资本中的比重。

（三）信托资产证券

近年来，西方金融机构成功地设计了信托资产证券，作为一种替代传统优先股的特殊金融工具。在西方，它由银行和其他类型的企业针对散户投资者发行，为客户提供低成本的长期融资。最早的信托资产证券于1993年由高盛公司开发，由银行进行信用担保，并按月支付利息。当前，信托资产证券在优先股发行市场已经占据75%的份额。它是按季支付股利的优先股，按季计息，并且在出售时一般都增加了回购条款，当出现一定的情况时，信托资产证券可以按回购条款赎回。

（四）利用民间资本增资扩股补充资本金

对商业银行来说，以直接入股的方式引入民间资本有利于解决其资本金匮乏的状况。商业银行利用民间资本补充资本金既是目前业务发展的需要，也是完善公司经营管理的需要。股东增加投资包括：扩大社会法人股、现有股东扩资、内部职工股和其他手段。扩大社会法人股可以促进社会资本自由化。民间资本投资城市商业银行，可以让金融资本和产业资本产生有效的融合。高效、灵活的内部职工股的奖励分配机制，让员工成为银行股东，把员工和银行的兴衰连在了一起，形成了一个利益共同体，使它能够充分发挥约束作用。国内最近这几年，为了扩大资本充足率，摆脱过分依赖当地政府财政支持的状况，纷纷开始引进民间资本，增资扩股，实现资本来源多元化，减少银行非系统性风险。

（五）引进战略投资者

引进战略投资者，是通过吸引外国投资来增加资本金的一种外源性方式。它不仅能安全地在货币市场引进资金，也有利于多元化股权结构的形成，提高公司治理水平。外国投资者进入中国金融市场，选择与商业银行合作是其迅速进入中国资本市场的快捷方式，同时也为商业银行完善公司治理结构、借鉴外国商业银行运营管理、提高业务竞争力提供了一条捷径。外资银行标准化的管理制度和先进的技术也有助于增强商业银行的综合竞争能力，也让我国商业银行国外融资成功率提升。然而，引进境外战略投资者是一个漫长的过程，同时也使股权分散，从而使每股收益减少。对于一些中小商业银行来说，倚赖资本市场的力量来补充资本金的门槛较高，也难以依靠自身的力量保持较高的资本充足率。

第四节 经济资本管理

一、经济资本的内涵与作用

（一）经济资本的内涵

经济资本的定义是：在某一特定的置信度水平值时，银行用来抵御风险损失的资本。经济资本是一个统计学的概念，是一种虚拟资产，它是在真正风险存在的基础上，通过建立银行内部模型来度量风险，可以在一定程度上对经济资本的不足做出补偿。就经济资本的定义来说，银行的决策者通过利用经济资本来防范风险或对风险进行一定的缓冲，它属于管理会计领域，也是一种对于在给定置信区间发生风险损失的缓冲资本。从定量角度分析，其数值等于非预期损失的大小。因此，非预期损失所产生的风险在随着资产价值变化而变化时，经济资本数值也会由于银行的资产组合不同和风险资产市值变化而发生相应的变动。在不同层级置信水平时，经济资本也可以有相应的非预期损失，也就是说经济资本可以指单个交易的非预期损失，也可以是若干个交易加总的损失。但是，通常情况下，由于分散效应，资产组合起来的风险大小相对于单个资产的风险总和来说会有一定程度的提升，从而带来风险损失的上升，因此，在维度不同时，不能简单地将经济资本进行直接叠加求和。

（二）经济资本的作用

1. 经济资本约束银行可承载风险总量

经济资本通过对非预期损失的计算和预测，直接反映银行的风险全貌，通过经济资本的配置能够实现银行资本与风险的匹配。以经济资本分配系数为纽带，一方面，可以确定在一定资本下银行可以承载的风险总量，从而控制风险资产规模，避免以前那种不注重风险总量控制，无限扩充资产的粗放经营方式。另一方面，当银行风险资产规模迅速扩张，经济资本总量接近或超过监管资本时，银行可以根据资本充足率情况及时补充资本金，否则其安全性将在战略上受到威胁。

2. 经济资本促进银行业务结构不断优化

通过经济资本分配系数的设定，可以有效地传导银行的经营导向，从而进行业务结构调整。具体来讲，一是促进区域结构调整，根据经济资本回报率和资产质量设定不同区域分行经济资本增长率和经济资本区域调节系数，通过区域间经济资本增量和总量的控制，促进经济快速增长、信用风险体系健全、资产质量好的地区分行快速发展。二是促进产品结构调整，根据不同产品资产质量、违约概率、损失率、净回报等设定各项产品的经济资本分配系数，可以有效地控制不同产品的发展速度，从而提升银行产品的价值创造能力。三是促进客户结构调整，根据客户资信情况以及对银行贡献度大小设置经济资本分配折扣系数，从而鼓励经营部门和客户经理多营销优质客户。四是促进收支结构调整，通过经济资本分配系数的设置促进非利息收入的大力发展。

3. 经济资本促进银行不断满足股东回报率要求

如果银行不能产生与风险相匹配的资本回报率将导致股东满意度下降，引起资本退出，股价下跌。资本回报率对股价的影响则更加明显。在没有进行经济资本配置的时候，银行很难通过一个分行创造的利润来计算该行到底为股东创造了多大贡献，因为账面上拨付的营运资金没有反映该分行的风险。经济资本净回报率（RAROC = 风险扣除后的净利润/分行所占用的经济资本）就是反映银行以及其各级分行创造价值能力的一个重要指标。根据经济资本净回报率的计算结果，总行对于 RAROC 越高的分行可以分配更多的经济资本，或者进行资源倾斜，鼓励这些分行为股东创造更多价值。

4. 经济资本促进银行理性定价和营销

经济资本预算管理的实施为银行市场营销提供指引，为银行在营销中定价提供了更科学的依据。在实施经济资本预算机制下，银行决策者判断不同业务、产品、客户的市场进退标准是经济资本回报的大小。银行对客户定价是基于满足经济资本回报要求的定价，即某项产品的价格应该是在完全成本的基础上加上该业务所占用的经济资本乘以预期的经济资本回报率之和。如果低于该价格，就不能满足资本回报的要求。同时，对于多项产品、多个客户的营销中，银行应保留和发展较大资本回报的业务和产品，否则应予以收缩或退出市场。

（三）经济资本与其他类型资本比较

从目前的企业制度来讲，企业的原始资金来源就是企业的资本，企业的资本具有较强的抵御风险能力，在企业面临破产或者倒闭时，其最后的清偿便是企业的资本，也是企业抵御风险的最后保护伞。银行是一种特殊的金融企业，在经济资本中也是这种模式。拿商业银行来说，在发生业务和风险经营时，它既扮演着风险经营和管理的角色，也承担着风险。换言之，商业银行是在承担风险与管理风险中不断发展和壮大的。此外，对于商业银行，资本还可以用来自由支配，同时也能承担商业银行面临的非预期损失。

从资本的内涵划分，资本主要可以归为经济资本、账面资本以及监管资本。经济资本是本节论述的重点，不能将其与在银行会计账体现的账面资本混为一谈，也不能认为它就是监管机构要求银行持有的监管资本，它们三者之间既有关联又有区别。

账面资本又称可用资本、实有资本，根据商业银行的账面统计得到。金额上一般定义为等于股东权益，其计算方法就是用资产减去负债。它是银行实际资产的持有水平的可靠反映，也是银行资本的静态反映，同时又是银行目前的可用资本，具有较强的使用性，但是资本在商业银行中的核心功能未能得到较好地反映。

监管资本是在法律范畴内的一种概念，表示的是监管局所要求的银行所拥有的最低资本。其中包含一级资本（股东的权益和公开储备），以及银行的一般储备金、重估储备金等附属资本，同时需要扣除给予附属银行和相关金融机构的投资，银行的非自用不动产不纳入计算范围。监管资本的计算和考核是各监管机构通过分析银行抵御风险能力确定的，会随着银行业务的进步与倒退扩张或者收缩，其目的是保证金融稳定和行业效率。这就意味着银行的资本应当与其风险承担能力相匹配，监管资本必须量化、稳定并且符合实际，具有较强的可操作性。监管资本是对银行抵御风险、稳健发展的重要保障，必须做到在银行发生非预期损失时随时利用，并不要求其所有权归属。因此，必须制定出严格的制度，保障监管资金制定的合理性、科学性，同时应对其计量和衡定做出系统的规定。

经济资本属于风险管理范畴内的一种概念，实际上是一种虚拟资本，是指在银行内部通过一定的计量方法和配置方案，以达到抵御风险、缓冲非预期损失的作用。经济资本在计算时，等于给定置信区间内一段时间，银行非预期损失的数值。在真实风险的基础上，经济资本可以通过企业内部模型来度量，对于监管资本不足可以起到一定的补偿作用。此外，账面资本是经济资本的来源。因此，若真正风险发生时，还需要账面资本来抵御。

二、经济资本管理的概念及内容

（一）经济资本管理的概念

银行的实际所需资本往往可以通过经济资本来衡量，采用经济资本管理模式是银行在发展过程中一种全新的运营模式，使银行走进了一个风险管理的新时代。经济资本管理，就是通过对资本进行科学、合理的计算，合理配置所有资源，对经济资本进行整合，降低企业风险，完善企业战略结构，加快企业业务发展，使得企业发展速度与经济效益统筹协调，最大化地增加银行经营价值。

（二）经济资本管理的基本内容

1. 经济资本计量

前文提及，经济资本实际上就是非预期损失，在计算经济资本的时候采用的就是利用风险计算模型将非预期损失量化，这是实现经济资本管理的核心手段。

2. 绩效考核

银行营业的最终目标是使得资产价值最大化。商业银行内部通常用经济资本回报率作为其企业内部绩效评估与考核的核心指标，这是由于经济资本回报率既反映了收益率也反映了风险率，是对收益—风险相对称的原则的直观反映。相较于利润而言，其更能准确而实际地反映出企业的经营绩效与创造的价值。同时，经济资本回报率也在一定程度上反映了银行经营的政策理念与价值导向。

3. 经济资本配置

目前，银行主要采取约束经济资本的机制来控制风险的增长。商业银行若其分支行或者附属业务部门可以将自身的风险控制在上级部门所限制的经济资本数额以下，就说明该分支行或者该部门的风险在可承受范围以内，具有较充分的风险抵御能力。若上级银行或者部门所分配的经济资本已用完，这时候需要控制占用经济资本的相关业务的发展。因此，银行在运营时，需要尽可能将风险低、回报高的业务作为自身的核心业务，这样银行资本的使用率才能得以提高，得到更高的回报。银行应该通过分析各个部门内部的业务资产回报率来制定相应的战略方向。银行在发展时，应该多注重价值回报率高、收益好的部门和机构，而对于那些收益一般甚至为负的机构和部门，应当采取相应的措施和政策对其进行缩减和限制，避免造成进一步损失。

4. 产品定价

收益是在产品的销售过程中实现的，销售的规模和产品的定价都影响收益，但是产品定价的影响更为重大。对于贷款之类的有一定风险的业务，在计算其产品定价时，必须将其所占用的经济资本考虑到定价范围以内，使产品的经济资本回报率能够在最低要求以上，使得经济增加值最大化。

三、我国商业银行典型性的经济资本管理实践

《资本充足率管理办法》实施后，经济资本管理理念在我国银行业逐渐得到关注与重视，各类型商业银行纷纷开展经济资本管理体系研究，进行经济资本计量与配置及其相关绩效评估和考核的实践，通过资本约束机制的逐步建立加强风险资产管理，通过引入以资本为基础的绩效考核制度强化业绩评价管理，进而寻求利润增长方式与经营管理理念转变的有效途径，实现各项业务的持续稳健发展以及风险与收益的平衡。我国的经济资本管理首先由开展巴塞尔资本协议Ⅱ的国有大型商业银行和少数股份制商业银行实施，随后部分中小商业银行结合经营管理实际也逐渐跟进，主要体现在开展信用风险、市场风险和操作风险经济资本计量与配置以及建立以经济增加值与经济资本收益率等考核指标为核心的经济资本管理体系等方面。

经济资本管理以商业银行风险偏好为基础，经济资本的计量方法和相关标准与各商业银行风险偏好具有较强的关联度，因此，各商业银行采用的经济资本管理模式可能存在差异。基于我国银行业风险管理的实际状况与监管当局对银行业资本监管的现实要求，我国商业银行的经济资本管理包括信用风险、市场风险和操作风险等各类主要风险，基本涵盖表内外各类资产以及全面风险管理的内涵与外延。由于信用风险普遍存在于商业银行的表内外授信业务中，是我国商业银行面临的最主要风险。

（一）国有大型商业银行的经济资本管理实践

中国建设银行是我国银行业中最早推行经济资本管理的商业银行，2001年将经济资本理论引入我国，2002年制定经济资本配置方法开展风险资产经济资本的事后计量与针对分行的绩效考核，2004年基于简单系数法观念实行经济资本预算管理；2005年上线运行公司业务风险暴露内部评级体系并于2007年完成全面优化；2007年发布

较为成熟的《经济资本计量方案》,运用内部评级法计算风险较大业务产品的经济资本占用、运用信息管理系统以及在险价值(VAR)方法与资产变动法计量信用风险和市场风险、运用符合《商业银行操作风险监管资本计量指引》规范的标准法计量操作风险;2008年进一步优化违约概率、违约损失率以及风险暴露等经济资本计量参数,实现经济资本在业务决策、预算计划、资源配置、绩效考核、产品定价以及风险限额等领域的广泛运用,为经济资本管理奠定了理论与技术基础中国银行2004年引入经济资本概念,2005年发布《经济资本配置管理办法》,尝试将以经济资本为基础的综合回报率与股东增加值指标纳入境内一级分行的考核指标体系,逐步建立囊括经济资本占用及其成本、经济增加值与风险调整资本回报率等指标的经济资本管理体系;结合客户信用等级与风险管理相关内容,基于违约概率模型、违约损失率历史数据库,建立分类的二维客户信用评级体系;基于SAS软件建立信用风险模型与管理系统,并将其作为模型开发、验证以及优化的重要平台与小型风险数据集市,为信用风险高级计量方法的稳健、可靠运用提供了有力的信息技术支持;自2010年实施资本预算管理,将资本限额分解至各机构与业务条线并纳入绩效考核体系进行定期的监测与考评。

交通银行自2004年建立以资产回报率与股东权益回报率为核心指标的资本约束机制,并于2005年启动巴塞尔资本协议 II 项目建设,将风险模型及其计量结果运用到全行的业务发展与风险管控过程中;2007年全面运行公司业务内部评级体系。

中国农业银行2005年发布并于2006年修订《经济资本管理办法》,在对标准法进行改进的基础上,采用内部系数法确定各类业务的经济资本分配系数并据以计量经济资本占用,以经济资本收益率指标为依据开展经济资本的优化配置,基本涵盖经济资本的计量与配置、产品定价以及绩效考核等方面内容,各分行结合区域特点与业务经营实际状况,分别制定经济资本管理实施细则并建立经济资本监测指标体系。

中国工商银行2006年建立全行范围的经济资本管理架构,采用内部系数法进行信用风险经济资本计量,根据监管规范分别采用标准法计量市场风险经济资本、采用基本指标法计量操作风险经济资本;2007年全面建立公司业务内部评级部资本充足评估程序(ICAAP)管理系统。

2014年4月24日,中国银监会核准中国工商银行、中国农业银行、中国银行、中国建设银行与交通银行五家国有大型商业银行以及招商银行共六家商业银行在集团和法人层面实施资本管理高级方法,意味着六家商业银行可以按照资本管理高级方法计算风险加权资产与资本充足率。

资本管理高级方法是商业银行使用内部模型进行风险与监管资本计量的方法,包括第一支柱下的信用风险内部评级法、市场风险内部模型法、操作风险标准法或高级计量法以及第二支柱的内部资本充足评估程序。我国五家国有大型商业银行经济资本管理的实践,主要体现在运用内部评级体系进行信用风险计量、运用内部模型法进行市场风险计量、运用标准法或高级计量法进行操作风险计量等方面,经济资本计量结果与相关风险参数估计值,是构建经济资本计量模型的重要基础与输入参数的重要来源。与标准化方法相比较,资本管理高级方法的计算过程更精细、计量结果更准确,其运用将有效实现风险、资本与业务的有机结合,从而对国有大型商业银行的公司治理、风险控制、资本管理以及业务转型产生深远影响。

（二）股份制商业银行典型性的经济资本管理实践

随着中国银监会对六家商业银行资本管理高级方法的核准，部分主要的股份制商业银行也在初步满足《商业银行资本管理办法》相关要求的基础上，提出资本管理达标申请。

光大银行基于监管资本与经济资本相结合的思路，2004年采用蒙特卡洛模拟方法计量各分支机构信用风险经济资本占用；市场风险经济资本计量则集中考虑利率因素的影响，基于利率敏感性指标与假设的利率波动性进行；操作风险经济资本按照中国银保监会《商业银行操作风险监管资本计量指引》规定的标准法进行计量。

招商银行2005年开展经济资本有偿使用的尝试并于2006年出台《经济资本管理方案》，持续完善各类风险量化技术与经济资本管理方法，以引导经济资源的合理流动与优化配置；2005年以经济利润替代账面利润进行效益工资分配，采用内部风险系数法计量信用风险资产并设置较低的资本成本率；2006年以分行为主体建立经济资本分配机制，扩大经济资本实施的对象与覆盖的风险范围，调整并优化内部风险系数的设置，适当提高资本成本率；2007年分条线进行经济资本占用考核，以促进全行经营战略结构调整；2008年根据信用风险内部评级成果与巴塞尔资本协议Ⅱ的要求，采用内部评级法计量与监测信用风险经济资本占用；2009年与2010年正式采用内部评级法高级法计量公司贷款经济资本，并在绩效考核中广泛运用资本回报指标；2010年进一步完善经济资本管理方案，改进经济资本量化方法与各分行经济资本分配机制，探索各业务条线的经济资本配置。2014年4月，招商银行经中国银监会批准使用资本计量高级方法。

中信银行以提高资本使用效率、综合平衡业务计划与资本充足率目标为核心，将经济资本管理作为战略转型的主要推动力，采用经济利润与风险资本回报率指标以及"分组指导、差别评价、动态监控"的管理手段，经济资本管理主要集中于信用风险经济资本配置与考核方面，以体现对重点区域、产品以及客户的战略支持；不针对分行进行市场风险经济资本和操作风险经济资本的指令性配置，市场风险经济资本主要集中在总行资金资本市场部与金融同业部，并采用指导性管理模式，操作风险经济资本则采用基本指标法进行计量。

民生银行针对信用风险通过建立法人客户与债项评级体系、零售客户风险评分模型并设定风险分池量化参数，初步实现经济资本、经济增加值以及风险调整后资本收益率的计量；针对市场风险通过初步建立相应的计量、监测以及控制等管理平台，按日进行相关市值、敏感性等风险指标的计量与监控；针对操作风险通过运用风险自评估、关键风险指标以及损失数据收集等管理工具，制定相关的监管资本计量管理办法；推进企业级数据仓库建设以开展数据质量治理；通过实施平衡计分卡激励考核指标、建立风险等级矩阵等方式，强化绩效考核与管理。

我国股份制商业银行已先后开展经济资本管理的理论研究与实践运用，其中招商银行已取得显著的成效并成为首批经批准使用资本计量高级方法唯一的股份制商业银行。股份制商业银行的经济资本管理体系建设，主要围绕各自的发展战略、业务模式以及经营特点展开,并以构建可持续盈利模式与业务发展策略之间的有机联系以及实现资源的优化配置为目标,但具体的管理实践中仍普遍存在风险计量方式与实际业务相互背离、较多运用定性分析而定量技术不足、资本配置方式缺乏灵活性与科学性、经济资本管理对经营管理与业务条线的导向性作用尚未充分发挥等弊端。

(三) 我国商业银行经济资本管理实践总体状况

作为我国经济资本管理实践的先行者,国有大型商业银行相关实践的成效明显,在经济资本的计量方法与应用范围等方面均领先于国内其他类型的商业银行。目前,我国国有大型商业银行和股份制商业银行中的招商银行已通过信用风险内部评级模型、市场风险内部模型法以及操作风险高级计量法的运用,建成完整、系统的资本管理高级方法实施体系,实现风险定性管理向定量管理的转变,风险管控能力显著提升,风险计量水平达到国际与国内的监管标准。基于对我国商业银行经济资本管理实践的分析,我国部分管理先进的商业银行已建立内部评级(IRB)体系,通过相关的计量工具实现单笔业务、资产组合层面风险的经济资本计量。我国已实施经济资本管理的商业银行所采用的经济资本计量方法比较典型的包括内部系数法与资产波动法、收入波动法,其中,内部系数法主要应用于尚不具备高级计量方法运用条件的商业银行,资产波动法与收入波动法则主要应用于管理先进且具备高级计量方法运用条件的商业银行。

国有大型商业银行与招商银行经中国银保监会批准使用资本计量高级方法后,按照并行期的要求与《商业银行资本管理办法》的规定,采用高级方法与非高级方法并行计量资本充足率,并遵守最低资本的相关要求,高级计量方法未能覆盖部分按照规定采用非高级方法进行计量。总体而言,我国商业银行在引入与构建经济资本管理体系方面已取得显著进展,但由于技术条件不完备、对经济资本相关理念认识不到位等原因,部分商业银行尤其是城商行仍需树立或转变经济资本管理理念,经济资本配置及其相关评估和考核等约束性指标的有效运用尚待时日。

■ 本章小结

1. 商业银行资本金就是指银行投资者为了正常的经营活动及获取利润而投入的货币资金和保留在银行的利润。一般而言,资本比例增加,银行的安全性也随之提高。

2. 商业银行资本金与一般企业资本金在包含的内容、在全部资产中所占比例、固定资产的形成能力与其资本金的数量关联性三方面存在区别。

3. 商业银行的资本金在其日常经营和保证长期生存能力中起了决定性的作用,明确商业银行资本的功能是正视资本管理在银行经营管理中核心地位的关键。

4. 银行的资本充足性是指银行资本数量必须超过金融管理当局所规定的能够保障正常营业并足以维持充分信誉的最低限额。同时,银行现有资本或新增资本的构成,应该符合银行总体经营目标或所需资本的具体目的。随着金融竞争的日益激烈,商业银行的经营风险增大,自身拥有充足的资本和监管当局对银行资本充足性要求都具有十分重要的意义。

□ 管理篇

5. 按照银行最佳资本需要量的原理，银行的资本既不能过高，也不能过低。过高会使银行的财务杠杆比率下降，增加筹集资金的成本，最终影响银行利润；过低会增加银行对存款等其他资金来源的需求，使银行的边际收益下降。在银行资本成本曲线上的最低点所对应的资本量就是银行资本的最佳需要量。

6. 经济资本指用于承担业务风险或购买外来收益的股东投资总额，是由商业银行的管理层内部评估而产生的配置给资产或某项业务用以减缓风险冲击的资本，经济资本又称风险资本。经济资本从银行内部讲，是应合理持有的资本。从银行所有者和管理者的角度讲，经济资本就是用来承担非预期损失和保持正常经营所需的资本。

■ 重要名词术语

资本金　实收资本　资本公积盈余公积　资本充足率　核心资本　附属资本　经济资本　二级资本　内源式融资　经济资本　资本充足性

■ 复习思考

1. 商业银行资本金与普通企业资本金有何区别？
2. 商业银行资本金的主要功能是什么？
3. 商业银行资本充足率的度量指标有哪些？
4. 商业银行经济资本的作用是什么？

■ 延伸阅读

1. 中国金融稳定报告（2017）（中国人民银行）.
2. 中国银行业运行报告（2016）（中国银行业监督管理委员会）.
3. 商业银行资本管理办法（试行）（中国银行业保险监督管理委员会）.

第十章
流动性管理

章首引例

江苏射阳农村商业银行的挤兑事件

2014年3月24日中午前后,有一储户至江苏射阳农村商业银行要取20万元现金,但银行以未预约拒绝了取款。随后,"射阳农商行要倒闭"便在坊间传开。当日下午两点,位于盐城环保产业园附近的射阳农商行庆丰分理处,提款人群开始不断云集,分理处外人头攒动,加上附近过来看热闹的居民,人数高峰时达到数百人。庆丰分理处当日下午立即向总行汇报。当日傍晚,射阳农商行董事长亲自押着运钞卡车赶到分理处,带来约4 000万元现金。不过,尽管庆丰分理处柜台摆上了半人高的现金,但挤兑的储户仍没有散去的迹象,兑付工作一直持续到次日凌晨三点,分理处才宣布营业结束。2014年3月25日,除了庆丰分理处,射阳农商行特庸镇、盘湾镇、黄尖镇、兴桥等网点均出现了大量储户集中兑现情况。除了射阳农商行,位于盐城市区的黄海农商行伍佑、步凤等网点也受到了一定的兑付压力,出现了排队取钱现象。2014年3月25日,央行针对此情况开通了绿色通道保证资金的送达。围绕此次挤兑,各方紧急调动的备用资金约有13亿元。不过,随着谣言的传播,2014年3月25日挤兑情况仍很紧急,庆丰分理处直到当晚11点才结束营运。2014年3月26日,射阳县县长发布电视讲话,表态将确保储户的利益任何时候不受影响,受波及乡镇政府的领导也到现场呼吁勿听谣言,中国银行业协会也公开发表声明。截至当日下午事态渐平息。2014年3月26日下午,集中提款情况基本平息。27日,江苏盐城警方通报,散布谣言的蔡某被查获,26日夜已被行政拘留。

本章从流动性管理的概念、流动性管理的必要性、流动性的测量及流动性的风险管理方面对商业银行流动性问题展开系统论述。

第一节
流动性管理概述

确保充足的流动性是商业银行管理的关键问题。商业银行流动性管理的基本思路是:首先,要明确流动性与流动性管理的基本含义,以及流动性管理的必要性;其次,做好银行流动性的衡量;再次,对银行流动性进行有效的调节与管理;最后,防范流动性风险是流动性管理的重要内容。

一、流动性与流动性管理的含义

银行流动性是指银行满足存款者的提现需求和借款者的正当贷款需求的能力。具体分为两方面的含义:一方面是指流动性资产,即可用来支付的现金和现金类资产;另一方面是指获得流动性资产的能力。而一旦商业银行资金不足或者获得流动性资产的能力不足便会引发流动性风险。

《商业银行流动性风险管理指引》将流动性风险界定为:商业银行虽然有清偿能力,但无法及时获得充足资金或无法以合理成本及时获得充足资金以应对资产增长或支付到期债务的风险。流动性风险可以分为融资流动性风险和市场流动性风险。融资流动性风险是指商业银行在不影响日常经营或财务状况的情况下,无法及时有效满足资金需求的风险。市场流动性风险是指由于市场深度不足或市场动荡,商业银行无法以合理的市场价格出售资产以获得资金的风险。

为避免流动性危机,商业银行就要进行合理的资金调度,一方面保证其具有应付客户提存、偿还借款、满足必要贷款需求等的支付能力,另一方面又不致形成资金闲置。通过对资产的流动性和负债的流动性进行管理,使资产和负债结构相匹配,找到流动性与营利性的平衡点。商业银行流动性的有效管理可以发挥以下功能:第一,增强市场对银行的信心,维持银行的良好声誉,拓展银行负债的来源。第二,降低银行的融资成本,减少银行筹资时的风险溢价。第三,使银行避免盲目处置资产。有效的流动性管理能使银行及时以合理的价格筹资,避免不得已处置资产而带来的折价损失。第四,使银行能履行贷款承诺,与客户维持良好关系,提高银行声誉。

二、流动性管理的分类

对商业银行来说，流动性问题的产生是流动性不足所导致的，主要包括资产端的市场流动性问题和负债端的融资流动性问题。商业银行的流动性管理不能割裂资产与负债两者的联系。随着2014年商业银行流动性风险管理办法和2017年流动性新规的出台，监管部门对商业银行流动性管理提出了较高的要求，中小银行应逐步加强流动性风险的监测能力，改善预防流动性风险的措施，提升应对流动性风险的能力。

（一）资产流动性

商业银行资产的流动性是指资产能够在无损失或微小损失的情况下进行快速变现的能力。资产方的市场流动性主要是指拥有资产的结构和期限，若市场流动性发生出乎预料的恶化情况时，商业银行难以迅速地将资产在市场上进行变现，意味着资产流动性不足。按照性质进行区分，可以将资产分为流动性资产和非流动性资产。流动性资产包括现金、超额准备金、短期同业资产、交易性金融资产和短期贷款等。非流动性资产则含有可供出售金融资产、中长期贷款、法定存款准备金等。因商业银行资产的性质不同，在市场上的流动性也各有不同，当发生危机时进行变现的能力也有较大的差距。

（二）负债流动性

商业银行负债的流动性是指能够在负债端通过较低的成本获得需要的资金。对于流动性管理来说，需要对商业银行的负债端显现的融资流动性进行研究。负债方包括有存款、拆入资金和商业银行发行的债券等。存款是负债端最主要的资金来源，也是商业银行能够进行融资的有效保障。短期的负债工具如同业拆借等，虽然因期限较短，减少了商业银行的经营成本，弥补短期资金的不足并有效提高了短期的融资流动性，但是加剧了期限错配的现象，从长远角度来看，不利于商业银行的流动性管理。所以应适当增加长期资金的比重，例如长期债券和中长期存款等，降低融资流动性风险。虽然这会导致商业银行成本的增加，但是可以减少融资流动性的风险。所以，持有合适比例的长期资金有助于商业银行防范流动性风险。

三、商业银行流动性管理的必要性

保持适度的流动性是商业银行流动性管理所追求的目标，而在商业银行经营活动中，商业银行的流动性、安全性与营利性原则不断出现矛盾，这就需要建立流动性管理机制，使得银行业能够健康持续发展。

（一）流动性风险是银行面对的最核心风险

在商业银行经营中所承受的所有风险中，流动性风险的影响直接危及银行的生存乃至整个金融体系的稳定,其破坏程度远非其他风险所能相比。流动性对商业银行至关重要,因为商业银行的流动性是整个金融体系乃至整个经济体系对流动性需求的保证,可以这样说,流动性是整个银行的生命线。在当前复杂多变的金融环境下,流动性风险仍然是银行面临的最核心风险。

(二)流动性风险与货币政策密切相关

央行通过调节货币供应量来调控经济,传导货币政策,紧缩或扩张效应必然影响商业银行的流动性。商业银行管理必须面对宏观形势的变化,在监管层监管压力与投资者盈利压力下寻求平衡。因此,在风险控制要求不断提高的背景下,银行资金需优先满足发放贷款和支持其他营利性业务的需要,流动性资金安排不再被放在首位,银行流动性管理反而成为筹集资金满足业务发展需要的手段,这进一步加大了流动性管理的压力。

(三)银行对流动性的管理是对"三性"矛盾的协调

"三性"矛盾是引发流动性风险的根源。营利性和流动性是银行风险管理首先要解决的一对矛盾。银行持有大量的高流动性资产,虽然可以减少流动性风险,但却降低了银行的收益。通常银行为了追求利润最大化,更加倾向于持有较多的高收益、低流动性资产,从而造成流动性不足。

(四)银行对流动性的应变协调综合反映了银行的管理能力

任何银行的管理层,所面临的最重要职责之一就是确保银行的流动性。一家经营业绩良好的银行应能随时满足存款者的提现需求和投资者的正当贷款需求。反之,缺乏充足的流动性常常是一家银行陷入财务困境的第一信号。有问题的银行通常在一开始表现为存款减少,现金供给减少,这就迫使银行出售更具有流动性的资产。如果没有额外的保证或较高的利率,银行同业更加不愿意贷款给有问题的银行,这会导致问题银行的盈利进一步减少,甚至有可能使其破产。因此在实现银行长期目标中,银行流动性管理的能力是体现银行管理是否具有整体有效性的重要晴雨表。

知识专栏10-1

中国银行保险监督管理委员会2018年5月发布《商业银行流动性风险管理办法》

《商业银行流动性风险管理办法(试行)》(以下简称《流动性办法》)自2014年3月实施以来,在强化流动性风险管理和监管方面发挥了重要作用。近年来,随着利率市场化、金融创新不断深化,不同类型银行在业务模式、复杂程度、资产负债结构等方面的差异逐步显现,对流动性风险管理也提出了更高的要求。修订《流动性办法》能更好地适应当前商业银行流动性风险管理需要,有助于进一步推动商业银行夯实流动性风险管理基础,提高风险抵御能力,服务实体经济,维护银行体系安全稳健运行。

本次修订的主要内容包括：一是新引入三个量化指标。其中，净稳定资金比例衡量银行长期稳定资金支持业务发展的程度，适用于资产规模在 2 000 亿元（含）以上的商业银行。优质流动性资产充足率是对流动性覆盖率的简化，衡量银行持有的优质流动性资产能否覆盖压力情况下的短期流动性缺口，适用于资产规模小于 2 000 亿元的商业银行。流动性匹配率衡量银行主要资产与负债的期限配置结构，适用于全部商业银行。二是进一步完善流动性风险监测体系。对部分监测指标的计算方法进行了合理优化，强调其在风险管理和监管方面的运用。三是细化了流动性风险管理相关要求，如日间流动性风险管理、融资管理等。

四、商业银行流动性管理理论的发展沿革

商业银行进行流动性管理不仅要对流动性供给和流动性需求进行分析预测，也要对其自身获得资金的能力进行分析预测。但是，银行满足流动性需求的能力要受到外部经济环境的影响，从商业银行发展历史来看，其流动性管理的重点是不断发展变化的。根据对满足流动性的途径不同划分，商业银行流动性管理策略先后经历了资产流动性管理策略、负债流动性管理策略、资产负债平衡管理策略和资产负债表外管理策略四个阶段。

在 20 世纪 50 年代以前，资产是流动性管理的重点。该策略主要通过资产负债表中的不同项目之间的转换来满足流动性需求。它要求银行持有流动性资产（主要是现金和可转让证券）来储备流动性，当流动性不足时，银行就选择性地出售流动性资产以满足现金需求。但这种未雨绸缪的资产流动性管理策略不仅会损害银行的营利性，而且该策略会阻碍银行资产规模的扩大，制约银行的发展潜力。

20 世纪 60 年代和 70 年代，负债流动性管理策略随着银行负债结构多元化及银行开始注重负债管理发展起来。该理论认为银行应该通过主动负债或者购买资金来满足流动性需求。该策略的缺点是风险大，因为在该策略下，所需要的流动性来源过度依赖变化莫测的金融市场，一旦发生动荡，银行就很难以合理价格购买到流动性；甚者，若完全用负债来弥补流动性缺口，市场的波动会传到银行内部，使银行财务状况迅速恶化，引起挤提，银行将面临破产风险。

20 世纪 70 年代中期开始，美国经济出现滞胀，银行利率变动频繁，负债流动性管理策略受到巨大冲击，银行家们开始意识到仅靠单一的资产管理或者负债流动性管理很难保证满足银行的流动性需要，资产负债平衡管理策略便应运而生。该理论认为银行应根据市场环境的变化，动态地调整其资产负债结构，对于预期到的流动性需求，一部分靠出售银行自身储备的流动性较好的资产解决，另一部分靠事先确定的潜在资金供应者的信贷额度解决；对于未预期到的现金需求靠短期借款解决；对于期限较远的流动性需求要事先做安排，可以储备能迅速变现或提供现金流的中短期资产来满足这部分流动性需求。

20 世纪 80 年代，金融管制放松，银行竞争空前激烈，而利差收益渐现窘迫的同时大量非金融机构的工商企业介入金融领域的竞争，给已捉襟见肘的银行雪上加霜，银行开始从传统的资产负债业务范围以外去寻找新的经营领域，开辟新的盈利来源，

资产负债表外管理策略便由此产生。该理论认为，存贷业务只是银行经营发展的一条主线，围绕其可以发展出种类繁多的金融服务。此外，还提倡资产负债表内业务表外化，如将贷款转售给第三者和转售存款给急需资金的企业等，从而使表内业务经营规模缩减或维持现状，银行从中收取价差，维持银行收益的稳定性。

第二节

商业银行流动性管理办法与衡量指标

一、商业银行流动性管理办法

根据我国《商业银行流动性风险管理办法》第六条的规定，商业银行应当在法人和集团层面建立与其业务规模、性质和复杂程度相适应的流动性风险管理体系。流动性风险管理体系应当包括有效的流动性风险管理治理结构，完备的管理信息系统，完善的流动性风险管理策略、政策和程序及有效的流动性风险识别、计量、监测和控制四个基本要素。其中，有效的流动性风险管理治理结构应包括董事会及其专门委员会、监事会（监事）、高级管理层及其专门委员会三个层次。董事会负责：① 审核批准并至少每年审议一次可承受的流动性风险水平、流动性风险管理策略、重要的政策和程序；② 监督高级管理层对流动性风险进行有效管理和控制；③ 持续关注流动性风险状况，定期获得流动性风险报告，及时了解流动性风险水平、管理状况及其重大变化；④ 审批流动性风险信息披露内容，保证披露信息的真实性和准确性。高级管理层负责各项策略和政策的具体执行，如充分了解并定期评估流动性风险水平及管理状况，及时了解流动性风险的重大变化，并向董事会定期报告。

知识专栏10-2

香港银行业流动性风险管理介绍

香港作为国际金融中心之一，整体上把协议作为流动性风险管理框架，并进行了本土化的改造和应用。香港银行业面临着来自全球的竞争压力，承受的流动性风险更高。整体来看，香港银行业在流动性风险管理方面更加成熟，主要体现在以下三点：

1. 更加完善的内部流动性风险管理组织架构和风险控制流程

香港大型银行通常采用法人治理结构，董事会作为银行风险管理的最高领导机构，下设首席执行官。银行流动性风险管理由资产负债委员会负责并直接向首席执行官报告，资金交易部、证券交易部等对流动性易造成较大影响的业务部门以及财务部、风险部等，对流动性风险状况具有重要影响的部门，均由该委员会统筹负责。这有利于流动性风险的全面管理，提升流动性风险管理意识，缩短应急反应时间，增强流动性管理效率。

2. 商业银行流动性监管政策与理念完全与国际同步，注重操作风险管理。受香港整体金融环境影响，香港金管局非常注重建立符合国际标准的银行监管制度。香港流动性监管法规主要包括：LM－1流动性风险监管制度、LM－2稳健的流动性风险管理制度及管控措施，以及BLR－银行业规则（流动性），其中对于指定为第一类机构的银行按照LCR（2019年1月1日后不少于100%）和NSFR（不少于100%）指标进行监管，第二类机构按照LMR（每月平均不少于25%）和CFR（2019年1月1日后每月平均不少于75%）进行监管。此外，金管局倡导风险为本的监管制度，鼓励全面的风险管理手段和信息披露标准，并强调对操作风险的监察。2010年，金管局专门成立银行从业人员诚信和操守监管部门，主要对相关违法违规行为和操作进行全面监管，将操作风险降至最低。

3. 可靠的流动性风险管理信息系统，强调对流动性实施持续性且具有前瞻性的专业化管理。根据金管局的相关要求，香港银行需建立可靠完善的管理信息系统，协助银行机构实施动态流动性风险管理。流动性风险管理通常涉及大量的资金管理、限额指标计算、现金流分析、压力测试、流动性报表等流程，对数据的及时性和准确性要求非常高。因此，建立一个可靠完善的流动性风险管理信息系统，对于实现流动性风险的专业化管理显得异常重要。

二、商业银行流动性的衡量指标

商业银行流动性监测主要由以下指标构成。

（一）流动性覆盖率

流动性覆盖率旨在确保商业银行在设定的严重流动性压力情景下，能够保持充足的、无变现障碍的优质流动性资产，并通过变现这些资产来满足未来30日的流动性需求。其计算公式为：

$$流动性覆盖率 = \frac{优质流动性资产储备}{未来30日现金净流出量} \times 100\%$$

优质流动性资产是指满足《商业银行流动性风险管理办法》规定的基本特征，在无损失或极小损失的情况下容易快速变现的资产。即使在严重的压力情景下，无论通过出售还是抵押融资的方式，优质流动性资产仍应保持良好的产生流动性的能力。一般而言，优质流动性资产具有如下特征：① 低信用风险和市场风险；② 易于定价且价值平稳；③ 与高风险资产的低相关性；④ 在广泛认可的发达市场中交易；⑤ 具有活跃且具规模的市场等。商业银行的流动性覆盖率应当不低于100%。

（二）净稳定资金比例

净稳定资金比例旨在引导商业银行减少资金运用与资金来源的期限错配，增加长期稳定资金来源，满足各类表内外业务对稳定资金的需求。其计算公式为：

$$净稳定资金比例 = \frac{可用的稳定资金}{所需的稳定资金} \times 100\%$$

可用的稳定资金是指在持续压力情景下，能确保在 1 年内都可作为稳定资金来源的权益类和负债类资金。

所需的稳定资金等于商业银行各类资产或表外风险暴露项目与相应的稳定资金需求系数乘积之和，稳定资金需求系数是指各类资产或表外风险暴露项目需要由稳定资金支持的价值占比。商业银行的净稳定资金比例应当不低于 100%。

知识专栏 10-3

中国银行保险监督管理委员会 2019 年 3 月发布《商业银行净稳定资金比例信息披露办法》

《商业银行净稳定资金比例信息披露办法》是为强化市场约束，提高商业银行流动性风险管理水平，根据《中华人民共和国银行业监督管理法》《中华人民共和国商业银行法》等法律法规和《商业银行流动性风险管理办法》《商业银行信息披露办法》制定。由中国银行保险监督管理委员会于 2019 年 3 月 4 日发布并实施。《商业银行净稳定资金比例信息披露办法》要求，商业银行董事会保证所披露的净稳定资金比例信息真实、准确、完整，就其保证承担相应的责任，并要求商业银行保证净稳定资金比例对外披露数据与监管报送数据之间的一致性。办法规定，商业银行首次披露时应披露最近三个季度的净稳定资金比例相关信息，不对历史数据过度追溯，只要求商业银行在 2019 年进行首次披露时追加披露 2018 年年末相关信息。根据《商业银行流动性风险管理办法》，适用净稳定资金比例监管要求的商业银行应按办法要求披露相关信息，包括资产规模不小于 2 000 亿元人民币的商业银行以及经银行业监督管理机构批准，资产规模小于 2 000 亿元人民币但适用流动性覆盖率和净稳定资金比例的商业银行。

（三）存贷比

存贷比的计算公式为：

$$存贷比 = \frac{各项贷款余额}{各项存款余额} \times 100\%$$

商业银行的存贷比应当不高于 75%。

（四）流动性比率

即流动性资产/流动性负债。流动性资产是指期限不超过一年、变现能力强的资产，主要包括现金、存放同业、超额准备金存款、债券投资以及一个月内到期的贷款等；流动性负债一般包括活期存款、一个月内到期的定期存款和借款以及同业存放等。流动性比率是对现金状况比率的一个延伸，它既可以衡量银行支付流动性负债的能力，也可以衡量银行流动性的供给能力，该比率值越高表示短期流动性风险越低。但是，该比率过高，则意味着流动性在总资产中的比率太高，将会降低银行的资产盈利能力，同时也可能导致流动性过剩的问题。

$$流动性比率 = \frac{流动性资产余额}{流动性负债余额} \times 100\%$$

商业银行的流动性比率应当不低于25%。

(五) 资本/核心资本比率

即资本/核心资本与加权风险资产总额的比率。《巴塞尔协议》把商业银行的资本划分为核心资本和附属资本。核心资本包括实收资本、资本公积、盈余公积、未分配利润和少数股权，这部分资本作为商业银行可自由支配、随时使用的自有资金，是商业银行用来抵抗流动性风险的基础。这一比率越高意味着其流动性风险越低。

(六) 资产、负债结构指标

主要包括现金资产比率、存款结构指标、贷款比率、流动资产比率、核心存款指标、不良贷款率、大额负债依存度等。不同性质、期限、规模的存款和贷款在资产中所占比重对于银行流动性的稳定程度有重大影响。如存款结构指标，即活期存款/定期存款，这一指标可以衡量银行资金的稳定性，比值越低意味着稳定性越高，相应地，这个指标越高意味着稳定性越差，银行的流动性风险越大。

以上这些度量指标基本都是存量指标，而不是流量指标。这就导致它们的共同点在于未能考虑到银行在金融市场上获取流动性的能力，但银行获取流动性的能力与其信誉和银行规模有很大关系，所以这些指标一般不能用于不同规模横向比较，也无法衡量银行的信誉，因此在实际运用中需要综合运用、谨慎判断。

(七) 流动性缺口

流动性缺口需先合理测算未来各个时间段到期的表内外资产和负债的数额，然后计算到期资产与到期负债的差额。

流动性缺口虽然有其优点，但也存在着些许弊端：(1) 因缺少理论的支持，使得对部分表内外资产负债进行期限划分时仍依靠主观判断，使得结果的主观性较强，缺少科学性和精确度；(2) 流动性缺口虽然考虑了银行资产负债的期限结构，但是其却难以完全反映资产负债质量的差异；(3) 流动性缺口是一个绝对指标，并未考虑大小银行的规模问题。(4) 其也不能反映出银行潜在的资金筹措能力。(5) 如何准确识别期限错配风险的临界点仍在积极摸索中，还未有明确的定论，此也进一步降低了计量的可靠性。(6) 因各家银行业务的侧重点的不一致，可能会出现方法适用性的问题。

第三节

流动性预测

流动性预测是商业银行预测内部流动性供给和流动性需求来源，估算可能出现的流动性余缺,据以平衡流动性供求的管理手段。流动性预测的方法很多,常用的有因素法和资金结构法等。

一、因素法

因素法是指商业银行通过预测影响其流动性资金来源与运用数量来预测流动性需要量,进而组织资金来源,满足流动性需要的一种方法。

(一) 存、贷款基本趋势预测

存、贷款基本趋势预测的思路是:根据过去较长时间内银行存贷款变化的统计资料,分析预测期存贷款变化的基本趋势值;在基本趋势预测的基础上,进行季节性和周期性存贷款变动趋势预测;最后进行累加,得到存贷款预测值。

(二) 流动性需求量预测

流动性需求量预测的思路是:在考虑存贷款变化趋势外,将法定准备金的变化考虑进银行流动性需求量预测中。

流动性需求量=预计贷款增量+应缴存的存款准备金-预计存款增量

(三) 流动性缺口 (Liquidity Gap) 预测

流动性缺口预测的思路是:预测时将银行全部流动供给与需求来源综合考虑,即除了考虑供求的最基本因素外,还考虑了其他可能的各项流动性来源和运用。

流动性缺口=资金运用总额-资金来源总额

例如,某银行各时期存贷款额的预测变化如表 10-1 所示。

表 10-1 某银行流动性需求量预测(因素法) 单位:百万元

时间	预测存款总额	预测存款增加额	准备金的变化	预测贷款总额	预测贷款增加额	头寸盈余:+ 头寸不足:-
12 月	(120)			(100)		
1 月	109	-11	-1.3	143	43↑	-52.7
2 月	165	56	6.7	119	-24	+73.3
3 月	275	110	13.2	71	-48	+144.8
4 月	428	153	18.4	20	-51	+185.6
5 月	484	56	6.7	30	10	+39.3
6 月	459	-25	-3.0	136	106↑	-128.0

上例说明,该商业银行在计划期内 1 月份与 6 月份是流动性不足的时期,需要做好存款与贷款的匹配工作,避免贷款过度集中造成流动性不足。而其他月份则是流动性盈余时期,需要进一步做好供求均衡的工作。

二、资金结构法

资金结构法对流动性的预测分为两类：一类是分类预测流动性需求；另一类是预测最有可能出现的流动性需求。

在这种方法中，商业银行的存款和其他资金来源可以分为三类：一是游动性货币负债。这种负债对利率极为敏感或者近期提取可能性高。二是脆弱性货币负债。这种负债是在近期内有可能（如25%~30%）被取走的存款。三是稳定性货币负债。这类负债在近期内被提走的可能性极低。

根据上述三类负债稳定性的高低，相应提取不同比例的流动性准备，例如，对游动性货币负债、脆弱性货币负债和稳定性货币负债分别提取95%、30%和15%的流动性准备，则负债流动性需求预测公式如下：

负债流动性需求量 = 95% ×（游动性货币负债 - 法定准备金）
　　　　　　　　　+ 30% ×（脆弱性货币负债 - 法定准备金）
　　　　　　　　　+ 15% ×（稳定性货币负债 - 法定准备金）

在贷款方面，商业银行必须估计最大可能的新增贷款额，并保持100%的流动性准备。因此，商业银行的流动性总需求公式如下：

流动性总需求 = 95% ×（游动性货币负债 - 法定准备金）
　　　　　　+ 30% ×（脆弱性货币负债 - 法定准备金）
　　　　　　+ 15% ×（稳定性货币负债 - 法定准备金）
　　　　　　+ 100% × 预计新增贷款额

某商业银行负债与新增贷款额如表10-2所示。

表10-2 某银行流动性需求量预测　　　　　　　　　　　　　　　单位：亿元

分类	余额	法定准备金（%）	法定准备金额	流动性资金准备金率（%）
游动性货币负债	3	8	0.24	95
脆弱性货币负债	2.5	5	0.125	30
稳定性货币负债	4	3	0.12	15
新增贷款	0.12			100

因此，该银行的流动性总需求为：

流动性总需求 = 95% ×（游动性货币负债 - 法定准备金）+ 30% ×
　　　　　　　（脆弱性货币负债 - 法定准备金）+ 15% ×（稳定性货币负债 -
　　　　　　　法定准备金）+ 100% × 预计新增贷款额
　　　　　　= 95% ×（3 - 0.24）+ 30% ×（2.5 - 0.125）+ 15% ×
　　　　　　　（4 - 0.12）+ 100% × 0.12
　　　　　　= 4.04（亿元）

第四节

流动性管理的方法

资产负债管理理论在各国商业银行管理的实践中表现出多种运用形式，但是其所追寻的最终目标却不外乎两个方面：一方面，商业银行要根据资产与负债的内在联系，力求资产与负债在期限与利率方面的较好搭配，以减少或避免资产与负债的单方面缺口，获取最佳利益；另一方面，商业银行要注重资产与负债在总量上的均衡，以便有效地控制整体风险的发生。总的来说，流动性管理主要包括资金汇聚法、资金分配法、线性规划法等方法。

一、资金汇聚法

资金汇聚法产生于 20 世纪 30—40 年代。资金汇聚法的基本思想是：银行不需要考虑资金来源的性质，无论是活期存款还是定期存款，也不管是自有资产还是借入资产，都把它们作为一个概念化的集合库。在资金总库内的资金被无差异地看作同质的单一来源，然后运用优先权进行排队，资金运用方面的优先次序为流动性资产、各类贷款、投资。如表 10-3 所示。

表 10-3　资金汇聚法的资金来源与资金运用优先顺序

资金来源		资金运用
活期存款		一线准备
储蓄存款		二线准备
定期存款	资金总库	各类贷款
短期存款		有价证券
发行债券		固定资产

（一）一线准备

一线准备指的是现金项目，包括银行的库存现金、存放同业款项、在中央银行的存款和托收中的款项。其中，库存现金最能及时满足银行的流动性需求。存放同业款项是为了自身清算业务的便利而在其他银行经常性保持的一部分存款余额，并且可以在需要时调用。在中央银行的存款，也就是通常所说的商业银行在央行的准备金账户，它可以为银行提供有限的流动性。托收中的款项，则是指银行应收的清算资金，它最终将会使在中央银行的存款项增加或者使存放同业款项增加。尽管一线准备的流动性很强，其营利性却相当差，因此银行总是设法将其控制在安全性边缘的最小限度之内。

(二) 二线准备

二线准备主要指短期公开市场债券,即那些期限为一年以内的、具有高度可售性的证券,包括国库券、地方政府债券、银行承兑汇票以及高品质的商业汇票等。与一线准备相比,它可以为银行带来一定的收益,同时这些证券也很容易在货币市场上变现。可见,一线准备和二线准备共同为银行提供了资金的流动性,因此,我们通常认为流动性资产由一线准备和二线准备构成。

(三) 贷款

贷款在资金的运用中享有第三优先权,一旦一线准备和二线准备均被满足,银行资产就会被分配到贷款项目上。从贷款总量上看,为了稳定客户关系,并获取必要的收益,对于一切合乎规范的贷款,银行都应在其资产规模的范围内予以满足。并且,贷款在一定程度上能够使得银行获得流动性的同时赢得更多的收益。

(四) 投资

投资在资金的分配过程中享有的是最后优先权,在满足了合理的客户贷款需求之后,银行将会谋求具有较高收益的各类中长期证券的投资。这样,一方面,有助于银行获取可观的利润收入;另一方面,长期有价证券的滚动式先后到期,也有利于银行补充二线准备,保证其资产持续、稳定的流动性。

资金汇聚法在一定的程度上解决了资产管理中资金的流动性和营利性二者的矛盾,但是资金汇聚法也存在不足:首先,它误认为资产的流动性主要来源于对资产的运用,忽略了不同资产来源具有不同流动性这一事实。其次,它忽略了足够的盈利能力是银行规模发展、壮大的根本性基础这一核心前提条件,过分强调了银行资产的流动性。最后,即便是对营利性资产的管理,也只是注意到了对资产总量的管理,而缺乏对贷款结构与流动性之间关系的必要分析。

二、资金分配法

随着资金来源的复杂化,资金分配法应运而生。资金分配法是指商业银行在选择资产种类时首先直接考虑负债结构的特点,包括各负债项目的法定准备金和周转速度等因素,然后据以对资金来源进行分类和划分,并确定相应的资金分配方向。在运用这种方法时首先要对不同的资金来源区别对待、分别处理,然后对资金来源和运用的项目进行分类,再按资金来源自身流动性大小和对流动性的要求,将它们分别按不同比重分配到不同的资产形式中去。具体做法是:

(一) 活期存款

活期存款的流动性较高,存款准备金比例也比较高,所以大部分用于一线准备和二线准备,小部分用于贷款。

（二）储蓄存款和定期存款

储蓄存款和定期存款相对于活期存款而言流动性较低，其存款准备金也较低，所以大部分用于贷款和证券投资，小部分用于补充一线准备和二线准备。

（三）资本金

资本金一般不用偿还，可用于长期贷款、证券投资和固定资产等方面。

通过这种方式，商业银行既可保证流动性需要，又能将更多的稳定性资金投放到营利性较高的资产中去，使资金得到更高效的运用。详细的资金分配模式如图 10-1 所示。

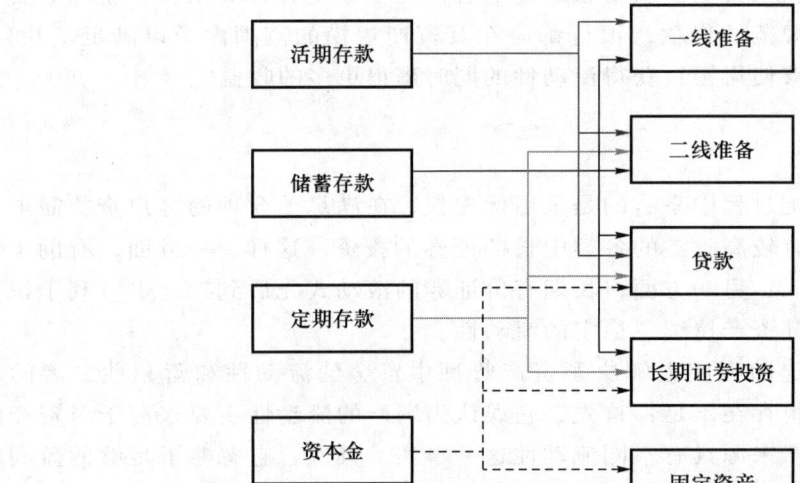

图 10-1　资金分配模式

资金分配法通过调整银行资产与负债的周转速度从而决定银行的流动性大小，如银行周转速度增加，则银行的流动性就强，反之，就弱。资金分配法可以减少银行的流动性准备金，使得银行在流动性和收益性两者之间进行有机地组合，达到管理者需要的流动性和收益性的要求，增加了银行的盈利能力。

三、线性规划法

线性规划法是指在设定银行受到一定的约束条件下，通过数学模型来解决资金配置问题的一种方法。它的主要内容是：首先建立一个目标函数，该目标既可以是单重目标（如仅要求利润最大化），也可以是多重目标（如在追求利润最大化的同时，还要求风险最小化）。其次是确定在目标实现过程中影响银行收益实现的客观限制，以及外部监管部门所限定的各种约束条件。最后是运用数学技巧求出函数的最优解，并据此得出银行进行资金配置的最佳状态。具体的步骤如下：

（一）事前分析

在事前分析阶段需要做的就是确定要求解的目标变量及所要达到的状态。如考虑单重目标还是多重目标，与该目标相关的变量有哪些，这些变量中哪些是可控变量，哪些又是不可控变量，商业银行的可控变量包括投资额、贷款限额、备付金比率等，不可控变量包括法定存款准备金率、市场利率等。只有可控变量才能作为银行经营的决策变量。

（二）建立目标函数

目标函数是银行管理人员所追求目标的数学函数，在确定了目标变量和约束变量后就可以据此建立目标函数。

（三）建立约束条件

银行的经营自然会受到来自各方面因素的制约，正是这些约束条件才形成了银行经营目标与目标实现途径的千变万化。约束条件主要包括法律约束、总量约束、内部约束、资产约束等。

（四）求解线性模型

有了目标函数及其约束条件，那么所需要的规划方程组合也就完全建立起来了，这时只需要对其进行必要的求解即可。

例如，假设一家银行现有 10 亿元的存款，以利润最大化为经营目标，建立一个目标函数。假定这家银行可供选择的资产有六种：

（1）高质量的商业贷款（X_1）：收益率为 6%；
（2）企业中期放款（X_2）：收益率为 7%；
（3）消费者放款（X_3）：收益率为 12%；
（4）短期政府债券（X_4）：收益率为 4%；
（5）长期政府债券证券（X_5）：收益率为 5%；
（6）公司债券（X_6）：收益率为 8%。

目标函数为：

$$P = 0.06X_1 + 0.07X_2 + 0.12X_3 + 0.04X_4 + 0.05X_5 + 0.08X_6$$

P——银行资产总收益（要求最大化）；

X_i——投放各类资产的资金量。

$\sum X_i = 10$ 亿元

其中，约束条件为：

（1）$X_4 \geq 0.10 \sum X_i$，流动性限制条件。
（2）$X_2 + X_6 < 0.3 \sum X_i$，安全性限制条件。
（3）$X_1 + X_2 > 0.5 \sum X_i$，资产结构限制条件。
（4）$\sum X_i \leq 8.9$ 亿元，总量限制条件。
（5）$X_i \geq 0$，非负限制条件。

■ 本章小结

1. 商业银行流动性是指银行满足存款者的提现需求和借款者的正当贷款需求的能力。商业银行流动性的有效管理对其日常经营至关重要。

2. 保持适度的流动性是商业银行流动性管理所追求的目标，而在商业银行经营活动中，商业银行的流动性、安全性与营利性原则不断出现矛盾，这就需要建立流动性管理机制，使得银行业能够健康持续发展。

3. 随着经济金融全球化进程的加剧和利率市场化改革的推进，银行业在对外开放中会不断改善其机构、业务、市场等，以适应全球银行业的激烈竞争，而在经营活动中，商业银行的流动性、安全性、营利性原则将不断出现矛盾，这就亟须建立流动性管理机制，使得银行业能够健康持续发展。

4. 商业银行流动性管理的基本方法有资金汇聚法、资金分配法与线性规划法。

■ 重要名词术语

流动性　流动性管理　流动性覆盖率　净稳定资金比例　流动性比率　资本比核心资本比率　流动性缺口　核心存款　一线准备　二线准备　净流动性资产　回购协议与逆回购协议

■ 复习思考

1. 商业银行为什么要进行流动性管理？
2. 简述商业银行流动性管理理论的发展沿革过程。
3. 从资产方面衡量流动性的静态指标有哪些？
4. 商业银行流动性调节的基本原则是什么？
5. 资金汇聚法有什么特点？

■ 延伸阅读

1. 商业银行内部控制指引（中国银行保险监督管理委员会）.
2. 商业银行流动性风险管理办法（中国银行保险监督管理委员会）.
3. 商业银行净稳定资金比例信息披露办法（中国银行保险监督管理委员会）.

第十一章
商业银行风险管理

章首引例

民生假理财案

2017年4月12日,一位民生银行私人银行客户拍了一张该行某高端理财产品的照片,发给他在民生银行北京管理部的熟人,询问这款又保本收益又高的理财产品为什么只有航天桥支行在卖,其他支行或渠道能否买到。

民生银行北京管理部马上查询发现,该行并未发行过这款理财产品,相关领导找到航天桥支行行长张颖,询问情况后决定上报总行,最终由民生银行总行向公安机关报案。原来,张颖在航天桥支行工作期间,打造了鲸钻高尔夫俱乐部,通过该俱乐部,航天桥支行集中了上百金融资产在千万元以上的优质私人银行客户,使该支行金融资产在全国排名第一。

2016—2017年,通过民生银行航天桥支行推荐,这些鲸钻高尔夫俱乐部的大客户在柜台内购买了"非凡资产管理保本理财产品"。工作人员向他们推荐该产品时称,该产品保本保息,由于"原投资人急于回款,愿意放弃利息,一年期产品原本年化收益率4.2%,还有半年到期,相当于年化8.4%的回报"。为获得投资者的信任,除产品转让协议,该行还以付款方为甲方、收款方为乙方、民生银行为丙方的方式,签订了《交易资金监管协议》。约定民生银行对产品转让方,即收款方的账户进行监管冻结,确保该产品到期后本金及收益划转给付款方。不仅如此,客户在民生航天桥支行购买假理财产品时,竟然也跟购买正规产品一样,有全过程的"双录"。销售人员会询问投资者,是否知道这款理财产品,知道其中的风险,购买者需要按要求回答知道,并对这个过程录音、录像。最终,航天桥支行行长张颖使用伪造的理财合同和银行印章,骗取客户的理财资金,于4月14日被公安部门带走立案调查。经核实,涉案金额约16.5亿元,涉及客户约150余人。

本章从商业银行风险概述、商业银行信用风险管理、商业银行市场风险管理与商业银行操作风险管理等方面对商业银行风险管理展开论述。

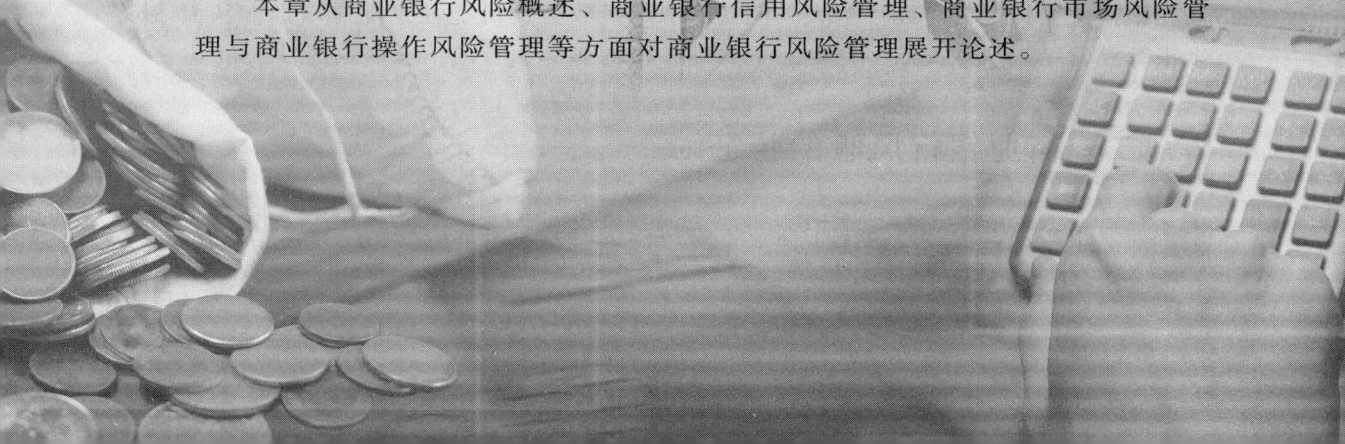

第一节
商业银行风险概述

经济和金融全球化的不断深入、信息技术的飞速发展以及金融理论与实践的一系列创新，使得金融市场和金融产品呈现出蓬勃发展的态势。然而，日新月异的发展变化同时也造成全球各类型金融机构面临日益严重的金融风险。健全的风险管理体系在商业银行可持续发展过程中具有重要的战略地位。国际先进银行机构已经建立了全面风险管理体系，不断提升风险管理技术和信息系统，积极运用资本管理风险，最大限度地减少各类金融风险可能造成的损失。

一、商业银行风险的概念

风险是一个常用而宽泛的词语，频繁出现在经济、政治、社会等领域。风险的定义主要有以下三种：风险是未来结果的不确定性（或称变化）；风险是损失的可能性；风险是未来结果（如投资的收益率）对期望的偏离，即波动性。

随着经济形势的不断变化、金融体系的演变和金融市场的波动性显著增强，商业银行对风险的理解也日益具体和深入。在现实世界中，由于各商业银行的业务和经营特色各不相同，风险所造成的结果既可能是正面的，也可能是负面的。例如，中央银行上调基准利率，对于浮动利率贷款占比高的商业银行可能带来收益的增加，但对持有大量金融工具的商业银行，则可能因利率上升而造成损失。因此，对于商业银行风险目前理论界把其定义为：商业银行在经营过程中，由于事前无法预料的不确定因素的影响，使商业银行的实际收益与预期收益产生背离，从而导致银行蒙受经济损失或获取额外收益的机会和可能性。

但是，银行风险并不等同于损失。作为一种动态行为，银行风险对银行具有双重影响方式，即蒙受损失和获取收益的可能性。银行风险与其收益是成正比的，风险越高，银行蒙受损失的可能性越大，但其获取超额收益的可能性也随之增加，从而表现出银行经营结果或状况的不稳定、不明确，由此影响银行的信誉以及经营安全。

二、商业银行风险的特征

商业银行经营的特点决定了商业银行风险的基本特征。

(一) 普遍性

商业银行风险普遍地存在于银行所有的业务活动中。虽然银行的业务中也会提到"无风险业务",但这并不是指绝对的零风险,而是相比较而言,这些业务活动的风险极低,乃至可以忽略不计。例如,银行投资于国债通常认为是无风险的,但实际上这是与公司债券、股票等相比较而言的。由于国债有中央政府做担保,一般情况下不会出现信用风险,但仍有特殊情况存在。现金资产同样会受到外界环境的影响,如社会上不法分子的觊觎而致的抢劫,以及内部员工的监守自盗行为等形成的操作风险。因此,从严格意义上来说,所有的金融活动只存在风险大小之分,不存在完全无风险之说。

(二) 隐蔽性

商业银行的功能之一就是信用创造,这能让银行在很长一段时间内得以继续维持、掩盖或补救已经失败的信用关系或已经发生的损失,如一个不能按期偿还贷款的企业可能通过借新还旧来掩盖其存在的财务风险,进而很难发现银行存在的信用风险。银行风险的隐蔽性还来自银行业务活动的不透明,例如1995年大和银行纽约分行事件,当事人在金融交易中隐蔽交易失败所带来的损失达11年之久才致事发。

(三) 扩散性

作为现代经济的核心,商业银行的金融活动渗透到了经济生活的方方面面,金融主体间的联系也日益密切,各种债权债务关系、交易关系错综复杂,存在由于一家银行出现支付危机而导致多家银行接连倒闭的"多米诺骨牌"效应,最终使得整个金融体系陷入瘫痪状态。2007年爆发于美国的次级债危机就是金融风险扩散性的一个极好例证,这起发生在美国、由于商业银行房地产贷款业务而出现的信用风险,原本是单一国家、单一市场、单一业务的金融事件,在极短的时间内迅速扩散到其他国家、其他市场和其他业务,最终引发了一场全球性的金融动荡。

(四) 复杂性

商业银行经营过程中任何因素的不利变化都会导致风险的发生,这些因素包括金融制度变革、金融参数波动、市场参与者的主观意愿等。银行风险的成因十分复杂,某种银行风险的发生,既可能是单一因素的变化,也可能是多种因素变化的综合结果。例如,某笔贷款发生信用风险,其诱因可能是借款人主观上不愿意还款,也可能是其经营失败而没有能力还款。

(五) 周期性

受经济周期和货币政策变化的影响,金融风险呈现出规律性、周期性的特点。一般说来,在经济复苏和繁荣时期,货币政策较宽松,资金充裕,企业经营状况良好,银行风险处于低发期;反之,在经济衰退和萧条时期,货币政策紧缩,经济生活中各环节的矛盾不断激化,股市下跌,贷款拖欠,银行风险则处于高发时期。

(六) 可管理性

银行风险是客观存在的,同时也是可以预测和加以控制的。金融理论的发展、金融市场的规范、金融技术的进步,都有助于我们提高银行各类风险的管理能力。管理银行风险已成为现代金融业最重要的功能。

三、商业银行风险的来源与分类

对银行风险的分类可采用不同的标准,相应地,分类的结果也各不相同。例如,按发生的范围,可以将银行风险划分为系统性风险和非系统性风险;按能否量化,可以将银行风险划分为可量化风险和不可量化风险;按损失结果,则可以将银行风险划分为纯粹风险和投机风险;等等。

根据商业银行的业务特征及诱发风险的原因,巴塞尔委员会将商业银行面临的风险划分为信用风险、市场风险、操作风险、流动性风险、国家风险、声誉风险、法律风险以及战略风险八大类。如图 11-1 所示。

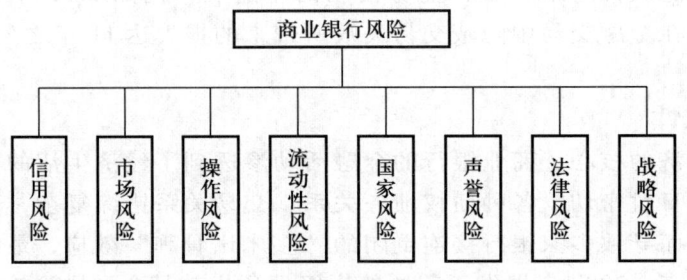

图 11-1　商业银行面临的主要风险

(一) 信用风险

信用风险是指债务人或交易对手未能履行合同所规定的义务或信用质量发生变化,影响金融产品价值,从而给债权人或金融产品持有人造成经济损失的风险。

传统上,信用风险是债务人未能如期偿还债务而给经济主体造成损失的风险,因此又被称为违约风险。但随着金融市场的发展以及对信用风险的深入认识,当债务人或交易对手的履约能力不足即信用质量下降时,市场上相关资产的价格也会随之降低,因此导致信用风险损失。如投资组合不仅会因为交易对手的直接违约造成损失,而且,交易对手信用评级的下降可能给投资组合带来损失。

银行的信用风险既存在于银行传统的贷款、债券投资业务中,又存在于信用担保、贷款承诺及衍生产品交易等表外业务中。信用风险对基础金融产品和衍生产品的影响不同,对基础金融产品而言,信用风险造成的损失最多是其债务的全部账面价值;对衍生品而言,对手违约造成的损失虽然会小于衍生产品的名义价值,但由于衍生产品的名义价值通常十分巨大,因此潜在的风险损失不容忽视。

(二) 市场风险

市场风险是指金融资产价格和商品价格的波动给商业银行表内头寸、表外头寸造成损失的风险。市场风险包括利率风险、汇率风险、股票风险和商品风险四种,其中利率风险尤为重要。由于商业银行的资产主要是金融资产,利率波动会直接导致其资产价值的变化,从而影响银行的安全性、流动性和效益性。因此,随着我国利率市场化逐步深入,利率风险管理已经成为我国商业银行市场风险管理的重要内容。

相对于信用风险而言,市场风险具有数据充分和易于计量的特点,更适于采用量化技术加以控制。由于市场风险主要来自所属经济体,因此具有明显的系统性风险特征,难以通过分散化投资完全消除。国际金融机构通常采取分散投资于多国金融市场的方式来降低系统性风险。

(三) 操作风险

操作风险是指由不完善或有问题的内部程序、员工、信息科技系统以及外部事件所造成损失的风险。根据监管机构的规定,操作风险包括法律风险,但不包括声誉风险和战略风险。

操作风险可分为人员因素、内部流程、系统缺陷和外部事件四大类别,并由此分为内部欺诈,外部欺诈,就业制度和工作场所安全事件,客户、产品和业务活动事件,实物资产损坏,信息科技系统事件,执行、交割和流程管理事件七种可能造成实质性损失的事件类型。在此基础上,商业银行还可以进一步细化具体业务活动和操作,使管理者能够从引起操作风险的诱因着手采取有效的风险管理措施。

与市场风险主要存在于交易账户和信用风险主要存在于银行账户不同,操作风险广泛存在于商业银行业务和管理的各个领域,具有普遍性和非营利性,不能给商业银行带来盈利。商业银行之所以承担操作风险是因为其不可避免,对其进行有效管理通常需要较大规模的投入。

(四) 流动性风险

流动性风险是指商业银行无力为负债的减少或资产的增加提供融资而造成损失或破产的风险。具体内容在上一章中已详述。

(五) 国家风险

国家风险是指经济主体在与非本国居民进行国际经贸与金融往来时,由于别国政治、经济和社会等方面的变化而遭受损失的风险。国家风险通常是由债务人所在国家的行为引起的,它超出了债权人的控制范围。

国家风险有两个基本特征:一是国家风险发生在国际经济金融活动中,在同一个国家范围内的经济金融活动不存在国家风险;二是在国际经济金融活动中,不论是政府、商业银行、企业,还是个人,都可能遭受国家风险所带来的损失。

(六) 声誉风险

声誉是商业银行所有的利益持有者基于持久努力、长期信任建立起来的无形资产。声誉风险是指由商业银行经营、管理及其他行为或外部事件导致利益相关方对商业银行负面评价的风险。银行通常将声誉风险看作对其经济价值最大的威胁,因为商业银行的业务性质要求其能够维持存款人、借款人和整个市场的信心。这种信心一旦失去,商业银行的业务及其所能创造的经济价值都将不复存在。

商业银行所面临的风险和不确定因素,不论是正面的还是负面的,都必须通过系统化的方法来管理,因为几乎所有的风险都可能影响商业银行的声誉,因此声誉风险也被视为一种多维风险。管理声誉风险的最好办法就是:强化全面风险管理意识,改善公司治理和内部控制,并预先做好应对声誉危机的准备;确保其他主要风险被正确识别和优先排序,进而得到有效管理。

知识专栏11-1

银监会开展"三三四"专项治理

银监会从2017年3月末陆续下发专项治理工作的通知(45号文、46号文及53号文),组织开展了"三违反"(违反金融法律、违反监管规则、违反内部规章)、"三套利"(监管套利、空转套利、关联套利)、"四不当"(不当创新、不当交易、不当激励、不当收费)专项治理,同时实施治乱象、防风险的综合治理方案,坚决整治市场乱象,打击违法违规行为,督导金融机构严守市场秩序、依法合规经营,被称作"三三四"。

"三三四"专项治理使得银行业开展同业、表外业务更为审慎,银行理财规模总体呈下降态势,尤其是同业理财规模出现大幅下降,表外业务逐步回归表内。理财产品规模下降,增速下降至个位数,较2016年同期大幅下降35个百分点,理财余额累计减少1.9万亿元。其中,同业理财减速最明显,委外投资部分较治理乱象前减少5 300多亿元;委托贷款余额也出现减少。

2017年是银监会强监管的一年,"三违反、三套利、四不当"收官;2018年以来,银监会继续围绕公司治理不健全、违反宏观调控政策、影子银行和交叉金融产品风险、侵害金融消费者合法权益等八大问题深入整治乱象。

资料来源:银保监会网站。

(七)法律风险

法律风险是指商业银行因日常经营和业务活动无法满足或违反法律规定导致不能履行合同、发生争议、诉讼或其他法律纠纷而造成经济损失的风险。根据《巴塞尔协议》,法律风险是一种特殊类型的操作风险,它包括但不限于因监管措施和解决民商事争议而支付的罚款、罚金或者惩罚性赔偿所导致的风险敞口。

从狭义上讲,法律风险主要关注商业银行所签署的各类合同、承诺等法律文件的有效性和可执行力。从广义上讲,与法律风险密切相关的还有违规风险和监管风险。

(1)违规风险是指商业银行由于违反监管规定和原则,而招致法律诉讼或遭到监管机构处罚,进而产生不利于商业银行实现商业目的的风险。

(2)监管风险是指由于法律或监管规定的变化,可能影响商业银行正常运营,或削弱其竞争能力、生存能力的风险。

在风险管理实践中，商业银行通常将法律风险管理归于操作风险管理范畴。因此在本书中，法律风险管理将纳入操作风险管理部分介绍。

（八）战略风险

战略风险是指商业银行在追求短期商业目的和长期发展目标的过程中，因不适当的发展规划和战略决策给商业银行造成损失或不利影响的风险。美国货币监理署（OCC）认为，战略风险是指经营决策错误，或决策执行不当，或对行业变化束手无策，而对商业银行的收益或资本形成现实和长远的不利影响。

战略风险主要体现在四个方面：一是商业银行战略目标缺乏整体兼容性；二是为实现这些目标而制定的经营战略存在缺陷；三是实现目标所需要的资源匮乏；四是整个战略实施过程的质量难以保证。

在商业银行风险管理实践中，上述八大类风险通常交错产生且相互作用。商业银行应该在有效管理单一风险的基础上，重视和加强对跨风险种类的风险管理，以真正实现全面风险管理。

当然，随着移动互联、大数据、云计算、人工智能等一系列前沿技术与商业银行的业务创新深度融合，为客户提供了"适时而在"甚至"无时不在"的金融服务，信息科技已全面融入银行业务经营的每一个环节，同时，与之相关的信息科技风险已日益成为影响商业银行业务发展的重要因素。

四、商业银行风险管理理论

（一）资产风险管理理论

资产风险管理理论是最早形成的风险管理理论，该理论强调对商业银行资产的管理，尤其重视对贷款的管理。当时，商业银行的负债来源比较充足，银行主要担心如何运用资产，管理资产业务。并且，在商业银行的诸多业务中，资产业务占有重要的地位，大部分利润都来源于资产业务，因此，银行非常关注对资产业务的管理。该理论的主要观点是，依据取得资金的期限时间的长短，对资金使用的方向进行配置。例如：短期的存款用于发放短期的贷款、长期的存款用于发放长期的贷款，保证期限的匹配。否则，商业银行很可能陷入经营管理的危机之中，甚至面临倒闭。资产风险管理包含几类风险管理理论，最早的是真实票据论，然后是资产转移理论、超货币供给理论和资本机构理论，这几种理论相互补充，成为资产风险管理理论的重要组成部分。

（二）负债风险管理理论

负债风险管理理论出现在20世纪60年代。当时，发达国家普遍出现了对贷款资金需求旺盛的现状，贷款也处于供不应求的状态。因此，为使需求得以满足，商业银行急需扩大负债的来源。与资产管理理论的观点不同，负债管理理论认为，主动负债理念非常重要，商业银行不应该处于被动的位置，应当做好主动管理负债的准备。因此，商业银行业务开始了变革，商业银行不再局限于传统的负债业务，而是开始主动吸收存款，增加负债，以满足客户对资金的需求。推行负债风险管理理论之后，商业银行的负债业务蓬勃发展，规模逐渐变大，种类更加丰富。商业银行资金来源充足之后，对资金的运用情况也发生转变，贷款的期限种类增多，银行可以发放更多的中长期贷款，利润也在不断增加。随着负债业务的发展，业务中的风险因素增多，为了使商业银行良好的经营，商业银行大力倡导对负债的管理。

（三）资产负债风险管理理论

20世纪70年代，随着布雷顿森林体系的瓦解，汇率不再处于固定的状态之中，开始不断波动，向浮动汇率转变。同时，由于利率水平升高，再加上通货膨胀的现象严重，甚至开始出现滞涨。整体上来看，宏观经济处于低迷的状态之中，这对商业银行的经营非常不利，其盈利水平在不断缩小，其经营过程中的风险却在不断加大。此时，商业银行意识到，片面地强调对资产的管理或者负债的管理无法适应新的宏观环境，必须使资产管理与负债管理同时进行，也就说只有冲破原有的风险管理模式，才能应对新的挑战。

与前两种管理理论不同，资产负债管理理论认为，风险管理不应当只注重某一方面，对于资产业务与负债业务中的风险，要结合在一起，共同管理。该理论强调，在资产与负债方面，使其期限结构保持匹配，保证流动性的同时，获得良好的收益，同时降低风险。该理论总结了前两种风险管理理论的精髓，将风险管理理念融合，提倡对风险联合管理，是更加科学的风险管理理论。

（四）全面风险管理理论

20世纪80年代之后，商业银行面临的竞争压力加大，为了保证盈利水平，商业银行开始扩大业务范围。此时，业务种类增多，商业银行除了传统的业务类型之外，新型的中间业务开始出现，并具有一定规模。这时商业银行面临的风险种类变得多样，情况也更加复杂，原来的风险管理已经不能适应需求，开始进入了全面风险管理的阶段。

全面风险管理理论体现着全新的管理理念，运用科学的管理方法，从整体的角度出发，进行综合管理，是一种过程化的管理。当前，人们已经意识到，各项业务中存在的风险不仅是某一项风险，而是多种风险并存，且风险之间互相作用，可能加强也可能削弱，共同对商业银行产生影响。该理论强调，随时发现风险因素，对风险进行识别、评估、控制，从而将风险降到可以接受的程度，实现商业银行的稳定经营。这一阶段，再加上一些新型金融学科的兴起，人们对风险的理解也更加深化，对风险的认识更加丰富。此时的风险管理阶段是全新的，不仅在管理的理念上有了进步，在管理方法上也有所突破，新型的风险管理技术得到运用，使得风险管理能力提升。巴塞尔委员会更是对风险进行了新的定义，风险管理迈上了新的高度。

五、我国商业银行现行的风险管理规定

（一）全面风险管理理念

资本监管上是银行审慎监管的关键，对于传统上单纯对资本金数量规模追求的制

约给以突破，对"资本和风险两位一体"的监管体制进行构建，使全面风险管理的理念得到体现。资本协议全面覆盖各种实质性的风险，这是全面风险管理的要求，对银行资本对于风险造成损失覆盖的准确性、有效性、全面性等给以强调。因此，商业银行全面风险管理理念是多层次、全方位的，核心是资本充足率。

（二）全方位、多层次全面风险管理理念

以资本充足率为中心，银行在内外部的风险管理上应该得到加强，在外部将风险来源的关注范围放宽到全球，在内部对于全体职员都要进行相应管控。同时，在全面管理全部风险的基础上，要对把控风险的方法进行升级。总结来说就是以下几个方面，首先，商业银行将风险管理的中心放大到全球，不仅是经营上要适应经济性质的变化，同时也可以通过学习其他国家的优秀管理经验，将自身的风险管理体系强大到足以应对全球的风险。风险的来源范围既然得到了快速扩大，必然伴随着风险的种类快速增多，而为了应对这种变化，必须对将更多的风险纳入计提资本的对象中。其次，要能够提前将风险控制在合理范围内或者将风险爆发造成的损失降低，必须树立全面管理的理念。再次，商业银行能够应对各种风险冲击的根本办法是保持资本的充足，但是资本的计量并不简单地从账面上就能获得直接反映，只有将各种风险计算在内，才能够获得真实有效的资本数量，而这就需要依靠对多种资本计量方法的合理运用。这种思想的体现在于无论哪种方法，要能够有效体现其价值，都需要建立在各种指标的基础上。在内部评价法中，只有在真实的数据上准确计算出量化违约概率（PD）和违约损失率（LGD）等指标，才能够真实地反映资本的有效数量。而对于资本计量高要求的意义不在于计算，而是在于这个信息最后能够在管理上起到指导作用，使得银行的各种政策都是建立在安全的范围内。最后，为通过风险的大小来控制全员的薪酬水平，可以有效发挥薪酬的激励作用，通过提供合适的薪酬水平，让全员更好地参与到风险的管理中，以将风险控制到相应的大小内。

第二节
商业银行信用风险管理

商业银行信用风险管理可以定义为：通过制定信息政策，运用管理工具与技术，指导和协调各部门、各机构的业务活动，调查客户资信、确定信用限额、选择付款方式、款项回收以及对款项回收的后续工作进行识别、协调、监督和控制等环节实行的全面监督和控制，以保障应收款项的安全与及时收回。随着金融业务内容的不断增加，金融风险日趋明显。当代商业银行的信用风险管理越加倾向于巴塞尔协议中对全面风险管理的相关规定，即通过对整个银行内风险类别进行全盘管理，并对风险进行量化后调整风险收益，实现风险量化和管理的统一。

一、信用风险识别

信用风险的存在与借贷行为的发生有着密不可分的关系。对于某个特定的贷款人来说,从贷出一笔款项到这笔款项最终完全收回,整个过程中始终要面对的问题都是:借款人能否及时归还贷款?一旦借款人违约,贷款人就会因此遭受损失,因此传统意义上的信用风险等同于违约风险。随着风险环境的变化和风险管理技术的发展,把信用风险等同于违约风险的观点也受到了挑战。

(一)信用风险的种类

(1)按影响范围划分,信用风险可分为贷款风险和交易对手风险。贷款风险主要发生于传统的借贷领域,涉及的业务包括贷款、担保和承诺等;交易对手风险则主要发生于交易性领域,涉及的业务包括投资、为对冲风险而从事的衍生品交易等。

(2)按来源划分,信用风险可分为违约风险和价差风险。违约风险来自债务人或交易对手的直接违约;价差风险来自债务人或交易对手资信水平的潜在不利变化。区分违约风险和价差风险有助于我们理解不同信用风险度量模型的建模基础。

(二)信用风险的特征

相对于其他风险而言,信用风险具有以下几个主要特征:

1. 信息不对称是形成信用风险的根本原因

一笔贷款最终能否归还,主要取决于债务人的还款意愿和还款能力,且前者具有决定性的意义。无论是对债务人还款意愿还是还款能力的了解,金融机构和债务人之间存在明显的信息不对称现象。信息不对称问题的存在使得对信用风险的评估很难完全依靠定量的方法来解决,定性分析不仅必要,而且占据了重要地位。

2. 信用风险具有明显的非系统性特征

信用合约是个性化的,通常针对不同债务人的需要而签订。因此,信用风险具有明显的非系统性特征。尽管债务人的还款能力也会受到诸如经济危机等系统性因素的影响,但多数情况下还是取决于与特定债务人明确相联系的非系统性因素的影响。故在度量信用风险时必须充分考虑到不同债务人的个体特征差异,这也加大了信用风险管理的难度。

3. 信用风险分布的有偏性现象

相对于市场风险的概率分布为正态分布,信用风险的分布却是有偏的,并在左侧出现厚尾现象。以贷款为例,通常,银行在贷款合约到期时有较大的可能性收回贷款,并获得事先约定的利息,单个借款人违约的情况也会发生,但发生的概率相对较小。然而,一旦违约发生,会使银行面临相对较大的损失,这种损失远比贷款的利息收益大得多。违约的小概率事件以及贷款收益和损失的不对称性造成了信用风险分布的有偏性,它明显不服从正态分布,这一特征使我们难以对信用风险建模采用正态分布的假设。

4. 信用风险量化的困难性

信用风险的量化分析相对来说比较困难，主要原因是观察数据少且不易获得，通常情况下，贷款等信用产品的持有期长、违约事件频率低、流动性差，缺乏二级市场，因而产生的数据较少。此外，由于信息不对称，直接观察信用风险的变动较为困难，这就造成信用风险度量模型的研发较为困难，影响了信用风险度量技术的应用与发展。

（三）信用风险的识别

商业银行客户类型不同，其信用风险识别的方法也有所不同。按照业务特点和风险特性不同，商业银行的客户可划分为法人客户与个人客户。法人客户根据其机构性质可以分为企业类客户和机构类客户，企业类客户根据其组织形式不同可划分为单一法人客户和集团法人客户。

1. 单一法人客户信用风险识别

商业银行在对单一法人客户进行信用风险识别和分析时，必须对客户的基本情况和与商业银行业务相关的信息进行全面了解。运用财务报表分析法和财务比率分析法，对客户进行财务分析；非财务因素分析也是信用风险识别过程中的重要组成部分，与财务分析相互印证、互为补充；担保分析可以使商业银行在借款人出现财务状况恶化无力还款时，通过执行担保来应对信用风险可能带来的损失。

2. 集团法人客户信用风险识别

商业银行首先应当参照单一法人客户信用风险识别和分析方法，对集团法人客户的基本信息、经营状况、财务状况、非财务因素及担保状况等进行逐项分析，以识别其潜在的信用风险。其次，集团法人客户通常更为复杂，因此需要更加全面、深入地分析和了解，特别是对集团内各关联方之间的关联交易进行正确的分析和判断。关联交易是指发生在集团内关联方之间的有关转移权利或义务的事项安排。分析企业集团内的关联交易时，首先应全面了解集团的股权结构，找到企业集团的最终控制人和所有关联方，然后对关联方之间的交易是否属于正常交易进行判断。

3. 个人客户信用风险识别

商业银行在对个人客户信用风险进行识别和分析时，同样需要个人客户提供各种能够证明个人年龄、职业、收入、财产、信用记录、教育背景等的相关资料。除了关注申请人提交的材料是否齐全、要素是否符合商业银行要求外，还应当通过与借款人面谈、电话访谈、实地考察等多种渠道调查、识别个人客户潜在的信用风险。

目前，很多商业银行已经开始使用个人客户贷款申请受理信息系统，直接将客户的相关信息输入个人信用评分系统，由系统自动进行分析处理和评分，根据评分结果即可基本作出是否贷款的决定。

4. 贷款组合的信用风险识别

贷款组合内的各单笔贷款之间通常存在一定程度的相关性。正是由于这种相关性的存在，贷款组合的整体风险通常小于单笔贷款信用风险的简单加总。与单笔贷款业务的信用风险识别有所不同，商业银行在识别和分析贷款组合的信用风险时，应当更多地关注系统性风险可能造成的影响。如宏观经济因素、行业风险、区域风险等。

案例

百亿押品骗贷案涉事银行领罚单，19家银行被罚5 250万元

2016年5月，陕西潼关县联社发生一起2 000万元质押贷款案件。

一居民张青民将一笔约2 000万元的黄金给了潼关信合（陕西潼关县农村信用合作联社）做质押贷款，后来逾期了，潼关信合就找他，张青民借打电话机会逃脱，从此杳无音信。无奈，潼关信合决定处置质押黄金，在处置过程中发现黄金掺假，遂将此事层层上报。

随后潼关县公安局正式立案，再加上陕西省金融机构自身盘查，潼关信合发现更多的质押用假黄金，涉案金额超过110亿元。这些掺假黄金外观上和真黄金无二，很难鉴别，制假手法十分专业。

同样中招的还有另外一家，叫西安市长安信合（西安市长安区农村信用合作联社）。张青民借用了大概70多个人的身份证，用假黄金骗贷超过14亿元。而这些假黄金中，钨的含量占62%左右，黄金约占38%。金砖外表是标准金，里面则裹包着钨块，能骗过普通检测仪器，如不用打钻和熔炼的检测方法，很难发现。钨的价格1 000克300块钱，黄金大概是1克300块钱左右。假如每克黄金250元，250万元即可购买1万克黄金，将1万克抵押给银行，以质押率下浮20%计算，可获得200万元的贷款。再用200万元可收购8 000克黄金，再将8 000克黄金抵押给银行，又可获得160万元贷款。以此循环，250万元可撬动价值约1 200多万元的黄金，形成近五倍的杠杆。

根据案件线索，陕西、河南银监局迅速组织辖内银行业金融机构开展全面排查时发现，多名外部不法人员横跨陕西、河南两省，以纯度不足的非标准黄金做质押物，骗取19家银行业金融机构190亿元贷款。经过立案、调查、审理、审议、告知、陈述申辩意见复核等一系列法定程序，陕西、河南银监局依法查处了辖内银行业金融机构质押贷款案件，对两地涉及该案的19家银行业金融机构共计罚款5 250万元，并处罚104名责任人。

二、信用风险计量

信用风险计量是现代信用风险管理的关键环节，经历了从专家判断法、信用评分模型到违约概率模型三个主要发展阶段。目前在全球范围内，巴塞尔委员会鼓励有条件的商业银行使用基于内部评级方法来计量违约概率、违约损失率、违约风险暴露，并据此计算信用风险监管资本，有力地推动了商业银行信用风险内部评级体系和计量技术的发展。

商业银行的内部评级应具有彼此独立、特点鲜明的两个维度：第一维度（客户信

用评级）必须针对客户的违约风险；第二维度（债项评级）必须反映交易本身特定的风险要素。

（一）客户信用评级

客户信用评级是商业银行对客户偿债能力和偿债意愿的计量和评价，反映客户违约风险的大小。客户信用评级的评价主体是商业银行，评价目标是客户违约风险，评价结果是信用等级和违约概率。

对客户的评级主要包括两个方面：一是对违约的判断；二是对违约概率的计算。

1. 违约

根据《巴塞尔协议》，债务人违约主要表现为：债务人对银行的实质性贷款债务逾期 90 天以上；银行认定的除非采取变现抵押品等追索措施，否则债务人可能无法全额偿还对银行的债务的情况。如果某债务人被认定为违约，银行应对该债务人所有关联债务人的评级进行检查，评估其偿还债务的能力。

2. 违约概率

违约概率是指借款人在未来一定时期内发生违约的可能性。违约概率的估计包括两个层面：一是单一借款人的违约概率；二是某一信用等级所有借款人的违约概率。《巴塞尔协议》要求实施内部评级法的商业银行估计其各信用等级借款人所对应的违约概率，可采用内部违约经验、映射外部数据和统计违约模型等与数据基础一致的技术估计平均违约概率，可选择一项主要技术，辅以其他技术做比较，并进行可能的调整，确保估值能准确反映违约概率。此外，针对信息和技术的局限性，银行可运用专家判断对估值结果进行调整。

（二）债项评级

债项评级是对交易本身的特定风险进行计量和评价，反映客户违约后的债项损失大小。特定风险因素包括抵押、优先性、产品类别、地区、行业等。债项评级既可以只反映债项本身的交易风险，也可以同时反映客户的信用风险和债项交易风险。

客户信用评级与债项评级是反映信用风险水平的两个维度。客户信用评级主要针对交易主体，其等级主要由债务人的信用水平决定；债项评级是在假设客户已经违约的情况下，针对每笔债项本身的特点预测债项可能的损失率。

根据商业银行的内部评级，一个债务人只能有一个客户信用评级，而同一债务人的不同交易可能有不同的债项评级。

在信用风险计量过程中除以上两个维度之外，还有信用风险组合计量和国家风险主权评级。

三、信用风险监测与报告

信用风险监测是指风险管理人员通过各种监控技术，动态捕捉信用风险指标的异常变动，判断其是否已达到引起关注的水平或已经超过阈值。如果达到关注水平或超过阈值，就应当及时调整授信政策、优化资产组合结构、利用资产证券化等分散和转移信用风险，将风险损失降到最低。

统计分析显示：在贷款决策前预见风险并采取预控措施，对降低实际损失的贡献度为50%~60%；在贷后管理过程中监测到风险并迅速补救，对降低风险损失的贡献度为25%~30%；当风险产生后才进行事后处理，其效力则低于20%。

（一）风险监测指标

风险监测指标体系通常包括潜在指标和显现指标两大类，前者主要用于对潜在因素或征兆信息的定量分析，后者则用于对显现因素或现状信息的量化。在信用风险管理领域，重要的风险监测指标有：

1. 不良贷款率

不良贷款率＝（次级类贷款＋可疑类贷款＋损失类贷款）/各项贷款×100%

2. 预期损失率

预期损失率＝预期损失/资产风险暴露×100%

预期损失是指信用风险损失分布的数学期望，代表大量贷款或交易组合在整个经济周期内的平均损失，是商业银行已经预计到将会发生的损失。

3. 单一（集团）客户授信集中度

单一（集团）客户授信集中度＝最大一家（集团）客户贷款总额/资本净额×100%

最大一家（集团）客户贷款总额是指报告期期末各项贷款余额最高的一家（集团）客户的各项贷款总额。

4. 贷款风险迁徙率

贷款风险迁徙率指标衡量商业银行信用风险变化的程度，表示为资产质量从前期到本期变化的比率，属于动态监测指标。贷款风险迁徙率指标主要包括正常贷款迁徙率、正常类贷款迁徙率、关注类贷款迁徙率、次级类贷款迁徙率和可疑类贷款迁徙率。

5. 不良贷款拨备覆盖率

不良贷款拨备覆盖率＝（一般准备＋专项准备＋特种准备）/（次级类贷款＋可疑类贷款＋损失类贷款）

6. 贷款损失准备充足率

贷款损失准备充足率＝贷款实际计提准备/贷款应提准备×100%

（二）风险预警

风险预警是指商业银行根据各种渠道获得的信息，通过一定的技术手段，采用专家判断和时间序列分析、层次分析和功效计分方法，对商业银行信用风险状况进行动态监测和早期预警，实现对风险防患于未然的一种防错纠错机制。

随着信用风险度量技术的发展，商业银行将信用风险的度量与监测有效地结合了起来，运用相关的信用风险度量模型，可以随时监测信用风险的变化。例如，商业银行可根据信用风险的历史数据和自身经验，选择若干监测指标，确定各指标的预警阈值和权重系数，建立一个信用风险预警模型。通过对各项监测指标进行连续观测，将数据导入模型，计算其综合风险分值。并据此综合判断客户的风险预警等级，还可进一步给出各等级的预警信号，如正常、蓝色预警、橙色预警或红色预警信号等。

（三）风险报告

风险报告是将风险信息传递到内、外部部门和机构，使其了解金融机构承担的风险水平及管理状况的工具。广义的风险报告还包括风险管理信息系统。金融机构应当充分利用数据挖掘和分析技术，对每一项授信业务的风险进行分析，并在多个层面上进行分类汇总。

信用风险报告的内容应根据使用者的需求来确定，例如，对于董事会和高级管理层而言，他们需要高层次的宏观信息，在内容上应侧重于信用风险的总体评估、最大风险来源及可能损失、趋势报告等，通常采用周报、月报、季报甚至日报。对前台而言，他们需要微观的细节，如某个头寸的信用风险状况、风险热点报告、最佳套期保值报告等，通常采用实时和日报。

为了保证信用风险报告的有效性，巴塞尔委员会及各国监管当局都对金融机构的信用风险报告的内容提出了相应的要求，例如中国银监会在2004年颁布的《商业银行不良资产监测和考核暂行办法》中规定，商业银行及其分支机构要按月对不良贷款、按季对不良资产进行分析，对银行风险状况和变化趋势作出总体判断和评价，对风险状况严重和变化明显的要重点说明，并形成分析报告。

四、信用风险控制

经过长期的发展，商业银行已经探索出多种应对与控制信用风险的方法，如传统的贷款"三查"、要求提供抵押或第三方担保、利用衍生工具对冲等。本部分主要介绍信用限额管理、信用风险缓释、关键业务流程控制、资产证券化和信用衍生品等手段在信用风险管理中的应用。

（一）信用限额管理

为客户设立信用限额一直是最重要且最简捷有效的风险控制方法之一。信用限额是指在一定时期内，针对某一客户（单一或集团），金融机构愿意且能够承受的最大信用暴露。换句话说，信用限额往往也是某一客户在金融机构所能够获取的最高信用支持额度。通过建立和执行信用限额，金融机构可以将信用风险暴露控制在符合内部政策的水平以内。

信用限额可以在不同的层面设定，可针对单个客户，也可针对某类组合，如按区域或行业等形成的组合；可针对某笔具体业务，也可针对具有某类特征的资产池；可针对银行内部某个具体的贷款人员，也可针对某个部门，甚至银行整体。不论何种层面，在设定信用限额时，不仅要考虑机构自身的风险偏好、资本实力等，还要考虑客户的信用状况及债务承受能力的大小。例如，银行通常根据客户的信用评级结果来设定其信用限额，信用等级越高，所设定的信用限额也就越大。

金融机构给客户设定的信用限额应能够覆盖该客户所有信用业务，包括贷款、承兑、担保及信用衍生业务等。此外，由于客户可同时与多家金融机构往来并取得授信，因此在设定信用限额时不能仅考虑其在本机构的信用业务，而应该将客户在其他机构的信用业务一并加以考虑，以核定其实际可承受的信用额度。

（二）信用风险缓释

信用风险缓释是指银行运用合格的抵押品、净额结算、保证和信用衍生工具等方式转移或降低信用风险。采用内部评级法计量信用风险监管资本时，信用风险缓释功能体现为违约概率、违约损失率或违约风险暴露的下降。

巴塞尔委员会提出信用风险缓释技术的目的包括两个方面：一是鼓励银行通过风险缓释技术有效抵补信用风险，降低监管资本要求；二是鼓励银行通过开发更加高级的风险计量模型，精确计量银行经营面临的风险。

（三）关键业务流程控制

贷款业务流程应当结构清晰、职能明确，在业务处理过程中做到关键岗位相互分离、相互制约，同时满足业务发展和风险管理的需要。

（四）资产证券化和信用衍生品

资产证券化是指将缺乏流动性，但能够产生可预见现金流收入的金融资产转换成在金融市场上可以出售和流通证券的行为。资产证券化的核心在于通过对风险与收益要素的分离与重组，使金融资产的定价和重新配置更为有效，进而使参与各方受益。对金融机构而言，资产证券化也是控制信用风险的有效途径之一。通过资产证券化可以将信用资产成批量、快速地转换为流动性强的金融产品，在这一转换过程中，金融机构独自承担的信用风险也得到了有效的转移和分散。

国际互换与衍生产品协会（ISDA）将信用衍生品定义为用来分离和转移信用风险的各种工具和技术。作为分离和转移信用风险的有效工具，信用衍生品将信用风险从原来的风险承担者（信用保护买方）转移给那些愿意承担的人（信用保护卖方）。

信用衍生品的应用范围很广，可对冲单项资产风险，也可对冲组合的信用风险；这种对冲可以覆盖全部的信用风险，也可仅针对单一的违约事件。信用衍生品的种类也很多，基本产品包括信用违约互换、总收益互换、信用联系票据和信用价差期权，在此基础上，又可以产生许多变异形式。

知识专栏 11-2

新形势下商业银行防控信用风险的着力点

当前，外部经济处于"三期叠加"的新时期，经济运行存在下行压力，企业生产经营遇到困难，民间融资和影子银行对金融环境造成较大冲击，银行信用风险防控面临较大压力。

□ 管理篇

面对新形势,银行应掌握企业发展现状,了解企业第一手的、活的现状。常态化、多角度、连续性地进行风险排查工作,排查内容应包括企业关联架构、经营真实性、融资状况、担保圈风险以及诉讼查封信息等,通过对企业进行全方位、立体化的评价,进一步摸清风险底数,及时准确发现和掌握风险动向,前瞻性采取防范措施。

面对外部经济和企业经营存在的不确定性,银行应更加注重客户群体的培育和选择。加快信贷经营发展转型,坚决摒弃"以量取胜"的粗放信贷发展模式。加强客户群建设,在新客户建设上下足功夫,把真正优质的客户挑选出来,提高客户整体质量,切实降低信贷风险。深挖存量客户潜力,加快存量客户结构调整,不断提高信贷资产质效,严防信用风险积聚。在客户管理中,既要善于选择,又要敢于舍弃,避免一味简单地办理收回再贷、续贷增贷等非理性的信贷增长。

除了应对外部环境变化,银行还应从加强内部管理入手,提高风险管理的精细化水平,优化信贷资产结构,提升信贷资产盈利能力,降低信用风险。持续优化担保结构,逐步压降集团内部担保、互保和循环担保、低效客户或空壳公司担保、异地担保等,切实防范担保圈风险;优化品种结构,切实了解客户真实结算和融资需求,为其量身定制个性化营销方案,加强产品组合管理,大力发展具备真实贸易背景的表外业务、贸易融资业务和新兴业务品种;强化信贷业务流程尽职管理,调查环节必须做到"现场""面签""验证",审查环节必须去"形式化",透过财务数字去发现业务背后隐藏的风险,对企业整体情况进行客观、综合、动态评价,对风险点予以充分揭示,贷后管理要到现场、看报表、看生产、看工资明示单、查账务、查资金流向、查市场变动、查高管人品、查系统信息、查押品、查诉讼,狠抓风险评价的真实性和风险预警的及时性、风险应对的针对性。

第三节

商业银行市场风险管理

近年来,随着竞争的激烈,商业银行的经营重点已经由传统的贷款业务逐步转向更多元化的业务组合方式,从而使得商业银行的风险状况变得更为复杂,所面临的市场风险日益突出。

一、市场风险识别

市场风险存在于银行的交易和非交易业务中。根据风险因子不同,市场风险通常可分为利率风险、汇率风险、股票价格风险和商品价格风险。

(一)利率风险

利率风险按照来源不同,分为重新定价风险、收益率曲线风险、基准风险和期权性风险。

1. 重新定价风险

重新定价风险也称期限错配风险,是最主要和最常见的利率风险形式,来源于金融机构资产、负债和表外业务到期期限(就固定利率而言)或重新定价期限(就浮动利率而言)所存在的差异。这种重新定价的不对称性使金融机构的收益或内在经济价值会随着利率的变动而变化,当不利的情况发生时,损失也就随之发生。

2. 收益率曲线风险

收益率曲线,是由不同期限但具有相同风险、流动性和税收的收益率连接而形成的曲线,用以描述收益率与到期期限之间的关系(见图11-2)。例如,市场上10年期国债的收益率曲线基本反映了该市场中金融产品的到期期限与到期无风险收益率之间的关系。正常情况下,金融产品的到期期限越长,其到期收益率越高。但因重新定价的不对称性,收益率曲线的斜率和形态都可能发生变化(出现收益率曲线的非平行移动),对银行的收益或内在经济价值产生不利影响,从而形成收益率曲线风险,也称利率期限结构变化风险。

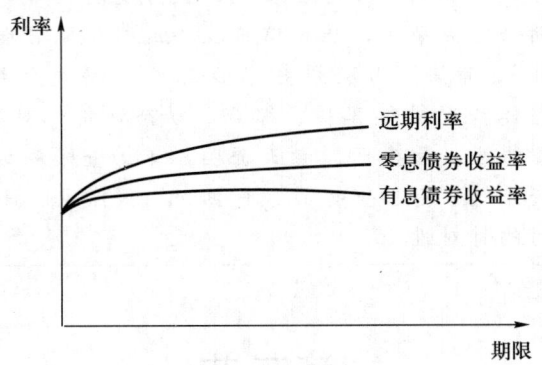

图11-2 收益率曲线

3. 基准风险

基准风险也称利率定价基础风险,是另一种重要的利率风险来源。在利息收入和利息支出所依据的基准利率变动不一致的情况下,虽然资产、负债和表外业务的重新定价特征相似,但因其现金流和收益的利差发生了变化,也会对金融机构的当期收益或其市场价值产生不利影响。简言之,基准风险是指一般利率水平变化引起重新定价特征相似的金融工具利率发生不同程度的变化,从而影响金融机构收益的风险。

4. 期权性风险

如今,期权性风险已是一种越来越重要的利率风险,它来源于金融机构的资产、负债和表外业务中所隐含的期权。我们知道,期权可以是单独的金融工具,如场内(交易所)交易期权和场外期权合同,也可以隐含于其他的标准化金融工具之中,如债券或存款的提前兑付、贷款的提前偿还等选择性条款。从后一种意义上来看,金融机构的许多资产、负债和表外业务都带有期权性。期权赋予其持有者买入、卖出或以某种方式改变某一金融工具或金融合同的现金流量的权利,期权的买方可以行使也可以放弃这种权利。而对于期权的卖方来说,则只有被动地履行期权合约的义务。一般而言,期权和期权性条款都是在对买方有利而对卖方不利时被执行,因此,期权性工具因具有不对称的支付特征而会给卖方带来风险。简而言之，期权性风险就是指因利率变动而导致金融机构的资产、负债或表外业务中所隐含的期权被执行，进而导致金融机构面临损失的风险。

（二）汇率风险

汇率风险是指金融机构因汇率的不利变动而蒙受损失的风险。以商业银行为例，汇率风险一般产生于两个方面：一是代客或自营进行的外汇交易，不仅包括外汇现货交易，还包括外汇的远期、期货、期权和互换等金融合约的交易；二是持有非交易性的外币资产或外币负债，如外币存贷款、发行外币债券、海外投资等。这些活动除了需要通过外币来进行交易或完成结算外，还需要通过本币进行成本和收益的核算，如果外币和本币之间的兑换比率（汇率）发生了不利的变化，汇率风险就会产生。

（三）股票价格风险

股票价格风险是指由于商业银行持有的股票价格发生不利变动而给商业银行带来损失的风险。根据我国监管机构的规定，目前我国尚严禁商业银行直接投资股票市场，因此商业银行所面临的股票价格风险非常有限。

（四）商品价格风险

商品价格风险是指由于商业银行持有的各类商品价格发生不利变动而给商业银行造成经济损失的风险。根据我国监管机构的规定，目前我国尚严禁商业银行直接投资商品实物或期货市场，因此银行所面临的商品价格风险非常有限。

知识专栏11-3

银监会发布《商业银行市场风险管理指引》

中国银监会近日发布2004年第10号令《商业银行市场风险管理指引》（以下简称《指引》），要求商业银行加强市场风险管理，充分识别、准确计量、持续检测和适当控制所有交易业务和非交易业务中的市场风险，确保在合理的市场风险水平之上安全、稳健经营，其承担的市场风险水平应当与市场风险管理能力和资本实力相匹配。

随着我国银行业改革开放的不断深化，以及利率市场化、金融创新和综合经营的不断发展，商业银行将越来越多地涉足有价证券、外汇、黄金及其衍生产品交易，金融产品价格变动所引致的市场风险也不断显现和增长。与国际银行业日趋成熟的市场风险管理相比，我国银行业在市场风险的管理和监管方面才刚刚起步。《指引》充分借鉴了国际先进银行市场风险管理的最佳实践经验，直接针对我国商业银行风险管理机制薄弱的现状，提出市场风险管理的基本要求和指导性意见，填补了我国监管法规体系中缺乏系统性的风险管理指引这一空白，是银监会以风险监管为核心的监管理念的具体体现，也是对银监会此前颁布的《商业银行资本充足率管理办法》《金融机构衍生产品交易业务管理暂行办法》等监管规章的配合与补充。

资料来源：银保监会网站。

二、市场风险计量

目前，市场风险管理领域的技术、方法及理念十分丰富，这是其他类别的风险管理所无法比拟的。三大著名金融理论即资产组合理论、资本资产定价理论和期权定价理论都起源于市场风险领域，众多前沿的风险管理技术和方法，如 VaR 系统、压力测试、风险对冲等，也同样来自这一领域。

（一）缺口分析

资金缺口分析法是商业银行计量利率风险的最早方法之一，也是巴塞尔委员会认可的利率风险计量方法之一，目前它仍在被广泛地采用。其基本思路是：当市场利率发生变动时，并非所有的资产和负债都会受到影响。首先，利率变动不影响那些不计息的资产和负债，如现金、固定资产等；其次，在一定的考察期内利率固定的资产和负债虽然计息，但其利息收入和支出在考察期内并不受利率变动的影响。因此，在分析利率风险时，我们只需要考察那些直接受利率变动影响的资产和负债，即利率敏感性资产和利率敏感性负债。

银行固定利率的资产和负债，不根据市场利率定期进行利率调整，但到期后也会存在重新定价的问题，如贷款的收回再贷，其利率需重新确定和调整。当利率发生变化时，由于资产和负债是由不同收益率、面值和到期的存贷款或各种证券组成的，对利率的敏感性不可能相等，必然存在一定的差距，这个差距就称为资产负债缺口。缺口大表明利率变动时市场价值变动也大，给银行经营带来较大的利率风险；反之缺口小则给银行带来的风险就小。利用缺口对利率风险进行度量就是资产负债缺口分析。

在缺口分析中，利率风险暴露可表示为：

$$GAP = RSA - RSL$$

式中：GAP 为缺口；

RSA 为利率敏感性资产；

RSL 为利率敏感性负债。

此外，按计算期不同，还可分为单期缺口与累计缺口两种。累计缺口一般是以1年为期，而单期缺口则是在1年内分为若干子期间，分段计算缺口；当 $GAP>0$ 时，被称为正缺口；反之 $GAP<0$ 时，称为负缺口；当 $GAP=0$ 时，称为零缺口。缺口金额与银行的总资产之比（有些银行使用缺口金额与银行的收益资产之比），反映了风险暴露的程度，被称为缺口率（GAP Ratio）。

$$GAP\ Ratio = GAP / BGA\ (Bank\ Gross\ Assets)$$

（Net Interest Income，NII）是银行资产利息收入与负债利息支付之差。当利率变动时，银行 NII 变动与缺口之间的关系可以用下式表示：

$$\Delta NII = RSA \times \Delta r - RSL \times \Delta r \text{ 或 } \Delta NII = GAP \times \Delta r$$

上式表明，利率水平上升（$\Delta r>0$）时，若利率敏感性缺口为正缺口（$GAP>0$），则银行净利息收入将比预期增加，反之为负缺口（$GAP<0$）时，银行 NII 会比预期减

少。当利率下降（$\Delta r<0$）时，负缺口导致意外收入，而正缺口导致意外损失。在缺口值为零（$GAP=0$）时，无论利率如何变动，净利息收入不变，也就是利率风险暴露为零时，不存在利率风险。

银行的利率风险还可以用利率敏感度来测度，其理解与缺口测度一样。

$$利率敏感度 = RSA/RSL \times 100\%$$

如果利率敏感度等于或近似于1，则这家银行几乎不存在利率风险。利率敏感度与1的差距越大，银行承担的利率风险越大。

作为一种衡量银行利率风险暴露的一种方法，缺口分析有计算、观察方便的优点，但同时也存在以下一些缺陷：

（1）缺口分析无疑是一种"经理观点"指导下的方法，将银行利率风险简单地视为净利息收入与预期值的差额。

（2）即使作为一种衡量 NII 变动的方法，缺口分析也取决于分析期间的长短，在同一时刻，3个月、6个月与1年期的缺口符号与数量有很大差异，不同的缺口值会让风险管理员无所适从。

（3）缺口分析不能把握利息收支的动态流动。

（4）虽然可以反映利率变化对利差收益影响的变化方向，但不能准确把握其对利差收益影响的程度（弹性）。

（二）久期分析

久期分析又称持续期分析或期限弹性分析，也是对银行资产负债利率敏感度进行分析的重要方法，主要用于衡量利率变动对银行整体经济价值的影响。具体而言，就是对各时段的缺口赋予相应的敏感性权重，得到加权缺口，然后对所有时段的加权缺口进行汇总，以此估算某一给定的小幅（通常小于1%）利率变动可能对银行经济价值产生的影响。各时段的敏感性权重通常由假定的利率变动乘以该时段头寸的假定平均久期来确定。一般而言，金融工具的到期日或距下一次重新定价日的时间越长，并且在到期日之前支付的金额越小，则久期的绝对值越高，表明利率变动将会对银行的经济价值产生较大的影响。

银行也可以对以上的标准久期分析进行演变。与缺口分析相比较，久期分析是一种更先进的利率风险计量方法。

（三）外汇敞口分析

外汇敞口分析是衡量汇率变动对银行当期收益的影响的一种方法。外汇敞口主要来源于银行表内外业务中的货币金额和期限错配。例如，在某一个时段内，银行某一币种的多头头寸与空头头寸不一致时，其差额就形成了外汇敞口。在存在外汇敞口的情况下，汇率变动可能给银行的当期收益或经营价值造成损失，从而形成汇率风险。

在进行外汇敞口分析时，银行应当分析单一币种的外汇敞口，以及各比重敞口折算成报告货币并加总轧差后形成的外汇总敞口。对单一币种的外汇敞口，银行应当分析即期外汇敞口、远期外汇敞口总轧差后的外汇敞口。银行还应当对银行账户和交易账户形成的外汇敞口加以区分。外汇敞口分析是银行业较早采用的汇率风险计量方法，具有计算简便、清晰易懂的优点。

（四）风险价值

风险价值是指在一定的持有期和置信水平下，利率、汇率等市场风险要素的变化可能对资产价值造成的最大损失。计算 VaR 的关键在于确定资产（或组合）未来损益的统计分布或概率密度函数。

与缺口分析、久期分析等传统的市场风险计量方法相比，市场风险内部模型的主要优点是可以将不同业务、不同类别进行比较和汇总，尤其是将隐性风险显性化之后，更有利于银行进行风险的监测、管理和控制。

（五）敏感性分析

敏感性分析是指在保持其他条件不变的前提下，研究单个市场风险要素（利率、汇率、股票价格和商品价格）的微小变化可能对金融工具或资产组合的收益或经济价值产生的影响。例如，汇率变化对银行净外汇头寸的影响，利率变化对银行经济价值或收益产生的影响。前述的缺口分析和久期分析就是针对利率风险进行的敏感性分析。

敏感性分析计算简单且便于理解，在市场风险分析中得到了广泛应用。

（六）压力测试

银行不仅应采用各种市场风险计量方法对在正常市场情况下所承受的市场风险进行分析，还应当通过压力测试来估算突发的小概率事件等极端不利的情况可能对其造成的潜在损失，如在利率、汇率、股票价格等单一市场风险要素发生剧烈变动的情况下，银行可能遭受的损失。

压力测试的目的是评估银行在极端不利情况下的承受能力。

（七）情景分析

情景就是对未来的一种可信的描述，它能帮助我们深入探究未来的风险和机遇。情景可以人为设定（如直接使用历史上发生过的情景），也可以从对风险因子历史数据的统计分析中得到，或者通过运行旨在描述风险因子变动的随机模型而获得。然后，把头寸放入所选定的情景中，经过严格的分析，以形成一个对该头寸未来情景的全面描述，进而估计风险的大小。

与敏感性分析对单一因素进行的分析不同，情景分析是一种多因素分析方法，结合设定的各种可能情景的发生概率，研究多种因素同时作用时可能产生的影响。情景分析法允许使用者设想多种未来情景，可以是好的情景，也可以是坏的情景；它允许使用者同时考虑多种风险因素的影响，如汇率、利率等，这时候需要注意考虑各种头寸的相关关系和相互作用。

（八）事后检验

事后检验是指将市场风险计量方法或模型估算结果与实际发生的损益进行比较，

以检验计量方法或模型的准确性、可靠性,并据此对计量方法或模型进行调整和改进的一种方法。若估算结果与实际结果近似,则表明该风险计量方法或模型的准确性和可靠性较高,反之则较低或是事后检验的假设前提存在问题。

三、市场风险监测

商业银行对市场风险的管理应该包括董事会、高级管理层和具体职能部门三个不同的层级。董事会负责审批市场风险管理的战略、政策和程序,承担对市场风险管理实施监控的最终责任。高级管理层负责制定市场风险管理的政策、程序以及具体的操作规程,组织实施市场风险管理。此外,商业银行还应该指定专门的部门或建立市场风险管理部负责市场风险管理工作。负责市场风险管理的部门应当职责明确,与承担风险的业务经营部门保持相对独立,向董事会和高级管理层提供独立的市场风险报告,并且具备履行市场风险管理职责所需要的人力、物力资源。负责市场风险管理部门的工作人员应当具备相关的专业知识和技能,并充分了解本机构与市场风险有关的业务、所承担的各类市场风险以及相应的风险识别、计量、控制方法和技术等。

市场风险评估及处置的结果应该以风险报告的形式反映出来。风险报告是市场风险管理的重要组成部分,它是了解金融机构市场风险的窗口。一份好的风险报告必须及时准确、简洁明了、突出重点、有针对性。市场风险报告的形式多种多样,最常见的是采用图表方式披露,辅之以简短的评论。

四、市场风险控制

由于市场风险包括了利率风险、汇率风险、股票风险和商品风险等不同的类别,这些风险发生的领域、诱因及形成机制又各不相同,相应地,对它们的应对与控制技术和方法也会存在一定的差异。商业银行通常通过对资产和负债结构的调整来应对利率风险,针对汇率风险的常用办法是设置一个额度限制,而针对股票风险则强调运用资产组合的战略。下面只重点分析几种管理市场风险的一般方法。

(一)限额管理

商业银行实施市场风险管理的主要目的是,确保将所承担的市场风险控制在可以承受的合理范围内,使市场风险水平与其风险管理能力和资本实力相匹配,限额管理正是对市场风险进行控制的一项重要手段。常用的市场风险限额包括:

1. 交易限额

交易限额是指对总交易头寸或净交易头寸设定的限额。总交易头寸限额对特定交易工具的多头头寸或空头头寸给予限制,净交易头寸限额则对多头头寸和空头头寸相抵后的净额加以限制。在实践中,金融机构通常将这两种交易限额结合使用。

2. 风险限额

风险限额是指对按照一定的计量方法所计量的市场风险设定的限额,如对内部模型计量的风险价值设定的限额和对期权性头寸设定的期权性头寸限额等。

3. 止损限额

止损限额即允许的最大损失额。通常，当某项头寸的累计损失达到或接近止损限额时，就必须对该头寸进行对冲交易或将其变现。典型的止损限额具有追溯力，即止损限额适用于一日、一周、一个月或其他一段时间内的累计损失。

商业银行在实施限额管理的过程中，还需要制定并实施合理的超限额监控和处理程序。

（二）风险对冲

除了采用限额管理来控制市场风险外，商业银行还可以通过金融衍生产品等金融工具，在一定程度上实现对冲市场风险的目的，即当原风险敞口出现亏损时，新风险敞口能够盈利，并且尽量使盈利全部抵补亏损。

风险管理实践中，商业银行可以同时利用多种金融衍生产品构造复杂的对冲机制，以更有效地降低其银行账户和交易账户中的市场风险。

（三）经济资本配置

商业银行除了采用限额管理、风险对冲等风险控制方法之外，还可以通过配置合理的经济资本来降低市场风险敞口。

商业银行对经济资本配置的合理性要进行有效评估，及时发现高风险低收益的不良业务部门、交易员或交易产品，同时严格限制高风险业务的经济资本配置，将有限的经济资本配置到能够创造最优风险—收益率的业务部门。

第四节
商业银行操作风险管理

操作风险是商业银行经营中面临的一种古老的风险种类。近年来，随着金融管制的放松、业务全球化、金融创新的步伐加快以及信息技术的迅猛发展，商业银行的操作风险也有增大的趋势，对操作风险的管理已经变得不容忽视。巴塞尔协议Ⅱ的第一支柱中明确要求银行为操作风险计提风险资本以抵御操作风险造成的损失，这是巴塞尔协议Ⅱ的一大创新。

一、操作风险识别

操作风险可以泛指在金融机构运作过程中一系列可能发生的损失，这些损失可能源自某种计算机病毒的发作，也可能由某些特定情况下决策者的一个失误而导致，或者来自第三方的欺诈。操作风险与其他两种风险存在显著的差异。商业银行操作风险的特性主要体现在以下几个方面：首先，操作风险主要来源于商业银行的内部，主要是由商业银行自身的管理漏洞以及运作上的失误而造成的，而其他两种风险对于商业银行来说则主要是外生性的；其次，承担操作风险并不能获得更高的收益，根据现代投资理论高风险往往意味着高回报，这一观点在市场风险和信用风险上是成立的，然而承担操作风险却往往只能给商业银行带来损失；最后，操作风险主要由主观人为因素造成，包括操作失误、业务素质不足，甚至欺诈行为都是导致操作风险的主要原因。

实践中，操作风险的发生往往又和市场风险、信用风险交织在一起，因此很难清楚地界定商业银行操作风险的范围和内容。

一般地，商业银行的操作风险可按人员因素、内部流程、系统缺陷和外部事件分为四类。

（一）人员因素

操作风险的人员因素主要是指因商业银行员工发生内部欺诈、失职违规，以及因员工的知识技能匮乏、核心雇员流失、违反用工法等造成损失或不良影响而引起的风险。

（二）内部流程

内部流程因素引起的操作风险是指由于商业银行业务流程缺失、设计不完善，或者没有被严格执行而造成的损失，主要包括财务错误、合同缺陷、产品设计缺陷、错误监控/报告、支付错误、定价错误六个方面。

（三）系统缺陷

系统缺陷引发的操作风险是指由于信息科技部门或服务供应商提供的计算机系统或设备发生故障或其他原因，导致商业银行不能正常提供全部或部分服务或业务中断而造成损失的风险。

（四）外部事件

商业银行是在一定的政治、经济和社会环境中运营的，经营环境的变化、外部突发事件等都会影响其正常的经营活动甚至造成损失。外部事件可能是内部控制失败或内部控制的薄弱环节，也可能是外部因素对商业银行运作或声誉造成的威胁。

商业银行常借助自我评估法和因果分析模型，对业务岗位和流程中的操作风险进行全面且有针对性的识别，并建立操作风险成因和损失事件之间的关系。

知识专栏 11-4

银监会发布《商业银行操作风险管理指引》

为加强商业银行的操作风险管理，推动商业银行进一步完善公司治理结构，提升风险管理能力，2007年6月，银监会发布《商业银行操作风险管理指引》（以下简称《指引》），这是继出台有关《商业银行市场风险管理指引》和《商业银行合规风险管理指引》等一系列的监管文件之后，银监会发布的又一重要风险管理指引。

操作风险是指由不完善或有问题的内部程序、员工和信息科技系统，以及外部事件所造成损失的风险。它和信用风险、市场风险并称为商业银行面临的三大主要风险。在金融管制放松、业务全球化、金融创新步伐加快以及信息技术的迅猛发展的大背景下，国际银行业金融机构的操作风险有增大的趋势，国际银行业和监管当局都日益重视操作风险的管理和监管。目前，国际上宣布实施新资本协议的国家和地区都按照新协议的要求，明确将操作风险纳入资本监管的范畴，同时还提出了商业银行操作风险管理的最佳做法或监管指引。为有效防范和控制操作风险，督促商业银行进一步完善内控制度，银监会在2005年下发《关于加大防范操作风险工作力度的通知》的基础上，从我国商业银行实际情况出发，学习借鉴国际成功经验，制定了《商业银行操作风险管理指引》。

银监会有关负责人表示，《指引》从内容到形式，既符合国际发展潮流，又兼顾了我国银行业发展现状，具有前瞻性和可操作性。《指引》的发布，将有助于进一步完善银行监管体系的建设，推进风险监管为本的理念深入人心；有助于我国商业银行进一步强化风险管理，提高识别、控制操作风险的能力和风险管理水平，建立操作风险管理的长效机制，提升银行业的整体国际竞争力；有助于商业银行进一步防范银行业大案、要案的发生，促进银行业的稳健运行，切实维护广大存款人的利益。

资料来源：银保监会网站。

二、操作风险评估

根据著名的风险管理组织"全球风险专业人员协会"（GARP）对国际银行业风险管理人员的调查，目前西方大型银行在操作风险管理上也仍然处于定性管理与定量管理并存的起步阶段，而其他大多数银行的操作风险管理仍是一片空白。这在很大程度上是因为国际银行业对操作风险的关注时间较短，一切尚在探索阶段。这里主要介绍两种常见的操作风险评估方法。

（一）自我评估法

由于操作风险的内部损失数据有限，特别是那些小概率、大损失的事件记录更少，而行业损失数据和外部数据只是反映新业务或业务量变化引起的资本额的变化，因此，定性分析法在操作风险评估中仍占据着重要的地位。操作风险评估的定性分析法中主要有自我评估法、流程制图法、因果分析法和记分卡法等。其中自我评估法运用最广泛、最成熟。国际先进银行广泛采用自我评估法，并辅以信息系统支持，成为操作风险管理不可或缺的重要手段。

在操作风险自我评估的过程中，可依据评审对象不同，采用流程分析法、情景模拟法、引导会议法、调查问卷法等方法，并借助操作风险定义及损失事件分类、操作风险损失事件历史数据、各类业务检查报告等相关资料进行操作风险的自我评估。如银行可将每一条业务线中潜在的风险分离出来，并进行分类，然后设计成相应的表格，来评估操作风险的状况及其控制措施的效力。

（二）关键风险指标法

关键风险指标法是定量分析法的一种，即选择单一的指标作为衡量机构整体操作风险的尺度，以此来判断操作风险的大小。这也是巴塞尔委员会提出的、用以计量操作风险资本要求的基本方法。该方法基于自我评估法和因果分析模型，选择已经识别出来的主要操作风险因素，并结合商业银行的内、外部操作风险损失事件数据形成统计分析指标，用以评估商业银行整体的操作风险水平。商业银行可根据关键风险指标法所反映的风险评估结果进行优先排序，依据风险的重要程度有针对性地采取恰当措施控制操作风险。

关键风险指标法的难度在于对各项关键指标设定合理的阈值，即风险指标处于何种范围之内可以被认为是处于较低风险水平、中等风险水平或较高风险水平，并针对不同评估结果采取何种适当的风险控制措施。关键风险指标有助于银行及时发现潜在的风险隐患，并将操作风险水平保持在可控范围之内。

三、操作风险监测与报告

一套有效的监测程序对充分管理操作风险至关重要。定期的监测行为有利于快速发现并且弥补管理操作风险的政策、程序和步骤中的缺陷。迅速发现和处理这些缺陷可以大大减少损失事件发生的频率和严重程度。

商业银行应密切关注关键风险指标的波动状况，制定一整套程序，定期监测操作风险状况和重大风险事件，并及时向高级管理层和董事会报告有关信息。

商业银行监测和分析不同时期自身关键风险指标的变化，并与同类金融机构进行横向比较，有助于深入理解操作风险状况的变化趋势，为操作风险管理提供早期预警，及时对异常风险状况采取行动。

金融机构的各业务单位、职能部门、操作风险管理部门和内部审计等相关机构应该定期向高级管理层呈送操作风险报告。操作风险报告内容应该包括内部财务、操作和合规性数据以及有关决策的事件和情况的外部市场信息等。报告应该分发给相应的各级管理层以及可能受到影响的银行内有关单位。报告应该充分反映所有识别出的问题，并且应该提议对突出的问题及时采取纠错行动。为了确保这些风险和审计报告的有效性和可靠性，管理层应该定期核实报告制度和内部控制在总体上的及时性、准确性和相关性。管理层还应该使用外部人员（审计师、监管者）撰写的报告，以便评估内部报告的有效性和可靠性。对报告要进行分析，以便改善目前的风险管理业绩以及开发新的风险管理政策、步骤和做法。

四、操作风险控制

对于所有已经被识别和度量的操作风险，金融机构应该立即做出如何应对和控制的决策。由于操作风险具有显著的内生性特点，金融机构主要通过建立内部控制体系对其加以管理。内部控制不仅包括书面的制度、详细的操作程序及标准要求，还与机构的风险管理文化、公司治理结构等密切相关。一个有效的内部控制系统应对职责进行适当分解，并在划分责任时避免利益冲突。

但是，并非所有的操作风险事件都能够被控制。一些重大的操作风险发生的概率虽然很低，但金融机构却没有能力控制，如自然灾害。其他风险缓释技术可以用来减少此类事件风险的频率或严重性，如业务外包、保险、系统升级等。

根据商业银行的资本金水平和操作风险管理能力，可以将操作风险划分为可规避的操作风险、可降低的操作风险、可缓释的操作风险和应承担的操作风险。商业银行可根据不同的操作风险类型采取相应的管理策略（见表11-1）。

表11-1 操作风险类型及管理策略

可规避的操作风险	商业银行可以通过调整业务规模、改变市场定位、放弃某些产品等措施，让其不再出现
可降低的操作风险	交易差错、记账差错等操作风险可以通过采取更有利的内部控制措施（如轮岗、强制休假、差错率考核等）来降低风险
可缓释的操作风险	火灾、抢劫、高管欺诈等操作风险商业银行往往很难规避和降低，甚至有些无能为力，但可以通过制订应急和连续营业方案、购买保险、业务外包等方式将风险转移或缓释
应承担的操作风险	商业银行不管采取多好的控制措施、购买再多的保险，总会有些操作风险发生，如因员工知识/技能匮乏所造成的损失，这些是商业银行应承担的风险，需要为其计提损失准备或风险资本金

在商业银行实践中，操作风险在不同业务领域千差万别、交错复杂，完整覆盖商业银行所面临的全部操作风险并提出相应的控制措施，是一项浩繁而艰巨的系统工程。

案例

广发银行违规担保案

2014年12月10日，侨兴集团旗下侨兴电讯和侨兴电信在广东金融高新区股权交易中心备案的"惠州侨兴电讯工业有限公司2014年私募债券"第一期至第七期以及"惠州侨兴电信工业有限公司2014年私募债券"第一期至第七期，共计10亿元，陆续通过蚂蚁金服旗下招财宝平台发行销售。为了符合招财宝设定的平台门槛，侨兴将浙商财险保险股份有限公司引入作为这笔债券的担保方，为这一产品提供全额履约保证保险。双方合同约定：浙商财险收取侨兴给予的保费，并承诺如果侨兴无法正常还款，浙商财险将启动理赔，而赔偿金额是本金加利息的11.46亿元。当时浙商财险找到广发银行惠州分行出具一份保函，为其进行反担保来降低风险。同时，侨兴集团董事长吴瑞林"以个人全部合法资产为本期债券的还本付息提供不可撤销的无限连带责任保证担保"。

但是，过了两年后，2016年12月15日，侨兴向广东股交中心发送了《保险告知函》，表示其因近期流动资金紧张，无法按时还款。12月20日，蚂蚁金服旗下的理财平台招财宝发布公告称，在该平台发布的"企业贷"产品违约，涉及侨兴集团相关债务。

之后 10 多家金融机构拿着兜底保函等协议，先后向广发银行询问并主张债权。由此暴露出广发银行惠州分行员工与侨兴集团人员内外勾结、私刻公章、违规担保案件，涉案金额约 120 亿元，其中银行业金融机构约 100 亿元，主要用于掩盖该行的巨额不良资产和经营损失。这是一起银行内部员工与外部不法分子相互勾结，跨机构、跨行业、跨市场的重大案件，涉案金额巨大，牵涉机构众多，情节严重，性质恶劣，社会影响极坏，为近几年罕见。

第五节

其他风险管理

根据商业银行的业务特征及诱发风险的原因，巴塞尔委员会将商业银行面临的风险划分为八大类，除前面所述信用风险、市场风险、操作风险（含法律风险），以及流动性风险之外，还有国家风险、声誉风险和战略风险。

一、国家风险

中国加入 WTO 以来，经济开放度迅速提高，大批跨国公司涌入国内市场。同时，我国商业银行海外分支机构不断增加，使得各项业务活动中越来越多地涉及国家风险管理，这对现有风险监控体系和分析工具提出了更高的要求。

（一）国家风险的特征

与一般商业银行相比，国家风险有鲜明的特征。

（1）国家风险存在或产生于跨国的金融经贸活动中，属于国家之间经济交往的风险。

（2）国家风险是和国家主权有密切联系的风险，表现在东道国制定的有关法律、法令对外国投资者或外国经营者的一些不利规定或歧视待遇。

（3）国家风险源于东道国法律和法规有强制执行性，从而导致这种风险的合同或契约条款能够被改变或免除。

（4）国家风险是指一国的个人、企业或机构作为投资者或债权人所承担的风险，这种风险是由于不可抗拒的国外因素所造成的。

（二）国家风险的分类

国家风险从不同的角度有不同的分类方法，常用的分类是按引发国家风险事故的性质划分，可分为：

1. 经济风险

它就是指由于债务人国家的经济原因所引起的风险。如经济长期低增长、工人罢工、生产成本剧增、国际收支恶化等。

2. 政治风险

它就是指一国的国际关系发生重大变化而引起的风险。如对外战争、领土被占、国内动荡不安、社会骚乱、正当分裂等。

3. 社会风险

它就是因为一国的社会矛盾所引起的风险。如发生内战、种族纠纷、宗教纷争、社会阶层对立等。

（三）商业银行跨国经营国家风险的表现形式

商业银行跨国经营国家风险的表现形式多种多样，但是如果从国家以及国外经济组织对其债务负债程度和处理方式上分析，可以将其分为两大类：

一是债务拒绝，即拒绝履行本国或该经济体所应偿付的一切债务责任和义务，包括债务拒付、债务取消、违约等。

二是债务重组，由于本国或该经济体发生经济或财务困难，与债权人协商通过某些方式推迟履约所应承担的债务或是降低债务负担程度，包括对债务期限和利率等内容的修改。具体包括技术违约、利率修订、债务延期等。

（四）国家风险管理

1. 国家风险评级

国家风险评级是国际评估机构根据一国与其他国家相比在外债偿还中的信誉对借款国家做出的评价。除国际银行或金融风险外，还需考虑借款国家本身独有的政治、社会、经济与累积债务等风险。目前世界上著名的评估机构有商业环境风险信息机构、《欧洲货币》杂志的评估、《机构投资者》杂志的评估和"国际报告集团"的评估。除此之外，还有诸如穆迪、标准普尔、惠誉等国际资信评估公司，以及一些国际性大银行也都是国家风险评估的主体。

2. 国家风险的评估方法

（1）结构性分析法。结构性分析法主要是根据标准化的国家风险评估报告，结合部分经济统计，对不同国家的贷款风险进行比较。它综合了对政治社会因素的定性分析和对经济金融因素的定量分析。这种方法很复杂，一般只有实力雄厚的大银行才能运用。

（2）清单分析法。清单分析法就是将有关的各种指标和变量系统地排列成清单，各个项目还可以根据其重要性赋予权数，然后进行比较、分析、评分。清单就是一张需要回答待评估国家风险的统计表。分析比较方便，但评价的主观色彩比较浓，特别是权重赋值。

（3）德尔菲法。德尔菲法是指由多名专家分别独立地对一国的国家风险做出评估，评估汇总后，再反馈给各专家，由其对原来的评估结果进行修正，反复几次缩小差距，最后达成比较一致的看法。这种方法集中了大家的智慧，但精确度有限。

（4）政治经济风险指数。这种指数通常是由银行外的咨询机构提供，每过一个时期修正一次，如果指数大幅度下降，说明风险增大。这种方法分析起来一目了然，但精确性不够。

（5）情景分析法。情景分析法就是假设各种可能出现的情景，尤其是极端不利的情景，然后分析在此情景下一国所处的状况，由此来判断其国家风险的大小。

3. 设定国家风险限额

根据国际经验，在国家风险的管理中，在国家风险评估与国家风险等级划分之后，应将评估分析的结果应用于对每一贷款国家制定不同的信贷限额，以此作为信贷警戒线，分散信用风险和国家风险。具体方法可以分为：按资本额设定放款百分比，依据一国的偿债能力订定最高信用限额。因此，在我国商业银行跨国经营的过程中，应对此进行借鉴。银行对外资产的构成应反映分散风险的要求，避免对某个国家集中投入大量资产。贷款银行应经常监视国家贷款限额的执行情况，从而使风险资产保持在一定的限度内，正常情况下，对某一国家或借款者的贷款一般限制在银行股本的10%～20%。

4. 国家风险的化解

（1）寻求第三者保证。国际性银行在从事跨国贷款时为减少风险损失，一般均要求借款人寻求第三者对贷款提供保证。在实务中，担任此种贷款的保证者通常为借款国的政府或中央银行，以及第三国银行或金融机构。

（2）采用银团贷款方式。当国际贷款金额庞大且不易取得第三者保证时，通常采用银团贷款方式。

（3）贷款多元化。指投资国别分散化和贷款对象多样化。银行一般不是从单个国家的角度来管理国家风险，而是从银行资产组合的总体安全性上来把握国家风险。

（4）转贷和债转股方式。当债务国发生债务危机不再有能力偿还到期的公共及私人的国外债务时，银行的直接损失就已经发生了，但为控制损失的程度，借贷双方往往共同协商，就债务的支付安排做出变动，如转贷和债转股。

（5）利用金融衍生工具缓解国家风险。传统贷款的可转让性极低，为提高债务的市场可转让性以及便于控制债务国利率风险，随着金融市场不断发展，西方银行趋于选择具有较高流动性的债务工具代替传统风险缓解手段。

（6）风险自留。对一些无法避免和转移的风险应采取一种积极务实的态度，在不影响国际投资者根本利益的前提下，承担所面临的国家风险。

二、声誉风险

商业银行通常将声誉风险看作对其经济价值最大的威胁，因为商业银行的业务性质要求其能维持存款人、贷款人和整个市场的信心。这种信心一旦失去，商业银行的业务及其所能创造的经济价值都不复存在。良好的声誉是商业银行的生存之本。

（一）声誉风险的特征

1. 突发性

商业银行日常工作中的任何一个错误甚至微小失误，以及外部一些不可预测的事件，都有可能引发银行的声誉风险，声誉危机对商业银行具有突发性。

2. 衍生性

声誉风险不可能完全脱离其他风险类别单独存在，而更多地具有衍生性特质。归根到底，声誉风险是一种负面评价。

3. 难计量

对声誉风险的计量研究还只是刚刚起步，总的来说定性分析在声誉风险的评估中仍然占据主导地位，特别是对媒体报道进行系统全面的分析正变得越来越重要，因为媒体报道直接影响利益相关者的感受。

4. 影响广

声誉风险不仅会危害到商业银行的声誉质量甚至生存发展，还可能给员工、客户、股东等带来恐惧和惊慌，甚至会通过连锁反应威胁到大部分同业其他商业银行的声誉，导致银行业体系紊乱等更严重的后果。

5. 传播快

随着互联网的迅速发展，社会新闻传播速度日益加快。关于银行的争议或负面报道一经转载，传播范围和社会影响会得到几何级数的放大。而且，媒体的报道很多时候是间接传播，缺乏考证使得某些报道严重失实，为商业银行的声誉风险管理带来很大难度。

（二）声誉风险管理

1. 声誉风险识别

声誉风险识别的核心在于：正确识别信用、市场、操作、流动性风险中可能威胁商业银行声誉的风险因素。商业银行通常要求各业务单位及重要岗位定期通过清单分析法详细列明其当前所面临的主要风险及其所包含的风险因素，然后将其中可能影响声誉的风险因素提炼出来，报告给声誉风险管理部门。

2. 声誉风险评估

声誉风险管理部门应当将收集到的声誉风险因素按照影响程度和紧迫性进行优先排序。各单位对于已经显现的声誉风险，应认真评估其危害程度和发展趋势。同时，要综合分析潜在声誉风险因素转化为具体声誉事件的可能性，评估其对银行业务、财务状况和声誉的影响，并将潜在声誉风险因素按照影响程度和紧迫性进行排序。

3. 声誉风险管理方法

有效的声誉风险管理是有资质的管理人员、高效的风险管理流程以及先进的信息系统共同作用的结果。截至目前，国内为金融机构尚未开发出有效的声誉风险管理量化技术，但普遍认为声誉风险管理的最佳实践操作是推行全面风险管理理念、改善公司治理，并预先做好危机防范准备。具体管理方法包括：制定战略性的危机沟通机制；提高解决问题的能力；危机现场处理；提高发言人的沟通能力；危机处理过程中的持续沟通；管理危机过程中的信息交流；模拟训练和演习等。

三、战略风险

同声誉风险相同,战略风险也与其他主要风险密切联系且相互作用,因此也是一种多维风险。如果缺乏结构化和系统化的风险识别和分析方法,深入理解并有效控制战略风险是相当困难的。

(一)战略风险的基本假设

战略风险管理能够最大限度地避免经济损失、持久维护和提高商业银行的声誉与股东价值。商业银行致力于战略风险管理的前提是,理解并接受战略风险管理的基本假设:一是准确预测未来风险事件的可能性是存在的;二是预防工作有助于避免或减少风险事件和未来损失;三是如果对未来风险加以有效管理和利用,风险有可能转变为发展机会。

(二)战略风险管理

1. 战略风险识别

战略风险识别可以从战略、宏观和微观三个层面入手。具体而言,商业银行所面临的战略风险可以细分为产业风险、技术风险、品牌风险、竞争对手风险、客户风险、项目风险,其他例如财务、运营以及多种外部风险因素,都可能对商业银行的管理质量、竞争能力和可持续发展造成威胁。

2. 战略风险评估

战略风险很难量化,在评估战略风险时,应当首先由商业银行具有丰富经验的专家负责审核一些技术性较强的假设条件,例如整体经济指标、利率变化、信用风险参数等;然后由战略规划部门对各种战略风险因素的影响效果和发生的可能性作出评估,据此进行优先排序并制订恰当的战略实施方案。

3. 战略风险管理方法

有效的战略风险管理应当定期采取自上而下的方式,全面评估商业银行的愿景、短期目的以及长期目标,并据此制订切实可行的实施方案,体现在商业银行的日常风险管理活动中。

(1)商业银行战略风险管理的最有效方法是制定以风险为导向的战略规划和实施方案,并深入贯彻在日常经营管理活动中。

首先,战略规划应当清晰阐述实施方案中所涉及的风险因素、潜在收益以及可以接受的风险水平,并且尽可能地将预期风险损失和财务分析包含在内。

其次,战略规划必须建立在商业银行当前的实际情况和未来的发展潜力基础之上,反映商业银行的经营特色。

最后,战略规划应当从战略层面开始,深入贯彻并落实到宏观和微观操作层面。

(2)战略风险管理的另一重要工具是经济资本配置。战略风险管理是在战略管理的基础上,进一步考虑商业银行的战略规划和战略实施方案中的潜在风险,准确预测这些风险可能造成的影响并提前做好准备。战略风险管理的最有效方法是制定以风险为导向的战略规划，并定期进行修正。

■ 本章小结

1. 商业银行风险就是商业银行蒙受经济损失或获取额外收益的机会和可能性。商业银行风险具有普遍性、隐蔽性、扩散性、复杂性、周期性和可管理性等特征。

2. 根据商业银行的业务特征及诱发风险的原因，巴塞尔委员会将商业银行面临的风险划分为信用风险、市场风险、操作风险、流动性风险、国家风险、声誉风险、法律风险以及战略风险八大类。

3. 一个完整的银行风险管理框架应包括四个层面的内容：一是银行风险管理的内部环境；二是银行风险管理的组织；三是银行风险管理的流程；四是全面风险管理。

4. 商业银行的风险管理流程可以概括为风险识别、风险计量、风险监测和风险控制四个主要步骤。

5. 信用风险一直是我国商业银行所面临的最主要风险。传统意义上的信用风险等同于违约风险。信息不对称是形成信用风险的根本原因；信用风险具有明显的非系统性特征；信用风险量化具有困难性。

6. 市场风险存在于银行的交易和非交易业务中，根据风险因子不同，市场风险通常可分为利率风险、汇率风险、股票价格风险和商品价格风险。市场风险领域管理技术和方法主要包括VaR系统、压力测试、风险对冲等。

7. 操作风险是商业银行经营中面临的一种古老的风险种类。一般地，商业银行的操作风险可按人员因素、内部流程、系统缺陷和外部事件分为四类。

■ 重要名词术语

银行风险　内部控制　信用风险　市场风险　操作风险　流动性风险　国家风险　风险预警　不良资产贷款率　不良贷款拨备覆盖率　重新定价风险　收益率曲线风险　基准风险　汇率风险

■ 复习思考

1. 简述商业银行风险的特征。
2. 根据商业银行的业务特征及诱发风险的原因，巴塞尔委员会将商业银行面临的风险划分为哪些类别？
3. 商业银行信用风险的特征是什么？
4. 利率风险按照来源不同可分为哪些类型？
5. 商业银行操作风险可分为哪几类？
6. 与一般商业银行相比，国家风险有何特征？
7. 商业银行跨国经营国家风险的表现形式有哪些？

8. 商业银行声誉风险的特征是什么？
9. 商业银行战略风险管理方法有哪些？

■ 本章实训

一、背景资料

2005年12月8日，日本瑞穗证券公司的一名经纪人在交易时出现重大操作失误。上午这名经纪人接到一位客户的委托指令，要求以61万日元（约合4.9万元人民币）的价格卖出1股J-COM公司的股票。然而，这名交易员却犯了个致命的错误，他把指令输成了以每股1日元的价格卖出61万股。指令输入后，计算机操作屏上出现了输入有误的警告，但由于这一警告经常出现，交易员忽视了这一提醒继续操作。随后，东京证券交易所发现错误，立即用电话通知瑞穗证券公司取消交易，然而由于证券交易所的系统存在缺陷，取消交易的操作未能成功。13日，日本证券结算机构正式决定按照每股91.2万日元的价格实施强制性现金结算。为此，瑞穗证券公司损失达到了400多亿日元。

二、案例分析

这是一起典型的操作风险案例，请分析导致瑞穗证券公司巨额损失的主要原因。

■ 延伸阅读

1. 商业银行内部控制指引（中国银行业监督管理委员2006年12月8日）．
2. 巴曙松．巴塞尔资本协议Ⅲ的新进展．中国金融，2010（19）．
3. 唐建新，李永华．商业银行要在转方式和控风险上发力．经济日报，2013-04-15（理论版）．
4. 北京世经未来投资咨询有限公司．银行风险防范案例．北京：中国经济出版社，2013．

第十二章
商业银行绩效评价

章首引例

The Banker "全球银行1 000排行榜",是截至目前全球唯一以银行机构为单位,时间跨度较长、空间范围较广、涵盖指标较多的、反映全球银行业运行状况的榜单,全面、系统、具备一定的权威性,一直受到世界各国金融监管当局、金融机构高管和研究学者的广泛关注。2018年全球银行1 000强前50榜单中,12家中国地区的银行入榜(在前50榜单中占比24%);7家美国地区的银行入榜(在前50榜单中占比14%);英国、法国各有5家银行入榜(占比均为10%);日本、澳大利亚各有4家银行入榜(占比均为8%);此外,还有加拿大(3家)、意大利(2家)、瑞士(2家)、荷兰(2家)、西班牙(2家)、俄罗斯(1家)、德国(1家)合计13家银行入榜。

由此可以看出,国内银行的发展已经进入一个新的时期,无论从规模还是盈利能力看都已经具备了较强的国际竞争力。然而,金融和实体经济是共生共荣的关系。实体经济是金融的根基,金融是实体经济的血液,金融和实体经济相互推动、相互促进、共同壮大。金融服务实体经济的效率、质量和融资结构的不断优化,也是实体经济行稳致远的原动力。近年来,我国围绕"稳增长、促改革、调结构、惠民生"不断优化金融供给,力求将银行服务与实体经济的发展更好地结合起来。但是企业融资难、融资贵问题始终没有得到根本性解决,商业银行服务实体经济的效率依然不高,如何科学、客观地评价商业银行的经营绩效成为商业银行发展中的重要问题。

本章从商业银行财务报表、财务分析、绩效评价等方面对商业银行绩效展开论述。

第一节
商业银行绩效评价概述

绩效评价是商业银行发展转型的重要工具，是实现战略目标的指挥棒，是激励约束机制高效持续运行的基础保证。当前随着银行业竞争的加剧，金融体制改革的不断深入，商业银行为了寻求一条可持续发展的道路，也逐步加强绩效评价，努力建立在企业盈利、资产评估、风险等众多问题上都开展的相应的评估体制。

一、绩效与绩效评价的含义

"绩效"一词来源于管理学，不同的人对绩效有不同的理解，有的认为绩效是指完成工作的效率与效能，有的认为绩效是指那种经过评估的工作行为、方式及其结果，更多的人认为绩效是指员工的工作结果，是对企业的目标达成具有效益、具有贡献的部分，在企业的管理中常被用在人力资源的研究评估中。比较一般的定义是，绩效是组织为实现其目标而开展的活动在不同层面上的有效输出，是成绩与成效的综合，也是一定时期内的工作行为、方式、结果及其产生的客观影响。在企业中，员工的绩效具体表现为完成工作的数量、质量、成本费用以及为企业作出的其他贡献等。

绩效评价是一套制度化的体系，在特定的体系中，利用既定的方法、计算公式和标准来测算、评价、衡量员工的工作成果，并与员工的切身利益挂钩，从而进一步作为实现战略目标的激励手段。

绩效评价目标根据企业的实际经营状况可以分为三种，分别是长期、中期和短期目标，并将每一个短期目标分解到每旬、每月、每季、半年，在实施过程中，不断督促员工实现，完成每一个短期目标，通过每一个短期目标的达成，实现企业的长远发展战略。绩效评价既是结果的考核，也是过程的管理。在绩效评价每一个步骤和环节中，包括制定目标、达成目标、修正评价指标、改进评价方案、新目标的制定，需要不断地发现问题、解决问题、加以改进，所以绩效评价是一个循环过程，即连续的计划制定、执行、修正、再制定。绩效评价的结果与员工的福利待遇、晋升提拔、培训等紧密相连，以激发全体员工的正向能量和潜力，使得企业激励机制得到充分运用，这不仅有利于企业的持续、健康发展，也有利于员工自身建立自我激励的心理模式。

按照绩效评价结果进行利益分配，只是资源的优化配置和一种激励措施，而不是评价的终极目标，评价主要是通过发现问题、改进问题，找到差距进行提升，达到员工自身和企业自身共同实现价值的双赢目标。对于薪酬评价体系的构建，一般分为两部分，其中包括绩效薪资和固定工资，对于评价的最终绩效结果的表现形式是绩效薪资。

对商业银行来说，绩效评价体系不是简单的框架，而是层次复杂的体系。可以从评价主体、评价对象以及评价内容进行不同的分类。其中，内部评价和外部评价是按评价主体进行的分类；规模效益类、风险管理类、合规经营类、发展转型类是按评价内容进行的分类；支行评价、管理部门评价、客户经理评价、柜员评价是按评价对象进行的分类。

二、银行绩效评价的作用

对于商业银行的日常经营活动来说，绩效评价就是其经营管理的主要标杆，根据绩效评价的结果，重新调整资源配置，实现其最有效配置，进行一定的内部激励。绩效评价作为一种重要的管理手段，是商业银行进行发展改革和业务转型的核心内容，在商业银行的经营管理中起着举足轻重的作用。主要表现在以下几个方面：

（一）准确衡量业绩

测算商业银行的各种评价指标的目的是考察商业银行的经营管理水平，从而分析评价时期内商业银行的发展状况。以评价结果为评级依据，从纵向的角度对比商业银行计划期的指标和现在的指标的变化，从横向的角度对比银行业内不同商业银行之间的指标变化，从而对商业银行的经营管理水平做出客观和全面的评价。绩效评价的最基本作用就是准确衡量经营管理的业绩水平。

（二）激励战略目标的实现

银行进行奖励和惩罚的基本依据就是商业银行的绩效评价，包括员工的职位晋升、福利待遇以及培训学习等。银行对员工的激励体系不再简单地根据绩效评价的形式主义，而是根据实际的考核结果转化银行持续发展经营的力量。对于管理层和基层的员工来说，绩效评价的结果与自身的利益息息相关，将银行发展的战略目标反映到银行的绩效评价指标上，从而促进银行战略目标的实现。

最近几年来，各商业银行为满足自身商业化经营的需要，在绩效评价方面做了大量的努力，也进行了积极的探索，渐渐形成了具有各自特点的绩效评价制度和评价体系。但是，在银行业竞争日趋激烈，经营环境多变、复杂、不确定性不断增加的复杂形势下，如何进一步完善银行的绩效评价机制，在银行的经营管理中有效地发挥评价机制的激励影响，维护银行经营管理的健康稳定运行，提高自身的经营业绩仍是银行面临的一项重要工作。

三、银行绩效评价的程序

银行绩效评价的程序依次为确立评价目标、设立评价指标、收集评价信息、选择评价标准、形成评价结论、提出改善建议六个阶段。

（一）确立评价目标

评价目标是银行绩效评价系统运行的指南和目的。任何评价体系都必须有它确定的目标，不然整个评价就失去了意义。从逻辑上看，确定评价目标是银行进行绩效评价的第一步，也是很重要的一步。一般而言，宏观的经营环境决定着商业银行经营管理战略目标，不同的发展阶段决定其子目标或战术目标，为此，银行绩效评价目标的确立要处理好评价目标与经营管理目标以及子目标的关系。

（二）设立评价指标

评价指标的设计是确定评价目标后的主要环节，指标体系设计是否科学合理直接关系到绩效评价的准确性和客观性。通常由社会公认的机构或者行业部门设计共性指标，商业银行可根据需要进行选择，并补充一些个性指标。

（三）收集评价信息

银行的信息非常丰富，包括财务信息、非财务信息，内部信息、外部信息，历史材料信息、近期信息和远期信息等。对上述信息的获取是开展银行评价的又一重要环节，直接关系到评价理论是否符合客观实际。

（四）选择评价标准

评价标准是对银行进行价值判断的标尺，价值判断就是根据评价标准做出的判断。由于所选择的评价标准不同，做出的评价结果也存在差异。在进行评价标准的选择过程中，必须注意科学性和全面性。

（五）形成评价结论

形成评价结论的过程，就是对评价客体进行价值判断的过程，即对评价客体做出是否有价值、有何价值、价值多大的判断。做出合理价值判断的前提条件是：评价者必须明确评价目的，确立评价目标；设计和选择适当的评价指标体系；充分、真实地获取相关信息，并对信息进行有序化的处理；科学地确立评价标准。

（六）提出改善建议

形成评价结论并非银行绩效评价的终点。银行进行绩效评价的最终目的不仅仅是衡量其取得的经营业绩，更重要的是认清在银行经营过程中具备哪些优势、存在哪些问题，要寻找自身差距、追寻问题根源所在，为以后的管理确定方向。因此，银行开展的绩效评价活动与其经营管理水平的提高密切相关，银行要以评价促发展，把评价结论转化为今后发展的动力和压力，作为改进经营管理的方向性指引，提高经营管理水平。

四、国内外银行绩效评价发展阶段

商业银行在不同的历史发展时期，有着不同的时代特征、经营特点和管理体制，与之相配套的绩效评价也对应着不同的历程：

（一）国外商业银行绩效评价发展阶段

国外商业银行在绩效评价的发展中，主要分为以下三个阶段：

第一个阶段是成本绩效评价阶段。从19世纪初开始，一直到20世纪初截止，国外商业银行绩效评价处于成本绩效评价阶段。在资本主义经济快速发展的宏观环境中，商业银行经营管理赚取利润的重点不再简单地以较低的成本为主，而重点是放在企业自身较高的劳动生产率方面。所以在这个时期的评价目标是倾向于成本费用的控制支出，即我们通常所说的标准成本。

第二个阶段是财务性绩效评价阶段。国外商业银行的财务性绩效评价阶段主要是指从20世纪初开始，一直到20世纪80年代末的阶段。财务性绩效评价阶段的发展包含了财务评价、业绩评价和综合评价三种形式，分别对应的中心点是销售利润、投资回报率以及综合性财务指标。伴随着杜邦分析体系的完善，通过对财务指标的层层分析，实现企业生产和销售过程中的各项评价指标。

第三个阶段是战略性绩效评价阶段。从20世纪的90年代开始，一直持续到今天，国外企业的绩效评价均采用的是战略性形式，这种评价体系并不是统一的模式。20世纪末全球的经济形势发生了巨大的变化，即经济全球化的趋势日益明显。财务性绩效评价阶段中以利润为中心的评价已经不能适应企业日常的经营管理，企业战略目标的众多因素在企业的绩效评价中得到了进一步的体现。虽然企业之间的竞争优势和目标战略方向不同，但是，根据每个企业自身发展的不同特点，构建了多层次的评价体系。

（二）我国商业银行绩效评价发展阶段

在经济体制改革之前，我国实行的是计划经济，中国人民银行统一调拨和分配社会资金的运用，商业银行并不能完全地发挥资金中介的功能，缺乏一定的货币自主经营权。我国商业银行绩效评价发展阶段主要分为三个时期，与中国经济的发展时期呈现出对应关系，是不同时期银行发展中特征的重要体现，对分析我国银行绩效评价提供了方向。

1. 萌芽阶段

从1949年开始，一直到1978年，我国商业银行绩效评价处于萌芽阶段，这个时期的金融市场并不是市场化的，而是由中国人民银行统一领导的。此时的商业银行存款和贷款，都是根据中央银行的规定进行相应业务的开展，商业银行的存贷款业务既没有经营风险，也无须追求利润，此阶段的绩效考评仅仅是对计划的执行情况的考评，并不是严格意义上的绩效评价，即我们通常所说的萌芽阶段。

2. 建立阶段

从 1978 年改革开放开始，一直到 1998 年，我国的绩效评价处于建立阶段。伴随着改革开放的进程，我国不再实行统一的计划经济，银行的业务不再局限于中国人民银行，商业银行逐渐分离相关的中央银行业务，商行和央行不再是领导与被领导的关系，逐渐成为借贷关系。但是这个时期商业银行的评价体系方面主要包括利润和成本两个方面，其中利润留成制度在这个时期得到了相应的建立。《中国人民银行关于对商业银行实行资产负债比例管理的通知》在 1994 年颁布，其主要的目的是抑制过热的经济，防范金融风险，从流动性比率、资本充足率等方面进行评价管理。1995 年，为了正确引导商业银行自主经营和自负盈亏，《商业银行法》得以颁布，此时商业银行中的盈利指标得到重视。构建总行和分行的管理体系，分级评价经营。贷款限额在 1998 年取消，促使银行的绩效评价体系在银行的经营管理中的地位越来越重要。

3. 完善阶段

从 1999 年开始，一直持续到现在，我国商业银行的绩效评价体系处于完善阶段。伴随着宏观经济环境的变化，商业银行之间的竞争越来越激烈，市场化的进程越来越快。中央银行在 2000 年提出了定量评价商业银行的经营绩效，颁布了《国有独资商业银行考核评价办法》。第二年，在对商业银行的经营绩效进行评价中邀请穆迪公司帮助。对于股份制商业银行的经营绩效评价，中国银监会在 2004 年颁布了相关的条例和规章制度，引起了股份制商业银行的高度关注。对商业银行经营绩效的评价体系进行有效的构建，建立起更加全面、更加成熟、更加合理的评价指标和方法。

第二节

商业银行绩效评价方法

一、经济增加值（EVA）法

EVA（Economic Value Added）是在 1993 年由 Stern Stewart 咨询公司根据剩余收益思想提出的一种业绩评价方法。该方法的提出是财务评价思想的一次创新。该方法一经提出，就被世界范围内广泛应用到各种财务评价中。这一指标的进步在于它从企业价值增值这一根本目的出发即把依据会计准则计算出来的利润进行调整，把资本成本这一概念考虑进来。即：

$$经济增加值（EVA）= 税后经营利润 - 资本成本$$

它是扣除了所有成本后的剩余收入，同时还对会计资料的 160 多项内容进行必要的调整，是对真正经济利润的评价。它是扣除了投资者用相同资本投资于风险程度相近的有价证券所得的最低回报后，净经营利润的剩余值。经济增加值指标能够在某种程度上克服传统盈利指标的弊端，比较公正地反映在一定时期内商业银行为所有者创造的价值。

二、穆迪公司的银行信用评级方法

穆迪公司是一家总部位于美国纽约的投资服务公司，它与标准普尔、惠誉国际并称为国际三大信用评级公司。它的主要业务是对债权发行人的资信情况进行调查，并对其经营风险进行分析，最后根据评估结果形成评估报告，用以帮助投资者进行投资决策。穆迪公司采用的评价模型中包括了对经营环境、所有者结构和管理架构、特许权价值、盈利能力、风险战略、资本状况管理战略和管理质量七个方面，经过对这七个方面的比较分析，最后由评级委员会给出评级结果。穆迪公司对于银行的信用评级主要有长期、短期信用评级和财务实力评级三类。

财务实力评级分为五个等级：A、B、C、D、E。A 级：财务实力极好，具有特别有价值的行业特权，具有很强的财务基础，经营状况相当稳定。B 级：有很强的财务实力，具有有价值的行业特权，财务基础强，经营状况相当稳定。C 级：财务实力状况良好，拥有极为有限的有价值的行业特权，财务基础在稳定的经营环境中表现一般，在不太稳定的经营环境中表现较好。D 级：财务实力适中，在某些情况下需要外部机构的支持，可能会受到弱势经营特许权或经营环境的限制，财务基础在某些方面存在缺陷。E 级：财务实力较弱，需要周期性地借助外界支持，可能会受到弱势经营特许权或经营环境的限制，财务基础在某些方面存在严重缺陷。

虽然穆迪公司的评价方法中所考虑的指标包含得很全面，但它的缺点也是显而易见的，它并不是一种定量的分析方法，更多的是依赖于评级专家的专业判断，分析师针对不同的银行寻找出影响其等级的决定性因素，以该因素的情况作为对该行信用评价等级的主要依据。

三、骆驼评级法（CAMEL）

骆驼评级法是美国监管部门对商业银行进行监管的过程中采用的最普遍的评级方法。之所以以骆驼评级法命名，是因为它主要是从五个方面对商业银行进行评价的，包括资本状况（Capital Adequacy）、资产质量（Asset Quality）、经营管理水平（Management）、收益（Earning）、流动性（Liquidity）。该方法经过不断地调整升级，已经被美国三大联邦监管部门沿用了 20 多年。其评级结果具有很强的公信力，被认为基本能够呈现出一家商业银行的总体状况。下面将对骆驼评级法的主要内容进行简单介绍。

（一）资本状况评级

资本是一个银行得以存在的基础，是所有者投入的资金。它对一个银行的资产总量、特征起到了决定性的作用。同时，是否拥有充足的资本将严重影响银行的支付能力以及抵御风险的能力。如何衡量一家银行资本是否充足呢？资本充足率是最常用的指标，资本充足率越高，银行对潜在损失的消化能力越强，对于存款人利益的保护越强，它的竞争力也就越强。

在评价商业银行的资本状况时，首先要考虑资本充足率，风险贷款的比重、盈利情况、发展情况等也应该被考虑在内。其次，表外业务状况也不能被忽视，如贷款承诺、外汇交易等，这些业务虽然没有在资产负债表中体现，但是它们也存在着各种风险，影响着商业银行的经营与发展。

知识专栏12-1

骆驼评级法简介

"骆驼"评价体系是美国金融管理当局对商业银行及其他金融机构的业务经营、信用状况等进行的一整套规范化、制度化和指标化的综合等级评定制度。因其五项考核指标，即资本充足性（Capital Adequacy）、资产质量（Asset Quality）、管理水平（Management）、盈利状况（Earnings）和流动性（Liquidity），其英文第一个字母组合在一起为"CAMEL"，正好与"骆驼"的英文名字相同而得名。"骆驼"评价方法，因其有效性，已被世界上大多数国家所采用。当前国际上对商业银行评价考察的主要内容包括资本充足率及变化趋势、资产质量、存款结构及偿付保证、盈利状况、人力资源情况等五个方面基本上未跳出美国"骆驼"评价的框架。

"骆驼"评价体系的主要内容是通过对金融机构"资本的充足程度、资产质量、管理水平、盈利水平和流动性"五项考评指标，采用五级评分制来评价商业银行的经营及管理水平（一级最高、五级最低）。其分析涉及的主要指标和考评标准是：

第一，资本充足率（资本/风险资产），要求这一比率达到6.5%~7%；

第二，有问题放款与基础资本的比率，一般要求该比率低于15%；

第三，管理者的领导能力和员工素质、处理突发问题应变能力和董事会决策能力、内部技术控制系统的完善性和创新服务吸引顾客的能力；

第四，净利润与盈利资产之比在1%以上为第一、二级，若该比率在0~1%之间为第三、四级，若该比率为负数则评为第五级；

第五，随时满足存款客户的取款需要和贷款客户的贷款要求的能力，流动性强为第一级、流动性资金不足以在任何时候或明显不能在任何时候满足各方面的需要的分别为第三级和第四级。在上述基础上如果综合评价很满意或比较满意的则为第一级或第二级，不太满意和不满意的分别为第三级、第四级，不合格的为第五级。对一、二级银行监管当局一般对其今后发展提出希望性的建议；对三级银行监管当局要发出正式协议书、由被考评行签署具体计划和措施；对四、五级银行监管当局则发出"勒令书"，命令银行应该做什么、必须做什么和停止做什么，这是一种最严厉的管理措施。

（二）资产质量评级

现场稽核中最重要的工作就是对资产质量进行评价。资产质量能够很好地反映一家商业银行的总体经营状况。具体包括六个方面：风险资产总量、逾期贷款总量、贷款集中程度、资产管理人员素质、呆账准备金的提取状况、值得关注贷款近期是否可能出现问题。贷款风险情况是监管部门评价商业银行资产质量时关注的最重要指标，一般将贷款分为四类：正常贷款、不合标准贷款、可疑贷款、难以收回贷款。根据这四类贷款设定一个权重，计算出加权平均问题贷款，并按照该加权平均问题贷款占总贷款的比例计算出一个数值，以此对商业银行的资产质量进行评价。

（三）经营管理水平评级

经营管理水平是一个比较抽象的概念，很难依靠会计数字进行说明，同时它很容易受到诸如整体经济环境等因素的影响，所以对它进行评级是比较困难的。因此，一般通用的做法是参照其他评级因素对其进行间接评价：如果一家商业银行在其他几个方面都表现良好，那么可以说明这家银行的经营管理是令人满意的；如果在其他几个方面表现都不好，那么说明该商业银行的经营管理存在缺陷。当然，在参考其他评级因素结果的同时，也应当考虑高层管理人员的从业经验、整个银行的内部控制、监管机制是否有效运行、沟通机制是否健全、雇员的相关资格证书和相关培训等。

（四）收益评级

资产收益率是对商业银行的收益进行评级时的一个重要指标：大多数盈利状况被评为1级或2级的商业银行，资产负债率都要大于1%；盈利状况被评为3级或4级的商业银行，该指标在零到1%之间；盈利状况被评为5级的商业银行，该指标往往是负数。在考虑该指标时，应充分考虑到利润中是否包含一些非正常性因素如变卖固定资产等而导致本期利润大幅增加，如有此类情况应对其进行调整。

（五）流动性评级

为了应对客户的提款、贷款需求和应对一些突发事件，商业银行应该保持充足的流动性。具体包括六个方面：① 资产变动情况。② 从外部借入资金的频率。③ 迅速筹集资金的能力。④ 对借入资金的依赖程度。⑤ 对自身资产负债的管控能力。⑥ 流动资产数量。

在完成上述五个方面的评级后，就可以对商业银行作出一个总体的评价。这有两种方法：一是将对上述评价结果求出的算数平均数作为最终结果。二是根据每个评级的重要程度赋予其权重，将加权平均的结果作为最终结果。

四、平衡计分卡法

平衡计分卡（Balanced Scorecard，BSC）是于20世纪90年代由哈佛商学院教授 Robert Kaplan 和 David Norton 这两位学者，为了改善传统绩效评价过于注重财务指标的缺陷，而提出的一种绩效评价的方法。平衡计分卡围绕着组织的使命与战略这一核心，来绘制衡量绩效的框架，并从财务维度、客户维度、内部运营流程维度和学习与成长维度，这四个维度来设置考核指标。指标的确定都是以企业的战略为核心导向，而这四个维度的平衡发展，又可以促进企业战略目标的实现，因而形成一种螺旋向上的绩效管理状态。

（一）财务维度

财务维度与传统的财务指标一致，是侧重于对商业银行已取得的经营成果的衡量。财务指标可以反映一定时期内商业银行的经营决策是否对商业银行效益起到促进作用，因此股东、管理者最为关注这一指标。

（二）客户维度

客户是商业银行利润的来源，因此以客户的角度审视商业银行，关注客户的需求及其对商业银行的满意度，能够帮助管理者明确目标客户和市场战略。

（三）内部运营流程维度

商业银行内部流程是决定商业银行运营效率及价值创造的基础，因此对商业银行内部流程的评价有利于商业银行决策的制定、流程的改进、行动的完成，有利于提高商业银行核心竞争力。其常见的指标主要有：业务效率、出勤率、差错率、合格率等。

（四）学习与成长维度

在当前的市场环境下，只有竞争优势是不够的，还要有保持这种优势的能力，这就需要商业银行不断地创新与改善来面对不断变化的外部形势。而要实现未来的成功，关键在于商业银行要建立保证长期成长的制度框架，为长期发展提供动力。其常见的指标主要有：员工的满意度、员工培训和关键能力的提升、核心员工的比率、员工保持率等。

财务、学习、流程以及客户这四个维度分别从过去、未来、内部、外部四个不同的侧重点对商业银行进行评价，但这四个维度实质上是紧密关联，相互驱动的。其能够反映出商业银行当前的实际能力相对于实现战略目标所要求的能力而言，仍然存在欠缺的部分，为了改善这些缺陷，商业银行必须不断学习成长，提高员工技能、理顺组织工作、完善业务流程、开发技术创新，才能为客户提供更好的产品与服务，开拓市场份额，最终解决财务问题，为股东创造价值，实现公司战略目标，形成良性循环。

平衡计分卡实现了以下几种平衡：

一是平衡财务指标与非财务指标。平衡计分卡中加入了客户、内部流程、学习与成长这三个维度对非财务指标的考核，并且通过对这些非财务维度的指标进行选取，使非财务指标也能够进行定量的衡量，使评价指标体系更为全面。

二是平衡商业银行的长期目标与短期目标。平衡计分卡是由一系列具体可操作的、互相联系、相互强化的目标与指标构成，而这些指标的分解都是以商业银行的战略为核心导向的。

三是平衡商业银行内部群体与外部群体。平衡计分卡可以平衡商业银行实现战略目标的过程中，员工、内部运营流程这类内部群体与股东、客户这类外部群体之间的利益关系。

四是平衡结果性指标与动因性指标。平衡计分卡中包含的结果性指标，能够反映出商业银行目标的完成情况，而实现战略目标作为动因，会进一步促进商业银行针对评价结果进行改善。

五是平衡领先指标与滞后指标。平衡计分卡中既包括绩效驱动这类领先指标，又包含结果考核这类滞后指标，因此能够综合反映出商业银行实现可持续发展的能力及欠缺。

平衡计分卡法的主要优点在于：第一，从四个不同的维度进行考核，克服了只注重财务指标的绩效考核方法的短视行为，并能够整体提升商业银行的管理水准。第二，平衡计分卡的指标都是服从商业银行总体战略目标的，因此能够保证整个各岗位与部门行动上的一致，且有利于将商业银行的战略目标在整个商业银行范围内进行贯彻落实。第三，能够反映出商业银行内部、外部的现状及存在的问题，通过评价结果，使商业银行与员工了解到自身存在的问题，并促进商业银行向战略目标不断努力发展，促进员工对自身能力进行提高，提升商业银行的核心竞争力，有利于实现商业银行的战略目标。

平衡计分卡法的主要缺点在于：第一，平衡计分卡的实施难度较大，首先，商业银行必须已经具有一致、了解、认同的战略目标；其次，需要管理者有较高的管理能力，高层管理者需要有意愿、有能力分解沟通战略目标，中层管理者需要有意愿、有能力创新指标。第二，平衡计分卡的指标的选择与确定较难，首先，现实运用中，各个维度都包含有大量的指标，而平衡计分卡要求指标个数不能过多，因此需对指标进行取舍，而有些指标之间有内在联系，有些指标之间不成正相关关系，同时也难以确定各指标的相对重要程度；其次，平衡计分卡中仍存在部分指标难以被量化的问题；再次，平衡计分卡法没有针对不同发展阶段设定统一的确定权重的标准，这使得对指标权重的确定上容易掺杂管理者的主观色彩。

第三节

商业银行的财务报表

商业银行绩效管理是指运用科学合理的方法构建特定的指标体系，运用定性分析和定量分析相结合的方法，对商业银行一定经营期间的安全性、流动性、营利性等指标做出科学、客观的评价，发现经营中存在的问题，提出具有可操作性的方案，提高商业银行的竞争力。

商业银行经营活动的过程和结果体现在其财务报表中，因此，财务报表成为财务分析的主要依据。商业银行财务报表主要有资产负债表、利润表、现金流量表。其中，资产负债表提供存量变动信息，静态反映银行经营活动，利润表则提供流量信息，动态反映银行业绩，而现金流量表将这两种性质不同的报表联结起来，从经营、管理、财务结构等方面揭示银行的经营状态。

一、资产负债表

资产负债表亦称财务状况表，是反映银行在一定日期（通常为各会计期末）的财务状况（资产、负债和所有者权益）的主要会计报表。

资产负债表综合显示了商业银行在某一个时点上资产负债和其他业务的存量，是银行最主要的财务报表之一。资产负债表是一种存量报表，通过它可以了解报告期银行拥有的资产总量及构成情况，资金来源的渠道及具体结构，从而可以从总体上判断银行的资金实力与清偿能力。

（一）资产负债表的作用

资产负债表作为一种主要的会计报表，使用比较广泛，主要有以下几个方面的作用：一是它反映了商业银行某一时刻实际拥有的资产总量及结构状况。二是它说明商业银行资金的来源渠道以及构成情况，包括其负债及所有者权益。三是它为报表使用者提供了了解该行资金实力、清偿能力等的财务信息，为其判断该行财务状况、发展趋势提供了预测和决策的依据。

（二）资产负债表的组成

1. 资产

资产是银行过去的交易或者事项形成的、由银行拥有或者控制、预期会给银行带来经济利益的资源。根据《金融企业会计制度》，银行的资产应按流动性进行分类，主要分为流动资产、长期投资、固定资产、无形资产和其他资产。同时，所发放的贷款还应按发放贷款的期限划分为短期贷款、中期贷款和长期贷款。

2. 负债

负债是指过去的交易、事项形成的现时义务，履行该义务预期会导致经济利益流出银行。银行的负债按其流动性可分为流动负债和长期负债等。

3. 所有者权益

所有者权益是指银行资产扣除负债后由所有者享有的剩余权益。银行所有者权益又称银行股东权益。所有者权益包括股本（实收资本）、资本公积、盈余公积、未分配利润等。

（三）资产负债表的格式

按照报表各项目排列的方式不同，资产负债表可分为报告式（垂直式）和账户式两种。单张报表都是账户式，以报纸、网络等媒体发布时由于版面有限往往采取报告式。我国采用账户式资产负债表格式。

1. 报告式（垂直式）资产负债表

报告式（垂直式）资产负债表是将资产、负债和所有者权益采取垂直分列的方式反映，即自上而下排列：首先，列出资产的各项目及数额；其次，列出负债的各项目及数额；最后，列出所有者权益的各项目及数额。

2. 账户式资产负债表

账户式资产负债表是将资产负债表分为左、右两边，左方列示资产项目，右方列示负债与所有者权益项目，左、右两方的合计数保持平衡。

（四）银行资产负债表的编制方法

资产负债表是一种静态的会计报表，是根据银行总账的期末余额编制的，通过资产、负债和所有者权益的期末余额反映银行的财务状况。资产负债表的编制有的根据有关账户的期末余额直接填列，有的则需要根据相关账户的期末余额进行分析、调整、计算后填列。具体有如下四种情况。

1. 直接根据总账科目余额填列

资产负债表的许多项目与一级会计科目完全一致，可以直接根据一级科目的余额填列。如"库存现金""存放同业""固定资产""无形资产""长期股权投资""向中央银行借款""长期借款""应付债券""实收资本""资本公积"等科目都可以直接填入资产负债表的相应项目中。

2. 几个一级科目相加汇总填入某一个项目

当资产负债表中的项目大于一级科目时，这一项目至少包含了两个一级科目，这时就需要将相关科目相加汇总后再填入。如"贷款"项目，有的银行设置了多个一级科目。

3. 根据明细科目填入某一项目

资产负债表中有些项目小于一级科目，只能根据一级科目所属的明细科目填列。如"未分配利润"项目，在会计科目中属于"利润分配"科目的一个明细科目。

4. 根据会计科目余额的方向判断填列

商业银行在业务经营过程中，需要设置一些资产负债共同类会计科目，余额在借方时属于资产应填入相应的资产项目，余额在贷方时属于负债应填入相应的负债项目。如"货币兑换""清算资金往来""衍生工具""套期工具"等科目都属于共同类科目。

资产负债表的格式与内容如表 12-1 所示。

表 12-1　中国银行资产负债表（2012 年）　　　　单位：万元

截止日期	2012-03-31	2012-06-30	2012-09-30	2012-12-31
现金及存放中央银行款项	243 812 700.00	224 853 100.00	210 397 800.00	200 677 200.00
库存现金	—	—	—	—
存放中央银行款	—	—	—	—
存放同业和其他金融机构款项	62 835 000.00	74 775 100.00	65 520 400.00	70 309 900.00
贵金属	10 219 500.00	11 833 900.00	13 613 900.00	15 053 400.00
存出发钞基金	—	—	—	—
拆出资金	47 057 700.00	36 081 400.00	26 701 900.00	34 925 100.00
交易性金融资产	6 980 400.00	7 689 100.00	9 067 000.00	7 159 000.00

续表

截止日期	2012-03-31	2012-06-30	2012-09-30	2012-12-31
衍生金融资产	3 803 500.00	4 069 000.00	4 064 500.00	4 018 800.00
买入返售金融资产	32 572 100.00	22 846 000.00	9 710 800.00	9 804 800.00
应收利息	6 256 500.00	6 288 700.00	6 231 800.00	5 418 800.00
应收账款	—	—	—	—
债权投资	—	—	—	—
发放贷款	644 489 200.00	660 584 200.00	676 637 100.00	671 004 000.00
减:贷款损失准备				
可供出售金融资产	60 644 500.00	60 713 600.00	69 378 700.00	68 640 000.00
持有至到期投资	108 230 000.00	108 473 600.00	120 099 700.00	118 308 000.00
长期股权投资	1 388 900.00	1 260 400.00	1 320 000.00	1 238 200.00
应收投资款项	0.00	0.00	0.00	0.00
投资性房地产	1 498 400.00	1 631 300.00	1 661 800.00	1 714 200.00
固定资产	13 814 400.00	13 857 700.00	13 979 500.00	15 032 400.00
无形资产	1 199 100.00	1 192 900.00	1 181 900.00	1 235 800.00
递延所得税资产	1 990 400.00	1 798 700.00	2 037 800.00	2 129 200.00
其他资产	42 609 200.00	44 610 300.00	42 763 900.00	41 392 700.00
资产总计	1 289 401 500.00	1 282 559 000.00	1 274 368 500.00	1 268 061 500.00
同业及其他金融机构存放款项	165 295 000.00	158 224 200.00	141 647 400.00	155 319 200.00
向中央银行借款	9 525 500.00	11 594 900.00	13 275 700.00	13 002 200.00
发行货币债务	—	—	—	—
拆入资金	25 538 400.00	25 138 400.00	25 475 200.00	24 354 300.00
外国政府借款	—	—	—	—
交易性金融负债	962 000.00	638 900.00	592 900.00	1 406 100.00
衍生金融负债	2 881 300.00	3 197 800.00	3 557 800.00	3 245 700.00
卖出回购金融资产款	1 602 500.00	1 602 400.00	16 267 500.00	6 946 100.00
吸收存款	951 709 800.00	948 256 400.00	934 314 500.00	917 399 500.00
发行债券	—	—	—	—
借入其他资金	—	—	—	—
应付职工薪酬	1 964 700.00	2 130 600.00	2 372 100.00	2 883 300.00
应交税费	3 717 200.00	2 015 200.00	2 900 100.00	3 499 400.00
应付利息	8 451 900.00	9 708 200.00	10 676 800.00	10 748 600.00
预计负债	241 200.00	209 500.00	205 700.00	209 100.00
应付债券	16 980 500.00	17 170 800.00	18 105 000.00	19 913 300.00
递延所得税负债	471 200.00	336 000.00	372 900.00	383 800.00
其他负债	20 450 100.00	23 174 000.00	21 832 000.00	22 596 700.00
负债合计	1 209 791 300.00	1 203 397 300.00	1 191 595 600.00	1 181 907 300.00
实收资本(或股本)	27 907 800.00	27 914 700.00	27 914 700.00	27 914 700.00

□ 管理篇

续表

截止日期	2012-03-31	2012-06-30	2012-09-30	2012-12-31
资本公积	12 035 800.00	12 231 800.00	12 197 300.00	12 271 200.00
投资重估储备	—	—	—	—
减：库存股	—	—	—	—
盈余公积	5 219 400.00	5 226 500.00	5 228 000.00	6 536 200.00
一般风险准备	8 132 500.00	8 143 100.00	8 150 800.00	13 190 900.00
未分配利润	24 652 800.00	23 861 700.00	27 330 700.00	24 289 900.00
现金股利	—	—	—	—
外币报表折算差额	-1 801 100.00	-1 758 300.00	-1 651 200.00	-1 735 200.00
可供出售金融资产公允价值变动储备	—	—	—	—
归属于母公司所有者权益合计	76 147 200.00	75 619 500.00	79 170 300.00	82 467 700.00
少数股东权益	—	—	—	—
所有者权益（或股东权益）合计	79 610 200.00	79 161 700.00	82 772 900.00	86 154 200.00
负债和所有者权益（或股东权益）总计	1 289 401 500.00	1 282 559 000.00	1 274 368 500.00	1 268 061 500.00

二、损益表

损益表又称利润表，是反映银行在一定时期内的最终经营成果（盈利或亏损）的报表，这种盈利或亏损是通过营业收入与营业成本的对比来体现的。

（一）损益表的作用

损益表作为商业银行最重要的财务报表之一，具有以下几个方面的作用：

（1）反映商业银行在会计期间的业务经营、利润或亏损情况，为银行的经营管理者、债权人、所有者提供日后进行财务决策所需的资料和信息。

（2）是分析、考核银行管理水平和经济效益的根据，报表使用者可以根据该表提供的信息分析银行盈亏形成的原因，对银行的管理水平和经营业绩作出恰当的评价。

（3）为银行管理人员提供财务预测资料，使之通过对损益表的研究，预测银行经营的发展趋势及变动趋势，预测银行未来的经营前景及获利能力。

（4）为国家税务部门及其他有关部门对该行依法收缴各项税款提供依据。

（二）损益表的格式

损益表包括收入、支出和利润三个主要部分。按照排列的方式不同，损益表可分为单步式损益表和多步式损益表。我国商业银行净利润的计算，分为三个步骤：

① 营业利润；② 利润总额；③ 净利润。

损益表的格式如表12-2所示。

表12-2　中国银行损益表（2012年）　　　　单位：万元

截止日期	2012-03-31	2012-06-30	2012-09-30	2012-12-31
一、营业收入	9 495 600.00	17 962 700.00	26 943 500.00	36 609 100.00
利息净收入	6 059 800.00	12 405 400.00	18 944 400.00	25 696 400.00
利息收入	12 312 700.00	25 312 100.00	38 074 300.00	50 652 800.00
已减值贷款利息收入	—	—	—	—
利息支出	6 252 900.00	12 906 700.00	19 129 900.00	24 956 400.00
手续费及佣金净收入	2 238 200.00	3 672 100.00	5 373 000.00	7 519 800.00
手续费及佣金收入	2 238 200.00	3 672 100.00	5 373 000.00	7 519 800.00
手续费及佣金支出	0.00	0.00	0.00	0.00
投资收益（损失"-"号填列）	196 300.00	383 600.00	865 500.00	1 471 900.00
对联营企业和合营企业的投资收益	9 500.00	22 500.00	49 200.00	61 300.00
公允价值变动收益（损失"-"号填列）	241 700.00	266 800.00	-15 200.00	195 300.00
汇兑收益（损失"-"号填列）	-25 800.00	156 200.00	228 800.00	-352 700.00
其他业务收入	908 400.00	1 325 700.00	1 927 000.00	2 605 900.00
二、营业支出	4 493 700.00	8 265 500.00	12 657 600.00	17 878 600.00
营业税金及附加	581 800.00	1 122 000.00	1 704 300.00	2 292 500.00
业务及管理费	2 639 100.00	5 250 900.00	8 220 000.00	11 643 600.00
资产减值损失	547 300.00	923 700.00	1 362 600.00	1 938 700.00
其他业务支出	725 500.00	968 900.00	1 370 700.00	2 003 800.00
三、营业利润（亏损"-"号填列）	5 001 900.00	9 697 200.00	14 285 900.00	18 730 500.00
加：营业外收入	6 700.00	26 300.00	39 600.00	69 800.00
减：营业外支出	1 000.00	10 000.00	19 600.00	62 300.00
四、利润总额（亏损"-"号填列）	5 007 600.00	9 713 500.00	14 305 900.00	18 738 000.00
减：所得税费用	1 162 900.0	2 213 300.00	3 164 000.00	4 185 800.00
五、净利润（净亏损"-"号填列）	3 844 700.00	7 500 200.00	11 141 900.00	14 552 200.00
归属于母公司所有者的净利润	3 676 300.0	7 160 100.00	10 636 300.00	13 943 200.00
少数股东损益	—	—	—	—

(三) 损益表编制说明

(1) "营业收入"项目，反映"利息净收入""手续费及佣金净收入""投资收益""公允价值变动收益""汇兑收益""其他业务收入"等项目的金额合计。

(2) "利息净收入"项目，反映"利息收入"项目金额减去"利息支出"项目金额后的余额。"利息收入""利息支出"项目，反映银行经营存贷款业务等确认的利息收入和发生的利息支出。

(3) "手续费及佣金净收入"项目，反映"手续费及佣金收入"减去"手续费及佣金支出"后的余额。"手续费及佣金净收入""手续费及佣金净支出"项目，反映银行确认的包括办理结算业务等在内的手续费、佣金收入和发生的手续费、佣金支出。

(4) "汇兑收益"项目，反映银行外币货币性项目因汇率变动形成的净收益。

(5) "营业支出"项目，反映"营业税金及附加""业务及管理费""资产减值损失""其他业务成本"等项目的金额合计。

(6) "业务及管理费"项目，反映银行在业务经营和管理过程中发生的安全防护费、物业管理费等费用。

除以上项目以外的项目，比照一般企业。

三、现金流量表

现金流量表是反映商业银行在一定会计期间现金和现金等价物流入和流出的报表。

(一) 现金流量表的作用

现金流量表反映银行在一个经营期间内的现金流量来源、运用及其增减变化情况，是反映银行经营状况的三份主要报表之一。现金流量表具有如下作用：

(1) 现金流量表能够清晰地反映银行在一定会计期间内现金和现金等价物流入和流出的情况，便于经营者和投资者正确了解和评价商业银行获得现金的能力，并据以预测银行未来现金流量。

(2) 现金流量表连接了资产负债表和利润表，并可以弥补二者的不足。商业银行财务状况变动的原因最终可以归结为银行现金流量的来源、运用及增减变动。三份财务报表相比，资产负债表只是静态存量报表，不能揭示财务状况变动的原因，而利润表虽是一张动态报表，但着眼点是银行盈亏状况，不能反映银行资金运动全貌，也不能揭示银行财务状况变动的原因。现金流量表则将银行的利润同资产、负债、权益变动结合起来，动态、全面反映报告期内银行现金的来源和运用情况，体现银行财务状况变动结果及原因，这正是现金流量表的主要作用。

(二) 现金流量表格式

现金流量表中的"现金"包括现金和现金等价物。现金是指商业银行库存现金以及可以随时用于支付的存款。现金等价物是指商业银行持有的期限短、流动性强、易于转换为已知金额现金、价值变动风险较小的投资。商业银行应当根据具体情况，确定现金等价物的范围，一经确定不得随便变更。

现金流量表应当分经营活动、投资活动和筹资活动列报现金流量。经营活动是指商业银行投资活动和筹资活动以外的所有交易和事项。投资活动是指商业银行长期资产的构建和不包括在现金等价物范围的投资及其处置活动。筹资活动是指导致商业银行资本及债务规模和构成发生变化的活动。现金流量表格式如表12-3所示。

表12-3 中国银行现金流量表（2012年）　　　　　　　　　　单位：万元

截止日期	2012-03-31	2012-06-30	2012-09-30	2012-12-31
一、经营活动产生的现金流量：				
客户存款和同业存放款项净增加额	98 114 400.00	87 590 200.00	57 071 500.00	53 828 300.00
同业存入净增加额	—	—	—	—
客户存款净增加额	—	—	—	—
向中央银行借款净增加额	1 379 900.00	3 449 300.00	5 130 100.00	4 856 600.00
存放中央银行净减少额	—	—	—	—
向其他金融机构拆入资金净增加额	1 018 000.00	12 407 700.00	18 539 600.00	12 342 000.00
存放同业和其他金融公司款项净减少额	—	—	—	—
拆出资金及买入返售金融资产净减少额	—	—	—	—
收取利息、手续费及佣金的现金	12 603 100.00	25 420 500.00	38 218 100.00	52 367 400.00
收取的利息	—	—	—	—
收取的手续费	—	—	—	—
收回已核销贷款	—	—	—	—
发行存款证及同业拆入净增加/（减少）额	—	—	—	—
回购业务资金净增加额	—	—	—	—
收到其他与经营活动有关的现金	0.00	0.00	8 516 600.00	7 660 600.00
经营活动现金流入小计	113 115 400.00	128 867 700.00	127 475 900.00	131 054 900.00
客户贷款及垫款净增加额	24 737 400.00	41 200 700.00	57 683 000.00	52 568 200.00
存放中央银行和同业款项净增加额	21 210 300.00	9 539 000.00	10 620 200.00	7 315 300.00
客户存款和同业存放款项净减少额	—	—	—	—

续表

截止日期	2012-03-31	2012-06-30	2012-09-30	2012-12-31
存放及拆放同业净（增加）/减少额	—	—	—	—
拆出资金净增加	—	—	—	—
向其他金融机构拆入资金净减少额	—	—	—	—
证券投资净增加额	—	—	—	—
卖出回购金融资产款净减少额	—	—	—	—
买入返售净增加	—	—	—	—
支付的存款及同业往来利息	—	—	—	—
支付手续费及佣金的现金	5 221 600.00	10 515 200.00	15 678 600.00	21 552 000.00
支付给职工以及为职工支付的现金	—	—	—	—
支付的业务管理费及其他	1 055 100.00	4 203 600.00	5 059 300.00	6 119 800.00
支付的各项税费	—	—	—	—
支付的所得税款	—	—	—	—
支付的营业税及其他税款	4 220 700.00	6 819 400.00	0.00	10 688 700.00
支付其他与经营活动有关的现金	56 445 100.00	75 719 500.00	93 854 700.00	104 662 500.00
经营活动现金流出小计	56 670 300.00	53 148 200.00	33 621 200.00	26 392 400.00
二、投资活动产生的现金流量：				
收回投资收到的现金	24 115 500.00	60 957 300.00	88 589 100.00	120 959 400.00
取得投资收益收到的现金	1 179 800.00	2 888 700.00	4 736 800.00	6 245 800.00
处置固定资产和其他资产所收到的现金	—	—	—	—
收到其他与投资活动有关的现金	4 800.00	183 400.00	199 100.00	475 600.00
投资活动现金流入小计	25 300 100.00	64 029 400.00	93 525 000.00	127 680 800.00
投资支付的现金	29 049 800.00	68 926 400.00	115 810 100.00	142 883 600.00
购建固定资产、无形资产和其他长期资产支付的现金	487 000.00	748 200.00	1 125 100.00	2 949 000.00
支付其他与投资活动有关的现金	—	—	—	—

第十二章 商业银行绩效评价

续表

截止日期	2012-03-31	2012-06-30	2012-09-30	2012-12-31
投资活动现金流出小计	29 587 300.00	69 725 100.00	117 017 400.00	145 935 400.00
投资活动产生的现金流量净额	-4 287 200.00	-5 695 700.00	-23 492 400.00	-18 254 600.00
三、筹资活动产生的现金流量：				
吸收投资收到的现金	600.00	800.00	800.00	800.00
发行债券收到的现金	14 600.00	118 200.00	1 612 300.00	4 352 200.00
收到其他与筹资活动有关的现金	—	—	—	—
筹资活动现金流入小计	15 200.00	119 000.00	1 614 400.00	4 354 000.00
偿还债务支付的现金	15 600.00	26 100.00	464 000.00	1 534 200.00
分配股利、利润或偿付利息支付的现金	206 700.00	1 792 400.00	5 315 000.00	5 329 000.00
支付发行长期债券利息	—			
支付其他与筹资活动有关的现金	4 400.00	800.00	0.00	0.00
筹资活动现金流出小计	226 700.00	1 819 300.00	5 779 000.00	6 863 200.00
筹资活动产生的现金流量净额	-211 500.00	-1 700 300.00	-4 164 600.00	-2 509 200.00
四、汇率变动对现金的影响	0.00	0.00	0.00	0.00
五、现金及现金等价物净增加额	52 278 300.00	0.00	0.00	5 491 500.00
加：期初现金及现金等价物余额	101 736 800.00	101 736 800.00	101 736 800.00	101 736 800.00
六、期末现金及现金等价物余额	154 015 100.00	147 294 900.00	108 075 900.00	107 228 300.00

（三）现金流量表列示说明

商业银行现金流量表的编制，除下列项目外，应比照一般企业现金流量表编制处理：

1. 客户存款净增加额

本项目反映商业银行本期吸收的境内外金融机构以及非同业存放款项以外的各种存款的净增加额。本项目可以根据"吸收存款"科目的记录分析填列。

商业银行可以根据需要增加项目，例如，本项目可以分解成"吸收活期存款净增加额""吸收活期存款以外的其他存款""支付活期存款以外的其他存款""同业存放净增加额"等项目。

2. 向中央银行借款净增加额

本项目反映银行本期向中央银行借入款项的净增加额。本项目可以根据"向中央银行借款"科目的记录分析填列。

3. 向其他金融机构拆入资金净增加额

本项目反映银行本期从境内外金融机构拆入款项所取得的现金，减去拆借给境内外金融机构款项而支付现金后的净额。本项目可以根据"拆入资金"和"拆出资金"等科目的记录分析填列。本项目如为负数，应在经营活动现金流出类中单独列示。

4. 收取利息、手续费及佣金的现金

本项目反映银行本期收到的利息、手续费及佣金，减去支付的利息、手续费及佣金的净额。本项目可以根据"利息收入""手续费及佣金收入""应收利息"等科目的记录分析填列。

5. 客户贷款及垫款净增加额

本项目反映银行本期发放的各种客户贷款，以及办理商业票据贴现、转贴现融出及融入资金等业务款项的净增加额。本项目可以根据"贷款""贴现资产""贴现负债"等科目的记录分析填列。

银行可以根据需要增加项目，例如，本项目可以分解成"收回中长期贷款""发放中长期贷款""发放短期贷款净增加额""垫款净增加额"等项目。

6. 存放中央银行和同业款项净增加额

本项目反映银行本期存放于中央银行以及境内外金融机构的款项的净增加额。本项目可以根据"存放中央银行款项""存放同业"等科目的记录分析填列。

7. 支付手续费及佣金的现金

本项目反映银行本期支付的利息、手续费及佣金。本项目可以根据"手续费及佣金支出"等科目的记录分析填列。

第四节

盈利能力分析

一、银行盈利能力内涵

盈利能力是指企业获得利润的能力，是企业发展的基础和存在的根本目的。通常表现为一定期间内企业收益数额的大小和收益水平的高低。相较于一般的生产经营企业，银行又具有特殊性。其特殊性主要在于：银行是经营货币资金的特殊性金融企业，其经营过程和盈利模式与一般企业存在明显的差别，有其特殊性和复杂性。

商业银行是一个特殊的金融企业，自身的盈利能力不仅具有一般性，而且具有特殊性。其一般性是指商业银行无论是从定义还是功能来讲，均是企业范畴内的一种经济组织。其特殊性表现在以下几个方面：

一是经风险调整后。这是加上风险因素后再进行盈利能力的衡量，亦为经风险调整后的盈利能力。如果未将风险承担成本加入盈利中进行衡量，将可能导致决策层针对银行盈利能力做出错误的判断。

二是合规性基础上。盈利能力的提高应该以合规性的指标为基础，譬如银行的资本充足率指标、存贷比指标等需要符合监管当局的要求。如果未达到指标要求，一经发现需立即进行管制。

三是承受风险基础上。商业银行盈利的前提是银行总体的风险是可控的。如果发现不可控的风险转为现实的损失，则银行需要关门进行清盘。因而，这种可承受性的风险表现为资本可以完全覆盖非预期风险，并在此基础上，根据决策层的风险偏好决定选择何种发展模式。

总的来说，商业银行盈利能力是一种经营的知识或者是一项特殊的技能，这种知识或者技能沉淀的结果，反映出了商业银行对自身亏损提供收纳的能力以及从事相关业务时抵御风险、获取收益的能力。随着行业竞争的日益激烈以及发展的需求，商业银行的业务范围也在不断扩展，对于商业银行的盈利能力含义也做了新的界定。根据《中华金融辞库》中的解释，商业银行盈利能力是指通过运用负债和权益资产进行投资获得的利息收入及开展中间业务获得的非利息收入的能力。

二、商业银行盈利能力的影响因素

营利性是上市商业银行的首要经营原则，也是评价其绩效水平的要素之一。商业银行盈利能力的高低主要受到内部因素和外部因素影响。

（一）内部因素

内部因素是指由于上市商业银行自身原因而对营利性产生影响的因素。具体来说，包括经营方面的因素、管理方面的因素。

1. 经营方面的因素

商业银行的利润是通过日常经营最直观地取得、实现的。从传统意义上来看，商业银行利润主要来源于利息净收入。近年来，随着银行混业经营趋势的逐步形成，包括净利息收入、成本收入比率等在内的财务风险因素均被囊括在评价指标体系内。在日常经营中，涉及业务规模与品种、收入结构的调整、日常成本控制等方面的因素，都会影响利润的形成。

一方面，主营业务竞争力的高低是主要因素。存贷款业务是商业银行收益结构中的最传统部分，也是当前中国银行业金融机构业务的主要组成部分。提高定价能力是提高净利息收入的主要途径。商业银行可以基于一个贷款定价模型，得到本行能够提供的所有贷款产品的最低利率，然后根据具体情况在内部基准价格的一定范围内进行定价，以更有效地开展市场竞争。在存款方面，商业银行可根据资产、负债管理政策和市场利率水平，向保险公司、社保基金等组织提供协议定期存款。

另一方面，中间业务竞争力高低的影响也越来越大。传统中间业务主要包括汇兑业务、代理、结算、租赁等。咨询评估类等高附加值的中间业务应根据客户需求利用银行的信息、人才资源等提供有针对性的服务并相应灵活定价。随着金融创新的发展，衍生工具类中间业务占据了一席之地。利率市场化改革和银行业的股份制改革等推动了商业银行与贷款有关的担保、贷款承诺等中间业务的发展。这些中间业务形式丰富、风险与收益结构千变万化，能适应客户不断变化的投融资需要，为商业银行进一步提升盈利能力提供了巨大空间，同时也对资产风险的管理提出了更高的要求。当前，商业银行的新型中间业务主要集中在理财、资产管理、资产组合营销等内容上。中间业务竞争力的高低，不仅受宏观环境的制约，而且受业务品种的多元化开发、市场适应性程度的影响。

2. 管理方面的因素

管理包括对日常经营的管理、对内部组织和制度的管理。商业银行对管理水平的要求并不是一成不变的，其难度随着经营规模的扩张而加大。扩张初期由于规模经济，利润仍会持续增加，但若盲目扩张，边际成本将超过边际收益，致使利润连续下降。因此，定期改善经营机制管理、削减日常费用以降低边际成本，完善制度管理如适时控制资产规模盲目扩张以避免管理成本过高，或者加强设备、人员、技术、文化建设以奠定潜在发展基础，对于提升商业银行营利性绩效水平意义重大。

一方面，日常费用和成本控制水平是较重要的管理因素。规模经济决定边际成本与边际效益之间的关系，直接影响利润水平。日常费用包括主营业务支出和其他业务支出，后者是指表外业务经营产生的费用。成本高低一方面受政策影响，一方面受市场竞争状况、银行自身风险控制能力的影响。金融工具作为特殊产品，其成本是收益与风险综合决定的产品价格的体现。

另一方面，资产规模是否合理也影响营利性绩效水平的高低。合理的资产规模是银行创造最大利润的基础和原动力，"合理"还应该涵盖资本充足程度这一方面的意义。国有四大银行曾存在盲目求大、忽视质量优化的现象，但盲目扩张的网点不但不能创造更多的收入，反倒造成了经营无特色、经营成本过高和利润降低等现象，这些问题必须避免。中小型上市商业银行资产规模的积累和开发则是当前发展阶段应得到重视的方面。

另外，随着电子信息技术在银行业的普遍应用，软硬件设施建设的水平也日益成为影响银行营利性的重要因素，主要包括设备能否及时更新和人员队伍的建设水平等。当前已采取的措施包括：加强人员队伍的技术、业务定期培训，开展企业文化建设活动和职业文明理念宣传，建立统一、有效、灵活的激励机制和约束机制，鼓励个人发挥兴趣、效用以为部门、机构、企业创造更大价值。除了人员队伍建设，国家一直强调的体制机制建设也不能忽视。过去，国有企业存在不良资产比率过高的现象，这其中自然也包括国有商业银行。政府通过开展国有企业改革、成立资产管理公司等举措，解决了大部分国企亏损严重的问题。但这并不是长远之计。追本溯源，探索如何改革管理模式和修正体制机制方面的缺失才是解决这方面问题的关键。

（二）外部因素

外部因素是指由于银行业改革、行业宏观战略变动等对营利性产生影响的因素，如市场定位是否明确等。作为银行业金融机构拓展市场、开发客户的具体步骤，做好市场定位在明确自身发展战略、开展经营、取得收入目标的实现中起着至关重要的作用。城市商业银行之所以在改革初期盈利性不高，主要原因就是其市场定位不明确，未能充分利用自身优势开拓市场。尽管改革后信用社的状况取得了改观和进展，但它们的资产规模仍有限且产权结构也较特殊，信用社的经营目标多元化、产权模糊、管理者缺位、供需错位、信息不对称、行政干预多、软硬件设施落后等问题仍未完全去除。明确市场定位从内涵上理解，包括三方面：

一方面，强调客户研究深化程度是核心。国有商业银行过去的经营并未对客户群体和特征进行深入研究，而仅仅限于一味追求网点覆盖面的简单扩张、业务与产品的简单沿袭，营销方式缺少技术性，客户需求得不到切实的满足，这自然也会间接降低银行盈利能力。城市商业银行也不能充分利用独特的人缘、地缘等优势和历史条件优势来为自身争取获利空间。

另一方面，加深市场细化程度是有效手段。市场细化是市场营销理论中市场分析阶段的组成部分，通过对公司面临的客户与市场全部的整体、局部情况进行全面演绎、归纳，对细化后的各种类型的市场制定具有针对性的具体策略。市场细化的广度无限延展，深度无限挖掘，各无限细分的市场反过来仍统一于本公司面对的客户与市场。对市场的研究，应与公司所处大环境、公司内部经营管理水平结合起来进行。

另外，发挥服务特色化优势是突破口。银行业作为特殊的服务行业，服务特色化是其产品营销的重要影响因素。在这一方面，国内股份制商业银行取得的成效较为突出，从传统资产负债业务为主到强调逐步向混业经营模式过渡，从原始人工办理和柜台办理到开展电子、网络、磁卡、新型票据等丰富多彩的便捷业务，从单一的小额零售、定向批发为主要内容到不断推出私人银行、资产管理、财富基金等特色业务，在服务社会、奉献大众的宗旨下，创造了更大的社会和企业价值，也为其他类型商业银行日常经营提供了借鉴。

知识专栏 12-2

2018 年上半年中国上市银行利润排行榜

26 家中国上市银行披露了 2018 年半年报。这 26 家银行上市公司中，23 家是同比增长的，其中增长幅度最大的是常熟银行，同比增长 27.16%；仅 3 家有所下降，分别为浦发银行、光大银行和江阴银行。排名前十的银行为工商银行、建设银行、中国银行、农业银行、招商银行、交通银行、兴业银行、民生银行、浦发银行和中信银行。这 26 家上市银行的总利润为 10 173.92 亿元。

工商银行以 1 972.16 亿元利润总额位于第一，同比增长 0.37%。位于第二的是建设银行，利润总额为 1 814.2 亿元，同比增长 5.42%。中国银行则以 1 419.61 亿元位于第三，同比增长 1.13%。江阴银行利润最少仅为 2.67 亿元，同比下降 16.97%。

三、商业银行盈利能力指标

商业银行是一种特殊企业，它作为企业的这个性质就决定了利润最大化是它追求的最终目标。因此对于商业银行盈利能力的评价，在整个评价体系中具有重要的意义，主要采用总资产报酬率、总资产净利润率、净资产收益率、总资产周转率四个指标对盈利能力进行评价。

（一）总资产报酬率指标

该指标是评价企业资产营运能力的重要指标，反映的是企业包括所有者权益和负债在内的所有资产的获利能力。关注该指标，有助于引起各方面对资产经营情况的重视，从而使得单位资产的收益率有所提高。该指标越高，说明企业投入与产出的水平越高，企业的资产运营也就越有效。该指标分子使用的是息税前利润，由于银行作为一个特殊行业，利息支出作为其一个很大的支出项目，因此为了更全面地反映资产获利能力，将该指标加入评价体系中。具体计算公式为：

$$总资产报酬率 = （利润总额 + 利息支出）/ 平均资产总额 \times 100\%$$

（二）总资产净利润率

该指标是将一个时期内的净利润与总资产额进行比较，可以理解成每一元的资产能给企业带来的净利润是多少。它反映一个时期内资产的利用效率如何。具体计算公式如下：

$$总资产净利润率 = 净利润 / 平均资产总额 \times 100\%$$

（三）净资产收益率

该指标又被称为权益报酬率。该指标衡量的是企业自有资本的运营效率。该指标是从投资者的角度来衡量企业盈利水平的高低的。该指标值越高，说明企业为股东带来的盈利越大。具体计算公式如下：

$$净资产收益率 = 净利润 / 平均所有者权益 \times 100\%$$

（四）总资产周转率

总资产周转率是反映企业全部资产的管理质量和使用效率的指标。通过总资产周转率指标的对比分析，能够反映企业资产利用效率的高低情况，推动企业进行研发创新，提高市场占有率。该指标越高，说明资产的利用效率越高，企业的经营状况也就越好。具体公式如下：

$$总资产周转率 = 销售收入 / 平均总资产$$

■ 本章小结

1. 绩效评价是商业银行发展转型的重要工具，是实现战略目标的指挥棒，是激励约束机制能够高效持续运行的基础保证。当前随着银行业竞争的加剧，金融体制改革的不断深入，商业银行为了寻求一条可持续发展的道路，也逐步加强绩效评价，努力建立在企业盈利、资产评估、风险等众多问题上都开展的相应的评估体制。

2. 绩效考核是一套制度化的体系，在特定的体系中，利用既定的方法、计算公式和标准来测算、评价、衡量员工的工作成果，并与员工的切身利益挂钩，从而进一步作为实现战略目标的激励手段。

3. 商业银行绩效管理是指运用科学合理的方法构建特定的指标体系，运用定性分析和定量分析相结合的方法，对商业银行一定经营期间的安全性、流动性、营利性等指标做出科学、客观的评价，发现经营中存在的问题，提出具有可操作性的方案，提高商业银行的竞争力。

4. 商业银行经营活动的过程和结果体现在其财务报表中，因此，财务报表成为财务分析的主要依据。商业银行财务报表主要有资产负债表、利润表、现金流量表。其中，资产负债表提供存量变动信息，静态反映银行经营活动。利润表则提供流量信息，动态反映银行业绩。而现金流量表将这两种性质不同的报表联结起来，从经营、管理、财务结构等方面揭示银行的经营状态。

■ 重要名词术语

绩效评价　商业银行绩效管理　资产负债表　利润表　现金流量表　经济增加值
盈利能力　总资产报酬率　总资产净利润率　净资产收益率　总资产周转率

■ 复习思考

1. 商业银行绩效评价的作用是什么？
2. 如何合理确定商业银行绩效评价的程序？
3. 商业银行资产负债表的作用有哪些？
4. 简述国内外银行绩效评价发展阶段。
5. 简述资产负债表的作用。
6. 简述资产负债表的组成。
7. 简述损益表的作用。
8. 简述现金流量表的作用。
9. 商业银行盈利能力的影响因素有哪些？

■ 延伸阅读

1. 傅罡，等. 商业银行绩效管理. 北京：清华大学出版社出版，2006.
2. 中国银保监会办公厅关于做好《商业银行股权管理暂行办法》实施相关工作的通知，2019年.

□ 管理篇

3. 相关商业银行年报.

4. 中国银保监会办公厅关于规范商业银行股东报告事项的通知，2018年.

5. 中国银保监会办公厅关于做好《商业银行股权管理暂行办法》实施相关工作的通知，2018年.

郑重声明

高等教育出版社依法对本书享有专有出版权。任何未经许可的复制、销售行为均违反《中华人民共和国著作权法》，其行为人将承担相应的民事责任和行政责任；构成犯罪的，将被依法追究刑事责任。为了维护市场秩序，保护读者的合法权益，避免读者误用盗版书造成不良后果，我社将配合行政执法部门和司法机关对违法犯罪的单位和个人进行严厉打击。社会各界人士如发现上述侵权行为，希望及时举报，我社将奖励举报有功人员。

反盗版举报电话　　（010）58581999　58582371
反盗版举报邮箱　　dd@hep.com.cn
通信地址　　北京市西城区德外大街 4 号
　　　　　　高等教育出版社知识产权与法律事务部
邮政编码　　100120

读者意见反馈

为收集对教材的意见建议，进一步完善教材编写并做好服务工作，读者可将对本教材的意见建议通过如下渠道反馈至我社。

咨询电话　　400-810-0598
反馈邮箱　　fuyn@hep.com.cn
通信地址　　北京市朝阳区惠新东街 4 号富盛大厦 1 座
　　　　　　高等教育出版社总编辑办公室
邮政编码　　100029